JN326155

詳解 職場のメンタルヘルス対策の実務 第2版

―関連書式から訴訟実務・判例まで―

特定社会保険労務士 坂本直紀
特定社会保険労務士 深津伸子 編著
弁護士 大濱正裕
ランスタッド株式会社 EAP総研

発行 民事法研究会

第 2 版はしがき

　初版を刊行してから、4年が経ちました。この間、精神障害や自殺の労災補償の請求件数は増加を続け、支給決定件数も高水準を保っています。一方、全国の自殺者数は、平成10年以来、連続して年間3万人を超えていましたが、平成24年には若干減少しました。それでも、2万7,766人と依然として高水準となっています。

　このような背景を踏まえ、平成21年には、「心理的負荷による精神障害等に係る業務上外の判断指針」が改正され、対人関係のトラブルについてひどい嫌がらせを受けた等の項目を設け、基準が拡大されました。また、平成24年には、「心理的負荷による精神障害の認定基準」が新たに定められ、労災認定される長時間労働の時間基準が明記されることになりました。さらに、労働安全衛生法の改正の動きもあり、メンタルヘルス対策の充実・強化として、精神的健康の状況を把握するための検査等の改正案が示されました（その後、同法案は、政治情勢により廃案となりましたが、今後あらためて法改正が議論されることも十分考えられます）。このように、メンタルヘルスに関する法律等の改正の動きは盛んな状況です。あわせて、メンタルヘルスをめぐる休職・復職・解雇問題や労災認定に関する重要判例も続出しています。

　本書では、これらの動きを踏まえ、所要の改訂を行いました。まず、トラブル時の対応策として、精神疾患等をめぐる訴訟実務を加え、より専門家の要請に応えることを目指しました。あわせて、精神疾患が紛争になれば、どのような点が争われるのか等、紛争事例をおさえておくことで、精神疾患の予防・発症時の迅速・適切な対応等の重要性を理解していただけることと思っております。また、Q&A形式の具体的なケースをとおして、実務担当者が迅速に情報をピックアップできるようにしました。さらに、初版と同様、就業規則規定例や書式例を掲載し、より実務的な内容の充実を図っています。

第2版はしがき

　本書が、職場のメンタルヘルスにかかわる、あらゆる実務担当者、専門家、関係者の方々のお役に立てれば幸いです。

　末筆ではありますが、本書の改訂にあたって、民事法研究会代表取締役田口信義氏、南伸太郎氏に多大なご援助、ご協力をいただいたことに心より感謝申し上げます。

　　平成25年2月吉日

　　　　　　　　　　　　　　特定社会保険労務士　坂本　直紀
　　　　　　　　　　　　　　特定社会保険労務士　深津　伸子
　　　　　　　　　　　　　　　　　　　　弁護士　大濱　正裕

は　し　が　き

　「メンタルヘルス」は、社会的な認知が進み、多くの企業がメンタルヘルスについて取り組んでいます。
　企業がメンタルヘルスに積極的に取り組むことは、優秀な人材の定着につながります。
　たとえば、過重労働が原因でうつ病に罹患する場合ですが、企業に対してロイヤリティ（忠誠心）を持つ社員が、会社のために一所懸命長時間労働した結果、自分の健康を害したケースもあるでしょう。もし、こうした社員が、企業を去ることになれば大きな損失です。したがって、優秀な社員の社外流出を阻止する観点から、メンタルヘルス対策はとても重要になります。
　最近では景気の悪化により、雇用調整を行う企業が続出しており、メンタルヘルスへの取り組みを軽視することが懸念されます。しかしながら、こうした状況下であるからこそ、メンタルヘルスについての重要性は高まっています。
　なぜならば、雇用調整を行いますと、必然的に社員数は減少します。一方で、企業全体の業務量が変わらなければ、1人当たりの業務量が増加します。その結果、先ほどのような過重労働のリスクが高まることになるからです。
　雇用調整の対象から外れた社員は、企業にとって必要な人材の可能性が高いと考えます。こうした社員が、もしうつ病等で苦しみ、職場を離脱するようなことになりますと、企業はますます苦しくなります。したがって、雇用調整を行う企業ほどメンタルヘルス対策が必要です。
　企業の経営戦略を遂行するうえでは、経営資源の中でも「ヒト」が最も重要です。メンタルヘルス対策を推進することで、社員の健康管理に配慮し、風通しの良い社内風土を構築する取り組みは、組織力を向上するうえでの大切な人事施策といえるでしょう。

はしがき

　それと同時に、企業のコンプライアンスも重要です。一歩間違えば、社員から安全配慮義務違反等を理由として多額の損害賠償を請求されるリスクが生じます。したがって、法的トラブルを防ぐ意味からも法で求める遵守事項、裁判例の動向を踏まえ就業規則等を通じて適切な人事労務管理を推進する必要があります。

　本書が、職場のメンタルヘルスを推進するうえでのご参考となれば、幸いです。

　なお、本書の刊行にあたっては、民事法研究会代表取締役・田口信義氏および田口希さん、首藤葉子さんに多大なご援助、ご協力をいただいたことを心から感謝いたします。

　　平成21年3月吉日

　　　　　　　　　　　　　　　　　　　　　　　坂　本　直　紀
　　　　　　　　　　　　　　　　　　　　　　　深　津　伸　子

発刊にあたって

　メンタルヘルスケア（心の健康管理）の必要性が社会問題として取り上げられている昨今、先進的な職場では、健康的に働くことこそが企業価値を高める第一歩であるという意識改革が盛んに行われている現状があります。

　元気に働ける労働者あってこその顧客満足であり営業強化、生産性アップなのです。企業の元気をつくる教育活動は多かれ少なかれその企業も取り組んできてはいると思いますが、ことメンタルヘルスケア（心の健康管理）になりますと、どのように扱ってよいものか二の足を踏んでしまうようです。

　また、「心の問題は個人の問題なのだから会社が扱うべきものか」などの議論は絶えません。企業がメンタルヘルスケアの取り組みを考えている間にも、労働環境は変化し、様々な原因により過重労働が引き起こされ、退職者の増加や納期遅れ、ミスの多発など経営の根幹を揺るがす事態が進むケースが多発してきています。このような人的リスクの問題に対し、メンタルヘルスケアに取り組もうとしている担当者や職場での介入を余儀なくされる管理者、そして企業をサポートしている様々な専門家に、「今、自分達ができることは何か」と私はこの本の中で問いたいと思います。

　本書では、企業サポート集団として第一線でメンタルヘルスケア対策を行っている弁護士、精神科医、EAP専門家などの声のほか、企業内のメンタルヘルスケア問題に対処している担当者の声、心の健康を害し苦しんだ当事者の声や家族の声を収録して、明日から動ける実践的な取り組みを示唆した構成にしています。

　現場の声から、今自分ができる「何か」をつかみ取って欲しいと願っています。心の不調を取り巻く環境は、メンタルヘルスの専門家だけが介入して改善されるものでは決してありません。経営層を含む周囲の様々なサポーター達が立ち上がったとき、すべてが機能する仕組みが動き始めるのであると確信しています。

発刊にあたって

　本書が、心の病と闘っている本人をはじめ、働く仲間や企業の管理職、労務担当者の方々など、多くの関係者の方々のお役に立てれば幸いです。

　末筆ではありますが、本書の出版にあたっては民事法研究会の田口希さんに大変お世話になったことを記して、感謝申し上げる次第です。

　平成21年3月吉日

　　　　　　EAP総研株式会社　代表取締役　川　西　由　美　子

目　次

第1部　事前対策・事後対応

第1章　メンタルヘルスとは

第1節　精神科医療の現状 …………………………………………… 2

Ⅰ　就労問題と精神科医療の現状と課題——主として精神科医の
　　視点から ……………………………………………………………… 2
　1　受診者数からみえてくること ………………………………… 2
　2　外来と入院、リハビリテーション …………………………… 3
　3　社会的偏見（スティグマ）ということ ……………………… 5
　4　精神科医療のゴールとは何か ………………………………… 6
　　(1)　ノーマライゼーション …………………………………… 6
　　(2)　ゴール達成のために精神科医療に必要なもの ………… 7
　5　就労をめぐり生じている問題 ………………………………… 8
　　(1)　医療と企業とのギャップ ………………………………… 8
　　(2)　診断書をめぐる問題 ……………………………………… 9
　　(3)　薬をめぐる問題 ……………………………………………10
　　(4)　復職をめぐる問題 …………………………………………12

目次

 Ⅱ 期待されるシステム──企業と医療のインターフェースの充実 …… 14
 Ⅲ 心理専門家によるEAPにできること、できないこと …………… 17
  1 医療との連携が必要 ………………………………………………… 17
  2 法律・ファイナンシャルの問題 …………………………………… 17
  3 体のチェックの重要性 ……………………………………………… 17

第2節　心の病の諸症状と対策 …… 19

 Ⅰ うつ病 …………………………………………………………………… 19
  1 うつ病とは …………………………………………………………… 19
  2 うつ病の頻度と好発年齢 …………………………………………… 19
  3 うつ病の誘因になりがちなこと …………………………………… 20
  4 うつ病の治療 ………………………………………………………… 21
  5 うつ病の予防 ………………………………………………………… 22
 Ⅱ 不安障害 ………………………………………………………………… 23
  1 不安障害とは ………………………………………………………… 23
  2 不安障害の頻度と好発年齢 ………………………………………… 24
  3 不安障害の誘因になりがちなこと ………………………………… 25
  4 不安障害の治療 ……………………………………………………… 25
  5 不安障害の予防 ……………………………………………………… 26
 Ⅲ 心的外傷後ストレス障害（PTSD） ………………………………… 27
  1 PTSDとは …………………………………………………………… 27
  2 PTSDの頻度と好発年齢 …………………………………………… 28
  3 PTSDの誘因・予防・治療 ………………………………………… 28
 Ⅳ 統合失調症 ……………………………………………………………… 29
  1 統合失調症とは ……………………………………………………… 29
  2 統合失調症の頻度と好発年齢 ……………………………………… 31

3　統合失調症の誘因になりがちなこと ················31
　　4　統合失調症の治療 ·····························31
　　5　統合失調症の予防 ·····························33
　Ⅴ　境界性パーソナリティ障害 ··························34
　　1　境界性パーソナリティ障害とは ····················34
　　2　境界性パーソナリティ障害の頻度と好発年齢 ··········35
　　3　境界性パーソナリティ障害の治療 ··················35
　Ⅵ　アスペルガー症候群 ·······························36
　　1　アスペルガー症候群とは ·························36
　　2　アスペルガー症候群の頻度と好発年齢 ···············37
　　3　アスペルガー症候群の治療 ·······················37

第3節　精神科医からみた EAP 導入の必要性 ········39

　Ⅰ　精神科医療の最近の状況 ···························39
　Ⅱ　障害者自立支援法と精神医療 ·······················40
　Ⅲ　EAP の役割と期待 ·······························41
　Ⅳ　EAP の今後の課題 ·······························42

第2章　事前の予防策〜心の病を防ぐ諸対策

第1節　労働者の心の健康動向 ····················44

　Ⅰ　はじめに——増加する心の病の患者数 ·················44
　Ⅱ　自　殺 ···46

1　毎年発生する3万人の自殺者 …………………………………46
　2　自殺の原因・動機 ………………………………………………50
　3　職場における自殺者の特徴 ……………………………………51
　4　自殺の兆候 ………………………………………………………51
Ⅲ　精神障害 ……………………………………………………………53
　1　労働者の精神的ストレス等の状況 ……………………………53
　2　相談できる人の有無 ……………………………………………54
　3　精神障害に関する労災認定 ……………………………………55
　　(1)　基本的な考え方 ……………………………………………56
　　(2)　対象となる精神障害 ………………………………………56
　　(3)　精神障害の成因に関する考え方（ストレス―脆弱性理論に基
　　　　づく評価）……………………………………………………57
　　(4)　業務上の疾病の認定要件 …………………………………58
　　(5)　業務による心理的負荷の評価方法 ………………………60
　　　(A)　従来の評価方法／60
　　　(B)　従来の評価方法の問題点／61
　　(6)　新評価表の特徴 ……………………………………………61
　　(7)　「特別な出来事」等の取り扱い …………………………62
　　(8)　「特別な出来事」がない場合 ……………………………64
　　　(A)　「具体的な出来事」へのあてはめ／64
　　　(B)　出来事ごとの心理的負荷の総合評価／65
　　(9)　精神障害悪化の業務起因性 ………………………………67
　　(10)　自殺に関する考え方 ………………………………………68
　4　精神障害に関する労災状況 ……………………………………75

第2節　メンタルヘルスと法制度 ……………………………76

Ⅰ　労働安全衛生法……………………………………………………76
 1　面接指導 …………………………………………………………76
  ⑴　面接指導の義務化 …………………………………………76
  ⑵　面接指導とは ………………………………………………76
  ⑶　対象となる労働者 …………………………………………76
  〔書式1〕　面接指導に係る申出書／77
  ⑷　面接指導の実施 ……………………………………………78
   (A)　面接指導を行う医師／78
   (B)　面接指導の時期／78
   (C)　面接指導における確認事項／78
   (D)　面接指導の結果についての医師からの意見聴取／78
   (E)　面接指導結果の記録の作成／78
  〔書式2〕　面接指導結果報告書および事後措置に係る意見書（例）／79
   (F)　面接指導の申し出と実施に関するフロー／80
  ⑸　事後措置の実施 ……………………………………………81
  ⑹　地域産業保健センターの活用 ……………………………81
 2　メンタルヘルスに関する検査等 ……………………………82
Ⅱ　障害者雇用促進法…………………………………………………84
 1　精神障害者に対する雇用対策の強化 ………………………84
 2　精神障害者保健福祉手帳とは ………………………………85
 3　障害者雇用納付金 ……………………………………………86
 4　障害者雇用調整金 ……………………………………………88
 5　報奨金 …………………………………………………………88

11

目次

　　6　障害者に対するプライバシーの配慮 …………………………………89
Ⅲ　労働契約法 ……………………………………………………………………89
　1　安全配慮義務とは ……………………………………………………89
　　(1)　概　要 ……………………………………………………………89
　　(2)　心身の健康も対象 ………………………………………………90
　　(3)　「必要な配慮」とは ……………………………………………90
　2　安全配慮義務違反に基づく企業の責任 ……………………………90
Ⅳ　労働基準法 ……………………………………………………………………91
　1　「時間外労働の限度に関する基準」の見直し ……………………91
　2　法定割増賃金率の引き上げ …………………………………………93
　3　時間単位年休 …………………………………………………………94

第3節　過重労働とメンタルヘルス …………………………………95

Ⅰ　過重労働と精神障害発病との関係 …………………………………………95
　1　過重労働による健康障害の判断 ……………………………………95
　2　過重労働による心理的負荷と精神障害 ……………………………95
　　(1)　時間外労働時間数に関する評価の考え方 ……………………96
　　(2)　極度の長時間労働 ………………………………………………96
　　(3)　長時間労働の「出来事」としての評価 ………………………96
　　(4)　恒常的長時間労働が認められる場合の総合評価 ……………98
　　(5)　そのほかの時間外労働に関する内容 …………………………98
　　(6)　まとめ ……………………………………………………………99
Ⅱ　電通事件にみる企業の安全配慮義務 ……………………………………100
　1　事件の概要 …………………………………………………………100
　　(1)　勤務の状況 ……………………………………………………100
　　(2)　時間外労働の状況 ……………………………………………101

(3) 自殺に至る経緯 ··101
　2　裁判所の考え方 ··102
　　(1) 長時間労働による心身の疲労によるうつ病 ···102
　　(2) 安全配慮義務の考え方 ···102
　　(3) 会社の安全配慮義務違反 ···102
　　　(A) 長時間労働の恒常化／102
　　　(B) 問題ある上司の対応／102
　3　事件から学ぶこと ··103
Ⅲ　過重労働による健康障害の防止対策 ··104
　1　過重労働による健康障害防止のための総合対策 ··104
　　(1) 過重労働による健康障害を防止するため事業者が講ずべき措置等の周知徹底 ··104
　　(2) 過重労働による健康障害防止のための窓口指導等 ··104
　　(3) 過重労働による健康障害防止のための監督指導等 ··104
　　(4) 過重労働による業務上の疾病が発生した場合の再発防止対策を徹底するための指導等 ···105
　2　過重労働による健康障害を防止するため事業者が講ずべき措置 ···105
　　(1) 時間外・休日労働時間の削減 ···106
　　(2) 年次有給休暇の取得促進 ···106
　　(3) 労働時間等の設定の改善 ···106
　　(4) 労働者の健康管理に係る措置の徹底 ··106
Ⅳ　労働者の疲労蓄積度チェックリスト ···107
　1　労働者の疲労蓄積度自己診断チェックリスト ···107
　2　家族による労働者の疲労蓄積度チェックリスト ··109
Ⅴ　過重労働対策事例 ··110
　1　事例から学ぶこと ··113
　2　トップのリーダーシップ ···113

13

3　安全衛生委員会、産業医等の活用 …………………………114

　　4　管理者の意識改革 ……………………………………………115

　　5　休暇の取得促進 ………………………………………………115

　　6　業務改善 ………………………………………………………115

　　7　自己管理 ………………………………………………………116

　Ⅵ　就業規則規定例 ……………………………………………………116

　　1　残業の事前申請および事後報告 ……………………………117

　　　〔書式3〕　残業申請書／118

　　　〔書式4〕　残業結果報告書／119

　　2　ノー残業デー …………………………………………………119

　　3　所属長の遵守事項 ……………………………………………120

　　4　リフレッシュ休暇 ……………………………………………120

　Ⅶ　参考裁判例 …………………………………………………………121

第4節　セクハラ・パワハラとメンタルヘルス ……123

　Ⅰ　職場におけるセクハラ ……………………………………………123

　　1　均等法によるセクハラ対策 …………………………………123

　　　(1)　セクハラ対策の義務化 …………………………………123

　　　(2)　均等法上の「職場におけるセクハラ」 ………………125

　　　　(A)　労働者／125

　　　　(B)　職　場／125

　　　　(C)　性的な言動／126

　　　(3)　「職場におけるセクハラ」の種類 ……………………126

　　　　(A)　対価型セクハラ／126

　　　　(B)　環境型セクハラ／126

　　　(4)　セクハラ・チェックリスト ……………………………127

2　セクハラとメンタルヘルス………………………………………128
　　3　セクハラと労災……………………………………………………129
　　　(1)　特に心理的負荷が強いセクハラの取り扱い………………129
　　　(2)　繰り返されるセクハラの評価………………………………130
　　　(3)　セクハラ事案の留意事項……………………………………130
　　　(4)　セクハラに関する新評価表…………………………………131
　　　(5)　まとめ…………………………………………………………131
　　4　職場環境配慮義務違反に基づく企業の責任……………………131
Ⅱ　職場におけるパワハラ…………………………………………………133
　　1　パワハラ対策………………………………………………………133
　　　(1)　パワハラの定義と行為類型…………………………………133
　　　(2)　パワハラ・チェックリスト…………………………………135
　　2　パワハラとメンタルヘルス………………………………………135
　　3　パワハラが発生した場合の企業の責任…………………………135
　　4　パワハラと労災認定………………………………………………138
　　　(1)　労災認定の事例………………………………………………138
　　　(2)　労災請求動向…………………………………………………138
　　5　パワハラ対策の基本的な考え方…………………………………144
Ⅲ　ハラスメント対策事例…………………………………………………145
　　1　相談体制の整備……………………………………………………145
　　2　研修会・講演会の開催……………………………………………145
　　3　ハラスメント対策マニュアルの作成……………………………146
　　4　会社の方針…………………………………………………………146
　　5　人事評価への反映…………………………………………………147
Ⅳ　ハラスメント防止規程…………………………………………………147
　　　〔書式5〕　ハラスメント防止規程（例）／148
Ⅴ　ハラスメント対策における優先事項…………………………………152

目次

第5節　労働者の心の健康の対策 …………………………154

Ⅰ　労働者の心の健康の保持増進のための指針 ………………154
　1　心の健康づくり計画 ……………………………………154
　2　4つのメンタルヘルスケアの推進 ……………………155
　　(1)　セルフケア ……………………………………………155
　　(2)　ラインによるケア ……………………………………155
　　(3)　事業場内産業保健スタッフ等によるケア …………155
　　(4)　事業場外資源によるケア ……………………………155
　3　セルフケア ………………………………………………156
　　(1)　教育研修・情報提供 …………………………………156
　　(2)　相談体制の整備 ………………………………………156
　　(3)　セルフチェックの機会 ………………………………156
　4　ラインによるケア ………………………………………156
　　(1)　職場環境等の把握と改善 ……………………………157
　　(2)　労働者からの相談対応 ………………………………157
　　(3)　教育研修・情報提供 …………………………………157
　5　事業場内産業保健スタッフ等によるケア ……………157
　　(1)　教育研修、知識修得等の機会の提供 ………………158
　　(2)　方針の明示等 …………………………………………158
　　(3)　体制の整備 ……………………………………………159
　　(4)　推進担当者の選任 ……………………………………159
　　(5)　専門家の活用 …………………………………………159
　　(6)　意見の尊重 ……………………………………………159
　6　事業場外資源によるケア ………………………………159
Ⅱ　事業場における具体的対策 …………………………………160

1　心の健康づくり計画 160
　　　　(1)　メンタルヘルス方針の決定・表明 160
　　　　(2)　心の健康づくり計画策定 160
　　　　(3)　計画実施 161
　　　　(4)　評価・見直し 161
　　　2　セルフケア 161
　　　3　ラインによるケア 162
　　　4　事業場内産業保健スタッフ等によるケア 163
　　　5　事業場外資源によるケア 164
　　　6　複数の相談窓口 166
　　〔書式6〕　メンタルヘルス相談窓口について（社員への告知文）／167
　Ⅲ　就業規則規定例 168
　　　1　セルフケア 168
　　　2　ラインによるケア 168
　　　3　事業場内産業保健スタッフ等によるケア 168

第6節　産業カウンセラーの活用 170

　Ⅰ　産業カウンセラーとは何か 170
　　　1　カウンセリングとは 170
　　　2　産業カウンセラーとは 170
　Ⅱ　産業カウンセラーの歩み 171
　　　1　アメリカにおける産業カウンセリングの起源 171
　　　2　日本における産業カウンセリング 172
　　　3　日本におけるEAPと産業カウンセリング 173

目次

  4 産業カウンセリングの現状とこれからの産業カウンセラーの課題 …………………………………………………………174
 Ⅲ 企業における産業カウンセラーの役割とは ……………………174
  1 産業カウンセラーが見た職場 …………………………………174
  2 産業カウンセラーと企業のかかわり方 ………………………179
  3 産業カウンセラーの3つの柱 …………………………………180
   (1) 産業カウンセリングの領域・機能 ………………………180
   (2) メンタルヘルス対策への援助 ……………………………180
    (A) カウンセリング／181
    (B) リラクセーション／181
    (C) メンタルヘルス教育／181
    (D) メンタルヘルス不調者等の早期発見と対処／181
    (E) 管理監督者へのコンサルテーション／182
    (F) 企業への働きかけ／182
   (3) キャリア開発への援助 ……………………………………182
   (4) 職場における人間関係開発への援助 ……………………182
    (A) 組織開発／182
    (B) 対人関係開発／183
  4 THPにおける産業カウンセラーの役割 ……………………183
  5 4つのケアにおける産業カウンセラーの役割 ………………187
   (1) はじめに ……………………………………………………187
   (2) セルフケア …………………………………………………188
    (A) 概　要／188
    (B) 事　例／192
   (3) ラインによるケア …………………………………………192
    (A) 概　要／192
    (B) 事　例／193

(4) 事業場内産業保健スタッフ等によるケア……………………………194
　　　　(A)　概　　要／194
　　　　(B)　事　　例／194
　　(5) 事業場外資源によるケア…………………………………………195
　6　職場復帰支援における産業カウンセラーの役割………………………196
　7　身近で小さな相談室としての役割　……………………………………198
　　(1)　概　　要……………………………………………………………198
　　(2)　具体的な取り組み…………………………………………………200

第7節　個人情報に関する留意点……………………203

Ⅰ　健康情報について事業者が講ずべき措置…………………………………203
Ⅱ　厚生労働省通達の考え方……………………………………………………203
　1　健康情報と個人情報…………………………………………………203
　2　メンタルヘルスに関する健康情報の医療機関からの取得　………204
　3　メンタルヘルスに関する健康情報の主治医や家族からの取得　…206
Ⅲ　社員のメンタルヘルス対策における留意事項……………………………207
　1　第三者提供……………………………………………………………207
　2　慎重な取り扱いが重要………………………………………………208
　3　不必要な情報は収集しない…………………………………………208
Ⅳ　個人情報保護に関する事例…………………………………………………209
Ⅴ　個人情報保護に関する規定…………………………………………………210
　1　個人情報取得に関する同意…………………………………………210
　2　利用目的の個別利用…………………………………………………211
　3　主治医からの健康情報の取得　……………………………………211

19

目次

> 第3章　事後の対応策
> 　　　　～社員が心の病を発症したら

第1節　社員が精神疾患にかかったら……212

Ⅰ　業務上か業務外（私傷病）か……212
Ⅱ　業務災害と私傷病との取り扱いの違い……212
Ⅲ　業務災害に当たるかのポイント……213
Ⅳ　労災申請手続……219
Ⅴ　精神疾患発症時の手続……219

第2節　私傷病による業務軽減措置……221

Ⅰ　不完全な労務提供を受領する必要があるか……221
Ⅱ　片山組事件の影響……221
Ⅲ　労働安全衛生法の増悪防止措置……222
Ⅳ　適切な業務軽減措置とは……223

第3節　私傷病休職制度……226

Ⅰ　私傷病休職制度とは……226
Ⅱ　問題の所在と適切な規定の必要性……227
Ⅲ　企業の休職制度の状況……227
　1　社員を一定期間休職させる制度や慣行の状況……228
　2　休職のルールについての規定の形式……229

第4節　私傷病休職制度の適用・期間の設定・発令の要件　……230

- Ⅰ　私傷病休職制度の適用範囲　………………………………230
  - 〔書式7〕　私傷病休職規程および就業規則への定め／232
- Ⅱ　私傷病休職発令の要件　……………………………………233
- Ⅲ　私傷病休職期間の設定　……………………………………234

第5節　私傷病休職制度を認めるか否かにあたって注意すべきこと　……237

- Ⅰ　まずは合意による休職がベスト　…………………………237
- Ⅱ　周囲の協力を得る場合　……………………………………237
  - 1　プライバシー権と個人情報　……………………………237
  - 2　周囲の協力を得る限度　…………………………………238
- Ⅲ　休職の判断　…………………………………………………240
  - 1　医学的根拠の必要性　……………………………………240
  - 2　会社指定医への意見聴取　………………………………241
  - 3　就業規則に受診義務を定める　…………………………243
  - 4　主治医の医療情報開示　…………………………………244
  - 5　会社指定医　………………………………………………245
  - 6　受診命令に従わない場合　………………………………245
  - 〔書式8〕　休職申請書／247
  - 〔書式9〕　当社指定医の受診命令書①／247
  - 〔書式10〕　当社指定医の受診命令書②／248
  - 〔書式11〕　症状の聞き取り、調査等の同意書／249

21

〔書式12〕 休職命令書／249

第6節　私傷病休職期間中の病状報告 …………252

  I　病状報告の必要性 ……………………………………252
  II　労働契約上の報告義務 ………………………………252
  III　病状報告は合理的な範囲で …………………………253
  IV　就業規則に病状報告義務を定めること ……………254
  V　休職期間中の対応例 …………………………………254
　　〔書式13〕 休職状況報告書／255

第7節　休職期間の通算 ………………………………257

  I　休職、復職を繰り返す社員 …………………………257
  II　休職期間通算規定をおく ……………………………257
  III　どこまで通算できるのか ……………………………258
  IV　通算する期間と不利益変更 …………………………259

第8節　復職可否の判断基準と退職・解雇の問題 ………262

  I　休職期間満了時復職できなければ解雇（退職） ……262
  II　職場復帰支援の手引きにおける職場復帰可否の判断基準 ……262
  III　私傷病休職からの復職に関する裁判例の検討 ………264
　　1　治癒の概念の変化 …………………………………264
　　　(1)　従前の裁判例 ……………………………………264
　　　(2)　回復の程度をより広く解する裁判例等 …………265
　　2　従前の職務レベルを厳格にとらえ回復していないと判断した例 …266

3　職種を特定して雇用された社員の場合 ……………………268
　　4　休職期間を残しての解雇の場合 ………………………………268
　　5　会社の健康状態把握に対し社員が協力しない場合 ………270
　　6　欠勤期間を残していたこと、会社のメンタルヘルス対策の
　　　不備等により解雇を認めなかった事例 ……………………271
　Ⅳ　私傷病による精神疾患に関する解雇が争われたその他の裁判
　　例の検討 ……………………………………………………………272
　　1　解雇は厳格に判断される ………………………………………272
　　2　裁判例 …………………………………………………………………272
　　　(1)　精神分裂病（現在は統合失調症）が解雇当時においても改善
　　　　されなかったとして解雇が有効とされた例 ………………273
　　　(2)　勤務成績不良、会社業務運営の妨害等の理由による解雇が有
　　　　効とされた例 ……………………………………………………273
　　　(3)　躁状態等で心身の障害、疾病等のため業務に堪えないとして
　　　　なされた普通解雇が有効とされた例 …………………………274
　　　(4)　事理弁識能力等の有無が問題となった例 …………………275
　Ⅴ　休職期間満了時の対応と解雇・退職 ……………………………276

第9節　復職判断の方法 ……………………………………278

　Ⅰ　復職判断の際の問題点 ……………………………………………278
　Ⅱ　復職を判断するのは誰か …………………………………………278
　Ⅲ　治癒したことを証明するのは誰か ……………………………278
　Ⅳ　主治医の診断書に疑問が生じた場合 …………………………280
　Ⅴ　主治医の意見を聴く …………………………………………………281
　Ⅵ　主治医の診断書や意見聴取のポイント ………………………282
　Ⅶ　会社指定医の意見を聴く …………………………………………283

〔書式14〕 社員面談記録／287
〔書式15〕 診療情報提供書／288
〔書式16〕 復職命令通知書／290

第10節　復職復帰支援、軽減業務、リハビリ出勤と復職後の労働条件 ……291

Ⅰ　職場復帰支援の手引き……………………………………………………291
Ⅱ　職場復帰の際、軽減業務を認める必要があるのか……………………293
　1　業務量　…………………………………………………………………293
　2　勤務時間　………………………………………………………………293
　3　業務内容　………………………………………………………………294
Ⅲ　軽減業務の場合の条件……………………………………………………294
Ⅳ　復職後の労働条件…………………………………………………………296
　1　役職の引き下げ…………………………………………………………296
　　〔書式16〕 役職限定で入社した者の労働条件変更の連絡と同意／297
　2　職能資格・等級の引き下げ……………………………………………298
Ⅴ　リハビリ出勤………………………………………………………………299
　1　リハビリ出勤とは………………………………………………………299
　2　リハビリ出勤を認めるべきか…………………………………………300
　3　リハビリ出勤の種類……………………………………………………301
　4　リハビリ出勤をめぐる裁判例…………………………………………302
　　〔書式18〕 休職者のリハビリ出勤規程（例）／303
　　〔書式19〕 リハビリ出勤（申出・変更）申請書／306
　　〔書式20〕 リハビリ出勤（承認・変更承認）通知書／307
　　〔書式21〕 リハビリ出勤終了申請書／309

第11節　過重労働下で精神疾患の症状がみられたら……311

- Ⅰ　長時間労働の是正……311
- Ⅱ　残業しないよう指導しても労働者が応じない場合……313
- Ⅲ　適正な業務配分と求められる対策……315
- Ⅳ　企業に求められる対応のまとめ……316
- Ⅴ　セクハラとの関係と対応策……317
  - 1　セクハラとは……317
  - 2　セクハラとなる「性的な言動」とは……317
  - 3　セクハラの加害者・被害者……317
  - 4　セクハラの判断基準……318
  - 5　企業がとるべきセクハラ対策……319
  - 6　セクハラ発生時の対応……319
    - (1) 相談者からの事実確認を行う……319
    - (2) 行為者・第三者からの事実確認を行う……320
    - (3) 行為者・被害者に対する適切な処置……320
    - (4) セクハラの再発防止に向けた措置……321
  - 7　被害者がメンタル不調を訴えた場合……321

第4章　メンタルヘルスをめぐる訴訟実務

第1節　総論……323

第2節　過重労働による自殺とメンタルヘルス……325

目次

- Ⅰ　法令 ··· 325
  - 1　過重労働とは ··· 325
  - 2　判断指針と認定基準 ·· 325
  - 3　過重性についての判断 ····································· 328
- Ⅱ　過重労働による自殺と労災認定（労災不認定処分取消訴訟） ······ 328
  - 1　自殺と労災認定 ··· 328
  - 2　過労自殺と労災認定 ·· 329
  - 3　労災不認定処分取消訴訟 ·································· 330
    - (1)　業務起因性 ·· 330
      - (A)　長時間労働の立証／330
      - (B)　労働時間以外の要素の立証／335
      - (C)　業務起因性における医師の判断／337
    - (2)　いかなる労働者を基準として考えるべきか ··········· 338
- Ⅲ　会社に対する損害賠償請求 ····································· 338
  - 1　そもそもうつ病に罹患していたかどうか ············· 339
  - 2　うつ病が発症した時期 ····································· 341
  - 3　業務とうつ病罹患・自殺との間の相当因果関係 ····· 341
    - (1)　因果関係の立証の程度 ·································· 341
    - (2)　労災認定における因果関係との相違 ················· 342
    - (3)　裁判上の争点 ··· 343
      - (A)　労働時間の過重性の立証／343
      - (B)　業務内容の過重性の立証／344
      - (C)　業務以外の要因の立証／344
  - 4　安全配慮義務違反または注意義務違反 ················ 345
    - (1)　安全配慮義務違反または注意義務違反の有無 ······· 345
    - (2)　予見可能性 ·· 346
  - 5　過失相殺 ··· 348

(1) 電通事件高裁判決における過失相殺の類推適用 ……………………348
　　(2) 電通事件最高裁判決の実務への影響 ……………………349
　　(3) 電通事件最高裁判決後の裁判例 ……………………349
　　(4) 過失相殺の主張を控訴審段階で追加することの可否 ……………350
　6　損益相殺 …………………………………………………………351
　　(1) 賠償額から控除される保険給付 ……………………………352
　　(2) 将来給付分は非控除 ……………………………………………352
　　(3) 特別支給金の非控除 ……………………………………………353
　　(4) 遺族厚生年金についての調査の重要性 ……………………353
　7　過失相殺と損益相殺の先後関係 ……………………………354
　8　寄与度減額（心因的要因等） ………………………………354
Ⅳ　和解による解決 ………………………………………………356
　1　会社側のメリット ………………………………………………356
　2　遺族側のメリット ………………………………………………356
　3　和解の方向性 ……………………………………………………356
Ⅴ　過重労働等によりうつ病後遺症が残った案件 ………………357

第3節　パワハラとメンタルヘルス …………………………359

Ⅰ　パワハラとは ……………………………………………………359
Ⅱ　パワハラによる自殺と労災認定（労災不認定処分取消訴訟）……361
　1　判断指針と認定基準 ……………………………………………361
　2　労災関連の裁判例 ………………………………………………363
　　(1) 業務起因性 ………………………………………………………363
　　　(A) パワハラ行為の立証──一般的な証拠資料／363
　　　(B) 資料収集の方法／364
　　(2) 認定初期の裁判例 ………………………………………………365

27

（3）業務起因性を否定した裁判例……………………………367
　　　（4）近時の裁判例の動向……………………………………368
　Ⅲ　会社に対する損害賠償請求………………………………………371
　　1　安全配慮義務違反を認容した裁判例………………………372
　　2　安全配慮義務（予見可能性）を否定した事例……………376
　　3　過失相殺………………………………………………………379
　　4　損益相殺………………………………………………………381
　　5　総　括…………………………………………………………381

第4節　セクハラとメンタルヘルス……………………………383

第2部　現場のケーススタディ Q&A
——EAPの活用も含めて——

Q1　社内のメンタルヘルス対策……………………………………386
Q2　残業の抑制、社員の健康管理の増進…………………………390
Q3　メンタルヘルスに関する労災請求……………………………393
Q4　社内でのコミュニケーションの円滑化………………………395
Q5　ハラスメント相談窓口…………………………………………399
Q6　リハビリ出勤……………………………………………………403
Q7　海外でのうつ病…………………………………………………406
Q8　出向社員のメンタル不調………………………………………410
Q9　派遣労働者のメンタル不調……………………………………416
Q10　産業カウンセラーの活用………………………………………423
Q11　退職勧奨…………………………………………………………428

目 次

Q12　メンタルヘルス紛争のリスク回避……………………………431
Q13　残業削減が困難な場合のリスク回避 ……………………………436
Q14　EAPの考え方と具体的な取り組み ……………………………439
Q15　メンタル不全者に対するEAPカウンセリングの具体例 ………454
Q16　システムズ・アプローチによる問題解決 ……………………470
Q17　リチーミング研修による問題解決……………………………474
Q18　非定型うつ（新しい型のうつ）と対応 ………………………479

・事項索引／481

・判例索引／489

・書式索引／495

・執筆者一覧／496

【第1部】
事前対策・事後対応

第1部 事前対策・事後対応

第1章　メンタルヘルスとは

第1節　精神科医療の現状

I　就労問題と精神科医療の現状と課題
――主として精神科医の視点から

1　受診者数からみえてくること

　企業で働いている人々が精神疾患を患う。これは別に特別なことではない。

　現在、わが国で精神科を受診をしている人々の数は1年間に約320万人（平成20年現在）である。日本人の60人に1人は精神科を受診している、という数字である。精神科で扱う病には、うつ病、不安障害や統合失調症などの精神疾患や、よりストレスの要因の高い心的外傷後ストレス障害（PTSD）、さらに性格や発達の偏りから社会不適応を起こす境界性パーソナリティ障害、アスペルガー症候群などさまざまな障害があるが、それらを抱えて治療を求めている人がそれだけ数多くいるということである。そして、この受診者数は確実に増えている。

　したがって、企業で働いている人々の中にも精神科を受診している人々が多くいることも確かである。

　受診者数の増加は2つの面から説明が試みられる。1つは、「精神科医療は敷居が低くなって、誰でも簡単に受診ができるようになった」という説明である。確かに、精神科クリニックの数は5100カ所（平成17年現在）になる

がまだ増加傾向にあり、都市部では一駅に1クリニックはあたりまえになりつつある。人里離れたところに精神病院があるという時代は終わりつつあるかも知れない。敷居は確かに低くなってきている。

　もう1つは、「日本の社会の中にさまざまな有害なストレスが増えて、多くの人が精神的に追い詰められ不調を来すようになった」というものである。これについて明らかな証拠はない。しかし、日本の中高年男性の自殺率は異様に高く、今日の政策的な課題にもなっている。思春期の不登校児の数も40人に1人程度で10年前、20年前に比べればはるかに多い。集団への適応が難しくなっている子供が増えているという状況があるわけで、精神的に人々が不調になりやすい素地が社会にあるといっても言いすぎではなかろう。

　いずれにしても精神的に安定した生活をしたい、対人関係などのストレスに上手に対処して心理的な充足感のある生活をしたいと望んでいる人々は多く、精神科医療に対してのニーズが高くなっているといってよい。

2　外来と入院、リハビリテーション

　精神科医療の形式には大きく分けて、次の3種類がある。外来治療、入院治療、そしてリハビリテーションである。

　外来治療は、いまや精神科医療の中心的な治療形態である。

　320万人いる精神科受診者のうち、入院という処置を受けている人々は約34万人にすぎない。つまり8人のうち7人は外来で治療を受けている。さらにいえば、実は日本の精神科病床の数は世界でも異様に多い。経済協力開発機構（OECD）によれば、人口1万人に対する精神科の病床数は、英国10、カナダ4に対して、日本は28もある。英国並みの病床数でよければ日本の精神病床は12万床でよいのである。この違いはなぜ生じているかを大胆にいえば、日本では病院が「ケア付きの住まい」の役割をいまだ果たしているからである。つまり、きちんとした外来治療、在宅医療、訪問看護などがあれ

ば、日本も英国並みのベット数でよく、精神科受診者の22人のうち21人までは外来を中心とした治療で回復が期待できる。精神科の疾患は、適切なケアがあれば生活習慣病などと同じように「生活をしながら養生をして、病気のコントロールも行える病気」なのである。

　一方、入院治療は、疾患がもたらす精神症状のために、日常生活に大いに支障を生じ、生活の維持が困難である場合に行われる。たとえば、うつ症状がひどく、外出や簡単な家事なども意欲がなくて行えず、また、「自分が取り返しのつかないことをしてしまった」などと悲観的に考えすぎ、自殺に走るリスクがとても高くなったようなときである。あるいは、自宅にいると気兼ねして休みたくても休めないなど、生活の上で起こっている悪循環を止められずに苦悶が強くなっていくときなども適切である。短期間だが医療的管理下にあることで的確な薬物療法が行え、また、外界から遮断されることで余計な刺激に煩わされず休息がとれるのが入院治療の最大のメリットである。しかし、このような入院も1カ月〜3カ月くらいが妥当な期間であり、半年や1年に及ぶ長すぎる入院は本人の力を弱める。よくメンタルヘルスの問題はストレスとの関係が話題になるが、いつまでもストレスを避けていることが必ずしもよい結果を生むとは限らない。ストレスに上手に対処するすべを学び、ストレスに強くなったり、生活の中でストレスを上手に回避したりできるようになることが必要なのである。これらが、次のリハビリテーションの課題になる。

　リハビリテーションは、「病や障害をもちながらも、人としての価値のある生活を回復するためのプロセス」のことである。たとえば、精神疾患のために仕事をする生活を維持できなくなってしまった人にとって、「再び職について、生きがいのある生活を送る」ための工夫がリハビリテーションの中身である。

　リハビリテーションというと、ときに「歩行訓練」や「作業訓練」のように練習の場で行うことのように思われがちであるが、それだけが「リハビ

リ」ではない。精神科医療関係者がもっとも戒めなければならないことは、「練習場のエース」をつくってはならないということである。つまり、リハビリテーションとは実際の生活の場、職場で役に立つ練習のプロセスでなければ意味がないのである。その人を取り巻く環境や人間関係の中にあって、その人がどのようにストレスに対処できるか、あるいはその人が暮らしやすい環境をどのようにつくっていくかといったことが、「リハビリ」の課題である。「リハビリ出勤」という言葉があるが、これこそ実際の職場に復帰するにあたって、どのようにしていくことが、その人のよさや強みを生かし、ストレスに上手に対処できることになるのかを、現場で組み立てていくプロセスのことをいうのである。

3 社会的偏見（スティグマ）ということ

精神科医療について語るとき、避けて通ることができないのが社会的偏見（スティグマ）のことである。

たとえば、「うつ病にかかって、精神科医に診てもらっていました」ということを「胃潰瘍になって内科にかかっていました」というのと全く同じように友人に話せる人の数はまだまだ少ない。ましてや就職や復職のときには、正しい情報を職場の上司や人事係と共有することにかなりの抵抗感が生じがちである。そのため、本人と職場の間で病気の養生についての必要な情報の共有が妨げられ、結果として必要なリハビリテーションの機会が失われて、たとえば「意欲がわかない」というような残存した症状をめぐって「なまけだ」「努力不足だ」というような評価が下りて、本人にとっても企業にとっても不利益が生じてしまうような事例は枚挙にいとまがない。

また、偏見の目で見られることを恐れるあまり、病気の発症や再発にあたっても意図的に病気であることを隠し、症状がよほど悪くなるまで受診の機会をもてずに、これまた不利益を生じてしまうようなこともある。病をもった本人自身が精神科に対する偏見から受診をためらい、家族や他者が見かね

て精神科に半ば強制的に連れて行くというようなこともしばしば起きることである。

　社会的偏見をすぐになくすことは困難ではあるが、偏見がもたれやすい領域であることを意識して、その偏見から判断や行動が自由になることを目指すことは、メンタルヘルスにおける「健康増進」の大きな鍵である。

4　精神科医療のゴールとは何か

(1)　ノーマライゼーション

　医療のゴールは単純には「病が治ること」といえそうであるが、「治る」ことをゴールにするだけでは十分ではない領域がある。

　1つは、慢性疾患の場合である。この場合、現代の医学では「治癒」を求めることが難しい。再発や慢性化などもあるので、病気をある程度抱えながら生きていくことを目指すことが現実的であり、そこに価値を見出す必要がある。

　もう1つは、上述した「社会的偏見」のある疾患の場合である。このような疾患においては人は単に病から回復するだけでなく、人々の偏見からもたらされた「生きづらさ」からも回復したいと願う。医学的な治癒あるいは回復とともに、社会的な回復、自尊心や自己肯定感の回復といったことが必要とされるのである。

　精神科の疾患は、この両方の場合が重なり合って存在することが多い。

　そこで、精神科医療のゴールとして「ノーマライゼーション」という概念をあげておく。

　ノーマライゼーションとは、病気や障害をもっていてもいなくても、だれもが「普通に」、この社会の中で、住まい、暮らし、働けるようになるような状態をめざすことをいう。

　ここにはおよそ2つの意味がある。

　1つは、病気や障害のあるなしにかかわらず、人が隔離されずに一般の地

域にある住居に住まい、「普通に」買い物をしたり、娯楽を楽しんだりする生活を営み、そして保護された場所ではない一般の企業の中に働く場所を獲得するということである。いわば具体的で、客観的にもわかりやすい「普通の生活」の実現である。

そして、もう1つは、このような生活の実現を通して、自分の生活を「生きている価値がある」と思える状態になるということである。ここには病気からの回復だけではなく、人々の偏見から自由になること、自己決定権を奪われたり夢を壊されたりした状態からリカバリー（by Patricia Deegan）してくることが含まれる。その人の内なる世界において、「普通の生活」が実現している状態といってよいだろう。

この「ノーマライゼーション」は精神科医療の究極のゴールとしてあげておくことに意義がある。なぜなら、そこには1人ひとりの病からの回復ばかりでなく、精神科の病気を受け入れる社会総体のあり方の変革が含まれているからである。この達成のためには精神科医療のさらなる成熟が求められている。

(2) ゴール達成のために精神科医療に必要なもの

さて、それではノーマライゼーションというゴールに到達するために、精神科医療には今後どのようなことが必要になるであろうか。

第1に、生命科学の一分野としての精神医学は、生物学的な研究をより発展させ、精神疾患の治癒を目指す治療法の開発を少しでも進めることが必要であろう。優れた薬物療法が、人の生活の質をより高めることに貢献する可能性は今後も大きいからである。

第2に、そしてこれが大変重要なのであるが、生活者の視点をより取り入れた治療やリハビリテーションが行えるようにシステムを整備することが必要である。これは決して「心構え」の問題ではない。生活が医療を行う者によく見えるように、そのためのノウハウを蓄積する必要がある。具体的には医療と生活の場をつなぐ役目をする専門家を育成し、彼らと連携する精神科

医療を展開するプロジェクトを実現することが求められている。

就労にかかわる場面では、このような新たな精神科医療の展開が特に重要である。

5　就労をめぐり生じている課題

(1)　医療と企業とのギャップ

ノーマライゼーションをめざすときに、精神科医療の現場で働く者と企業でマネジメントをしている者との間には、まだまだ考え方に大きな開きがあるようである。

医療サイドの人間は、どうしても目の前にいる患者の健康に重きをおいて考えがちである。

仕事の大切さはわかっているつもりでも、「健康第1、仕事第2」となる。すると、患者を取り巻く企業の人々に対するアセスメントがどうしても甘くなりがちである。「無理な仕事は引き受けないように」「しんどいときは休みなさい」などのせりふは、精神科医であれば誰もが口にしたことのある言葉であろう。このときに彼／彼女の職場での穴埋めはどうするのか、ということは全く企業の同僚・上司任せである。穴埋めを任された同僚の不満や不平が彼／彼女の職場復帰を遅らせるかもしれないというところまで配慮するのは、職場の状況がわからないものにとってほとんど無理に近い。

一方、企業サイドの人間は、そもそも「うつ病」や「不安障害」がどのようなものなのかよくわからない場合が多い。風邪やけがの類推でものを考えるから、現場に戻るときはほぼ調子を戻しているだろうと勝手に推測する。また、見た目にはよくわからないし、しばしば彼／彼女は職場では大変がんばるので、リハビリが必要であるといわれても理解しにくい。あるとき、急に欠勤が続くようになって困惑することもしばしばである。

さらに、社会的偏見（スティグマ）のために、病気の話が開けっぴろげにできない。職場復帰のときにどのようにすることがお互いによいのかなど、

話し合うこと自体が難しくなっていたりもする。たとえば、骨折でギブスをはめながら出社してくれば、どのような配慮が必要かはお互いのやりとりのなかで見えてくるが、精神科の疾患の場合は暗中模索である。

つまり、医療サイドの考え方と、企業サイドの考え方の間にある違いを認識し、それを埋める努力がこれからは必要なのである。生活者としての視点を取り入れた治療やリハビリテーションとはまさにこのことをいう。この、医療と企業との仲介役を果たす道具や人的資源、それが本書の1つのテーマであるEAP（第2部Q14〜Q17参照）であったり、復職（就労）支援（第3章第10節参照）であったりするのである。

(2) 診断書をめぐる問題

医療サイドと企業サイドをつなぐ道具として、現在大きな役割をしているのが「診断書」である。この書類には主治医の意見が載っているので、企業としては従業員の健康維持のためには診断書の意見を最大限尊重することになる。

ところが、この診断書がコミュニケーションの円滑化にあまり役に立っていない場合が多い。診断書がかえってコミュニケーションをあいまいにしているのである。

1つには、診察室に座っているばかりの主治医には職場の環境がよく見えないという事情がある。どのように患者が職場で配慮され、どのように処遇されているのかも、主として患者本人からの意見に基づいて推測するのが一般である。職場の同僚や上司が診察室を訪れてくださると、まだ、状況がのみこめるが、そうでないとどうしても本人の健康状態から安全策をとるようになる。つまり「無理をしない」「十分回復してから復帰」という方針が第1となるのである。ところが、企業サイドはこのあたりの主治医の考え方を汲み取れないので、「ずいぶん長くかかるな」「そんなに悪いのか」と考える。間に入った患者自身も自分の意向を十分に主治医に伝えていない場合には、どうしたらいいか戸惑う場合もしばしば生じてしまうのである。

しかし、何といっても診断書をめぐる問題で大きいのは診断名の問題であろう。

　最近は、企業にも産業医や嘱託の精神科医がいる場合もあるので、「うつ病」なら「うつ病」、「統合失調症」なら「統合失調症」と診断書に記載してあったほうが、企業側も適切に対応できるということが増えてきた。しかし、多くの場合、病をした本人が「ちゃんとした病名を書くと復帰したときに差別を受けるのではないか」「病名をきちんと知らせてもメリットがないのでできるだけあいまいにしておきたい」と希望する。医師も患者の言うこともありうることだと考え、そこで「うつ状態」などの状態像診断が病名として用いられたりするのである。社会的偏見と、医療と企業とのコミュニケーション不足がこのような事態を招いている。

　精神科医療においても一般の身体科と同様、診断名について偏見にとらわれることなく語られるように、精神科医療の専門家ばかりでなくさまざまな人々の理解と努力が必要である。

(3) 薬をめぐる問題

　精神科の治療法の中で多くを占めるのは薬物療法とカウンセリング、そして生活を続けながらの養生を支える生活上の対処・工夫の集積である。その中でも薬物療法は生物学的な治療法として中核をなすもので、近年の精神科医療の発展は薬物療法の発展に負うところが大変大きい。

　これは患者の立場からみると、「薬を飲むこと」は病から身を守るための大切な仕事であり、ないがしろにすることはできない作業であることを意味している。

　ところが「薬を飲むこと」は職業生活を続けるうえで、しばしば心配の種になる。なぜなら、予防的な意味もあって、服薬はしばし長期にわたるからである。「治ったから薬はすぐやめられる」ではなく、「症状が治まっても、予防的に薬を飲み続ける」ことがしばしば必要であり、そのため、仕事を続けながらも服薬も続けるということが生活の中で起きる事態である。小さい

ように見えて、これが生活の中でなかなか負担になる。

　まず第1に、薬を受け取りに通院することが求められる。薬を受け取りに行くだけなら家族に依頼することもできようが、それだけでなく体調や気分など主治医に話し、またカウンセリングも行うとなれば自分で出かけていく必要がある。クリニックが夜間や休日に開いているのでなければ、通院のために年休をとらねばならず、これがかなりの負担になる。

　第2に、職場で薬を飲むことへの抵抗感がある。最近開発された薬剤は長時間一定の血中濃度を保ち1日1回の服用ですむものも多いが、古典的な処方は1日3回食後というものであり、昼食後にも服用を求められる。社内で服用していると「何の薬？」と同僚に質問されることもしばしばで、気兼ねから昼薬は飲まなくなってしまうということはしばしば起きることである。飲み方に主治医が耳を傾けなかったりすると、主治医が期待している服用量と実際に飲んでいる量の間にギャップを生じ、主治医の判断が混乱することもある。

　第3には、薬の副作用が生活に支障を来す場合がある。最近の精神安定剤は可能な限り副作用を減らす方向で開発されているが、それでも眠気やふらつきなどしばしば起きうる。薬剤によっては手が震えたり手足がむずむずして落ち着きをなくしてしまうようなものもある。このような薬剤の副作用はしばしば症状と間違われ、患者や周囲の者を不安にしたりもする。また、多くの安定剤に体重増加傾向があり、このことが患者のプライドを傷つける場合も稀ならずある。

　そして第4に、一般的には薬を飲んでいるときは過度な飲酒は慎むべきであり、このことが社内の「飲みニケーション」に差し障りがある場合もある。概して、病み上がりの時期は多くの精神疾患で自分に対する自信を失いがちであり、人に「NO！」ということに必要以上にためらいを覚えたりもするものである。薬を飲んでいることが対人関係に消極的な状況をつくりかねないのである。

これらのことをまとめれば、たかが薬の服用といってもかなりデリケートな部分も含んでおり、このようなことについても気軽に相談できる体制が企業の中やその近辺にあることの重要性がわかるであろう。

(4) 復職をめぐる問題

　上述の診断書をめぐる問題や服薬をめぐる問題が、もっとも明らかになるのが精神疾患で休んでいた者が復帰する時点である。精神の疾患は社会的偏見の影響や病のもつ特質もあって、回復の時点でも自尊心や自信といった組織で活動していくときの自分の支えとなる意思が、なかなか強固なものになりがたい。これを強めていくことができるのは、日々の生活の中での成功体験の積み重ねである。つまり体験の中で「病気はしたけれども、自分はまだまだ自分自身のスタイルで周囲に貢献できる！」という感覚をもてることがさらなる回復の鍵となるのである。

　このときにもっとも問題であるのは、「精神疾患を病んだ者の社会生活復帰には成功体験を積み重ねるためのリハビリテーションが必要である」という発想がなかなか一般的になっていないことである。実際多くの場面で、このような事実は企業側に十分納得できるようには説明がされてこなかった。

　たとえば、骨折のような目に見える病気や障害の場合は、多くの説明がなくても人は「なんとなく」事態を理解できる。たとえば、松井秀喜選手がニューヨーク・ヤンキースに在籍していた当時、メジャーリーグに復帰するにあたっては整形外科的な治療のあと、医学的リハビリテーション、骨折部位をかばっての全体的な体力づくり、マイナーリーグでの調整などが必要だった。メジャーで活躍するためには単に骨折が治るだけでなく、治療のために失われてしまった体力を回復する必要があることは、多くの人が納得するであろう。

　しかし、ここでのポイントは、松井選手が医師のアドバイスも受けながらではあるが、体力づくり——つまり選手としてのリハビリテーション——として野球の練習をヤンキースのスタッフと行うことによって成し遂げている

ということである。

　そして、実はうつ病や不安障害、統合失調症といった精神疾患に罹患した場合も事情は同様なのである。つまり、労働をするスタッフとしてのリハビリテーションは、そのフィールドである職場で、そこの対人関係や作業量に体を慣らしていく中で可能になるのである。

　ところが、このことを企業の経営者にもわかりやすい形で説明することを医療サイドが十分してきたとはいえなかった。その帰結として、「100％回復してから出社してください」という企業側の要請があり、強いストレスにいきなりさらされる中でしなくてもよい再発をしてしまうということが時に生じていたのである。

　無論、職場は利益追求の場であってリハビリテーションの場ではない、という企業側の言い分も十分わかるところではある。しかし、疾患の性質上、骨折からの回復とほぼ同じように、現場での回復が真の回復を意味するという面がある以上、今後メンタルヘルスにかかわる者と企業とは何らかの形で「体力づくり・リハビリテーション」の時間の創出に努力すべきであろう。

　すでにある方法としては、短時間の出社から始める「リハビリ出社」や、仕事を始めた段階でのカウンセリングや仕事の手順の再確認をサポートするジョブコーチの投入などがあげられる。これらの方法も含め、今後回復途上にある人々の就労支援を、より活用しやすい形で整備をしていくべきであろう。

Ⅱ　期待されるシステム
――企業と医療のインターフェースの充実

　ここでは、精神科医療の実態から、そのめざす方向性、また就労支援にあたって解決の必要な課題などについて述べてきた。それでは、精神科医療の充実、ノーマライゼーションというゴールにさらに近づくために、精神科医療のシステムが企業で働く人々へのサポートの領域で今後一層行わねばならないことは何であろうか。

　すでに述べてきたように、一般の医療機関の従事者が企業の文化を理解しているかといえば、残念ながらいまだ答えは「NO」である。しかし、だからといって「精神科医はもっと企業の現状を知るべきだ」といってもそれは空疎な言葉である。320万人の利用者に対して、たかだか1万人の精神科医でかかわっている現状からすれば、精神科医は診察室や病棟で診断と治療にあたっているだけでもかなりの労力を使っている。最近、ようやく心理教育といって病気や治療についての説明を患者や家族に丁寧に行うことが広まりつつある段階であり、精神科医が病院の外へ出て企業の実情も理解するまでにはまだ時間がかかるように思われる。

　しかし、展望はないわけではない。現在でも以下に述べるような状況から必然的に新たな対策が求められており、精神科医療はこのようなニーズを受けてシステムの変化を起こさざるを得ないところまできているのである。

　その状況の第1は、企業側のメンタルヘルスへの関心の高まりである。

　中高年男性の自殺の問題、あるいはうつ病や不安障害の増加といった現状は、優秀な労働力でもメンテナンスが必要なこと、メンタルヘルスの問題も労災の対象になることなどを、企業の人々に知らせることになった。社員が精神疾患にかかり、休息と治療を要する状態になることは明らかにコスト高である。特にうつ病は、すでに企業の中で大きな役割を果たしているような人々をしばしば襲うので、企業に与える損失も大きい。早期発見・早期治療

あるいは予防のための職場環境を整備することの重要性を企業の経営者の一部は明らかに認識し始めている。

　このことは、精神科医療の側にも「職場のメンタルヘルス」に関心をもち、臨床のフィールドとして考える人々の割合を徐々に増やしていくであろう。旧来の「精神病院」のイメージを払拭する、訪れるのに敷居の低い、街中にありアクセスビリティもアメニティもよい精神科病院、クリニック、総合病院精神科を精神科医療はもっとつくっていく必要に迫られている。

　第2には、精神科医療のチーム医療化である。

　日本の精神科も精神科医と看護師でマネジメントする時代から、精神科ソーシャルワーカー（PSW：Psychiatric Social Worker）、臨床心理技術者、作業療法士などそれぞれの特有の技能をもつ専門職も参入し、チーム形式で利用者のサポートを行おうという時代にゆっくりではあるが変わりつつある。

　ノーマライゼーションという目標に近づくためには、医療のサポートと生活支援のサポートが一体となった支援ができることが理想的なわけである。そのためには支援する側が多職種によるチームを組み、患者（＝利用者）のさまざまなニーズに合わせたサポートが可能になることが必要である。これは就労や復職といった場面でも同様である。

　たとえば、精神科医はクリニックに控えているわけだが、精神科ソーシャルワーカーは患者の同意を得たうえで職場を訪れて人事課のスタッフに会ったり上司に会ったりして、患者の職場復帰を側面から応援する、ということが今後あるべきあり方である。後述する個別就労支援（IPS：Individual Placement and Support）はその1つのモデルである。

　あるいは、本書の1つのポイントでもあるEAPの臨床心理のスタッフとクリニックや病院の精神科医、精神科ソーシャルワーカー、そして企業の産業医や保健師が緊密に連絡をとることで、患者のリハビリテーションばかりか、企業全体のメンタルヘルスへの取り組みに貢献することも可能になる。

第1章　メンタルヘルスとは

EAP・医療・企業の多職種チームの連携には、多くの可能性が秘められている。

　このように、企業という組織と精神科医療というシステムのインターフェイスの充実が今後は重要な課題となるであろう。法の整備やコストをどの程度に設定するのかなど解決すべきことはまだ多いが、企業の活性化とそこで働く人々のメンタルヘルス向上のために、今後注目すべき領域である。企業・精神科医療のそれぞれが認識を変えるばかりでなく、EAP（第2部Q14～Q17参照）のようにまさにインターフェイスに位置づく機能が十分にその力を発揮することが、成功の1つの鍵を握っている。

Ⅲ 心理専門家によるEAPにできること、できないこと

1 医療との連携が必要

「自分自身に危害を加えるおそれがあるとき」「周りの人に危害を加えるおそれがあるとき」「医師の診断に基づく入院や薬の処方が必要なとき」などは、医療との連携が不可欠である。この段階でどんなにカウンセリングで手を尽くしても、結局は本人のためにならない。

早期に専門医の診察を受け、専門医との連携の中でカウンセリングの進め方を決定する必要がある。

2 法律・ファイナンシャルの問題

相続問題や事故処理の問題など法律やファイナンシャル問題が関係している場合も多い。カウンセラーは、怒りを静めたり、気持の整理をともに行うことはできるが、法律問題の解決はできない。

やはり専門家との連携は不可欠である。

3 体のチェックの重要性

うつだと思ってカウンセリングに通っていた方の中には、よく調べてみたら甲状腺ガンが見つかったり、脳梗塞が見つかったりする場合がある。甲状腺ガンの初期症状としてうつ症状が出ること、ラクナ梗塞など脳梗塞の症状としてうつ症状が出ることなどは、医学的にも明らかになってきている。何でもすぐにストレスだと決めつけてしまう前に、まず体の健康をチェックすることが大切である。

ほかにも胃潰瘍の9割程度の人にピロリ菌が生息しているといわれている。ストレスで胃が痛いと決めつける前に、体のチェックをすることで症状を軽減することができる。

企業では、1年に1回健康診断が行われる。健康管理室とEAPが連携して、体の健康の重要性を訴えることが必要だといえる。

　このように、心理専門家だけによるEAPには限界がある。今後は、医療・法律などさまざまな分野の専門家がともに協力し合い、コーポレートヘルスを推進していく必要があるだろう。

　しかし、専門家同士の交流、連携は進んでいないのが現状である。医療機関のみで活動する心理カウンセラーは、企業の中でEAPの心理カウンセラーが何を行っているのか、よく把握していないことも多い。また、メンタルヘルスに必要な企業法務を理解していない医師やカウンセラー、そしてメンタル疾患とはどんな症状でどんなサポートが必要かわからない法律家など、今後、各分野の交流、連携が進むことを願っている。EAPでは各分野の専門家が、それぞれの領域の理解を深めることで、さまざまな事例に素早く的確に対処することが可能になる。

（伊藤　順一郎）

第2節　心の病の諸症状と対策

本節では、比較的頻度が高かったり、職場での対応に工夫の求められる精神疾患について説明をする。

I　うつ病

1　うつ病とは

うつ病は気分障害の1つとして定義される。「憂うつで何もしたくない」「感情がわかない」「自分はだめになってしまった」など、抑うつ気分や意欲の減退、自己評価の低下などを呈する病気である。仕事や家事ばかりでなく、普段楽しみに思うことでも億劫となり、やる気が出ずにふさぎこんだままとなる。思考力や作業能力も落ち、対人場面が苦手になりひきこもりがちになる。重症になると「もうやっていけない。取り返しのつかないことをしてしまった」と考えては自責的になり、「自分は生きている価値がない」と自殺を考えることもしばしばである。

さらに、うつ病は気分や意欲の障害ばかりでなく、身体の症状も必ず呈する。睡眠障害、特に寝つきの悪さや目覚めの悪さ、熟眠感がもてずに早朝覚醒や中途覚醒を伴うことなどはほとんど必発である。頭重感や食欲不振、口の渇き、便秘などもよくある症状である。また、気分の落ち込みは一般に午前中に強く、午後になると少し楽になり、「この調子なら明日は……」と思えるが、次の日の朝にはやはり似たような症状が出てがっくりしてしまうなどということがよく起きる。

2　うつ病の頻度と好発年齢

うつ病は、決して稀な病気ではない。アメリカの精神疾患の診断マニュア

ルによると、生涯有病率は13%～17%である。つまり100人のうち13人～17人が生涯のうちにうつ病を体験する。また同マニュアルによれば、1年有病率も4%～12%、すなわち100人のうち4人～12人が1年間のうちにうつ病になるリスクをもつ。世界保健機関（WHO）による調査でも、うつ病はすべての病気の中で4番目に生涯有病率の高い病気であり、先進国ではいずれ1位になるだろうと予測されている。国内の調査でも生涯有病率は6.5%～14%、過去12カ月有病率（過去12カ月間の経験率）は、うつ病2.2%～2.7%であり決して低い数字ではない。また男女比では、女性のほうが男性の2倍程度であるとの報告が一般的である。

　うつ病は、さまざまな年代の人々で生じるが、中高年は頻度の高い時期の1つである。特に昨今のわが国では、高齢者の自殺のほかに中高年男子の自殺率が高く、うつ病との深い関係が示唆されている。一家の大黒柱や、企業の中核で働く働き盛りの人々が罹患するので、その人の休職ばかりでなく、介護にかかるコスト、あるいは子供たちへのダメージなど、うつ病が引き起こす心理的負担や経済的損失は大きいものがある。また、企業の視点からみると、うつ病では中堅を担う社員の労働力が奪われるわけで、この病気を的確に治療することは、単に個人のメンタルヘルスの課題だけでなく、企業が安定して成長を続けるためにも必要なこともいえる。

3　うつ病の誘因になりがちなこと

　うつ病はストレスとの関連が高い病気の1つである。さまざまなストレスが考えられるが、以下はうつ病を発症するリスクの高い状態である。
① 　過労、オーバーワーク状態　　身体的な疲労を我慢しての過度の労働。十分な休息時間がとれずに、慢性の疲労をためている。
② 　孤立　　自分ひとりだけで問題を抱えてしまう状態。悩みを誰にも打ち明けられないために、自分の思考を整理したり、自分とは違う考え方を取り入れたりすることができない。役割分担ができずに疲労度を増し

てもいる。
③　目的喪失　自分が打ち込める役割や仕事を失い、自分のよりどころを失ったように感じてしまう。空虚感が生活を覆う。

　これらの状態が、「自分は取り返しのつかないことをしてしまった」「みんなに迷惑をかけている」といった後悔や自信の喪失を生み、四六時中自責感や自己評価の低さに悩み、睡眠障害も伴って、精神的な過労からの回復を妨げ発症を引き起こしやすいのである。

4　うつ病の治療

　うつ病に罹患したときの養生のコツとして大切なことは、①休息・睡眠をしっかりとる、②精神科の薬物療法をきちんと受ける、③生活上の要点について適切なカウンセリングを受ける、の3つに絞られる。この3つが的確に行われれば、たいていのうつ病は治癒に向かう。

休息・睡眠
　うつ病に陥る時はたいてい忙しく、「休みたくても休めない状態」であることが多い。したがって、うつ病になりかけの人は「休んでは申し訳ない」「自分で責任がとれなくなる」などの気持が生じて、休息をとることを軽んじてしまう。周囲の者もここで休まれると困ると考えるので、「病は気からだ」「頑張れば何とか乗り越えられる」とつい言いがちなところである。「うつ病は励ますのは厳禁」といわれるのは、このあたりの事情を表している。睡眠障害が生じているときはすでに疲労困憊なのであり、「しっかり休むことが取り返しをつかせるためにも重要」であることを周囲も本人も肝に銘じるべきである。

薬物療法
　抗うつ薬は現在はよく発達しており、的確な薬物療法はうつ病の確実な治療である。問題は「精神科」の敷居が高いことである。日本の調査によると、軽症から重症までの「うつ病」と判断される人々のうち、精神科を受診している人は1/7にすぎない。特に抑うつ度が高い男性会社員が女性会社員や健常人に比べて受診に消極的とのレポートもある。一般医から精神科医への紹介や街中の精神科クリニックを効率的に活用して、薬物療法が確実に受けられる環境をつくることが

必要である。企業の中にもメンタルヘルスに詳しい保健婦や産業医の採用など、精神科医療へのアクセスを意識的によくする努力があることが望ましい。

カウンセリング

　うつ病になると、人はしばしば「自分には価値がない」「自分は取り返しのつかないことをしてしまった」と考えがちである。これはひとつの症状であるが、その背景には、＜なかなか「NO」といえず自分が可能な仕事量以上をつい引き受けてしまう＞とか、＜自分の仕事に自信がもてず、他者の評価を必要以上に気にしてしまう＞とか、＜不満や疲労がたまってもそれを人に話せず、自分だけで抱え込んでしまう＞など、その人特有の考え方や行動のパターンが存在する場合がある。カウンセリングは保護された環境でいわば腹を割って相談をする場所であり、このような考え方のパターンや行動のパターンに気づき、少しでも別な考え方やアクションも起こせるように工夫を積み重ねることによって、うつ病の再発を予防することに貢献する。現代のわが国では、カウンセリングの専門家はまだ精神科医療の分野に偏在しており、アクセスビィリティは必ずしもよくない。今後企業により近いところでカウンセラーが活躍することが求められよう。

5　うつ病の予防

　予防としては、以下のようなことが役に立つ。問題は、これらのことが個人の努力だけでは達成できない場合があることである。職場環境、家族環境といった環境の影響が存外大きい。いわばその人を取り巻く文化が予防効果を大きく左右する。個人の努力だけでなく、会社の文化、地域社会の文化として、以下のようなことが許容される必要がある。

① 　自分の気疲れ、体の疲れを見極めて、適切に休息をとること。オーバーワークのあとには休息がとれる文化が必要であろう。
② 　気分転換。仕事以外の余暇や友人との交際にも、適度な時間をとれる余裕が

1　吉川武彦（主任研究者）：厚生労働科学研究費補助金・こころの健康科学研究事業「心の健康に関する疫学調査の実施方法に関する研究〔平成15年〕」（総括・分担研究報告書）。
2　山藤奈緒子らの日本うつ病学会での発表（2006年8月17日付け朝日新聞朝刊）。

あること。
③ 適度の運動。特にデスクワークの多い者にとっては、運動によるリフレッシュ、疲労の解消は重要である。
④ バランスのよい食事。これも疲労をためないための工夫である。バランスばかりでなく朝食をきちんととるなど、食生活のリズムを維持することが必要である。
⑤ 笑い、ユーモア。うつ病の引き金となる過労には、あまりにも物事をシリアスに考えすぎて「私ががんばらなくては」「人に頼るわけにはいかない」と、問題を抱え込みすぎている場合がしばしばである。「何とかなる」と物事を楽観的に考える工夫、「いやあ、困った」と人に相談できる姿勢の背後には笑いやユーモアを大切にする文化が育っている場合が多い。
⑥ 「いいかげん」であること。中高年になると若い時ほど無理が利かないものである。1週間の仕事量と体のコンディションから、100％のフル稼働ばかりでなく、「6割の力でする仕事」「8割の完成を今週は目指して、あとは来週」といった態度も必要になる。このような、よい意味での「いいかげん」を知ることが、うつ病の予防と役に立つ。

Ⅱ　不安障害

1　不安障害とは

　不安とは何かを明確に定義することは難しい。辞書的にみると、「不結果（最悪の事態）に対する恐れに支配されて、落ち着かない様子」（『新明解国語辞典〔第4版〕』）とある。また、胸がどきどき、息苦しい、冷や汗をかく、手が震えるなど「発作」のように不安が生じる場合がある。前者のように慢性の、特定の状況の限定されない理由の定まらない不安や心配が長期間続き、身体症状なども伴う状態を「全般性不安障害」、後者のように心悸亢進や息苦しさを伴うパニック発作があって、その発作の生じることを恐れて生活に支障を生じる状態を「パニック」障害という。
　以下に両者の詳細を述べる。

「全般性不安障害」は、特定された原因がないにもかかわらず、不安や心配の感覚が日々持続する状態をいう。具体的には、①そわそわと落ち着かない、緊張してしまう、過敏になってしまう、②疲れやすい、③集中できない、心が空白になってしまう、④刺激に対して過敏に反応してしまう、⑤頭痛や肩こりなど筋肉が緊張している、⑥眠れないまたは熟睡した感じがないなどの症状が慢性的に数カ月にもわたって出たり消えたりする状態である。そのときの不安の原因は第三者から見ると、「取るに足らぬこと」「考えすぎ」である場合が多いが、本人はそのように思えず不安にさいなまれ、そのために日常生活に支障が生じてしまう。

それに対して「パニック障害」のほうは、パニック発作と予期不安が主たる症状である。パニック発作は、①心臓がどきどきして脈も速くなる心悸亢進、②呼吸が速くなり息苦しい呼吸困難感、③身震い、手足の震え、発汗などを生じ、④常軌を逸してしまう、狂ってしまうのではないかと感じたり、⑤死ぬのではないかと恐れたりするものである。発作症状は突然発症し、多くの場合、数分から数十分持続して自然に消失する。このときに心臓などの臓器には特に異常所見はない。予期不安とは、パニック発作がまた起こるのではないかと強く恐れて、生活に支障を来すまでになるものである。大丈夫だろうかということが頭から離れないようになり、そのために緊張と不安に日々さいなまれる。この不安のために、たとえば、通勤の乗り物やエレベーターなど、発作が起きたときにすぐ降りることができないような乗り物を避けたり、会議室や映画館など「いざというとき逃げるに逃げられない」場所がひどく苦手になったりする（広場恐怖という）。

2　不安障害の頻度と好発年齢

アメリカの疫学調査では、不安障害の生涯罹患率は25％すなわち4人に1人と、精神障害の中では最も発症頻度の高い疾患と考えられている。

そのうち全般性不安障害の患者は男性より女性が多く、男女比は1：2程

度といわれる。全般性不安障害の有病率は約3％で一般人口のうち100人に3人がこの病気にかかっており、生涯有病率は5％程度で100人のうち5人が一生のうちどこかでこの病気にかかる。子供時代、思春期から病気があったという人が多いが、20歳を過ぎて発病する人もまれではない（アメリカの精神疾患の診断マニュアルによる）。

一方のパニック障害は生涯有病率2％〜5％である。頻度には明らかな性差があり、これも女性が男性の2倍以上の高頻度であるといわれている。

また、不安障害とうつ病の合併も多い。特にパニック障害とうつ病は合併が多く、パニック障害患者におけるうつ病の生涯有病率は55.6％で約2人に1人と大変頻度が高いことを明らかにした研究もある。

3　不安障害の誘因になりがちなこと

不安障害は古典的には「神経症」に分類され、心理的なショック、ストレス、心配事などが原因といわれてきた。しかし、そのような心理的誘因が顕著でない場合も多く、むしろ過労、睡眠不足、風邪などの身体的疲労が蓄積されていることが誘因の場合も多い。特にパニック障害の「発作」は、脳内ノルアドレナリン系の過敏・過活動、あるいはセロトニン系の機能不全など、脳機能の異常により生じるといわれており、乳酸、炭酸ガス、カフェインなどで、発作が誘発されやすいことがわかっている。すなわち心理的原因というよりも、過労、睡眠不足、風邪などの身体的な悪条件に、日常生活上のストレスなどでの慢性的な緊張状態が相まって、発作が生じると考えられている。

以上をまとめると、不安障害は心理的な問題というよりも、慢性的な疲労、無理のしすぎ、日常生活の乱れなどの結果として生じると考えられる。

4　不安障害の治療

うつ病の項でも述べたが、不安障害を罹患したときに生じうる大きな問題

は、なかなか精神科治療に結びつかないことである。全般性不安障害は「心配性」「出社拒否」などといわれ、本人の気の持ちようと捉えられがちである。また、パニック発作は循環器内科などで心臓のチェックをされることが多いが、心臓に問題がないとなると「オーバーな人」「気が小さい人」など不当な評価を受けがちである。いずれも慢性的な疲労や仕事や生活上の無理のしすぎが背景にあることが多いわけで、的確な薬物療法と養生の方法を含めたカウンセリングが有効である。

薬物療法

　全般性不安障害については、抗不安薬や抗うつ薬が用いられる。いずれも気分をリラックスさせ、あまり深刻に物事を考えないようにするのに役に立つ。あまりに根を詰めすぎて疲れてしまうのを予防するためといってもよい。パニック発作にはSSRIと呼ばれる抗うつ薬が使われる。これは神経伝達物質であるセロトニンの再取り込みを阻害する薬物で、神経細胞のつなぎ目であるシナプスにおけるセロトニンの濃度を増やす。このことがパニック発作の抑止に役に立つといわれている。

カウンセリングと養生

　不安や心配事というのは誰にも言えずに1人でよくよく考えていると、かえって増加してしまうという性質をもつ。受容的な環境で人に安心して話ができ、すこし整理が進むだけでも、心理的な不安は下がるものである。また、ノルアドレナリンの過活動やセロトニンの不足といった神経伝達物質の状況を考えると、腹式呼吸の勧めやリラクゼーション、ヨガなど慢性の緊張をほぐすような時間をもつことも役に立つ。またそのような時間を生活の中に組み入れることで、生活のリズムをつくることができるのもよい。予期不安や広場恐怖のような症状には、認知行動療法や行動療法といった、アクションの変化を伴う治療が役に立つ。カウンセラーのサポートを得ながら苦手になってしまった状況にも取り組むことで、苦手を克服していくことができるようになるのである。

5　不安障害の予防

　基本的に、いかに忙しくてもリズムのある生活を維持し、栄養のバランス

を考え運動を適度にとるといった、「体によい生活」を維持することである。「不安障害」というと「精神的な問題」と人は考えがちだが、精神的に参ってしまう背景には睡眠不足や不規則な生活など、精神的緊張を増強・持続させてしまう体の酷使がある。また、人の評価を気にしすぎるあまり、対人関係でつい無理をしすぎてしまうことも考えものである。「体の気持よさ」を、生活の中でも意識できる環境が大切であろう。

もう1つは、「楽しい感覚を持てる時間」を生活の中につくっていくことである。友人とのおしゃべり、適度な運動、のんびり風呂に入るなど、その人なりの気分転換の時間を持つことが大切である。うつ病の項で述べたユーモアや「いいかげん」の勧めなども有効である。

Ⅲ 心的外傷後ストレス障害（PTSD）

1 PTSDとは

心的外傷後ストレス障害（PTSD）という言葉にある「心的外傷」となる体験とは、実際に危うく死にそうになったり、重症を負ったりするような出来事で、PTSDで悩む人は一度以上、そのような事件を体験あるいは目撃、直面したことがある。具体的には大災害や戦争、大きな事故や暴力、性的虐待や幼児虐待などである。虐待ともいえるようなイジメや嫌がらせもその範疇に入る場合がある。そして、PTSDで悩む人は当時強い恐怖や無力感あるいは戦慄、ひどい興奮といった体験をしている。

PTSDとは、そのような心的外傷体験の記憶がその後も呼び戻され、以下のような形で再体験を繰り返しているような状態である。

① 苦痛な体験が反復的に思い出されたり、夢で見られたりする。
② 心的外傷の元になった体験が再び起こっているかのように感じたり、行動したりしてしまう。
③ 心的外傷の元となった体験に類似していたり、何か思い出させる体験がある

> と、強い心理的苦痛を感じてしまう。また、生理学的な反応が体に起こってしまう。

このため心的外傷にふれるような体験や会話、場所や活動を避けるようになったり、あるいは生活上の活動自体が不活発になったり、孤立がちになったり、感情が乏しくなったりする。あるいは持続的な緊張、覚醒亢進のため、睡眠障害を生じたり急にかっとなったり、集中困難、過度に周囲に反応したりする場合もある。これらにより、就労生活を含む生活全般に影響が生じる場合がある。

2　PTSDの頻度と好発年齢

PTSDには児童期も含めて好発年齢はないが、全米の調査（1996）によれば、災害や事故に遭遇した者のうち男性で5％、女性で10％程度であるといわれている。しかし、心的外傷体験の種類によって発症率は異なり、性的被害や戦闘によるPTSDの発症率は高いのに対して、事故や自然災害では低く、身体的危険を伴う暴力やショックによるPTSD発症率は女性のほうが男性に比べて高い。[3] これらの事実は、PTSDの発症には災害や事故の強度ばかりでなく、さまざまな因子が関与していることを示唆している。

3　PTSDの誘因・予防・治療

PTSDが、実際に本人にとって大変苦痛な体験をすることによって生じる疾患であるので、厳密な意味での予防ということはありえない。しかし、上述したように苦痛な体験をした者がすべてPTSDを被るわけではないので、PTSDを最小限に食い止めるための対処はありうると思われる。以下に、その要点を列挙する。

① まず、PTSDという疾患の存在を知ること。一命を取りとめたとして

---

[3] Kessler, R.C., Sonnega, E.J., Bromet, M., et al. (1995). Posttraumatic stress disorder in the national comorbidity survey. Archives of General Psychiatry, 52, 1048–1060.

も、苦痛な体験をしたことの影響は存外長く続き、生活に影響を与える可能性のあるものであることを本人も周囲も知っている必要がある。
② 苦痛な体験の直後から可能な限りサポートが入ること。サポートの目標は、安全保障感を提供すること。必ずしも心理的サポートが最優先ではなく、安全な居場所、睡眠が取れる場所の確保、暖かい食事、必要なときに話を聞いてくれる人の存在、安定したリズムのある生活など生理的な安定感を確保する仕組みの存在が優先される。
③ PTSDの専門家が身近にいて、心的外傷体験を受けた後にも、必要な場合にはサポートが受けられること。

なお、PTSDが発症していることが明確な場合は、以下のような治療が有用である。

① 薬物療法　抗うつ薬のSSRIなどが用いられる。
② カウンセリング　主として認知行動療法を中心としたカウンセリングの有用性がいわれている。
③ EMDR（Eye Movement Desensitization and Reprocessing）　眼球運動と回想、情緒の認識を組み合わせた技法。眼球を左右にリズミカルに動かしながら感情の処理過程を促進し、外傷記憶に伴う苦痛な感情を脱感作するといわれている。

なお、PTSDの治療にあたって特記すべきことは、PTSDには合併症が多いということである。特にうつ病や物質依存障害（アルコール依存や薬物依存など）の合併頻度は高く、治療にあたっては、このような合併症の治療も欠かせない。

Ⅳ　統合失調症

1　統合失調症とは

統合失調症は、慢性の経過をとることの多い精神疾患である。

基本的に急性期の症状は、睡眠障害のほかに、感覚過敏、思考障害、幻覚や妄想などの症状が出現する。これらの症状は「陽性症状」とまとめられるが主として過覚醒と呼ばれる、精神神経系の張り詰めた状態が背景にある。音や光に敏感になり、勘が妙に冴えているように感じたりする。自分の考えが知らずに他者に伝わっていたり、他人の考えに自分が操られているといった、異様な体験が生じ、誰もいないはずなのに「馬鹿が！」といったような自己否定的な声が聞こえたり、「やっちまえ！」というような命令するような声が聞こえたりする（幻聴）。あるいは「誰かがいつも見張っている」とか「食べ物に毒を入れられた」というような妄想に悩まされる。そして、これらの症状からくる不安のために、対人場面を避けがちであったり引きこもり状態になったりする。

　一方で、統合失調症では、長い経過の中で陰性症状と呼ばれる以下の症状も出現する。これらの症状は時に持続し生活場面での障害になる。

① 自発性・自主性の低下　　言われたことはできても、自分から進んで物事に取り組むのには、かなりのエネルギーを要す。

② 一度に多くの問題に対応することが困難になる　　情報処理能力に限界が生じるため、一度に把握できる内容は少しになる。

③ 音や気配に敏感である。人の気持などに気を配りすぎ緊張しやすい。　　知覚が過敏になり、リラックスした状態を保ちづらくなる。気配など無視することが困難となる。

④ 「楽しい感覚」が減少する。悲観的に考えやすく、またこだわりやすい。　　自信が持てなくなるということとも関連し、のびのび、のんびりとすることが難しい。

⑤ 意欲を持続させるのが難しく、疲れやすい。　　集中力を持続させる事も難しく、前向きな気持が萎えがちである。

2　統合失調症の頻度と好発年齢

　統合失調症の好発年齢は思春期後期から青年期前期である。つまり、高校生から大学生のころ、あるいは就職してしばらくして発症する。社会性を十分に身に付ける以前に発症してしまうことで、その後の社会生活を難しくする場合がある。生涯有病率は約１％であり、100人に１人が生涯のうちにこの病気に罹患する。この頻度は国や人種による差がない。

3　統合失調症の誘因になりがちなこと

　統合失調症の誘因は、一概にはいえない。主として素因としての生物学的な脆弱性（もろさ）と、環境との間の慢性のストレス状況から発症に追い込まれると説明されている。生物学的な脆弱性とは遺伝的素因、母胎内でのウイルス感染、生下時の虚血や低酸素血症による脳の微細な障害などである。遺伝研究では、一卵性双生児で片方が統合失調症に罹患した場合のもう１人の罹患率が40％〜60％であることが、一部は遺伝要因があることを推測する根拠になっている。

　以下は仮説であるが、上述したような生物学的脆弱性のために、統合失調症を発症する人の一部は発症以前から周囲とのコミュニケーションに苦労を感じていたり、社会適応が困難であったりしているかもしれない。そして、思春期後期から青年期にかけての大きく環境が変化する時期にあたって、適応にあたり多くのエネルギーを要し脳が機能不全を起こして発症に追い込まれるのかもしれないのである。

4　統合失調症の治療

　統合失調症の症状、特に陽性症状の治療にあたっては薬物療法の進歩が著しい。幻覚や妄想などの症状は神経伝達物質のひとつであるドーパミンによる神経伝達調節機能の混乱と深く関連があるといわれており、特に最近開発

されている非定型抗精神病薬はこれらの症状を和らげるのに役に立つ。また、旧来の薬では必発であった副作用である、眠気やだるさ、手足のこわばり（筋の強直）や震え（パーキンソン症状）が格段に押さえられていて、利用している者の生活の質の向上に役に立っている。体重増加はなかなか解決しにくい副作用であるが、最近はそれも少ない薬物も開発されている。

　一方、障害を抱えながらの生活を支援するためには、リハビリテーションの必要は欠かせない。ここでいうリハビリテーションとは、施設で生活の練習をすることをいうのではなく、生活の中でより生活の質がよくなるように取り組まれる練習や工夫のことをいう。

　この中には、病気の理解や症状の自己コントロールの練習、服薬の自己コントロールも含まれる。というのは、統合失調症は慢性の疾患であり、再発予防のためには適切で定期的な服薬が欠かせないからである。本人、家族、あるいは信頼できる周囲の人々が、「どのような病気なのか、どのように治療やリハビリは行うのがよいのか」ということについて専門家から丁寧に説明を受けることの重要性は強調しておきたい。

　また、上述した陰性症状、生活の障害の症状は、程度の差はあれ数年以上という長期にわたって存在することが多い。そのことを知らずに過ごすと、自分の生活能力の衰えに対して自信をなくし、また生活上の不安を強めてしまいがちである。また家族や友人など「もっとできるはずなのに」「怠けているのではないか」と責めがちになり、本人とのコミュニケーションに不具合を生じてしまうこともある。障害を受け入れることはつらいが、できないことを無理に期待するのではなくて、今の環境でも残されている本人の力や強みに注目し、それが伸び伸びと活用されるように工夫を重ねたい。これが本人のリハビリテーションにつながるのである。

　特に、就労は多くの人々が望んでいることである。障害のために週40時間に加え残業もできるほどの持久力・集中力の維持は難しいかもしれない。また、情報処理能力の限界のために一時に多くの課題に取り組んだり、自発的

にいろいろ工夫をしてみることは難しくなっているかもしれない。しかし、短時間就労や短期間就労の枠組みで、明確な課題を与えられたりした場合、その人の持ち味が生かされれば丁寧な作業は十分可能である。このような実生活の中でのリハビリテーションを維持していくことが、薬物療法と並んで統合失調症を患った人々の治療戦略になるのである。

5　統合失調症の予防

　統合失調症の100％の予防は難しい。しかし、早期発見早期治療によって、慢性の障害を減らすことは可能ではないかといわれている。また、近年は発症する前の前駆症状の出ている時期にかかわることで、発症を未然に防ぎその人の精神的健康を保つことも可能ではないかという議論も出ている。いずれにしてもこれからの分野ではあるが、以下の２点は今でも可能な方法である。

① 「統合失調症」という病気の存在を多くの人々が知る必要がある。統合失調症の生涯有病率は前述したように１％、すなわち100人に１人は統合失調症を患う。これはうつ病の1/10程度ではあるものの、決して少ない数ではない。50人のクラスがあればその２クラスに１人には出現するということである。そうであれば、その症状について多くの人々が理解することで、発症にあたって不要な誤解や偏見に基づく対応をすることを防ぐことができる。特に、陰性症状や生活上の障害については知られていないので注意を促したい。

② そのうえで、危機のときには医療へのアクセスを素早くする。これは歴史的に「精神科」という科が、その敷居を高くしてきたことと関連があるかもしれない。「病院に連れて行くよりも、もう少し様子をみていたい」というのは、しばしば人々の感じることであろう。しかし、睡眠障害や感覚の過敏性が生じた段階（ほとんどまったく眠れなくなり、周囲の音や人の気配に敏感になる）で、本人は相当疲労困憊し、かといって疑

心暗鬼になって自分から助けを求められないことが多い。この段階で「神経の疲れをとる必要がある」と説得し、適切な医療につなげることができれば、大きな破綻を起こすことなく収束させられる場合もある。総合病院の精神科や精神科のクリニックなど、敷居の低いアクセスポイントを確保しておくことが重要である。

V　境界性パーソナリティ障害

1　境界性パーソナリティ障害とは

　境界性パーソナリティ障害は、以下のような特徴をもつパーソナリティの偏りといわれている。生物学的に明確な疾患と考えられるかは議論がある。精神の発達の過程で生じてしまっているひとつのパターン化された行動様式ということもできる。

① 　自分に対する評価が低く、「自分には価値がない」という認識にとらわれている。そのため他者との関係では他者の評価を過剰に気にしてしまう。そのため他人に受け入れられるように過剰に振る舞いそのことに疲れ果ててしまう場合もあるし、いったん他人から否定的な評価を受けると「見捨てられるのではないか」という不安が極端に高まってしまう。

② 　周囲との関係で感情が極端にぶれてしまう。たとえば家族や他人の一言で自分がすべて否定されたように感じてしまう。そうすると、怒りが噴出したり自分を責める気持が極端になり、暴力や自傷行為に走ったりする。

③ 　考え方が全か無かというパターンをとりやすく、「いいかげん」や「まあまあ」といった妥協点を見出すような考え方ができにくい。完璧にできなければだめという強い思い込みがあり、そのことが破綻したと思うと急に関係性を絶とうとする。それが人間関係や就職場面で「頑張

るときにはすばらしいが、ちょっとだめだとすぐにやめてしまう」というような行動として現れやすい。
④ 行動パターンが極端になりやすく、過剰に適応したり、極端に激したり、また自己否定から自傷行為に走ったりする。特に家族に対して、激しく怒りをぶつけたり、自宅で自傷行為に及んだりして、家族間のコミュニケーションが混乱しやすくなることが多い。

2　境界性パーソナリティ障害の頻度と好発年齢

どの時点で発症しているかを明快に認識することは難しいが、主に思春期に問題行動が顕著になる。疫学調査では、人口の1％～2％程度に存在すると言われている。気分障害（感情障害）や物質関連障害などを合併することも多い。

3　境界性パーソナリティ障害の治療

基本的にカウンセリングと薬物療法が中心となる。そこでは安定した治療関係づくりの中で自己肯定感を育むことが目標になるが、要点は以下のようである。
① 薬物療法は本人の不安や抑うつを和らげる目的で行われる。時に衝動性を和らげるための抗精神病薬の使用や、感情の極端な不安定性への対応として感情調整薬が処方される。
② さまざまな症状の背景にある「感情の起伏の激しさとコントロールの難しさ」を生物学的な要因をもったものと位置づけ、これに対する対応をともに考えていくことを「治療」と位置づける。
③ 上記のような生物学的な要因をもちながらも生活をするうえで苦労してきた点、自分なりに工夫してきた点などを確認しながら、今後の生活上の工夫をいろいろと考える。このような文脈では、リストカットや大量服薬は「感情の起伏の激しさ」に本人も巻き込まれてしまった挙句に

してしまった行動や、「本人なりの対処行動」ととらえられ、少しずつではあるが「巻き込まれない工夫」や「もう少し違った対処行動」が行われるようになる。

④ 対人関係や仕事関係では100％受け入れられることは困難なこと、100％完璧にすることは困難なことという観点から、「いいかげんにする」「70％で我慢する」「適当なところであきらめる」といったことを行動の目標にして、その実現を少しずつ、それこそ「適当に」進めていく。

⑤ したがって、就労としては短期間就労や短時間就労の中で「自分にふさわしい仕事の仕方」を学ぶとともに、「少し休んでもあきらめない」「ちょっと手を抜いて仕事をする」ことなどを相談の目標とすることが、存外安定した就労につながりやすい。

⑥ ただし、この間も感情の起伏はどうしても生じるので、そのことによって本人が感じるつらさやしんどさを聞き続ける人の存在は必要である。このような役割をする人はしばしば家族であるが、そのような人々に対してのサポートは欠かせない。

VI アスペルガー症候群

1 アスペルガー症候群とは

アスペルガー症候群は、高機能広汎性発達障害というカテゴリーの中に分けられる。発達障害の一部で、知的な障害はないのだが、以下に述べるようなコミュニケーションの障害がある。これは生来のものであり、周囲の者の理解がない場合、社会的なさまざまな困難に遭遇する場合がある。アスペルガー症候群の障害の程度は人によりさまざまであり、障害の程度の軽い場合は一般就労なども行える。

コミュニケーションの障害とは、以下のように表される。

① コミュニケーションにおける非言語的行動を適切に取ることが苦手である。たとえば視線を合わせることや表情によるコミュニケーション、ジェスチャーの使用などがとても難しい。また、自分のことは熱心に話すことはできても、相手の話に興味がない場合は関心をもち続けることが難しい。そのため「仲間意識」や「チームワーク」が強調されるような場面で、積極的に役割を引き受けたり、人の気持に耳を傾けたりといった対人関係をとることに困難を生じる。
② 自分の興味の対象が限られ、その対象へのこだわりが極端である。そのことについては大変に熱心であるが、他のことに対する関心が極めて限られたものであるため、生活に支障を来す場合がある。日課や儀式へのとらわれや常同的な習癖にとらわれている場合もある。

2　アスペルガー症候群の頻度と好発年齢

　アスペルガー症候群の有病率について確定的なデータはまだないようであるが、高機能広汎性発達障害の上位概念である「自閉症スペクトラム」というくくりで見ると、約1％の人々がこの領域に入る障害をもっているという英国のデータがある。また、この症候群は生来的なものなので「好発年齢」という概念は当てはまらない。大体5歳程度までに、問題が顕在化してくるようである。

3　アスペルガー症候群の治療

　先述しているように発達障害のカテゴリーに入る症候群であり、この領域の人々に必要なのは医学的な治療というよりも、生活支援である。そのような視点に立ったとき、以下の2点は有用かと思われる。
① アスペルガー症候群という、知的な機能は維持されているが他者とコミュニケーションを円滑にとるうえでの障害のある症候群の存在をまず知る。「変な人」というよりも、そのような障害をもった人としての理

解を本人・家族も含め周囲の人々もできるように、アスペルガー症候群についての情報の共有を進める。

② その人の長所を伸ばし、できないところは何らかの手段で補うというような対処法をとる。たとえば、その人のこだわりが仕事の中で活用できるようであれば積極的に活用する。また、障害となっている部分、たとえば「自分のことばかり話し、人の話には関心をもたない」という状態については、「やろうとしない」のではなく「できない」のだという認識を徹底させる。そのうえで伝達事項は文書にして伝えるなど代替法を開発する。また、職場や生活の場にアスペルガー症候群に詳しい専門家を派遣し、その人のおかれた状況では何が可能で、何が可能でないかを具体的に確認するような作業も有用である。すなわち、一般論よりも個別の具体的な対応が生活支援・就労支援では特に重要である。

(伊藤　順一郎)

第3節　精神科医からみたEAP導入の必要性

I　精神科医療の最近の状況

　わが国の精神科医療は近年急速に変わりつつある。これまでの精神科医療は、精神科病院という入院治療を中心とした施設で行われてきたが、現在は、患者さんに地域の中で生活してもらいながら、それを支えていこうというシステムに変化してきている。つまり、入院病棟中心治療から外来中心治療、あるいは外来で治療を行いながら職場や家庭といった生活の場に医療が出向いて行ってケアをするという方向である。これは長期入院によって患者さんの治療を行うという考え方ではなく、なるべく入院日数を減らしてやっていこうという考え方である。しかし、今まで病院という施設を使ってやっていたリハビリテーションや療養を家庭や地域、職場といった生活の場の中でやっていくためには、それをサポートするためのノウハウを整備していかなければならない。

　現在、私達が外来クリニックのほかにやっている主な仕事は、ACT（Assertive Community Treatment）というプログラムである。これは、重い精神障害をもった方々でもなるべく入院をせずに地域の中で暮らせるように、多職種で構成される訪問型チームをつくり、そのチームで包括的なケアを行う。ACTと似た研究にIPS（Individual Placement & Support）というプログラムもある。こちらは、精神障害をもっているけれども就労したいという人を企業に個別に紹介する就労支援プログラムである。ACTやIPSは、日本ではまだ研究段階であり、診療報酬化はされていない。しかし、現在行われている研究をもとに、今後何らかの財源を確保して制度化することを政府も考えていくようになると思われる。

ところで、IPSは、もともと医療チームと就労支援チームが一緒になって1つのチームをつくるという構成になっている。したがってIPSがかかわるということは、すなわちメンタルヘルスのプロフェッショナルがかかわるということであり、それに加えて就労支援の専門家がチームの一員として入ってくるということである。

　現在、私達のチームでは、ACTに参加している人々や地域の中の地域生活支援センターに通っている人達の中で就労の希望がある人に対して就労支援を行っている。それと並行して病気についての理解を求めたり、薬の副作用が強いようならそれについて主治医との交渉にかかわったりするといったサービスも行っている。

II　障害者自立支援法と精神医療

　平成18年4月から障害者自立支援法が施行されたが、新しいサービス体制への移行は10月から開始された。これまでは生活支援センターとか作業所など箱ものごとに名称があり、その箱ものにお金が付くというシステムになっていた。しかし、平成18年10月からの障害者自立支援法の実施に伴い、それぞれの箱ものにお金が支給される方式ではなく、箱ものの中で行われるサービスに対してお金が支給されるというシステムに変わった。つまり地域活動支援事業、相談支援事業、生活訓練事業、就労移行支援事業、就労継続支援事業といった事業ごとにお金が付くという形になった。また、マネジメント全体の責任が県ではなく市町村に降りてきたため、個々の市町村がどういう枠組みで運営していくかによっても違いが出るようになった。

　1つの大きなメリットは、3障害がいっしょの財源になるということである。今まで精神障害はいわゆる障害者福祉の枠の外側にあり、精神障害保健福祉という別の領域に入っていたため、財源的には十分なものがなかった。しかし、今後は身体障害、知的障害、精神障害がすべて障害者福祉という枠組みに入るため、これまで障害種別ごとに異なる法律に基づいて提供されて

きた福祉サービスや公費負担医療が共通の制度の下で一元的に提供されるようになった。たとえば、グループホームのような住居プログラムをつくったときに、それを使う人達を障害者別に分けなくてもよいため、柔軟的な対処が可能になった。しかし、この法律は受けるサービスの量によって金額が決まるという応益負担の形になっており、重症であればあるほどかかるコストが増えるので、重症で経済的に困窮している人達が逼迫してしまう可能性がある。こうした課題は、今後解決していなかければならない。

Ⅲ　EAPの役割と期待

　仕事をするということは人間生活の重要な部分を占めるが、精神障害や精神疾患のためにそれが妨げられてしまう場合がある。1つは、精神障害を負ってしまったがために仕事に就くこと自体が難しくなってしまうケースである。もう1つは、仕事を続けてはいるが、精神疾患のために職場の中で今までと同じように仕事ができなくなるケースである。いずれの場合でも、病気のために仕事という機能が妨げられているわけであり、仕事ができるように機能回復するためには、病気に対する治療は当然不可欠である。それと同時に、病気をもっている人達が回復するときにどういう仕組みが必要かということを考えなければならない。しかし、企業関係者にとってこうしたことを理解するのは容易ではなく、また病院をベースにして仕事をしている医療人も、企業の中で何が必要なのかということについて的確な情報やアドバイスを入手することは難しい。そうなると、企業の中にいて企業の状況もわかり、かつ病気をもってしまった人が再び仕事に就くために必要な仕組みや工夫についても理解したうえで的確に本人や家族にアドバイスができ、企業側にも必要なことを伝えられる仲介者の存在が不可欠になる。つまり企業という現場にいるメンタルヘルスのプロフェッショナルの存在である。EAPはまさにそういった機能をもつメンタルヘルスのプロフェッショナルだといえる。

病気をもってしまった人をケアするのは当然であるが、それ以上に大切なことは病気にならないようにすることである。そして精神疾患の場合は、その人の精神的な健康を常によい状態に保ち続けることがすなわち予防になる。しかし、現実社会の中で地域や企業が予防的なかかわりをしていくことは不可能に近い。

　一方で、企業や学校のように特定の目的をもつ人々が組織化されて動いているという限定された場の中で考えると、そこにいる人々の健康を保つために何をすればよいかということは、それらの企業や学校の機能を高めていくことを考えたときに非常に大きなポイントになる。実際問題として、企業が成熟する前の段階で社員のメンタルヘルスにまで配慮するのは大変であるが、企業がある程度の業績を上げ、安定した状況になってきた時には、企業のさらなる発展を図るためにメンタルヘルスを充実させていくことが不可欠である。そのときに企業の中にメンタルヘルスのプロフェッショナルが存在することの意味は非常に大きい。

　人は、健康なときには自分の身体や精神的な問題に気を遣わないものである。しかし、いざ小さな危機に陥ったときに、その段階で何とかするための手段が提供されていれば、それは大きな予防効果を生む。どれほど近代化が進んでも、人事管理における中間管理職の悩みは尽きない。そういうときに不可欠になるのは、労働力の質をよくするためのマネジメントをするということであり、ここでもEAPは非常に重要な存在になる。肝心なことは、メンタルヘルスのプロフェッショナルであるEAPこそ自分達の領域であるという認識をもってアプローチをしていくことであるが、問題はそういうプロフェッショナルの存在がまだまだ少ないことである。

Ⅳ　EAPの今後の課題

　企業で働く労働者が大きなダメージを受ける前にメンタルヘルスの治療を受けることが当たり前のようになれば、多少のコストは発生しても大きなダ

メージを予防でき、甚大なコストを削減することが可能になる。医療者は自分が実際に手をかけないと治療した気がしないという人が多いかもしれないが、自分達が活躍する前の段階で病気を防止していくためのスキルを磨くという発想がこれからは大切である。特に精神科医は、そうしたマネジメント能力をめざしていくことがより必要になってくる。

　アメリカには、利用者の入院日数が50％以下に削減できればACTのファンドが降りるという仕組みがある。つまり、ACTの定義そのものが、地域滞在日数を増やすことを目的とする多職種チームということになっているため、チームのアウトカムをモニタリングして、入院日数が全然減っていなかったらお金がカットされるという仕組みである。後は、1人の精神障害者に対して年間たとえば3万ドルくらいの予算を与えて、医療に使っても就労支援に使ってもよいし、それこそアパートを借りる家賃の補助に使ってもよいから、とにかくその3万ドルでその1人をサポートしなさいという方法がある。そうすると、入院に使ってしまえばあっという間にお金がなくなってしまうので、入院しないためにはどうすればよいか、みんな一生懸命考えるようになる。そして、もし年度末に患者さんのQOLが上がっていたら翌年もお金が出るが、失敗すればカットされるというシステムである。これは必ずしもいつも綺麗に機能するわけではないが、理念としてはそういうアウトカムモニタリングをするという発想である。

　日本のEAPも、そのように効果を測定してきちんとエビデンスを出すことが今後の課題である。　　　　　　　　　　　　　　　（伊藤　順一郎）

第2章 事前の予防策〜心の病を防ぐ諸対策

第1節　労働者の心の健康動向

Ⅰ　はじめに──増加する心の病の患者数

　今日、心の病について悩みを抱えている人が急増している。

　図表２−１に示すのは、厚生労働省が３年ごとに実施する患者調査（傷病分類編）における心の病の「統合失調症」「うつ病」（神経症性障害、ストレス関連障害および身体表現性障害）の推計患者数（調査日当日に、病院、一般診療所で受診した患者の推計数）の推移である。

　この統計データから、次の２点の特徴が見受けられる。

　第１に、統合失調症、神経症性障害等で若干の改善がみられたが、平成11年と比較すると、まだまだ多い患者数である。

　このことは、良い面で考えると、以前よりは、心の病が普通の病気であることが世間的に認められる風潮になり、患者が病院等に行きやすくなったことが考えられる。

　ただ、このように心の病の患者数が増えることは、個人が生き生きとした人生を過ごす中で大きな支障がある。そして、後述するが最悪の場合は自殺につながり、極めて不幸な事態を引き起こすリスクがある。

　また、少子高齢化が進展し、労働力人口が不足することが懸念される中で、心の病で苦しむ労働者が増えるということは、わが国経済の活力が損なわれることにもなる。

〔図表2-1〕

統合失調症	推計患者数（単位：千人）		
	総　数	入　院	外　来
平成11年	235.8	199.5	36.3
平成14年	239.0	191.6	47.4
平成17年	245.6	189.7	55.9
平成20年	237.4	178.6	58.8

（出所：厚生労働省「平成20年患者調査報告（傷病分類編）」）

うつ病	推計患者数（単位：千人）		
	総　数	入　院	外　来
平成11年	33.5	11.9	21.6
平成14年	54.6	13.5	41.2
平成17年	66.6	14.4	52.2
平成20年	70.0	16.0	54.0

（出所：厚生労働省「平成20年患者調査報告（傷病分類編）」）

神経症性障害、ストレス関連障害及び身体表現性障害	推計患者数（単位：千人）		
	総　数	入　院	外　来
平成11年	45.8	7.0	38.8
平成14年	53.1	5.8	47.3
平成17年	55.6	5.4	50.2
平成20年	54.5	4.9	49.6

（出所：厚生労働省「平成20年患者調査報告（傷病分類編）」）

　したがって、心の病については、わが国全体で真剣に取り組み、改善を図るべき問題といえよう。

　第2に、「うつ病」に関する推計患者数が著しく増加していることが顕著である。

　平成11年と平成20年を比較してみると、推計患者数が2倍超も増加してい

る。前述のとおり、「心の病」に関して社会的関心が高まっており、患者が病院等にこれまで以上に行きやすくなったことも増加の要因として考えられるが、それにしても、この急増ぶりは異常である。

「うつ病」は心の風邪ともいわれている。風邪にかかったら治療することは重要であるが、同時に予防することも重要である。後述するが、本書ではさまざまな予防に関する手法を提案している。ぜひ、参考にしていただきたい。

Ⅱ　自　殺

1　毎年発生する3万人の自殺者

自殺者は、平成10年以降は毎年3万人を超える状況である。

図表2－2は、平成24年3月9日に警察庁が発表した「平成23年中における自殺の状況」より、平成17年から平成23年までの7年間の自殺者数を抜粋したものである。

〔図表2－2〕

(人)

平成17年	平成18年	平成19年	平成20年	平成21年	平成22年	平成23年
32,552	32,155	33,093	32,249	32,845	31,690	30,651

(出所：警察庁「平成23年中における自殺の状況」)

このように毎年多数の自殺が発生する状況が懸念される中、国は、平成18年に「自殺対策基本法」を施行するとともに、平成19年に、「自殺総合対策要綱」を策定した。また、平成20年には「自殺総合対策要綱」の一部改正を行うとともに、「自殺対策加速化プラン」を発表した。

このように、国は自殺対策に本格的に乗り出している。そして、同時に以

下に示すとおり企業に対して、職場のメンタルヘルス対策を通じて、自殺の予防に関して企業の積極的な取り組みを求めている。

＜自殺対策基本法＞
（事業主の責務）
第5条　事業主は、国及び地方公共団体が実施する自殺対策に協力するとともに、その雇用する労働者の心の健康の保持を図るため必要な措置を講ずるよう努めるものとする。

＜自殺総合対策要綱＞
4．心の健康づくりを進める
　自殺の原因となる様々なストレスについて、ストレス要因の軽減、ストレスへの適切な対応など心の健康の保持・増進のための職場、地域、学校における体制整備を進める。
　(1)　職場におけるメンタルヘルス対策の推進
　　職場におけるメンタルヘルス対策の充実を推進するため、「労働者の心の健康の保持増進のための指針」の普及啓発を図る。また、管理・監督者を始め労働者に対し心の健康問題への誤解や偏見をなくすための正しい知識の普及、産業保健スタッフの資質の向上等による相談体制の充実等事業場に対する支援を実施し、労働者が職場内で相談しやすい環境整備を図る。特に、メンタルヘルス対策の取組が進んでいない小規模事業場に対しては、産業保健と地域保健との連携などにより支援を充実する。
　　また、過重労働による健康障害防止のための労働基準監督署による監督指導を強化する。

＜自殺対策加速化プラン＞
3．心の健康づくりを進める
　〇職場におけるメンタルヘルス対策の推進
・事業場におけるメンタルヘルス対策の実施体制の整備等を推進するため、衛生委員会等での調査審議の促進、専門家派遣による体制整備等のための事業場への指導援助、管理監督者等に教育を行う「メンタルヘルス教育研修担当者」の育成等を行い、「労働者の心の健康の保持増進のための指針」に基づく取組

> の促進を図る。
> ・メンタルヘルス不調者の早期発見、専門機関への取り継ぎを推進するため、産業医・精神科医等に対する研修の実施、全国のメンタルヘルス対策支援センターを活用した一定水準を満たす相談機関の事業場への紹介等を行い、事業場外資源との連携の促進を図る。
> ・メンタルヘルス不調により休業した労働者の円滑な職場復帰支援を推進するため、事業者等への相談対応の実施、事業場・相談機関・医療機関等のネットワーク化等を行い、「心の健康問題により休業した労働者の職場復帰支援の手引き」を活用した事業場の実態に即した取組の促進を図る。

　さらに、厚生労働省では、平成22年に自殺・うつ病等対策プロジェクトチームが、対策について、次頁のとおり報告した。

　このように、職場のメンタルヘルスケアを通じて自殺の予防を図ることは、企業が社会的責任を果たすうえで不可欠なものであると考える。言い換えれば、企業のメンタルヘルスケア対策が不十分である中で自殺者が出たとなれば、安全配慮義務違反という問題もさることながら、社会的信用が失墜し、企業イメージが損なわれることにもつながることは間違いない。

　したがって、職場のメンタルヘルスケアの重要度は、これまで以上に高まってきていることを自覚する必要があるであろう。

第1節 労働者の心の健康動向

誰もが安心して生きられる温かい社会づくりを目指して
～厚生労働省における自殺・うつ病等への対策～

厚生労働省
自殺・うつ病対策プロジェクトチーム報告
(平成22年5月28日)

柱1　普及啓発の重点的実施
～当事者の気持ちに寄り添ったメッセージを発信する～

- 睡眠キャンペーンの継続的実施
- 当事者が相談しやすくなるようなメッセージの発信
- うつ病を含めた精神疾患に関するウェブサイトの開発
- 「生きる支援」の総合検索サイトの拡充
- 都道府県等に対する効果的な自殺対策の周知
- ハローワークにおける失業者への情報提供方法の充実

柱2　ゲートキーパー機能の充実と地域連携体制の構築
～悩みのある人を、早く的確に必要な支援につなぐ～

<うつ病等の精神疾患にかかっている方を対象に>
- 都道府県・市町村における精神保健体制の充実
- かかりつけ医と精神科医の地域連携の強化

<主として、求職中の方を対象に>
- ハローワーク職員の相談支援力の向上
- 都道府県等が行う心の健康相談等へのハローワークの協力
- 求職者のストレスチェック及びメール相談事業の実施
- 生活福祉・就労支援協議会の活用

<主として、一人暮らしの方を対象に>
- 地域における孤立防止等のための支援

<生活保護を受給している方を対象に>
- 生活保護受給者への相談・支援体制の強化

柱3　職場におけるメンタルヘルス対策・職場復帰支援の充実
～一人一人を大切にする職場づくりを進める～

- 管理職に対する教育の促進
- 職場のメンタルヘルス対策に関する情報提供の充実
- 職場におけるメンタルヘルス不調者の把握及び対応
- メンタルヘルス不調者に適切に対応出来る産業保健スタッフの養成
- 長時間労働の抑制等に向けた働き方の見直しの促進
- 配置転換後等のハイリスク期における取組の強化
- 職場環境に関するモニタリングの実施
- 労災申請に対する支給決定手続きの迅速化
- うつ病による休職者の職場復帰のための支援の実施
- 地域・職域の連携の推進

柱4　アウトリーチ(訪問支援)の充実
～一人一人の身近な生活の場に支援を届ける～

- 精神疾患の未治療・治療中断者等へのアウトリーチの充実

柱5　精神保健医療改革の推進
～質の高い医療提供体制づくりを進める～

- 「認知行動療法」の普及等のうつ病対策の充実
- 自殺未遂者に対する医療体制の強化
- 治療を中断した患者へのフォロー体制の確立
- 精神保健医療改革の方向性の具体化

自殺・精神疾患の社会経済的コストの推計を行う

(出所:厚生労働省「自殺・うつ病等対策プロジェクトチームとりまとめについて」)

2 自殺の原因・動機

次に、職場内での問題が自殺の大きな原因となっているか否か確認してみよう。図表2－3は、警察庁が発表した前記統計中、原因・動機別自殺者数を整理したものである。これは、遺書などの自殺を裏づける資料により明らかに推定できる原因・動機を自殺者1人につき3つまで計上して集計したものである。

〔図表2－3〕

	原因・動機特定者の原因・動機別							
	家庭問題	健康問題	経済・生活問題	勤務問題	男女問題	学校問題	その他
平成19年	3,751	14,684	7,318	2,207	949	338	1,500
平成20年	3,912	15,153	7,404	2,412	1,115	387	1,538
平成21年	4,117	15,867	8,377	2,528	1,121	364	1,613
平成22年	4,497	15,802	7,438	2,590	1,103	371	1,533
平成23年	4,547	14,621	6,406	2,689	1,138	429	1,621

（出所：警察庁「平成23年中における自殺の状況」）

このように自殺には、さまざまな原因・動機があげられるが、注目すべきは、平成23年では、「勤務問題」を自殺の原因・動機とした人が2,689名もいたことである。つまり、2,700人近くの人が勤務問題に悩んだあげく、自殺という最悪な選択を行ったことになる。しかも、勤務問題による自殺者は、毎年増加している。

なお、図示していないが、「勤務問題」の2,689人の男女別の内訳は、男性2,347人、女性342人となっており、男性が圧倒的に多いのも注目するものがある。

3　職場における自殺者の特徴

次に、先述の自殺者は、「勤務問題」において、どのようなことに悩み、自殺に至ったのだろうか。図表2－4は、「勤務問題」についてさらに原因・動機を細分化したものである。

〔図表2－4〕

	原因・動機特定者の原因・動機（勤務問題）				
	仕事の失敗	職場の人間関係	職場環境の変化	仕事疲れ	その他
平成19年	368	514	263	672	390
平成20年	412	568	268	694	470
平成21年	456	547	334	700	491
平成22年	478	587	316	710	499
平成23年	471	657	359	723	479

（出所：警察庁「平成23年中における自殺の状況」）

平成23年では、「仕事疲れ」が723人、「職場の人間関係」が657人と多く、これらが、「勤務問題」における重要な問題となっており、いずれも毎年増加している。「仕事疲れ」の中には「過重労働」、「職場の人間関係」の中には「パワーハラスメント」といった今日的な問題が内在していることが考えられる。

社団法人日本産業カウンセラー協会の調査では「職場のいじめ」の事例経験があるとの回答が約8割に上っている。

企業としては注意が必要であろう。

4　自殺の兆候

厚生労働省では、「職場における自殺の予防と対応」において、図表2－

5に示すとおり、自殺の予防10箇条を整理している。つまり、こうしたサインが数多く認められる場合は、自殺の危険が迫っており、早い段階で専門家に受診させることを勧めるものである。

〔図表2－5〕

1．うつ病の症状に気をつける
2．原因不明の身体の不調が長引く
3．酒量が増す
4．安全や健康が保てない
5．仕事の負担が急に増える、大きな失敗をする、職を失う
6．職場や家庭でサポートが得られない
7．本人にとって価値あるものを失う
8．重症の身体の病気にかかる
9．自殺を口にする
10．自殺未遂に及ぶ

（出所：厚生労働省「職場における自殺の予防と対応」）

　この中で、特に職場で注意すべきは、「5．仕事の負担が急に増える、大きな失敗をする、職を失う」と「6．職場や家庭でサポートが得られない」である。仕事の負担が急に増えれば、長時間労働が続き、心身上の負担が高まるリスクが生じる。また、仕事で大きな失敗をしたり、職を失うことになれば、精神的苦痛は計り知れないものがある。以上から、職場内での社員に対する適切なサポート体制を推進するとともに、安易なリストラを行わないように会社は注意する必要があるといえよう。

　また、長期の単身赴任により、身近に家族がいないことで、健康管理が不十分となり、過大なストレスを抱えることも考えられる。この場合は、人員配置に工夫をすることで、長期の単身赴任を抑制したり、健康相談に対応す

る等により、単身赴任者に対するメンタル面のサポートも重要になると思われる。

III 精神障害

1 労働者の精神的ストレス等の状況

図表2-6は、厚生労働省の平成19年「労働者健康状況調査」において、労働者が仕事や職業生活に関して強い不安、悩み、ストレスの内容についてまとめたものである。

〔図表2-6〕

区分	労働者計	強い不安、悩み、ストレスがある	強い不安、悩み、ストレスの内容(3つ以内の複数回答)												強い不安、悩み、ストレスがない	不明
			仕事の質の問題	仕事の量の問題	仕事への適性の問題	職場の人間関係の問題	昇進、昇給の問題	配置転換の問題	雇用の安定性の問題	会社の将来性の問題	定年後の仕事、老後の問題	事故や災害の経験	その他	不明		
平成19年	100.0	58.0	(100.0)	(34.8)	(30.6)	(22.5)	(38.4)	(21.2)	(8.1)	(12.8)	(22.7)	(21.2)	(2.3)	(9.3)	(0.1)	41.2	0.8
男性	100.0	59.2	(100.0)	(36.3)	(30.3)	(21.2)	(30.4)	(24.9)	(8.7)	(12.2)	(29.1)	(24.1)	(3.0)	(9.4)	(0.1)	40.2	0.6
女性	100.0	56.3	(100.0)	(32.5)	(31.1)	(24.5)	(50.5)	(15.6)	(7.1)	(13.7)	(12.9)	(16.7)	(1.1)	(9.3)	(0.2)	42.7	1.0
(就業形態)																	
一般社員	100.0	61.8	(100.0)	(36.7)	(32.0)	(23.2)	(37.7)	(21.0)	(8.4)	(9.6)	(24.6)	(21.6)	(2.5)	(9.4)	(0.1)	37.6	0.6
契約社員	100.0	56.2	(100.0)	(24.8)	(23.3)	(23.1)	(34.4)	(28.7)	(9.6)	(36.2)	(14.4)	(21.0)	(0.6)	(8.1)	(0.1)	43.6	0.2
パートタイム労働者	100.0	40.3	(100.0)	(27.6)	(25.3)	(16.6)	(45.8)	(17.7)	(4.4)	(21.9)	(14.1)	(18.1)	(1.7)	(9.8)	(0.1)	58.0	1.7

(出所:厚生労働省「平成19年労働者健康状況調査結果の概況」)

まず、「強い不安、悩み、ストレスがある」と回答した労働者は58.0%で半数を超えている状況である。男女を比較しても、男性が59.2%、女性が56.3%であり、さほど変わらない状況である。

そして、「強い不安、悩み、ストレス」の内容で多いのは、「職場の人間関係の問題(38.4%)」「仕事の質の問題(34.8%)」「仕事の量の問題(30.6%)」となっている。

ここで思い出していただきたいデータがある。図表2-4での自殺の原

因・動機である。ここでは、自殺の原因・動機として多い内容は、「仕事疲れ」「職場の人間関係」であった。つまり、現在の労働者の抱えている強い不安、悩み、ストレスと自殺における中身がかなり共通しているのは注目すべきことである。

すなわち、最悪の事態として以下のようなケースが想定される。
① 現在の仕事の量や質の問題が解消されず、仕事に対して著しく疲れを感じ、自殺をしてしまう。
② 職場の人間関係がこじれてしまい、それが解消されず、辛くなって自殺をしてしまう。

したがって、上記の問題は、悪化しないうちに、早期に適切な対策を行うことが重要なのは、いうまでもないであろう。

だが、そもそも、なぜこうした問題が生じたのだろうか。個人的な見解であるが、以下の理由があると考える。
① 少子高齢化に伴い新規採用が困難となる中で、既存社員に多大なしわ寄せがきて、仕事の質・量について多大な要求がされている。その結果、過重労働を引き起こし、仕事疲れが生じやすくなっている。
② 成果主義が進む中で、職場の人間関係が希薄となり、風通しのよい社内風土が形成されていないことが懸念される。そして、その結果、パワーハラスメントという今日的な問題を引き起こし、思い悩む社員が出てきている。

以上のように、メンタルヘルスにおいては、過重労働対策とパワーハラスメント対策は重要であり、過重労働対策については第3節、パワーハラスメント対策については第4節で説明する。

2　相談できる人の有無

次に、図表2-7は、仕事や職業生活に関して強い不安、悩み、ストレスについて相談できる人の有無をまとめたものである。

〔図表2－7〕

区分	労働者計	相談できる人がいる	相談相手（複数回答）									相談できる人がいない	不明
			上司・同僚	家族・友人	産業医	産業医以外の医師	看護師又は保健師	衛生管理者又は衛生推進者等	カウンセラー等	その他		
平成19年	100.0	89.7	(100.0)	(65.5)	(85.6)	(3.3)	(2.7)	(2.1)	(0.8)	(1.5)	(2.9)	8.8	1.4
男性	100.0	87.4	(100.0)	(67.4)	(81.4)	(4.5)	(3.6)	(2.0)	(0.9)	(1.9)	(3.5)	10.8	1.8
女性	100.0	93.1	(100.0)	(62.8)	(91.2)	(1.8)	(1.5)	(2.3)	(0.6)	(1.0)	(2.0)	6.0	0.9

（出所：厚生労働省「平成19年労働者健康状況調査結果の概況」）

　全体で相談できる人の割合は89.7％であり、男女別でみても、男性が87.4％、女性が93.1％であり、いずれも高い割合である。そして、最も多いのが「家族・友人」となっている。

　ここで注目すべきは、「上司・同僚」についても65.5％と高い数字を残していることである。職場は、1日の大半を過ごす場であり、上司や同僚と良好な関係を築き上げることは、幸せな職業生活を過ごすうえで、とても重要であり、多くの社員が上司や同僚を相談相手としていることは喜ばしいことである。

　ただ、逆説的な見方をすれば、約35％は、「上司や同僚」をよき相談相手として認めていない点は気がかりである。少しでも、風通しのよい社内風土の形成を図るよう、企業は努力する必要がある。

3　精神障害に関する労災認定

　次に、労働者が精神障害に至った場合、労災として認定されるのか否かを検討してみたい。

　まず、労災が認定されるメリットとしては、労働者災害補償保険法により、さまざまな給付が受けられることである。不幸にも自殺に至った場合は、労災が認定されれば遺族補償の対象となる。したがって、経済的にも大きなメリットがある。

また、業務上の災害により休業している期間およびその後30日間は、解雇制限期間となり、一部例外はあるが、原則として労働者にとって解雇されないメリットが生じる（労働基準法19条1項）。

したがって、労災の認定の有無は労働者が精神障害に至った場合には、重要な問題となる。

そして、この労災認定の判断にあたり重要なのが、厚生労働省で作成した「心理的負荷による精神障害等に係る業務上外の判断指針」（以下、「判断指針」という）である。この判断指針は、平成21年4月に改正され、その後、平成23年12月に、「心理的負荷による精神障害の認定基準について」（以下、「認定基準」という）が公表され、判断指針は廃止された。これは、精神障害の労災請求事案の業務上あるいは業務外を判断する基準である。ポイントは、以下のとおりである。

(1) 基本的な考え方

労働者に発病する精神障害は、図表2－8に示す内容が複雑に関係し合って発病するものとされる。したがって、これらの内容と発病した精神障害との関連性について総合的に判断される。

〔図表2－8〕

内　容	例
業務による心理的負荷	事故や災害の体験、仕事の失敗、過重な責任の発生、仕事の質・量の変化
業務以外の心理的負荷	自分の出来事、家族・親族の出来事、金銭関係
個体側要因	既往歴、生活史（社会適応状況）、アルコール等依存状況、性格傾向

(2) 対象となる精神障害

認定基準の対象の疾病（以下、「対象疾病」という）は、国際疾病分類第10回修正版（以下、「ICD-10」という）「第Ⅴ章　精神および行動の障害」に分

類される精神障害で、器質性のものおよび有害物質に起因するものを除く疾病になる。

そして、対象疾病のうち業務に関連して発病する可能性のある精神障害は、主としてICD-10のＦ２からＦ４に分類される精神障害である。

なお、ICD-10のＦ０およびＦ１に分類される精神障害は、個別に判断されることになる。

Ｆ５からＦ９に分類される精神障害は業務との関連での発病は少ないと考えられ、また、いわゆる心身症は、認定基準の精神障害には含まれないこととされている。

〔図表２－９〕

Ｆ０	症状性を含む器質性精神障害
Ｆ１	精神作用物質使用による精神および行動の障害
Ｆ２	統合失調症、統合失調型障害および妄想性障害
Ｆ３	気分（感情）障害
Ｆ４	神経症性障害、ストレス関連障害および身体表現性障害
Ｆ５	生理的障害および身体的要因に関連した行動症候群
Ｆ６	成人のパーソナリティおよび行動の障害
Ｆ７	精神遅滞（知的障害）
Ｆ８	心理的発達の障害
Ｆ９	小児期および青年期に通常発症する行動および情緒の障害、特定不能の精神障害

(3) 精神障害の成因に関する考え方（ストレス―脆弱性理論に基づく評価）

精神障害の成因（発病に至る原因の考え方）として、判断指針が依拠している「ストレス―脆弱性理論」は、平成11年以後の精神医学上の知見を考慮しても最も有力な考え方といえ、裁判例でも是認されている。そこで、精神

障害の成因としては、認定基準でも、「ストレス―脆弱性理論」に依拠することが適当とされている。

「ストレス―脆弱性理論」とは、環境由来のストレスと個体側の反応性、脆弱性との関係で精神的破綻が生じるかどうかが決まるという考え方であり、ストレスが非常に強ければ、個体側の脆弱性が小さくても精神障害が起こるし、逆に脆弱性が大きければ、ストレスが小さくても破綻が生ずるとする考え方である。

(4) 業務上の疾病の認定要件

認定基準では、以下のいずれかの要件を満たす疾病は、労働基準法施行規則別表第1の2第9号に該当する業務上の疾病として取り扱われる。

⑴ 対象疾病を発病していること
⑵ 対象疾病の発症前おおむね6か月の間に、業務による強い心理的負荷が認められること
⑶ 業務以外の心理的負荷及び個体側要因により対象疾病を発病したとは認められないこと

＜労基法施行規則別表第1の2第9号関係＞
○労働基準法
（療養補償）
第75条　労働者が業務上負傷し、又は疾病にかかった場合においては、使用者は、その費用で必要な療養を行い、又は必要な療養の費用を負担しなければならない。
　2　前項に規定する業務上の疾病及び療養の範囲は、厚生労働省令で定める。

○労働基準法施行規則
第35条　法第75条第2項の規定による業務上の疾病は、別表第1の2に掲げる疾病とする。

○別表第1の2

> 1～8　（略）
> 9　人の生命にかかわる事故への遭遇その他心理的に過度の負担を与える事象を伴う業務による精神及び行動の障害又はこれに付随する疾病

　また、認定基準では、「発症前6か月以内の出来事の評価」について、さまざまな留意点が記載されている。

　この理由であるが、たとえば、セクシュアルハラスメントは、セクハラ行為が反復継続しつつ長期間行われる事情があり、過去の労災請求事案でも、発病の6カ月よりも前に開始され、発病前6カ月以内の期間まで継続している事案が多くみられていた。

　そこで、発病の6カ月よりも前に開始され、発病前6カ月以内の期間にも継続しているセクシュアルハラスメントは、評価期間の関係について、開始時から発病時までの行為を一体の出来事として評価することが適当とした。

　留意点の内容を整理すると、以下のとおりになる。

> ①　業務上の傷病により6か月を超えて療養中の者が、その傷病によって生じた強い苦痛や社会復帰が困難な状況を原因として対象疾病を発病したと判断される場合には、当該苦痛等の原因となった傷病が生じた時期は発病の6か月よりも前であったとしても、発病前おおむね6か月の間に生じた苦痛等が、ときに強い心理的負荷となることにかんがみ、特に当該苦痛等を出来事（「重度の病気やケガをした」（項目1））とみなすこと。
> ②　いじめやセクシュアルハラスメントのように、出来事が繰り返されるものについては、発病の6か月よりも前にそれが開始されている場合でも、発病前6か月以内の期間にも継続しているときは、開始時からのすべての行為を評価の対象とすること。
> ③　生死にかかわる業務上のケガをした、強姦に遭った等の特に強い心理的負荷となる出来事を体験した者は、その直後に無感覚等の心的まひや解離等の心理的反応が生じる場合があり、このため、医療機関への受診時期が当該出来事から6か月よりも後になることもある。その場合には、当該解離性の反応が生じた時期が発病時期となるため、当該発病時期の前おおむね6か月の間の出来事

を評価すること。
④　本人が主張する出来事の発生時期は発病の6か月より前である場合であっても、発病前おおむね6か月の間における出来事の有無等についても調査し、例えば当該期間における業務内容の変化や新たな業務指示等が認められるときは、これを出来事として発病前おおむね6か月の間の心理的負荷を評価すること。

(5)　業務による心理的負荷の評価方法
(A)　従来の評価方法

これまでは、出来事の平均的な心理的負荷の強度（Ⅰ、Ⅱ、Ⅲ）を評価していた。「Ⅰ」は、日常的に経験する一般的に問題とならない程度の心理的負荷、「Ⅲ」は人生の中でまれに経験することのある強い心理的負荷、「Ⅱ」は、その中間に位置する心理的負荷である。

そして、その出来事の実際の内容や程度で、必要があれば、心理的負荷の強度を「Ⅱ→Ⅲ」などと修正する。

これらの心理的負荷を総合的に評価して「弱」「中」「強」を判断し、総合評価が「強」と認められ、業務による心理的負荷以外には特段の心理的負荷、個体側要因が認められなければ、業務上と判断していた。

具体的には、心理的評価の強度が「Ⅲ」で出来事後の状況が持続する程度が相当程度過重であるか、心理的評価の強度が「Ⅱ」で出来事後の状況が持続する程度（例：仕事の量の変化後の持続する状況）が特に過重であれば「強」とした。

また、このときの「強」は、「出来事」の心理的負荷の強度と「出来事後の状況が持続する程度」の心理的負荷を組み合わせて総合判断していた。

ただし、特別な出来事（極度の長時間等）の事実が認められれば、総合評価を「強」としていた。

図表2-10は、以上の内容をまとめたものである。

そして、前述のとおり、総合評価が「強」と認められ、特段の業務以外の心理的負荷、個体側の要因が認められなければ「業務上」と判断されることになる。

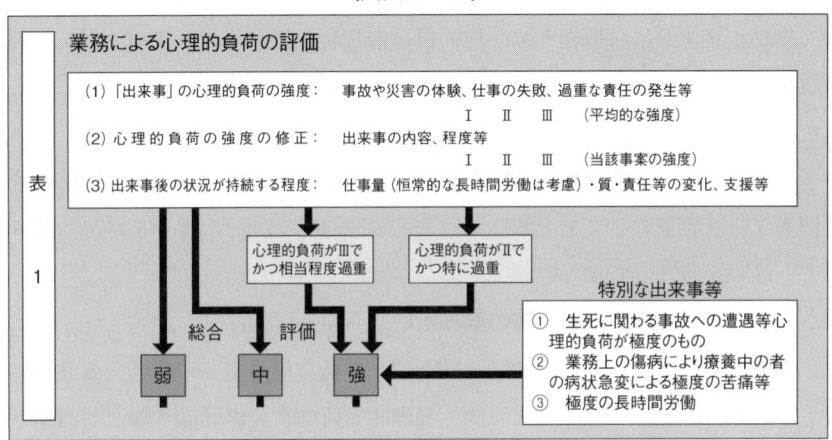

〔図表２−10〕

業務による心理的負荷の評価

表1
- (1)「出来事」の心理的負荷の強度：　事故や災害の体験、仕事の失敗、過重な責任の発生等　　Ⅰ　Ⅱ　Ⅲ　（平均的な強度）
- (2) 心理的負荷の強度の修正：　出来事の内容、程度等　　Ⅰ　Ⅱ　Ⅲ　（当該事案の強度）
- (3) 出来事後の状況が持続する程度：　仕事量（恒常的な長時間労働は考慮）・質・責任等の変化、支援等

心理的負荷がⅢでかつ相当程度過重
心理的負荷がⅡでかつ特に過重

総合評価　弱　中　強

特別な出来事等
① 生死に関わる事故への遭遇等心理的負荷が極度のもの
② 業務上の傷病により療養中の者の病状急変による極度の苦痛等
③ 極度の長時間労働

（出所：厚生労働省「精神障害等の労災認定について」）

　　(B)　従来の評価方法の問題点

　上記のように、「出来事」および「出来事後の状況が持続する程度」を個々に評価する手法は複雑で、ほぼすべての事案について精神医学に関する高度な知識に基づく判断を必須としている等の問題が生じていた。

　このため、「出来事」および「出来事後の状況が持続する程度」を別々に評価する方法を一括して評価する方法に改め、評価表を変更することにした。

　(6)　新評価表の特徴

　新評価表は、「特別な出来事」以外の出来事に関して、まず、「具体的出来事」ごとの平均的な心理的負荷の強度（「Ⅰ」「Ⅱ」「Ⅲ」）を示した。

　そのうえで、「心理的負荷の総合評価の視点」を明示し、これらの全体を

検討して、出来事と出来事後の状況を包含した心理的負荷の総体を「強」「中」「弱」の三段階で評価するものとした。

さらに、具体的出来事の内容にかかわらず、総合評価に際して共通に検討する事項として、「出来事後の状況の評価に共通の視点」および「恒常的長時間労働が認められる場合」の総合評価の取り扱いを示した。

また、具体的出来事ごとに心理的負荷の総合評価が「強」「中」「弱」と判断される具体例や、その判断にあたって参考となる解説を、新評価表に示した。

一例として、「対人関係：上司とのトラブルがあった」について従前の評価表と新評価表の２つを記載した（〔図表２−11〕参照）。両者を対比してみて、違いを確認してほしい。

(7) 「特別な出来事」等の取り扱い

発病前おおむね６カ月の間に、以下の「特別な出来事」に該当する業務による出来事が認められた場合には、心理的負荷の総合評価は「強」と判断される。この特別な出来事については、判断指針でも記載されていたが、認定基準では、より詳細に記載されている。

第1節　労働者の心の健康動向

〔図表2－11〕

＜従前の評価表＞

出来事の要因	(1)平均的な心理的負荷の強度		(2)心理的負荷の強度を修正する視点		(3)出来事後の状況が持続する程度を検討する視点
	具体的出来事	心理的負荷の強度 Ⅰ Ⅱ Ⅲ	修正する際の着眼事項	＋	仕事の量（労働時間等）の変化後の持続する状況、仕事の質の変化後の持続する状況、仕事の責任の変化後の持続する状況、仕事の裁量性の欠如、職場の物的・人的環境の変化後の持続する状況、職場の支援・協力等の欠如の状況
⑥対人関係のトラブル	上司とのトラブルがあった	☆	トラブルの内容、程度等		

＜新評価表＞

	出来事の類型	平均的な心理的負荷の強度		心理的負荷の総合評価の視点	心理的負荷の強度を「弱」「中」「強」と判断する具体例		
		具体的出来事	心理的負荷の強度 Ⅰ Ⅱ Ⅲ		弱	中	強
30	⑥対人関係のトラブル	上司とのトラブルがあった	☆	・トラブルの内容、程度等 ・その後の業務への支障等	【「弱」になる例】 ・上司から、業務指導の範囲内である指導・叱責を受けた ・業務をめぐる方針等において、上司との考え方の相違が生じた（客観的にはトラブルとはいえないものも含む）	○上司とのトラブルがあった 【「中」である例】 ・上司から、業務指導の範囲内である強い指導・叱責を受けた ・業務をめぐる方針等において、周囲からも客観的に認識されるような対立が上司との間に生じた	【「強」になる例】 ・業務をめぐる方針等において、周囲からも客観的に認識される大きな対立が上司との間に生じ、その後の業務に大きな支障を来した

※　新評価表の全文については、本書69頁以下に記載している。また、時間外労働についての取り扱いは本書95頁以下、セクシュアル・ハラスメントの取り扱いは、本書131頁以下にて解説している。

63

〔図表2-12〕

特別な出来事の類型	心理的負荷の総合評価を「強」とするもの
心理的負荷が極度のもの	・生死にかかわる、極度の苦痛を伴う、又は永久労働不能となる後遺障害を残す業務上の病気やケガをした（業務上の傷病により6か月を超えて療養中に症状が急変し極度の苦痛を伴った場合を含む） ・業務に関連し、他人を死亡させ、又は生死にかかわる重大なケガを負わせた（故意によるものを除く） ・強姦や、本人の意思を抑圧して行われたわいせつ行為などのセクシュアルハラスメントを受けた ・その他、上記に準ずる程度の心理的負荷が極度と認められるもの
極度の長時間労働	・発病直前の1か月におおむね160時間を超えるような、又はこれに満たない期間にこれと同程度の（例えば3週間におおむね120時間以上の）時間外労働を行った（休憩時間は少ないが手待ち時間が多い場合等、労働密度が特に低い場合を除く）

(8) 「特別な出来事」がない場合

「特別な出来事」に該当する出来事がない場合は、以下の手順で心理的負荷の総合評価を行い、「強」「中」「弱」を評価する。「強」は業務による強い心理的負荷が認められるものになる。

(A) 「具体的出来事」へのあてはめ

発病前おおむね6カ月の間に認められた業務による出来事が、評価表の「具体的出来事」のどれに該当するかを判断する。

ただし、実際の出来事が評価表の「具体的出来事」に合致しない場合には、どの「具体的出来事」に近いかを類推して評価することになる。

なお、評価表では、「具体的出来事」ごとにその平均的な心理的負荷の強度を、強いほうから「Ⅲ」「Ⅱ」「Ⅰ」として示している。

また、「具体的出来事」について見直された。これは、各請求事案におけ

る「具体的出来事」へのあてはめを容易にさせる観点から、①類似する項目、極めて頻度が小さい（請求件数が少ない）項目は統合する、②最近の職場環境の変化に伴い、業務による心理的負荷として感じられることが多い出来事を追加するという見直しを行い、「具体的出来事」の一部について、より正確な表現とする趣旨の修正がなされた。

　　　(B)　出来事ごとの心理的負荷の総合評価

(ｱ)　「具体的出来事」に示された具体例の内容に事実関係が合致する場合

　該当する「具体的出来事」に示された具体例の内容に、認定した「出来事」や「出来事後の状況」についての事実関係が合致する場合は、その強度で評価することになる。

(ｲ)　「具体的出来事」に示された具体例の内容に事実関係が合致しない場合

　事実関係が具体例に合致しない場合には、「具体的出来事」ごとに示している「心理的負荷の総合評価の視点」および「総合評価における共通事項」に基づき、具体例も参考としつつ個々の事案ごとに評価することになる。具体的には、以下の基準に基づいている。

> 1　「事故や災害の体験（類型①）」は、出来事自体の心理的負荷の強弱を特に重視した評価としている。
> 2　類型①以外の出来事については、「出来事」と「出来事後の状況」の両者を軽重の別なく評価しており、総合評価を「強」と判断するのは次のような場合である。
> 　(a)　出来事自体の心理的負荷が強く、その後に当該出来事に関する本人の対応を伴っている場合
> 　(b)　出来事自体の心理的負荷としては中程度であっても、その後に当該出来事に関する本人の特に困難な対応を伴っている場合
> 　(c)　上記(b)のほか、いじめやセクシュアルハラスメントのように出来事が繰り返されるものについては、繰り返される出来事を一体のものとして評価し、また、「その継続する状況」は、心理的負荷が強まるものとしている。

(ウ) 総合評価における共通事項

総合評価における共通事項は、以下のとおりである

<総合評価における共通事項>
1　出来事後の状況の評価に共通の視点
　　出来事後の状況として、心理的負荷表に示す「心理的負荷の総合評価の視点」のほか、以下に該当する状況のうち、著しいものは総合評価を強める要素として考慮する。
① 仕事の裁量性の欠如（他律性、強制性の存在）。具体的には、仕事が孤独で単調となった、自分で仕事の順番・やり方を決めることができなくなった、自分の技能や知識を仕事で使うことが要求されなくなった等。
② 職場環境の悪化。具体的には、騒音、照明、温度（暑熱・寒冷）、湿度（多湿）、換気、臭気の悪化等。
③ 職場の支援・協力等（問題への対処等を含む）の欠如。具体的には、仕事のやり方の見直し改善、応援体制の確立、責任の分散等、支援・協力がなされていない等。
④ 上記以外の状況であって、出来事に伴って発生したと認められるもの（他の出来事と評価できるものを除く。）

(エ) 出来事が複数ある場合の全体評価

対象疾病の発病に関与する業務による出来事が複数ある場合の心理的負荷の程度は、次のように全体的に評価する。

① それぞれの出来事について総合評価を行い、いずれかの出来事が「強」の評価となる場合は、業務による心理的負荷を「強」と判断する。
② いずれの出来事でも単独では「強」の評価とならない場合は、それらの複数の出来事について、関連して生じているのか、関連なく生じているのかを判断する。

<出来事が関連して生じている場合>
　その全体を一つの出来事として評価することとし、原則として最初の出来事を具体的出来事として評価表に当てはめ、関連して生じた各出来事は出来事後の状

況とみなす方法により、その全体評価を行う。
　具体的には、「中」である出来事があり、それに関連する別の出来事（それ単独では「中」の評価）が生じた場合は、後発の出来事は先発の出来事の後の状況とみなし、当該後発の出来事の内容、程度により「強」または「中」として全体を評価する。

＜一つの出来事のほかに、それとは関連しない他の出来事が生じている場合＞
　主としてそれらの出来事の数、各出来事の内容（心理的負荷の強弱）、各出来事の時間的な近接の程度を元に、その全体的な心理的負荷を評価する。
　具体的には、単独の出来事の心理的負荷が「中」である出来事が複数生じている場合は、全体評価は「中」または「強」となる。また、「中」の出来事が一つあるほかには「弱」の出来事しかない場合には原則として全体評価も「中」であり、「弱」の出来事が複数生じている場合には原則として全体評価も「弱」となる。
　以上をまとめると以下のとおりになる。
・強＋中または弱　　→　　強
・中＋中　　　　　　→　　強または中
・中＋弱　　　　　　→　　中
・弱＋弱　　　　　　→　　弱

(9)　精神障害悪化の業務起因性

　業務以外の原因や業務による弱い（「強」と評価できない）心理的負荷により発病して治療が必要な状態にある精神障害が悪化した場合、確かに悪化の前に強い心理的負荷となる業務による出来事が認められることもある。
　しかし、直ちにそれが当該悪化の原因であるとまで判断できず、原則としてその悪化について業務起因性は認められないこととされている。
　ただし、「特別な出来事」に該当する出来事があり、その後おおむね6カ月以内に対象疾病が自然経過を超えて著しく悪化したと医学的に認められる場合は、その「特別な出来事」による心理的負荷が悪化の原因であると推認し、悪化した部分について、労働基準法施行規則別表1の2第9号に該当す

る業務上の疾病として取り扱うこととした。

(10) 自殺に関する考え方

　ICD-10のＦ０からＦ４に分類される多くの精神障害は、精神障害の病態としての自殺念慮が出現する蓋然性が高いと医学的に認められている。

　したがって、業務による心理的負荷で、これらの精神障害が発病したと認められる者が自殺を図った場合は、精神障害で正常の認識、行為選択能力が著しく阻害され、または自殺行為を思いとどまる精神的な抑制力が著しく阻害されている状態で自殺が行われたものと推定され、原則として業務起因性が認められることになる。

第1節 労働者の心の健康動向

〔図表2−13〕 ①業務による心理的負荷評価表

特別な出来事

特別な出来事の類型	心理的負荷の総合評価を「強」とするもの	
心理的負荷が極度のもの	・生死にかかわる、極度の苦痛を伴う、又は永久労働不能となる後遺障害を残す業務上の病気やケガをした（業務上の傷病により6か月を超えて療養中に症状が急変し極度の苦痛を伴った場合を含む） ・業務に関連し、他人を死亡させ、又は生死にかかわる重大なケガを負わせた（故意によるものを除く） ・強姦や、本人の意思を抑圧して行われたわいせつ行為などのセクシュアルハラスメントを受けた ・その他、上記に準ずる程度の心理的負荷が極度と認められるもの	…項目1関連 …項目3関連 …項目36関連
極度の長時間労働	・発病直前の1か月におおむね160時間を超えるような、又はこれに満たない期間にこれと同程度の（例えば3週間におおむね120時間以上の）時間外労働を行った（休憩時間は少ないが手待ち時間が多い場合等、労働密度が特に低い場合を除く）	…項目16関連

※「特別な出来事」に該当しない場合には、それぞれの関連項目により評価する。

特別な出来事以外

（総合評価における共通事項）
1　出来事後の状況の評価に共通の視点
　　出来事後の状況として、表に示す「心理的負荷の総合評価の視点」のほか、以下に該当する状況のうち、著しいものは総合評価を強める要素として考慮する。
　① 仕事の裁量性の欠如（他律性、強制性の存在）。具体的には、仕事が孤独で単調となった、自分で仕事の順番・やり方を決めることができなくなった、自分の技能や知識を仕事で使うことが要求されなくなった等。
　② 職場環境の悪化。具体的には、騒音、照明、温度（暑熱・寒冷）、湿度（多湿）、換気、臭気の悪化等。
　③ 職場の支援・協力等（問題への対処等を含む）の欠如。具体的には、仕事のやり方の見直し改善、応援体制の確立、責任の分散等、支援・協力がなされていない等。
　④ 上記以外の状況であって、出来事に伴って発生したと認められるもの（他の出来事と評価できるものを除く。）。

2　恒常的長時間労働が認められる場合の総合評価
　① 具体的出来事の心理的負荷の強度を労働時間を加味せずに「中」程度と評価される場合であって、出来事の後に恒常的な長時間労働（月100時間程度となる時間外労働）が認められる場合には、総合評価は「強」とする。
　② 具体的出来事の心理的負荷の強度を労働時間を加味せずに「中」程度と評価される場合であって、出来事の前に恒常的な長時間労働（月100時間程度となる時間外労働）が認められ（出来事後おおむね10日以内に）発病に至っている場合、又は、出来事すぐに発病には至っていないが事後対応に多大な労力を費やしその後発病した場合、総合評価は「強」とする。
　③ 具体的出来事の心理的負荷の強度が、労働時間を加味せずに「弱」程度と評価される場合であって、出来事の前及び後にそれぞれ恒常的な長時間労働（月100時間程度となる時間外労働）が認められる場合には、総合評価は「強」とする。

（具体的出来事）

出来事の類型	具体的出来事	平均的な心理的負荷の強度 I/II/III	心理的負荷の総合評価の視点	心理的負荷の強度を「弱」「中」「強」と判断する具体例 弱	中	強
①事故や災害の体験	1 （重度の）病気やケガをした	☆(III)	・病気やケガの程度 ・後遺障害の程度、社会復帰の困難性等	【解説】右の程度に至らない病気やケガについて、その程度等から「弱」又は「中」と評価。		○重度の病気やケガをした 【「強」である例】 ・長期間（おおむね2か月以上）の入院を要する、又は労災の障害年金に該当する若しくは原職への復帰ができなくなる後遺障害を残す業務上の病気やケガをした ・業務上の傷病により6か月を超えて療養中の者について、当該傷病により社会復帰が困難な状況にあった、死の恐怖や強い苦痛が生じた
	2 悲惨な事故や災害の体験、目撃をした	☆(II)	・本人が体験した場合、予感させる程度等 ・他人の事故を目撃した場合、被害の程度や被災者との関係等	【「弱」になる例】 ・業務に関連し、本人の負傷は軽度・無傷で、予感とまではいえない事件・事故の体験、目撃をした	【「中」である例】 ・悲惨な事故や災害の体験、目撃をした ・業務に関連し、本人の負傷は軽度・無傷で、右の程度に至らない悲惨な事故・事件の体験、目撃をした	【「強」になる例】 ・業務に関連し、本人の負傷は軽度・無傷であったが、自らの死を予感させる程度の事件、事故を体験した ・業務に関連し、被災者が死亡する事故、多量の出血を伴うような事故等に悲惨な状況であって、本人が巻き込まれた可能性がある状況や、本人が被害者を救助することができたかもしれない状況を伴う事故を目撃した（傍観者的な立場での目撃は、「強」になることはまれ）
	3 ②仕事の失敗、過重な責任の発生等 業務に関連し、重大な人身事故、重大事故を起こした	☆(II)	・事故の大きさ、内容及び加害の程度 ・ペナルティ・責任追及の有無及び程度、事後対応の困難性等	【解説】負わせたケガの程度、事後対応の内容等から「弱」又は「中」と評価。		○業務に関連し、重大な人身事故、重大事故を起こした 【「強」である例】 ・業務に関連し、他人に重度の病気やケガ（おおむね2か月以上の入院を要する、又は労災の障害年金に該当する若しくは原職への復帰ができなくなる後遺障害を残すような病気やケガ）を負わせ、事後対応にも当たった ・他人に負わせたケガの程度は重度ではないが、事後対応に多大な労力を費やした（減給、降格等の重いペナルティを課された、職場の人間関係が著しく悪化した等を含む）

第2章　事前の予防策～心の病を防ぐ諸対策

出来事の類型	具体的出来事	平均的な心理的負荷の強度 Ⅰ Ⅱ Ⅲ	心理的負荷の総合評価の視点	心理的負荷の強度を「弱」「中」「強」と判断する具体例		
				弱	中	強
②仕事の失敗、過重な責任の発生等（続き）	4 会社の経営に影響するなどの重大な仕事上のミスをした	☆	・失敗の大きさ・重大性、社会的反響の大きさ、損害等の程度 ・ペナルティ・責任追及の有無及び程度、事後対応の困難性等	【解説】 ミスの程度、事後対応の内容等から「弱」又は「中」と評価		○会社の経営に影響するなどの重大な仕事上のミスをし、事後対応にも当たった 【強】である例 ・会社の経営に影響するなどの重大な仕事上のミス（倒産を招きかねないミス、大幅な業績悪化に繋がるミス、会社の信用を著しく傷つけるミス等）をし、事後対応にも当たった ・「会社の経営に影響するなどの重大な仕事上のミス」とまでは言えないが、その事後対応に多大な労力を費した（懲戒処分、降格、月給額を超える賠償責任の追及等重いペナルティを課された、職場の人間関係が著しく悪化した等を含む）
	5 会社で起きた事故、事件について、責任を問われた	☆	・事故の内容、関与・責任の程度、社会的反響の大きさ等 ・ペナルティの有無及び程度、責任追及の程度、事後対応の困難性等 (注)この項目は、取引先が起こした事故等、本人が直接引き起こしたものではない事故、事件について、監督責任等を問われた場合等の心理的負荷を評価する。本人が直接引き起こした事故等については、項目4で評価する。	【弱】になる例 ・軽微な事故、事件（損害等の生じない事態、その後の業務で容易に損害等を回復できる事態、社内でたびたび生じる事態等）で、監督責任等を一応問われたが、特段の事後対応はなかった	○会社で起きた事故、事件について、責任を問われた 【中】である例 ・立場や職責に応じて事故、事件の責任（監督責任等）を問われ、何らかの事後対応を行った	【強】になる例 ・重大な事故、事件（倒産を招きかねない事態や大幅な業績悪化に繋がる事態、会社の信用を著しく傷つける事態、他人を死亡させ、又は生死に関わるケガを負わせる事態等）の責任（監督責任等）を問われ、事後対応に多大な労力を費した ・重大とまではいえない事故、事件ではあるが、その責任（監督責任等）を問われ、立場や職責を大きく上回る事後対応を行った（減給、降格等の重いペナルティが課された等を含む）
	6 自分の関係する仕事で多額の損失等が生じた	☆	・損失等の程度、社会的反響の大きさ等 ・事後対応の困難性等 (注)この項目は、取引先の倒産など、多額の損失等が生じた原因に本人が関与していないものの、それに伴う事後対応等による心理的負荷を評価する。本人のミスによる多額の損失等については、項目4で評価する。	【弱】になる例 ・多額とはいえない損失（その後の業務で容易に回復できる損失、社内でたびたび生じる損失等）等が生じ、何らかの事後対応を行った	○自分の関係する仕事で多額の損失等が生じた 【中】である例 ・多額の損失等が生じ、何らかの事後対応を行った	【強】になる例 ・会社の経営に影響するなどの特に多額の損失（倒産を招きかねない損失、大幅な業績悪化に繋がる損失等）が生じ、倒産を回避するための金融機関や取引先への対応等の事後対応に多大な労力を費した
	7 業務に関連し、違法行為を強要された	☆	・違法性の程度、強要の程度（頻度、方法）等 ・事後のペナルティの程度、事後対応の困難性等	【弱】になる例 ・業務に関連し、商慣習としてはまれに行われるような違法行為を求められたが、拒むことにより終了した	○業務に関連し、違法行為を強要された 【中】である例 ・業務に関連し、商慣習としてはまれに行われるような違法行為を命じられ、これに従った	【強】になる例 ・業務に関連し、重大な違法行為（人の生命に関わる違法行為、発覚した場合に会社の信用を著しく傷つける違法行為）を命じられた ・業務に関連し、反対したにもかかわらず、違法行為を執拗に命じられ、やむなくそれに従った ・業務に関連し、重大な違法行為を命じられ、何度もそれに従った ・業務に関連し、強要された違法行為が発覚し、事後対応に多大な労力を費した（重いペナルティを課された等を含む）
	8 達成困難なノルマが課された	☆	・ノルマの内容、困難性、強制の程度、達成できなかった場合の影響、ペナルティの有無等 ・その後の業務内容・業務量の程度、職場の人間関係等	【弱】になる例 ・同種の経験等を有する労働者であれば達成可能なノルマを課された ・ノルマではないが、業績目標が示された（当該目標が、達成を強く求められるものではなかった）	○達成困難なノルマが課された 【中】である例 ・達成は容易ではないものの、客観的にみて、努力すれば達成も可能であるノルマが課され、この達成に向けた業務を行った	【強】になる例 ・客観的に、相当な努力があっても達成困難なノルマが課され、達成できない場合には重いペナルティがあると予告された
	9 ノルマが達成できなかった	☆	・達成できなかったことによる経営上の影響度、ペナルティの程度等 ・事後対応の困難性等 (注)期限に至っていない場合でも、達成できない状況が明らかになった場合にはこの項目で評価する。	【弱】になる例 ・ノルマが達成できなかったが、何ら事後対応は必要なく、会社から責任を問われること等もなかった ・業績目標が達成できなかったものの、当該目標の達成は、強く求められていたものではなかった	○ノルマが達成できなかった 【中】である例 ・ノルマが達成できなかったことによりペナルティ（昇進の遅れ等を含む。）があった	【強】になる例 ・経営に影響するようなノルマ（達成できなかったことにより倒産を招きかねないもの、大幅な業績悪化につながるもの、会社の信用を著しく傷つけるもの等）が達成できず、そのため、事後対応に多大な労力を費した（懲戒処分、降格、左遷、賠償責任の追及等重いペナルティを課された等を含む）
	10 新規事業の担当になった、会社の建て直しの担当になった	☆	・新規業務の内容、本人の職責、困難性の程度、能力と業務内容のギャップの程度等 ・その後の業務内容、業務量の程度、職場の人間関係等	【弱】になる例 ・軽微な新規事業（新規事業ではあるが、責任が大きいとはいえないもの）の担当になった	○新規事業の担当になった、会社の建て直しの担当になった 【中】である例 ・新規事業（新規プロジェクト、新規の研究開発、会社全体や不採算部門の建て直し等、成功の有無に対する高い評価が期待されやりがいも大きいが責任も大きい業務）の担当になった	【強】になる例 ・経営に重大な影響のある新規事業等（失敗した場合に倒産を招きかねないもの、大幅な業績悪化につながるもの、会社の信用を著しく傷つけるもの、成功した場合に会社の新たな主要事業になるもの等）の担当であって、事業の成否に重大な責任のある立場に就き、当該業務に当たった

第1節　労働者の心の健康動向

	出来事の類型	具体的出来事	平均的な心理的負荷の強度 I / II / III	心理的負荷の総合評価の視点	心理的負荷の強度を「弱」「中」「強」と判断する具体例 弱	中	強
11		顧客や取引先から無理な注文を受けた	☆	・顧客・取引先の重要性、要求の内容等 ・事後対応の困難性等	【「弱」になる例】 ・同種の経験等を有する労働者であれば達成可能な注文を出され、業務内容・業務量に一定の変化があったが、要望が示されたが、達成を強く求められるものではなく、業務内容・業務量に大きな変化もなかった	○顧客や取引先から無理な注文を受けた 【「中」である例】 ・業務に関連して、顧客や取引先から無理な注文（大幅な値下げや納期の繰上げ、度重なる設計変更等）を受け、何らかの事後対応を行った	【「強」になる例】 ・通常なら拒むことが明らかな注文（業績の著しい悪化が予想される注文、違法行為を内包する注文等）ではあるが、重要な顧客や取引先からのものであるため受け、他部門や別の取引先と困難な調整に当たった
12		顧客や取引先からクレームを受けた	☆	・顧客・取引先の重要性、会社に与えた損害の内容、程度等 ・事後対応の困難性等 （注）この項目は、本人に過失のないクレームについて評価する。本人のミスによるものは、項目4で評価する。	【「弱」になる例】 ・顧客等からクレームを受けたが、特に対応を求められるものではなく、取引関係や、業務内容・業務量に大きな変化もなかった	○顧客や取引先からクレームを受けた 【「中」である例】 ・業務に関連して顧客等からのクレーム（納品物の不備等の指摘等でその内容が妥当なもの）を受けた	【「強」になる例】 ・顧客や取引先から重大なクレーム（大口の顧客等の喪失を招きかねないもの、会社の信用を著しく傷つけるもの等）を受け、その解消のために他部門や別の取引先と困難な調整に当たった
13		大きな説明会や公式の場での発表を強いられた	☆	・説明会等の規模、業務内容と発表内容のギャップ、強要・責任、事前準備の程度等		【解説】 説明会等の内容や事前準備の程度、本人の経験等から評価するが、「強」になることはまれ	
14		上司が不在になることにより、その代行を任された	☆	・代行した業務の内容、責任の程度、本来業務との関係、能力・経験とのギャップ、職場の人間関係等 ・代行期間等		【解説】 代行により課せられた責任の程度、その期間や代行した業務内容、本人の過去の経験等とのギャップ等から評価するが、「強」になることはまれ	
15	③仕事の量・質	仕事内容・仕事量の（大きな）変化を生じさせる出来事があった	☆	・業務の困難性、能力・経験と業務内容のギャップ等 ・時間外労働、休日労働、業務の密度の変化の程度、仕事内容、責任の変化の程度等 （注）発病前おおむね6か月において、時間外労働時間に変化がみられる場合には、他の項目で評価される場合でも、この項目でも評価する。	【「弱」になる例】 ・仕事内容の変化が容易に対応できるもの（※）であり、変化後の業務の負担が大きくなかった ※会議・研修等の参加の強制、職場のOA化の進展、部下の増加、同一事業場内の所属部署の統廃合、担当外業務としての非正規職員の教育等 ・仕事量（時間外労働時間数等）に、「中」に至らない程度の変化があった	○仕事内容・仕事量の大きな変化を生じさせる出来事があった 【「中」である例】 ・担当業務内容の変更、取引量の急増等により、仕事内容、仕事量の大きな変化（時間外労働時間数としては1か月に20時間以上増加し1月当たりおおむね45時間以上となるなど）が生じた	【「強」になる例】 ・仕事量が著しく増加して時間外労働も大幅に増える（倍以上に増加し、1月当たりおおむね100時間以上の時間外労働となる）などの状況となり、その後の業務に多大な労力を費やした（休憩・休日を確保するのが困難なほどの状態となり、体重も減少したなど） ・過去に経験したことがない仕事内容に変更となり、常時緊張を強いられる状態となった
16		1か月に80時間以上の時間外労働を行った	☆	・業務の困難性 ・長時間労働の継続期間 （注）この項目の「時間外労働」は、すべて休日労働時間を含む。	【「弱」になる例】 ・1か月に80時間未満の時間外労働を行った （注）他の項目で評価されない場合のみ評価する。	○1か月に80時間以上の時間外労働を行った	【「強」になる例】 ・発病直前の連続した2か月間に、1月当たりおおむね120時間以上の時間外労働を行い、その業務内容が通常その程度の労働時間を要するものであった ・発病直前の連続した3か月間に、1月当たりおおむね100時間以上の時間外労働を行い、その業務内容が通常その程度の労働時間を要するものであった
17		2週間以上にわたって連続勤務を行った	☆	・業務の困難性、能力・経験と業務内容のギャップ等 ・時間外労働、休日労働、業務密度の変化の程度、業務の内容、責任の変化の程度等	【「弱」になる例】 ・休日労働を行った	○2週間（12日）以上にわたって連続勤務を行った 【「中」である例】 ・平日の時間外労働だけではこなせない業務量がある、休日に対応しなければならない業務が生じた等の事情により、2週間（12日）以上にわたって連続勤務を行った（1日あたりの労働時間が特に短い場合、手持ち時間が多い場合の労働密度が特に低い場合を除く）	【「強」になる例】 ・1か月以上にわたって連続勤務を行った ・2週間（12日）以上にわたって連続勤務を行い、その間、深夜時間帯の勤務を行った （いずれも、1日あたりの労働時間が特に短い場合、手持ち時間が多い等の労働密度が特に低い場合を除く）
18		勤務形態に変化があった	☆	・交替制勤務、深夜勤務等変化の程度、変化後の状況等	○勤務形態に変化があった	【解説】 変更後の勤務形態の内容、一般的な日常生活とのギャップ等から評価するが、「強」になることはまれ	
19		仕事のペース、活動の変化があった	☆	・変化の程度、強制性、変化後の状況等	○仕事のペース、活動の変化があった	【解説】 仕事のペースの変化の程度、労働者の過去の経験等とのギャップ等から評価するが、「強」になることはまれ	

第２章　事前の予防策～心の病を防ぐ諸対策

出来事の類型	具体的出来事	平均的な心理的負荷の強度 (I/II/III)	心理的負荷の総合評価の視点	心理的負荷の強度を「弱」「中」「強」と判断する具体例 弱	中	強
20	退職を強要された	II ☆	・解雇又は退職強要の経過、強要の程度、職場の人間関係等 (注)ここでいう「解雇又は退職強要」には、労働契約の形式上期間を定めて雇用されている者であっても、当該契約が期間の定めのない契約と実質的に異ならない状態となっている場合の雇止めの通知を含む。	【解説】退職勧奨が行われたが、その方法、頻度等からして強要とはいえない場合には、その方法等から「弱」又は「中」と評価		○退職を強要された 【「強」である例】 ・退職の意思のないことを表明しているにもかかわらず、執拗に退職を求められた ・恐怖感を抱かせる方法を用いて退職勧奨された ・突然解雇の通告を受け、何ら理由が説明されることなく、説明を求めても応じられず、撤回されることもなかった
21	配置転換があった	II ☆	・職種、職務の変化の程度、配置転換の理由・経過等 ・業務の困難性、能力・経験と業務内容のギャップ等 ・その後の業務内容、業務量の程度、職場の人間関係等 (注)出向を含む。	【「弱」になる例】 ・以前に経験した業務等、配置転換後の業務が容易に対応できるものであり、変化後の業務の負荷が軽微であった	○配置転換があった (注)ここでの「配置転換」は、所属部署(担当係等)、勤務場所の変更を指し、転居を伴うものを除く。	【「強」になる例】 ・過去に経験した業務と全く異なる質の業務に従事することとなったため、配置転換後の業務に対応するのに多大な労力を費した ・配置転換後の地位が、過去の経験からみて異例なほど重い責任が課されるものであった ・左遷された(明らかな降格であって配置転換としては異例なものであり、職場内で孤立した状況になった)
22	転勤をした	II ☆	・職種・職務の変化の程度、転勤の理由・経過、単身赴任の有無、海外の治安の状況等 ・業務の困難性、能力・経験と業務内容のギャップ等 ・その後の業務内容、業務量の程度、職場の人間関係等	【「弱」になる例】 ・以前に経験した場所である等、転勤後の業務が容易に対応できるものであり、変化後の業務の負荷が軽微であった	○転勤をした (注)ここでの「転勤」は、勤務場所の変更であって転居を伴うものを指す。なお、業務内容の変化についての評価は、項目21に準じて判断する。	【「強」になる例】 ・転勤先は初めて赴任する外国であって現地の職員との会話が不能、治安状況が不安といったような事情から、転勤後の業務遂行に著しい困難を伴った
23 ④役割・地位の変化等	複数名で担当していた業務を1人で担当するようになった	II ☆	・業務の変化の程度等 ・その後の業務内容、業務量の程度、職場の人間関係等	【「弱」になる例】 ・複数名で担当していた業務を一人で担当するようになったが、業務内容・業務量はほとんど変化がなかった	○複数名で担当していた業務を一人で担当するようになった 【「中」である例】 ・複数名で担当していた業務を一人で担当するようになり、業務内容・業務量に何らかの変化があった。	【「強」になる例】 ・業務を一人で担当するようになったため、業務量が著しく増加し時間外労働が大幅に増えるなどの状況になり、かつ、必要な休憩・休日も取れない等常時緊張を強いられるような状態となった
24	非正規社員であるとの理由等により、仕事上の差別、不利益取扱いを受けた	II ☆	・差別・不利益取扱いの理由・経過、内容、程度、職場の人間関係等 ・その継続する状況	【「弱」になる例】 ・社員間に処遇の差異があるが、その差は小さいものであった	○非正規社員であるとの理由等により、仕事上の差別、不利益取扱いを受けた 【「中」である例】 ・非正規社員であるとの理由、又はその他の理由により、仕事上の差別、不利益取扱いを受けた ・業務の遂行から疎外・排除される取扱いを受けた	【「強」になる例】 ・仕事上の差別、不利益取扱いの程度が著しく大きく、人格を否定するようなものであって、かつこれが継続した
25	自分の昇格・昇進があった	I ☆	・職務・責任の変化の程度等 ・その後の業務内容、職場の人間関係等		○自分の昇格・昇進があった	【解説】本人の経験等と著しく乖離した責任が課せられる等の場合に、昇進後の職責、業務内容等から評価するが、「強」になることはまれ
26	部下が減った	I ☆	・職場における役割・位置付けの変化、業務の変化の内容・程度等 ・その後の業務内容、職場の人間関係等		○部下が減った	【解説】部下の減少がペナルティの意味を持つものである等の場合に、減少の程度(人数等)から評価するが、「強」になることはまれ
27	早期退職制度の対象となった	I ☆	・対象者選定の合理性、代償措置の内容、制度の事前周知の状況、その後の状況、職場の人間関係等		○早期退職制度の対象となった	【解説】制度の創設が突然であり退職までの期間が短い等の場合に、対象者選定の基準等から評価するが、「強」になることはまれ
28	非正規社員である自分の契約満了が迫った	I ☆	・契約締結時、期間満了前の説明の有無、その内容、その後の状況、職場の人間関係等		○非正規社員である自分の契約満了が迫った	【解説】事前の説明に反した突然の契約終了(雇止め)通告であり契約終了までの期間が短かった等の場合に、その経過等から評価するが、「強」になることはまれ

第1節 労働者の心の健康動向

出来事の類型	具体的出来事	平均的な心理的負荷の強度 I／II／III	心理的負荷の総合評価の視点	心理的負荷の強度を「弱」「中」「強」と判断する具体例 弱	中	強
⑤対人関係	29 (ひどい)嫌がらせ、いじめ、又は暴行を受けた	☆(III)	・嫌がらせ、いじめ、暴行の内容、程度等 ・その継続する状況 (注)上司から業務指導の範囲内の叱責等を受けた場合、上司等から業務をめぐる方針等において対立が生じた場合等は、項目30で評価する。	【解説】部下に対する上司の言動が業務指導の範囲を逸脱し、又は同僚等による多人数が結託しての言動が、それぞれ右の程度に至らない場合について、その内容、程度、経過と業務指導からの逸脱の程度により「弱」又は「中」と評価 【「弱」になる例】・複数の同僚等の発言により不快感を覚えた場合等（客観的には嫌がらせ、いじめとはいえないものも含む）	【「中」になる例】・上司の叱責の過程で業務指導の範囲を逸脱した発言があったが、これが継続していない・同僚等が結託して嫌がらせを行ったが、これが継続していない	○ひどい嫌がらせ、いじめ、又は暴行を受けた 【「強」である例】・部下に対する上司の言動が、業務指導の範囲を逸脱しており、その中に人格や人間性を否定するような言動が含まれ、かつ、これが執拗に行われた・同僚等による多人数が結託しての人格や人間性を否定するような言動が執拗に行われた・治療を要する程度の暴行を受けた
	30 上司とのトラブルがあった	☆(II)	・トラブルの内容、程度等 ・その後の業務への支障等	【「弱」になる例】・上司から、業務指導の範囲内である指導・叱責を受けた・業務をめぐる方針等において、上司との考え方の相違が生じた（客観的にはトラブルとはいえないものも含む）	○上司とのトラブルがあった 【「中」である例】・上司から、業務指導の範囲内である強い指導・叱責を受けた・業務をめぐる方針等において、周囲からも客観的に認識されるような対立が上司との間に生じた	【「強」になる例】・業務をめぐる方針等において、周囲からも客観的に認識されるような大きな対立が上司との間に生じ、その後の業務に大きな支障を来した
	31 同僚とのトラブルがあった	☆(II)	・トラブルの内容、程度、同僚との職務上の関係等 ・その後の業務への支障等	【「弱」になる例】・業務をめぐる方針等において、同僚との考え方の相違が生じた（客観的にはトラブルとはいえないものも含む）	○同僚とのトラブルがあった 【「中」である例】・業務をめぐる方針等において、周囲からも客観的に認識されるような対立が同僚との間に生じた	【「強」になる例】・業務をめぐる方針等において、周囲からも客観的に認識されるような大きな対立が多数の同僚との間に生じ、その後の業務に大きな支障を来した
	32 部下とのトラブルがあった	☆(II)	・トラブルの内容、程度等 ・その後の業務への支障等	【「弱」になる例】・業務をめぐる方針等において、部下との考え方の相違が生じた（客観的にはトラブルとはいえないものも含む）	○部下とのトラブルがあった 【「中」である例】・業務をめぐる方針等において、周囲からも客観的に認識されるような対立が部下との間に生じた	【「強」になる例】・業務をめぐる方針等において、周囲からも客観的に認識されるような大きな対立が多数の部下との間に生じ、その後の業務に大きな支障を来した
	33 理解してくれていた人の異動があった	☆(I)		○理解してくれていた人の異動があった		
	34 上司が替わった	☆(I)	(注)上司が替わったことにより、当該上司との関係に問題が生じた場合には、項目30で評価する。	○上司が替わった		
	35 同僚等の昇進・昇格があり、昇進で先を越された	☆(I)		○同僚等の昇進・昇格があり、昇進で先を越された		
⑥セクシュアルハラスメント	36 セクシュアルハラスメントを受けた	☆(II)	・セクシュアルハラスメントの内容、程度等 ・その継続する状況 ・会社の対応の有無及び内容、改善の状況、職場の人間関係等	【「弱」になる例】・「○○ちゃん」等のセクシュアルハラスメントに当たる発言をされた場合・職場内に水着姿の女性のポスター等を掲示された場合	○セクシュアルハラスメントを受けた 【「中」である例】・胸や腰等への身体接触を含むセクシュアルハラスメントであっても、行為は継続しておらず、会社が適切かつ迅速に対応し発病前に解決した場合・身体接触のない性的な発言のみのセクシュアルハラスメントであって、発言が継続していない場合・身体接触のない性的な発言のみのセクシュアルハラスメントであって、複数回行われたものの、会社が適切かつ迅速に対応し発病前にそれが終了した場合	【「強」になる例】・胸や腰等への身体接触を含むセクシュアルハラスメントであって、継続して行われた場合・胸や腰等への身体接触を含むセクシュアルハラスメントであって、行為は継続していないが、会社に相談しても適切な対応がなく、改善されなかった又は会社への相談等の後に職場の人間関係が悪化した場合・身体接触のない性的な発言のみのセクシュアルハラスメントであって、発言の中に人格を否定するようなものを含み、かつ継続してなされた場合・身体接触のない性的な発言のみのセクシュアルハラスメントであって、性的な発言が継続してなされ、かつ会社がセクシュアルハラスメントがあると把握していても適切な対応がなく、改善がなされなかった場合

②業務以外の心理的負荷評価表

出来事の類型	具体的出来事	心理的負荷の強度 Ⅰ	Ⅱ	Ⅲ
①自分の出来事	離婚又は夫婦が別居した			☆
	自分が重い病気やケガをした又は流産した			☆
	自分が病気やケガをした		☆	
	夫婦のトラブル、不和があった	☆		
	自分が妊娠した	☆		
	定年退職した	☆		
②自分以外の家族・親族の出来事	配偶者や子供、親又は兄弟が死亡した			☆
	配偶者や子供が重い病気やケガをした			☆
	親類の誰かで世間的にまずいことをした人が出た			☆
	親族とのつきあいで困ったり、辛い思いをしたことがあった		☆	
	親が重い病気やケガをした		☆	
	家族が婚約した又はその話が具体化した	☆		
	子供の入試・進学があった又は子供が受験勉強を始めた	☆		
	親子の不和、子供の問題行動、非行があった	☆		
	家族が増えた（子供が産まれた）又は減った（子供が独立して家を離れた）	☆		
	配偶者が仕事を始めた又は辞めた	☆		
③金銭関係	多額の財産を損失した又は突然大きな支出があった			☆
	収入が減少した		☆	
	借金返済の遅れ、困難があった		☆	
	住宅ローン又は消費者ローンを借りた	☆		
④事件、事故、災害の体験	天災や火災などにあった又は犯罪に巻き込まれた			☆
	自宅に泥棒が入った		☆	
	交通事故を起こした		☆	
	軽度の法律違反をした	☆		
⑤住環境の変化	騒音等、家の周囲の環境（人間環境を含む）が悪化した		☆	
	引越した		☆	
	家屋や土地を売買した又はその具体的な計画が持ち上がった	☆		
	家族以外の人（知人、下宿人など）が一緒に住むようになった	☆		
⑥他人との人間関係	友人、先輩に裏切られショックを受けた		☆	
	親しい友人、先輩が死亡した		☆	
	失恋、異性関係のもつれがあった		☆	
	隣近所とのトラブルがあった		☆	

（注）心理的負荷の強度ⅠからⅢは、別表１〔編注：①業務による心理的負荷評価表〕と同程度である。

4　精神障害に関する労災状況

次に、精神障害について、どの程度労災請求があり、労災として認定されているか確認をしてみたい。

図表2－15は、厚生労働省が発表した、精神障害の労災補償状況である。

〔図表2－15〕

		平成19年度	平成20年度	平成21年度	平成22年度	平成23年度
精神障害等	請求件数	952	927	1136	1181	1272
	決定件数	812	862	852	1061	1074
	うち支給決定件数（認定率）	268 (33.0％)	269 (31.2％)	234 (27.5％)	308 (29.0％)	325 (30.3％)
うち自殺（未遂を含む）	請求件数	164	148	157	171	202
	決定件数	178	161	140	170	176
	うち支給決定件数（認定率）	81 (45.5％)	66 (41.0％)	63 (45.0％)	65 (38.2％)	66 (37.5％)

(出所：厚生労働省「平成23年度『脳・心臓疾患と精神障害の労災補償状況』まとめ」)

注目すべきは、平成20年度以降は毎年のように請求件数が増加しており、特に平成21年度以降は、請求件数が1,000件を超えている。また、自殺についても毎年100件を超え、平成23年度には、200件を超える請求となっている。

一方、労災の認定率はおおむね30％前後で推移している状況である。

以上から、請求件数の増加に歯止めがかかっていない状況であり、職場における精神障害に関する問題は深刻であるといえよう。

(坂本　直紀)

第2節　メンタルヘルスと法制度

Ⅰ　労働安全衛生法

1　面接指導

(1)　面接指導の義務化

　平成18年4月に施行された改正労働安全衛生法（以下、「平成17年改正法」という）では、脳・心臓疾患の発症を予防するため、長時間労働により疲労が蓄積した労働者に対して、医師による面接指導を実施することが義務づけられた（労働安全衛生法66条の8）。

　そして、平成20年4月からは、常時50人未満の労働者を使用する事業場も適用されており、すべての事業場が対象となっている。

(2)　面接指導とは

　長時間労働により疲労が蓄積したことで、健康障害が発症するリスクが高まった労働者の健康状況を把握するとともに、本人に対して指導を行う。具体的には、問診その他の方法により心身の状況を把握し、これに応じて面接により必要な指導を行うことになる。

　そして、その結果を踏まえた事後措置を講じるものである。

(3)　対象となる労働者

　事業者は、時間外・休日労働時間が100時間を超えた労働者から申し出があった場合は、医師による面接指導を行わなければならない（労働安全衛生法66条の8第1項、労働安全衛生規則52条の2第1項）。

　一方、時間外・休日労働時間が80時間を超えた労働者から申し出があるか、または事業場で定める基準（例：時間外・休日労働時間が月45時間を超え

る場合）に該当する労働者については、面接指導または面接指導に準ずる措置を講ずるように努めなければならない（労働安全衛生法66条の9）。

なお、産業医は面接指導の要件に該当する労働者については、面接指導の申し出を行うよう勧奨することができる（労働安全衛生規則52条の3第4項）。

以下の書式1は、面接指導に関する申出書の様式例である。

【書式1】 面接指導に係る申出書

労働安全衛生法第66条の8の
面接指導に係る申出書

平成〇年〇月〇日

（事業者　職氏名）　殿

所属
氏名

私は労働安全衛生規則第52条の2第1項に定める者に該当する者として、下記のとおり面接指導を受けることを希望します。

記

1　面接指導を受ける医師（いずれかにチェック）
　　□　会社が指定する医師
　　□　自分が希望する医師
2　面接指導を受ける日時
　　平成　年　月　日　時〜　時又は
　　平成　年　月　（初・中・下旬）
3　面接指導を実施するにあたり配慮を求める事項

以　上

（出所：厚生労働省「長時間労働者への医師による面接指導制度について」）

(4) 面接指導の実施

(A) 面接指導を行う医師

面接指導を行う医師は、基本的には会社が指定する。しかし、労働者は必ずしも会社が指定した医師に限らず、他の医師による面接指導を受けることもできる。ただし、その場合は会社に面接指導の結果を証明する書面を提出することになる（労働安全衛生法66条の8第2項）。

(B) 面接指導の時期

面接指導は、労働者から申し出があった場合は遅滞なく行わなければならない（労働安全衛生規則52条の3第3項）。

具体的には、申し出後おおむね1カ月以内に実施することになる。

(C) 面接指導における確認事項

医師は、面接指導を行うにあたっては、①労働者の勤務の状況、②労働者の疲労蓄積の状況、③これら以外で、労働者の心身の状況について確認を行う（労働安全衛生規則52条の4）。

(D) 面接指導の結果についての医師からの意見聴取

事業者は、面接指導の結果に基づき、労働者の健康を保持するために必要な措置について、医師の意見を聴く必要がある（労働安全衛生法68条の4）。

(E) 面接指導結果の記録の作成

事業者は、面接指導の結果に基づき、面接指導の結果の記録を作成して5年間保存しなければならない。

記載すべき事項は以下に示すとおりである（労働安全衛生規則52条の6）。また、書式2は、面接指導結果の記録の様式例である。

① 実施年月日
② 労働者の氏名
③ 面接指導を行った医師の氏名
④ 労働者の疲労の蓄積状況
⑤ ④の状況以外で労働者の心身の状況

⑥ 労働者の健康を保持するための必要な措置に関する医師の意見

【書式2】 面接指導結果報告書および事後措置に係る意見書（例）

面接指導結果報告書

対象者	（社員番号）氏名		所属	部	課
			男・女	年齢	歳

疲労の蓄積の状況	0. なし　1. 軽　2. 中　3. 重	特記事項
配慮すべき心身の状況	0. なし / 1. あり	

判定区分	診断区分	0. 異常なし　1. 要観察　2. 要医療	事後措置として指導・勧告の必要性	0. 不要　1. 要
	就業区分	0. 通常勤務　1. 就業制限　2. 要休業		□ 必要事項
	指導区分	0. 指導不要　1. 要保健指導　2. 要医療指導		□ 下記意見書に記入

医師の所属先		年　月　日（実施年月日）	印
	医師氏名		

事後措置に係る意見書

就業上の措置	労働時間の短縮	0. 特に指示なし	4. 変形労働制または裁量労働制の対象からの除外
		1. 時間外労働の制限　　時間／月まで	5. 就業の禁止（休暇・休養の指示）
		2. 時間外労働の禁止	6. その他
		3. 就業時間を制限　時　分～　時　分	
	労働時間以外の項目（具体的に記述）	主要項目　a. 就業場所の変更　b. 作業の転換　c. 深夜業の回数の減少　d. 昼間勤務への転換　e. その他	
		1)	
		2)	
		3)	
	措置期間	日・週・月　（次回面接予定日　年　月　日）	
医療機関への受診配慮等			
連絡事項等			

医師の所属先		年　月　日（実施年月日）	印
	医師氏名		

事業所長	人事	部長	課長

（出所：厚生労働省過重労働対策等のための面接指導マニュアル・テキスト等作成委員会「長時間労働者への面接指導マニュアル（医師用）」）

(F) 面接指導の申し出と実施に関するフロー

面接指導に関しての申し出および実施に関する例は図表2−16に示すとおりである。

このケースでは、賃金計算期間は11日から翌月10日である。そして、4月11日から5月10日までの労働時間を計算したところ、ある労働者は時間外労働が月100時間を超えていた。

この場合、もし、この労働者が期日（ここでは5月10日）前1月以内に面接指導を受けた労働者等であり、面接指導を受ける必要がないと医師が認めた場合は面接指導が免除される（労働安全衛生規則52条の2第1項）。

次に、面接指導を希望する場合は、遅滞なく（1カ月以内）事業者へ面接指導を申し込む。ここでは仮に5月25日に面接指導を申し込んでいる。

その後、遅滞なく（1カ月以内）面接指導が実施されることになる。

〔図表2-16〕
面接指導の申出期間・実施期間について(毎月10日〆の場合)

例) 5月10日期日の場合

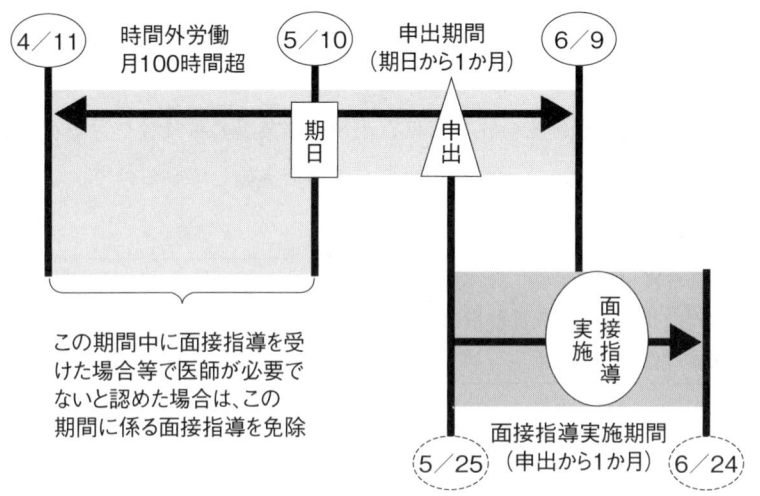

- 4/11～5/10: 時間外労働 月100時間超
- 5/10: 期日
- 5/10～6/9: 申出期間(期日から1か月)
- 申出
- この期間中に面接指導を受けた場合等で医師が必要でないと認めた場合は、この期間に係る面接指導を免除
- 5/25～6/24: 面接指導実施期間(申出から1か月)
- 面接指導実施

(出所:厚生労働省「長時間労働者への医師による面接指導制度について」)

(5) 事後措置の実施

事業者は、医師の意見を勘案して、その必要があると認めるときは、適切な措置を講じなければならない。措置の例は以下に記載のとおりである。

① 就業場所の変更
② 作業の転換
③ 労働時間の短縮
④ 深夜業の回数の減少
⑤ 医師の意見に関して、衛生委員会等への報告

(6) 地域産業保健センターの活用

以上のとおり、事業者は一定の要件に該当する労働者に対して面接指導を実施する義務があるが、面接指導を実施するにあたっては、地域産業保健セ

ンターを活用することも有効である。

　地域産業保健センターでは、平成20年4月から、小規模事業場（労働者数50人未満の事業場）を対象とした長時間労働者への面接指導の相談窓口を開設している。必要に応じて面接指導に関して近隣の地域産業保健センターに問い合わせをしてもよいであろう。

　また、地域産業保健センターでは、小規模事業場の事業者や労働者に対し面接指導以外でも以下に示すサービスを無料で実施しているので、これらも必要に応じて利用するとよいと考える。

---
① 　各種健康相談
② 　個別訪問による産業保健指導
③ 　産業保健情報の提供

2　メンタルヘルスに関する検査等

　厚生労働省では、メンタルヘルス対策の強化等を図るため、労働安全衛生法の改正（以下、「平成24年改正法案」という）を進めており、新たに、66条の10が新設される予定である。

　ただ、執筆段階（平成25年1月）では、まだ、改正法案が国会で成立するか否か不透明であるため、今後の動向に注目していただきたい。

　平成24年改正法案の概要は、次のとおりである。

・医師または保健師による労働者の精神的健康の状況を把握するための検査を行うことを事業者に義務づける。
・労働者は、事業者が行う当該検査を受けなければならないこととする。
・検査の結果は、検査を行った医師または保健師から、労働者に対し通知されるようにする。
・医師または保健師は、労働者の同意を得ないで検査の結果を事業者に提供してはならないこととする。
・検査の結果を通知された労働者が面接指導の申出をしたときは、医師による面接指導を実施することを事業者に義務づける。

- 面接指導の申出をしたことを理由として不利益な取扱いをしてはならないこととする。
- 事業者は、面接指導の結果、医師の意見を聴き、必要な場合には、作業の転換、労働時間の短縮その他の適切な就業上の措置を講じなければならないこととする。

また、平成24年改正法案の概要図は、図表2－17・18のとおりである。

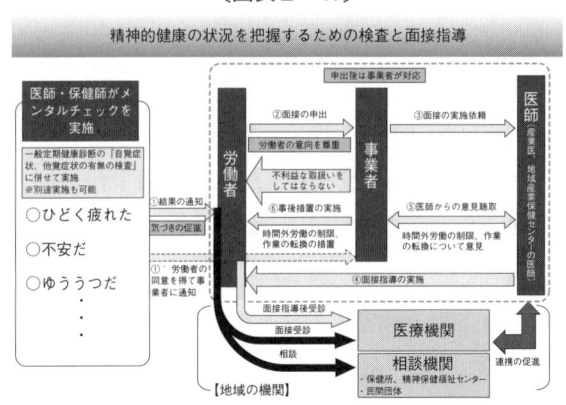

〔図表2－17〕

(出所：厚生労働省「労働安全衛生法の一部を改正する法律案の概要」)

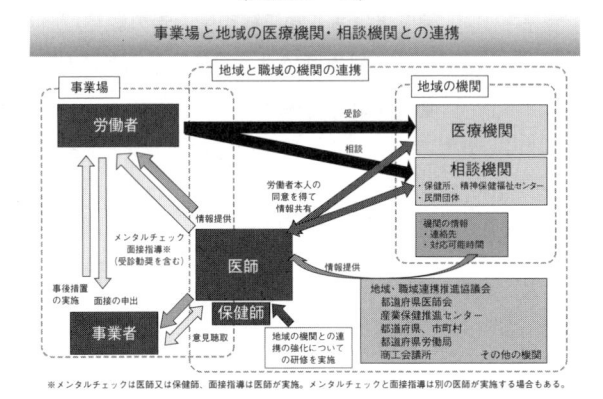

〔図表2－18〕

(出所：厚生労働省「労働安全衛生法の一部を改正する法律案の概要」)

Ⅱ　障害者雇用促進法

1　精神障害者に対する雇用対策の強化

　平成21年4月から段階的に施行された障害者の雇用の促進等に関する法律（以下、「障害者雇用促進法」という）の平成20年改正法により、精神障害者のうち精神障害者保健福祉手帳を所持する者を、各企業の障害者の雇用率に算定できることになった。20時間以上30時間未満の短時間労働である精神障害者保健福祉手帳を所持する精神障害者についても、0.5人分とカウントし、各企業の雇用率に算定することができる。

　また、納付金・調整金・報奨金の算定においても同様の取り扱いとなる。なお、法定雇用率（民間企業は1.8％）は、平成25年4月1日から引き上げられる予定である（民間企業は2.0％）。

　また、第2段階として平成22年7月から施行された平成20年改正法により、実雇用率の算定方法は、図表2−19・20のとおりとなった。

〔図表2−19〕

$$実雇用率 = \frac{障害者である常用雇用労働者の数 + 障害者である短時間労働者 \times 0.5}{常用雇用労働者の数 + 短時間労働者の数 \times 0.5}$$

（出所：厚生労働省「障害者の雇用の促進等に関する法律の一部を改正する法律の概要」）

〔図表2－20〕

週所定労働時間	30時間以上	20時間以上30時間未満
身体障害者	○	△
重　度	◎	○
知的障害者	○	△
重　度	◎	○
精神障害者	○	△

○＝1カウント
◎＝2カウント
△＝0.5カウント

(出所：厚生労働省「障害者の雇用の促進等に関する法律の一部を改正する法律の概要」)

2　精神障害者保健福祉手帳とは

　精神障害者保健福祉手帳とは、平成7年に精神障害者の自立と社会参加の促進を図るために、創設された制度である。

　手帳の交付を受けた人は、日常生活や社会生活に障害があることが証明され、さまざまな支援が受けられる。

　対象者は、精神疾患を有する者（精神保健福祉法5条の定義による精神障害者）のうち、精神障害のため長期にわたり日常生活または社会生活への制約がある者（障害者基本法の障害者）である。

　具体的には、躁うつ病（気分障害）、非定型精神病、てんかん、統合失調症、その他の精神疾患のすべてが対象となる。

　手帳交付の流れは、図表2－21に示すとおりである。

〔図表2-21〕

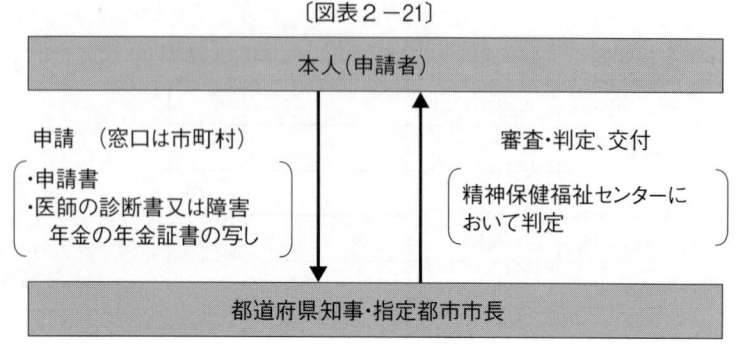

```
                    ┌─────────────────────┐
                    │    本人(申請者)      │
                    └─────────────────────┘
       申請 (窓口は市町村)      審査・判定、交付
    ┌─────────────────┐     ┌─────────────────────┐
    │・申請書          │     │精神保健福祉センターに│
    │・医師の診断書又は障害│     │おいて判定           │
    │  年金の年金証書の写し│     └─────────────────────┘
    └─────────────────┘
                    ┌─────────────────────┐
                    │都道府県知事・指定都市市長│
                    └─────────────────────┘
```

注) 手帳の有効期限は2年間。2年ごとに障害の状態を再認定し、更新
(出所：厚生労働省「障害者雇用促進法が改正されました」)

3 障害者雇用納付金

　障害者を雇用するうえで、作業施設や設備の改善等が必要とされることが多く、経済的負担が伴う。そのため、障害者の雇用義務を履行している事業主と履行していない事業主とではその経済的負担に差が生じることになる。

　そのため、事業主間の障害者雇用に伴う経済的負担の調整を図るために、一定の企業については、法定雇用率を達成できない場合は、障害者雇用納付金を納付することになる。対象となる事業者および納付金の額は、以下のとおりである。

① 障害者雇用納付金の申告を行う事業者　常用雇用労働者の数が200人を超えるすべての事業主（平成27年4月からは、100人を超えるすべての事業主）が対象となる。具体的には、申請対象期間の各月ごとの算定基礎日における常時雇用している労働者（短時間労働者を含む）の数について、200人を超える月が連続または断続して4カ月以上である事業主である。

② 納付金の額　(A-B)×50,000円
　A：各月ごとの算定基礎日における法定雇用障害者数の年度間合計数

B：各月ごとの算定基礎日における雇用障害者数の年度間合計数

　常時雇用している労働者数が200人を超え300人以下の事業主は、平成22年7月1日から平成27年6月30日までの納付金の額が1人あたり月額40,000円に減額される。
　平成22年7月、改正障害者雇用促進法が施行され、常時雇用している労働者数が200人を超え300人以下の中小企業事業主も納付金の申告が必要になるとともに、週20時間以上30時間未満の短時間労働者も納付金の申告等の対象となった。
　概要は、以下のとおりである（図表2-22）。

〔図表2-22〕

障害者の雇用の促進等に関する法律の一部を改正する法律の概要
～意欲・能力に応じた障害者の雇用機会の拡大～

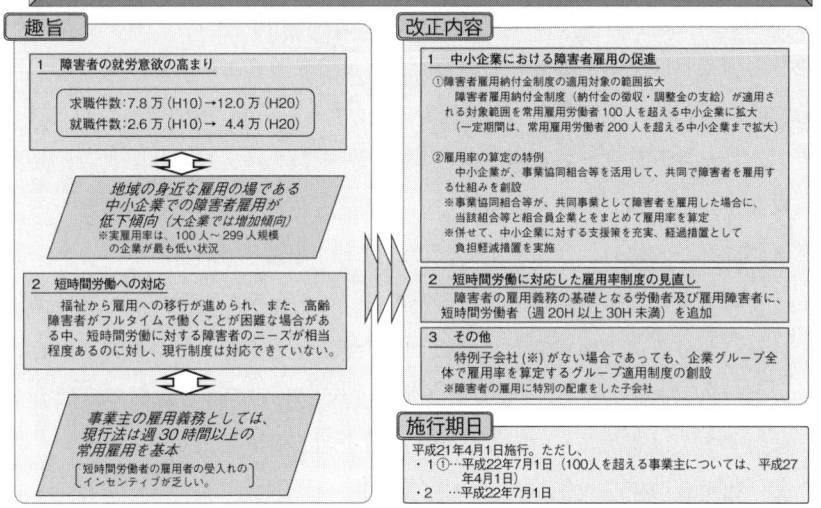

趣旨

1　障害者の就労意欲の高まり
　求職件数：7.8万（H10）→12.0万（H20）
　就職件数：2.6万（H10）→ 4.4万（H20）

　地域の身近な雇用の場である中小企業での障害者雇用が低下傾向（大企業では増加傾向）
　※実雇用率は、100人～299人規模の企業が最も低い状況

2　短時間労働への対応
　福祉から雇用への移行が進められ、また、高齢障害者がフルタイムで働くことが困難な場合がある中、短時間労働に対する障害者のニーズが相当程度あるのに対し、現行制度は対応できていない。

　事業主の雇用義務としては、現行法は週30時間以上の常時雇用を基本
　〔短時間労働者の障害者の受入れのインセンティブが乏しい〕

改正内容

1　中小企業における障害者雇用の促進
　①障害者雇用納付金制度の適用対象の範囲拡大
　　障害者雇用納付金制度（納付金の徴収・調整金の支給）が適用される対象範囲を常用雇用労働者100人を超える中小企業に拡大
　　（一定期間は、常用雇用労働者200人を超える中小企業まで拡大）
　②雇用率の算定の特例
　　中小企業が、事業協同組合等を活用して、共同で障害者を雇用する仕組みを創設
　　※事業協同組合等が、共同事業として障害者を雇用した場合に、当該組合等と組合員企業とをまとめて雇用率を算定
　　※併せて、中小企業に対する支援策を充実、経過措置として負担軽減措置を実施

2　短時間労働に対応した雇用率制度の見直し
　障害者の雇用義務の基礎となる労働者及び雇用障害者に、短時間労働者（週20H以上30H未満）を追加

3　その他
　特例子会社（※）がない場合であっても、企業グループ全体で雇用率を算定するグループ適用制度の創設
　※障害者の雇用に特別の配慮をした子会社

施行期日
平成21年4月1日施行。ただし、
・1①…平成22年7月1日（100人を超える事業主については、平成27年4月1日）
・2　…平成22年7月1日

（出所：厚生労働省ホームページ「障害者の雇用の促進等に関する法律の一部を改正する法律の概要」）

4　障害者雇用調整金

　障害者雇用納付金が事業者から徴収するのに対し、障害者雇用調整金は、一定の要件に該当する事業者に対して支給するものである。対象となる事業者および調整金の額は以下のとおりである。
① 　障害者雇用調整金の支給申請ができる事業者　　前年度の各月ごとの算定基礎日における雇用障害者数の年度間合計数が各月ごとの算定基礎日における法定雇用障害者数の年度間合計数を超える事業主である。
② 　調整金の額　　（B－A）×27,000円
　　A：各月ごとの算定基礎日における法定雇用障害者数の年度間合計数
　　B：各月ごとの算定基礎日における雇用障害者数の年度間合計数

5　報奨金

　報奨金は、障害者雇用調整金のように障害者雇用に関して一定の要件を満たした事業者に支給するものである。前年度の各月ごとの算定基礎日における常時雇用している労働者（短時間労働者を含む）の数について、200人以下である月が8カ月以上ある事業主のうち、一定数を超えて身体障害者、知的障害者または精神障害者を雇用している事業主が対象となる。対象となる事業者の詳細な内容および報奨金の額は、以下のとおりである。
① 　報奨金の支給申請ができる事業主　　前年度の各月ごとの算定基礎日における雇用障害者数の年度間合計数が、「各月ごとの算定基礎日における常時雇用している労働者数に4％を乗じて得た数の年度間合計数」または「72人」のいずれか多い数を超える事業主である。
② 　報奨金の額　　（B－A）×21,000円
　　A：「各月ごとの算定基礎日における常時雇用している労働者数に4％を乗じて得た数の年度間合計数」または「72人」のいずれか多い数
　　B：各月ごとの算定基礎日における雇用障害者数の年度間合計数

なお、障害者雇用納付金、障害者雇用調整金、報奨金の計算方法については、執筆段階（平成25年1月現在）での計算方法であり、今後、随時見直される可能性があるので、留意していただきたい。

6 障害者に対するプライバシーの配慮

障害者雇用率や障害者雇用納付金等の適用にあたっては、各事業者が、障害者である労働者について確認する必要がある。

しかし、こうした情報については、個人情報の保護に関する法律をはじめとする法令等に十分留意しながら、適正に取り扱わなければならない。

また、精神障害者に対して雇用率制度が適用されているため、在職している精神障害者の把握・確認の際は、プライバシーに配慮する必要がある。

Ⅲ 労働契約法

労働契約法は、平成19年に成立し、平成20年3月に施行された。同法5条では、「使用者は、労働契約に伴い、労働者がその生命、身体等の安全を確保しつつ労働することができるよう、必要な配慮をするものとする」と規定している。この条文は、主に以下の特徴がある

1 安全配慮義務とは

(1) 概 要

使用者は、労働契約に基づいてその本来の債務として賃金支払義務を負う以外にも、労働契約に特段の根拠規定がなくても、労働契約上の付随的義務として当然に安全配慮義務を負うことを意味する。

この点は、以下に示す川義事件（最判昭和59・4・10労判429号12頁）のように、これまでの裁判例で認められていたことを明文化したものである。

> **川義事件**（最判昭和59・4・10労判429号12頁）
> 　雇用契約は、労働者の労務提供と使用者の報酬支払をその基本内容とする双務有償契約であるが、通常の場合、労働者は、使用者の指定した場所に配置され、使用者の供給する設備、器具等を用いて労務の提供を行うものであるから、使用者は、右の報酬支払義務にとどまらず、労働者が労務提供のため設置する場所、設備もしくは器具等を使用しまたは使用者の指示のもとに労務を提供する過程において、労働者の生命及び身体等を危険から保護するよう配慮すべき義務（以下「安全配慮義務」という）を負っているものと解するのが相当である。

(2) 心身の健康も対象

　前述のように、労働契約法5条の条文では、「生命、身体等の安全を確保」するとあるが、ここでは、心身の健康も該当する。

(3) 「必要な配慮」とは

　「必要な配慮」とは、一律に定まるものではなく、使用者に特定の措置を求めるものではなく、労働者の職種、労務内容、労務提供場所等の具体的な状況に応じて、必要な配慮を行う必要がある。

　この点も、前掲川義事件では、以下のように述べている。

> **川義事件**（最判昭和59・4・10労判429号12頁）
> 　もとより、使用者の右の安全配慮義務の具体的内容は、労働者の職種、労務内容、労務提供場所等安全配慮義務が問題となる具体的状況等によって異なるべきものであることはいうまでもない。

　ただ、労働安全衛生関係法令では、事業主の講ずべき具体的な措置が規定されており、これらの内容は当然に遵守されなければならない。

2　安全配慮義務違反に基づく企業の責任

　会社が安全配慮義務を怠ると損害賠償を請求されるリスクがある。電通事件（最判平成12・3・24労判779号13頁）では、労働者が長時間労働によるう

つ病に陥り、自殺したケースである。最終的には、高等裁判所に差し戻されたが、会社の安全配慮義務違反による損害賠償責任を認めた形で、遺族に対して1億6800万円を支払うことで和解した。

このように会社が安全配慮義務を怠れば、高額の損害賠償責任を負わされるリスクがある。会社としては、注意が必要であろう。

なお、電通事件については、「第3節　過重労働とメンタルヘルス」において、詳細に記述している。

Ⅳ　労働基準法

平成22年4月に施行された改正労働基準法（以下、「平成20年改正法」という）では、長時間労働を抑制し、労働者の健康確保、仕事と生活の調和を図ることを目的としており、メンタルヘルス不調の予防の観点からも意義ある内容となっている。

平成20年改正法の概要は、図表2-23のとおりである。

1　「時間外労働の限度に関する基準」の見直し

「時間外労働の限度に関する基準」（平成10年労働省告示第154号）が改正され、労使当事者は限度時間（図表2-24参照）を超える時間外労働に対する割増賃金率を引き上げるよう努めること等とされた。

法定時間外労働を行わせるためには、①1日、②1日を超え3カ月以内の期間、③1年間のそれぞれについて、限度時間の範囲内で延長することができる時間を労使間で協定する必要がある（36協定）。

上記②③の期間について限度時間を超えて働かせる場合は、時間数や手続等について、労使間で協定しなければならない。これを「特別条項付き36協定」という。

時間外労働に関する改正のポイントは、以下のとおりである。

〔図表2-23〕

```
労働基準法の一部を改正する法律(平成20年法律第89号)の概要
 (1) 時間外労働の削減
  限度時間を超える時間外労働の労使による削減
  特別条項付き時間外労働協定で、限度基準告示上の限度時間(注)を超える時間外労働に対する割増賃
  金率を法定(25%以上)を超える率を定める努力義務　(注)例えば、1ヶ月45時間、1年間360時
  間など
  法定割増賃金率の引上げ　※中小企業は、当分の間、適用猶予
  1ヶ月60時間を超える時間外労働について、割増賃金率を50%以上に引上げ(現行25%以上)
  代替休暇制度の創設　※中小企業は、当分の間、適用猶予
  労使協定により改正法による法定割増賃金の引上げ分(注)の割増賃金の支払いに代えて、有給の休暇
  を付与することが可能に　(注)例えば、50%-%=25%(簡便化のために引上げ前の割増率を一律
  25%とした場合の例)
 (2) 年次有給休暇の有効活用
  時間単位年休制度の創設　労使協定により、1年に5日分を限度として年次有給休暇を時
  　　　　　　　　　　　　間単位で取得することが可能に
```

(出所：厚生労働省ホームページ「労働基準法が改正されました」)

〔図表2-24〕

期　間	通常の限度時間	3カ月を超える1年単位の変形労働時間制の限度時間
1週間	15時間	14時間
2週間	27時間	25時間
4週間	43時間	40時間
1カ月	45時間	42時間
2カ月	81時間	75時間
3カ月	120時間	110時間
1年間	360時間	320時間

① 限度時間を超えて働かせる一定の期間（1日を超え3カ月以内の期間、1年間）ごとに、割増賃金率を定めること
② 上記①の率について、法定増賃金率（2割5分以上）を超える率とするよう努めること
③ そもそも延長することができる時間数を短くするよう努めること

2 法定割増賃金率の引き上げ

　法定労働時間（1週間40時間、1日8時間）を超える時間外労働（法定時間外労働）に対しては、使用者は25％以上の率で計算した割増賃金を支払わなければならないとされている。また、平成20年改正法により、1カ月60時間を超える法定時間外労働に対しては、使用者は50％以上の率で計算した割増賃金を支払わなければならないとされた。たとえば、深夜（22時～翌朝5時）の時間帯に1カ月60時間を超える法定時間外労働を行わせた場合は、〔深夜割増賃金率25％以上＋時間外割増賃金率50％以上＝75％以上〕となる。

　ただし、法定割増賃金率の引き上げについては、中小企業には、当分の間、適用が猶予されている（中小企業への適用については、改正法施行3年経過後にあらためて検討することとされている）。ここでいう中小企業に該当するか否かは、図表2-25のとおり、「資本金の額または出資の総額」と「常時使用する労働者の数」で判断されることになる。

〔図表2－25〕

業　種	資本金の額または出資の総額	または	常時使用する労働者数
小売業	5,000万円以下	または	50人以下
サービス業	5,000万円以下	または	100人以下
卸売業	1億円以下	または	100人以下
その他	3億円以下	または	300人以下

※業種分類は日本標準産業分類（第12回改定）に従っています。
（出所：厚生労働省「労働基準法のあらまし」）

3　時間単位年休

　仕事と生活の調和を図る観点から、年次有給休暇を有効に活用できるよう、過半数組合、それがない場合は過半数代表者との間で労使協定を締結すれば、年に5日を限度として、時間単位で年次有給休暇を付与できるようになった。

　改正のポイント（労使協定で定める事項）は、以下のとおりである。

・時間単位年休の対象労働者の範囲　　対象となる労働者の範囲を定める。仮に一部を対象外とする場合は、「事業の正常な運営」を妨げる場合に限られる。取得目的などによって、対象範囲を定めることはできない。
・時間単位年休の日数　　5日以内の範囲で定める。
・時間単位年休1日の時間数　　1日分の年次有給休暇に対応する時間数について、所定労働時間数を基に定める。時間に満たない端数がある場合は、時間単位に切り上げてから計算する。
・1時間以外の時間を単位とする場合はその時間数　　1時間以外の時間を単位とする場合は、その時間数（たとえば「2時間」など）を記入する。

（坂本　直紀）

第3節　過重労働とメンタルヘルス

I　過重労働と精神障害発病との関係

1　過重労働による健康障害の判断

　図表2-26で示すとおり、時間外・休日労働時間が月45時間を超えると次第に健康障害のリスクが高まり、月100時間を超えたり、2カ月～6カ月平均で月80時間を超えると、健康障害のリスクはとても高い状況になる。
　こうしたこともあり、「第2節　メンタルヘルスと法制度」で述べたとおり、一定の要件に該当すれば医師による面接指導を行う義務が生じ、事業者は社員の健康管理に配慮する必要が生じている。

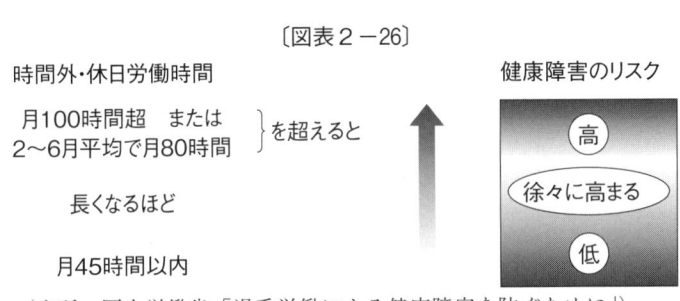

〔図表2-26〕

時間外・休日労働時間
　月100時間超　または
　2～6月平均で月80時間　｝を超えると

　長くなるほど

　月45時間以内

健康障害のリスク
　高
　徐々に高まる
　低

（出所：厚生労働省「過重労働による健康障害を防ぐために」）

2　過重労働による心理的負荷と精神障害

　厚生労働省による「心理的負荷による精神障害の認定基準」（以下、「認定基準」という）では、業務災害の判断において、職場における心理的負荷評

価表を用いて、業務による心理的負荷の強度を評価し、精神障害を発病させるおそれのある程度の心理的負荷であるか否かを検討している。詳細は、第2章第1節Ⅲ「3 精神障害に関する労災認定」を参照してほしい。

そして、認定基準において、時間外労働についての考え方を整理すると、以下のとおりになる。

(1) 時間外労働時間数に関する評価の考え方

新評価表では、時間外労働時間数（週40時間を超える労働時間数である）を指標とする基準が示されており、長時間労働が認められる場合は、これにより判断される。

なお、業務による強い心理的負荷は、長時間労働だけでなく、仕事の失敗、役割・地位の変化や対人関係等、さまざまな出来事およびその後の状況でも生じるため、時間外労働時間数の基準に至らなくても時間数のみにとらわれず、心理的負荷の強度を適切に判断される。

(2) 極度の長時間労働

極度の長時間労働は、心身の極度の疲弊、消耗を来し、うつ病等の原因となるので、発病日から起算した直前の1カ月間におおむね160時間を超える時間外労働を行った場合等は、心理的負荷の総合評価を「強」とされる。

極度の長時間労働	・発病直前の1カ月におおむね160時間を超えるような、またはこれに満たない期間にこれと同程度の（たとえば3週間におおむね120時間以上の）時間外労働を行った（休憩時間は少ないが手待ち時間が多い場合等、労働密度が特に低い場合を除く）。

(3) 長時間労働の「出来事」としての評価

長時間労働以外に特段の出来事が存在しない場合は、長時間労働それ自体を「出来事」とし、新たに設けた「1か月に80時間以上の時間外労働を行った」（以下、「項目16」という）という具体的出来事にあてはめて心理的負荷を評価する。

第3節　過重労働とメンタルヘルス

　項目16の平均的な心理的負荷の強度は「Ⅱ」であるが、「発病日直前の連続した2か月間に、1月あたりおおむね120時間以上の長時間労働を行い、その業務内容が通常その程度の労働時間を要するものであった」、「発症直前の連続した3か月間に、1月あたりおおむね100時間以上の時間外労働を行い、その業務内容が通常その程度の労働時間を要するものであった」等は、心理的負荷の総合評価を「強」とされる。なお、項目16は、労働時間数がそれ以前と比べて増加していることは、必要条件としていない。

　また、ほかの出来事があれば、時間外労働の状況は、以下の「(4)　恒常的長時間労働が認められる場合の総合評価」において評価するので、原則として項目16で評価されないことになる。

　ただし、項目16で「強」と判断できる場合は、ほかに出来事が存在しても、この項目でも評価し、全体評価を「強」とされる。

〔図表2-27〕

	出来事の類型	具体的出来事	平均的な心理的負荷の強度 Ⅰ Ⅱ Ⅲ	心理的負荷の総合評価の視点	心理的負荷の強度を「弱」「中」「強」と判断する具体例 弱	中	強
16	③仕事の量・質	1か月に80時間以上の時間外労働を行った	☆ (Ⅱ)	・業務の困難性 ・長時間労働の継続期間 (注)この項目の「時間外労働」は、すべて休日労働時間を含む。	【「弱」になる例】 ・1か月に80時間未満の時間外労働を行った (注)他の項目で評価されない場合のみ評価する。	・1か月に80時間以上の時間外労働を行った (注)他の項目で評価されない場合のみ評価する。	【「強」になる例】 ・発病直前の連続した2か月間に、1月当たりおおむね120時間以上の時間外労働を行い、その業務内容が通常その程度の労働時間を要するものであった ・発病直前の連続した3か月間に、1月当たりおおむね100時間以上の時間外労働を行い、その業務内容が通常その程度の労働時間を要するものであった

(4) 恒常的長時間労働が認められる場合の総合評価

　出来事に対処するために生じた長時間労働は、心身の疲労を増加させ、ストレス対応能力を低下させる要因となり、長時間労働が続く中で発生した出来事の心理的負荷はより強くなるので、出来事自体の心理的負荷と恒常的な長時間労働（月100時間程度となる時間外労働）を関連させて総合評価を行われる。

　具体的には、以下のとおりである。

> ① 具体的出来事の心理的負荷の強度が労働時間を加味せずに「中」程度と評価される場合であって、出来事の後に恒常的な長時間労働（月100時間程度となる時間外労働）が認められる場合
> ② 具体的出来事の心理的負荷の強度が労働時間を加味せずに「中」程度と評価される場合であって、出来事の前に恒常的な長時間労働（月100時間程度となる時間外労働）が認められ、出来事後すぐに（出来事後おおむね10日以内に）発病に至っている場合、または、出来事後すぐに発病には至っていないが事後対応に多大な労力を費しその後発病した場合
> ③ 具体的出来事の心理的負荷の強度が、労働時間を加味せずに「弱」程度と評価される場合であって、出来事の前および後にそれぞれ恒常的な長時間労働（月100時間程度となる時間外労働）が認められる場合

(5) そのほかの時間外労働に関する内容

　また、時間外労働に関して、以下の内容についても総合評価において心理的負荷の強度は「強」と判断される。

> 1. 「仕事内容・仕事量の（大きな）変化を生じさせる出来事があった」において、「仕事量が著しく増加して時間外労働も大幅に増える（倍以上に増加し、１月当たりおおむね100時間以上となる）などの状況になり、その後の業務に多大な労力を費した（休憩・休日を確保するのが困難なほどの状態となった等を含む）。
> 2. 「２週間以上にわたって連続勤務を行った」において、「２週間（12日）以上にわたって連続勤務を行い、その間、連日、深夜時間帯に及ぶ時間外労働を行

った（1日あたりの労働時間が特に短い場合、手待ち時間が多い等の労働密度が特に低い場合を除く）。

(6) まとめ

以上の点により、心理的負荷の強度が「強」とする出来事を整理すると、図表2－28のようになる。

〔図表2－28〕

具体的出来事	ポイント
発病直前の1カ月におおむね160時間を超えるような、またはこれに満たない期間にこれと同程度の（たとえば3週間におおむね120時間以上の）時間外労働を行った。	1カ月160時間超 3週間120時間以上
発病日直前の連続した2カ月間に、1月あたりおおむね120時間以上の長時間労働を行い、その業務内容が通常その程度の労働時間を要するものであった。	2カ月間に1月あたり120時間以上
発症直前の連続した3カ月間に、1月あたりおおむね100時間以上の時間外労働を行い、その業務内容が通常その程度の労働時間を要するものであった。	3カ月間に1月あたり100時間以上
「中」程度と判断される「出来事」の後に恒常的な時間外労働（月100時間程度）が認められる。	「中」＋月100時間程度
「中」程度と判断される「出来事」の前に恒常的な時間外労働（月100時間程度）が認められる	月100時間程度＋「中」
「弱」程度と判断される「出来事」の前および後に恒常的な時間外労働（月100時間程度）が認められる	月100時間程度＋「弱」＋月100時間程度
仕事量が倍以上に増加し、時間外労働も月100時間以上になる。	仕事量増加（倍以上）＋月100時間以上
2週間（12日）以上にわたって連続勤務を行い、その間、連日、深夜時間帯に及ぶ時間外労働を行った。	長期の連続勤務＋深夜時間帯に及ぶ時間外労働

以上のとおり、新評価表では、明確な時間外労働時間数が明記されていることが注目される。内容をよくみてみると、時間外労働時間数が1カ月に100

時間以上になると労災認定される可能性が高くなる。

　したがって、企業としては、まずは月100時間以上の時間外労働を防止することが重要になる。そのためには、まずは、社内の時間外労働時間数について、社員ごとに現状を確認し、月100時間以上の時間外労働を発生しないように努める必要がある。

　もちろん、新評価表で「中」と位置づけられている月80時間以上の時間外労働を発生させない。もっといえば、過重労働を防止する観点から、時間外労働は月45時間以内に抑えることが望ましいと考える。

　時間外労働を削減するためには、まずは現状把握が大切である。具体的には、全社員の時間外労働時間数を確認する。そのうえで、適切な対策を講じることになる。

　対策例としては、業務の「見える化」を行い、業務配分や働き方を見直したり、人員補充等が考えられる。企業の実情に応じて適切な対策を立案するとよいであろう。

II　電通事件にみる企業の安全配慮義務

　次に、実際に過重労働が原因でうつ病に罹患し、自殺にまで追い込まれた事件として有名な電通事件（最判平成12・3・24労判779号13頁）がある。ここでは、本事件の概要を確認することを通じて、過重労働のリスクについて説明する。なお、被害者の名前を仮にAとする。

1　事件の概要

（1）　勤務の状況

　Aは、平成2年4月に入社し新入社員研修が終了した後、ラジオ局ラジオ推進部に配属され、ある班に所属していた。Aは午前8時頃までに自宅を出て、午前9時頃までに出勤し、執務室の整理等を行った後は、企業との

連絡や打ち合わせに忙殺される状況にあり、午後7時頃に夕食をとった後に、企画書の起案等で夜遅くまで仕事をしていた。

(2) 時間外労働の状況

Aは、ラジオ推進部に配属されてから、しばらくの間は出勤した当日中に帰宅していた。しかし、同年8月頃から、翌日の午前1、2時頃に帰宅することが多くなった。秋頃には、会社に対して業務の不満として慢性的に残業が深夜まであることをあげていた。そして、平成2年11月末頃までは、遅くとも出勤した翌日の午前4、5時頃には帰宅していたが、この頃以降、帰宅しない日や事務所に泊まる日があるようになった。

平成2年度の有給休暇は10日付与されたが、取得したのは、わずか0.5日であった。また、Aの所属するラジオ推進部には、平成3年7月まで新入社員の補充はなかった。

平成3年7月以降、Aは班から独立して業務を遂行することとなり、この頃、Aは出勤したまま帰宅しない日が多くなり、帰宅しても午前6時30分ないし7時頃で、午前8時頃までに再び自宅を出るという状況であった。

そして、Aは、こうした業務遂行と睡眠不足の結果、心身ともに疲労困ぱいした状態になって、うつうつとし、顔色も悪く、目の焦点も定まっていないことがあるようになった。

(3) 自殺に至る経緯

同年8月に入り、3日から5日までは旅行に出かけたが、それ以外は23日まで休日も含めてほぼ毎日出社していた。この時、1日有給休暇を取得したが、平成3年度に入って初めてのものだった。

平成3年8月23日にAは午後6時頃にいったん帰宅し、午後10時頃に自宅を自家用車で出発して、翌日から長野県の取引先企業の行事の実施のため、長野県に行った。そして、24日から26日まで行事の実施にあたり、26日の午後5時頃、行事の会場を車で出発した。

そして、同年8月27日午前6時頃帰宅し、午前9時頃に職場に体調が悪い

という理由で休むと伝え、午前10時頃に自宅の風呂場で自殺（い死）しているのが発見された。

2　裁判所の考え方

(1)　長時間労働による心身の疲労によるうつ病

判決では、この事件について以下のとおり述べている。

「前記のとおり、Aは、平成3年7月頃には心身ともに疲労困ぱいした状態になっていたが、それが誘因となって、遅くとも同年8月上旬頃に、うつ病にり患した。そして、同月27日、前記行事が終了し業務上の目標が一応達成されたことに伴って、肩の荷が下りた心理状態になるとともに、再び従前と同様の長時間労働の日々が続くことをむなしく感じ、うつ病によるうつ状態がさらに深まって、衝動的、突発的に自殺したものと認められる」。

(2)　安全配慮義務の考え方

また、判決では、企業の安全配慮義務について、以下のとおり述べている。

「労働者が労働日に長時間にわたり業務に従事する状況が継続するなどして、疲労や心理的負荷が過度に蓄積すると、労働者の心身の健康を損なう危険のあることは、周知のところである。（中略）これらのことからすれば、使用者は、その雇用する労働者に従事させる業務を定めてこれを管理するに際し、業務の遂行に伴う疲労や心理的負荷等が過度に蓄積して労働者の心身の健康を損なうことがないよう注意する義務を負うと解するのが相当であり、使用者に代わって労働者に対し業務上の指揮監督を行う権限を有する者は、使用者の右注意義務の内容に従って、その権限を行使すべきである」。

(3)　会社の安全配慮義務違反

（A）　長時間労働の恒常化

Aの所定労働時間内は連絡、打ち合わせ等の業務で占められ、所定労働時間経過後しか、起案等を開始することができず、長時間労働にわたる残業

を行うことが常況となっていた。

(B) 問題ある上司の対応

部長らは、Aのした残業時間の申告が実情より相当に少ないものであり、業務遂行のために徹夜まですることもある状態にあることを認識していた。また、直属の上司は、Aの健康状態が悪いことに気づいていた。Aの業務の量等を適切に調整するための措置をとることなく、かえって業務負担は以前よりも増加している。

3 事件から学ぶこと

この電通事件の自殺したAの状況は異常であったが、過重労働はうつ病を発症させ、最悪の場合は自殺に至る。それにより、企業は多額の損害賠償責任を負わされることになり、会社および社員にとって最悪の事態を引き起こしている。

つまり、行き過ぎた過重労働は、会社および社員双方にとって、多大なリスクを引き起こす可能性があることを会社そして社員双方が強く認識する必要がある。

会社にとっては、損害賠償責任もさることながら、社会的信用が失墜してしまい、大きく企業イメージを損なうことになる。少子化により採用が厳しくなる中、誰が過重労働でうつ病になり自殺者が出るような会社への入社を希望するだろうか。つまり、会社の重要な経営資源である優秀な人材の確保・定着に支障を来すことになるのである。会社としては、こうした事態を引き起こさないためにも適切に安全配慮を行う必要がある。

また、社員も、自己の健康に留意する必要がある。もし、うつ病に罹患し、自殺でもしたら、家族は悲しみに明け暮れることになるであろう。そのような不幸な状態を防ぐためにも、自ら真剣にうつ病の予防に努めていただきたいと考える。

Ⅲ　過重労働による健康障害の防止対策

　厚生労働省では、「過重労働による健康障害防止のための総合対策について」(平成20年3月7日基発第0307006号、平成23年2月16日基発0216第3号)、別添「過重労働による健康障害を防止するため事業者が講ずべき措置等」を発表し、過重労働について対策を強化している。
　いずれも、過重労働防止に関して事業者に適切な対応を求めるものである。それぞれ、概要を確認してみることにしよう。

1　過重労働による健康障害防止のための総合対策

(1)　過重労働による健康障害を防止するため事業者が講ずべき措置等の周知徹底

　都道府県労働局及び労働基準監督署は、集団指導、監督指導、個別指導等のあらゆる機会を通じて、リーフレット等を活用した周知を図るとともに、キャンペーン期間の設定等により事業者が構ずべき措置の内容について、事業者に広く周知を図ることとする。

(2)　過重労働による健康障害防止のための窓口指導等

・36協定における時間外労働の限度時間に係る指導の徹底
・裁量労働制に係る周知指導
・労働時間等の設定の改善に向けた自主的取組の促進に係る措置(労働時間設定改善コンサルタントの活用)

(3)　過重労働による健康障害防止のための監督指導等

　　時間外・休日労働時間が月45時間を超えているおそれがある事業場に対しては、次のとおり指導する。
・産業医、衛生管理者、衛生推進者等の選任及び活動状況並びに衛生委員会等の設置及び活動状況を確認し、必要な指導を行う。

第3節　過重労働とメンタルヘルス

- 健康診断、健康診断結果についての医師からの意見聴取、健康診断実施後の措置、保健指導等の実施状況について確認し、必要な指導を行う。
- 労働者の時間外・休日労働時間の状況を確認し、面接指導等及びその実施後の措置等を実施するよう指導を行う。
- 面接指導等が円滑に実施されるよう、手続等の整備の状況について確認し、必要な指導を行う。
- 事業者が面接指導等に係る指導に従わない場合には、当該面接指導等の対象となる労働者に関する作業環境、労働時間、深夜業の回数及び時間数、過去の健康診断及び面接指導の結果等を踏まえた労働衛生指導医の意見を聴き、臨時の健康診断の実施を指示するとともに、厳正な指導を行う。
- 事業場が常時50人未満の労働者を使用するものである場合、近隣に専門的知識を有する医師がいない等の理由により、事業者自ら医師を選任し、面接指導を実施することが困難なときには、地域産業保健センターの活用が可能であることを教示する。
- 上記の他、36協定で定められた延長することができる時間を超えて時間外労働が行われている場合や限度基準に達していない場合などのほか、中小事業主以外の事業主に係る労働基準法第37条第1項ただし書に規定する割増賃金が支払われていないなどの場合には、必要な指導を行う。

(4) 過重労働による業務上の疾病が発生した場合の再発防止対策を徹底するための指導等

- 過重労働による業務上の疾病を発生させた事業場については、当該疾病の原因の究明及び再発防止の措置を行うよう指導する。
- 過重労働による業務上の疾病を発生させた事業場であって労働基準関係法令違反が認められるものについては、司法処分を含めて厳正に対処する。

2　過重労働による健康障害を防止するため事業者が講ずべき措置

厚生労働省が会社に求める過重労働対策の概要は、以下のとおりである。

(1) 時間外・休日労働時間の削減

・事業者は、36協定の締結に当たっては、限度基準に適合したものとすること
・「特別の事情」（限度時間を超える一定の時間まで労働時間を延長することができる事情）を定めた36協定については、この「特別の事情」が臨時的なものに限るとされていることに留意するものとする。さらに、月45時間を超えて時間外労働を行わせることが可能である場合であっても、事業者は、実際の時間外労働を月45時間以下とするよう努めるものとする。さらに、事業者は、休日労働についても削減に努めるものとする。
・事業者は、「労働時間の適正な把握のための使用者が講ずべき措置等に関する基準について」（平成13年４月６日付基発第339号）に基づき、労働時間の適正な把握を行うものとする。
・事業者は、裁量労働制対象労働者及び管理・監督者についても、健康確保のための責務があることなどに十分留意し、当該労働者に対し、過重労働とならないように十分な注意喚起を行うなどの措置をして努める必要がある。

(2) 年次有給休暇の取得促進

事業者は、年次有給休暇を取得しやすい職場環境づくり、計画的付与制度の活用等により年次有給休暇の取得促進を図るものとする。

(3) 労働時間等の設定の改善

労働時間等設定改善指針（仕事と生活の調和に関すること）に留意しつつ、必要な措置を講じるよう努めるものとする。

(4) 労働者の健康管理に係る措置の徹底

以下の内容につき、適切に実施する。
・健康管理体制の整備、健康診断の実施等
・長時間にわたる時間外・休日労働を行った労働者に対する面接指導等
・過重労働による業務上の疾病を発生させた場合の措置

Ⅳ 労働者の疲労蓄積度チェックリスト

「労働者の疲労蓄積度チェックリスト」は、過重労働による健康障害防止のための総合対策の一環として、平成16年6月に、厚生労働省が作成、公表したチェックリストである。

1 労働者の疲労蓄積度自己診断チェックリスト

図表2-29は労働者本人による自己診断用チェックリストである。最後の総合結果により、負担度の点数が2人～7の人は、疲労が蓄積されている可能性があり、勤務の状況の改善を必要とするものである。

基本的には自ら改善を行うことになるが、個人の裁量で改善が困難な場合は上司等に相談して勤務の状況を改善することが大切である。

〔図表2-29〕
●労働者の疲労蓄積度自己診断チェックリスト●

記入年月日　　年　　月　　日

このチェックリストは、労働者の仕事による疲労蓄積を、自覚症状と勤務の状況から判定するものです。

① 最近1か月間の自覚症状について、各質問に対し最も当てはまる項目の□に✓を付けてください。

1. イライラする	□ほとんどない(0)	□時々ある(1)	□よくある(3)
2. 不安だ	□ほとんどない(0)	□時々ある(1)	□よくある(3)
3. 落ち着かない	□ほとんどない(0)	□時々ある(1)	□よくある(3)
4. ゆううつだ	□ほとんどない(0)	□時々ある(1)	□よくある(3)
5. よく眠れない	□ほとんどない(0)	□時々ある(1)	□よくある(3)
6. 体の調子が悪い	□ほとんどない(0)	□時々ある(1)	□よくある(3)
7. 物事に集中できない	□ほとんどない(0)	□時々ある(1)	□よくある(3)
8. することに間違いが多い	□ほとんどない(0)	□時々ある(1)	□よくある(3)
9. 仕事中、強い眠気に襲われる	□ほとんどない(0)	□時々ある(1)	□よくある(3)
10. やる気が出ない	□ほとんどない(0)	□時々ある(1)	□よくある(3)
11. へとへとだ（運動後を除く）	□ほとんどない(0)	□時々ある(1)	□よくある(3)
12. 朝、起きた時、ぐったりした疲れを感じる	□ほとんどない(0)	□時々ある(1)	□よくある(3)
13. 以前とくらべて、疲れやすい	□ほとんどない(0)	□時々ある(1)	□よくある(3)

第2章 事前の予防策～心の病を防ぐ諸対策

自覚症状の評価 各々の答えの（ ）内の数字を全て加算してください。　合計＿＿＿点

| Ⅰ | 0－4点 | Ⅱ | 5－10点 | Ⅲ | 11－20点 | Ⅳ | 21点以上 |

2 最近1か月間の勤務の状況について、各質問に対し最も当てはまる項目の□に✓を付けてください。

1. 1か月の時間外労働	□ない又は適当(0)	□多い(1)	□非常に多い(3)
2. 不規則な勤務（予定の変更、突然の仕事）	□少ない(0)	□多い(1)	－
3. 出張に伴う負担（頻度・拘束時間・時差など）	□ない又は小さい(0)	□大きい(1)	－
4. 深夜勤務に伴う負担（★1）	□ない又は小さい(0)	□大きい(1)	□非常に大きい(3)
5. 休憩・仮眠の時間数及び施設	□適切である(0)	□不適切である(1)	－
6. 仕事についての精神的負担	□小さい(0)	□大きい(1)	□非常に大きい(3)
7. 仕事についての身体的負担（★2）	□小さい(0)	□大きい(1)	□非常に大きい(3)

★1：深夜勤務の頻度や時間数などから総合的に判断してください。深夜勤務は、深夜時間帯（午後10時－午前5時）の一部または全部を含む勤務を言います。

★2：肉体的作業や寒冷・暑熱作業などの身体的な面での負担

勤務の状況の評価 各々の答えの（ ）内の数字を全て加算してください。　合計＿＿＿点

| A | 0点 | B | 1－2点 | C | 3－5点 | D | 6点以上 |

総合判定

次の表を用い、自覚症状、勤務の状況の評価から、あなたの仕事による負担度の点数（0～7）を求めてください。

仕事による負担度点数表

		勤務の状況			
		A	B	C	D
自覚症状	Ⅰ	0	0	2	4
	Ⅱ	0	1	3	5
	Ⅲ	0	2	4	6
	Ⅳ	1	3	5	7

※糖尿病や高血圧症等の疾病がある方の場合は判定が正しく行われない可能性があります。

あなたの仕事による負担度の点数は：＿＿＿点（0～7）

判定	点数	仕事による負担度
	0～1	低いと考えられる
	2～3	やや高いと考えられる
	4～5	高いと考えられる
	6～7	非常に高いと考えられる

（出所：厚生労働省「労働者の疲労蓄積度チェックリスト」）

2　家族による労働者の疲労蓄積度チェックリスト

図表2-30は、本人用と合わせてご家族が見て労働者の疲労の蓄積度を判断する目安とできるよう作成されたものである。

〔図表2-30〕
●家族による労働者の疲労蓄積度チェックリスト●

記入年月日　　年　　月　　日

ご家族の最近の様子について、あなたから見た感じをお答えください。

[1] 最近1か月の疲労・ストレス症状
　その方について、各質問に対し、最も当てはまる項目の□に✓を付けてください。
　（あなたから見て判定の難しい項目については、「ほとんどない」に✓を付けてください）

1. イライラしているようだ	□ほとんどない(0)	□時々ある(1)	□よくある(3)
2. 不安そうだ	□ほとんどない(0)	□時々ある(1)	□よくある(3)
3. 落ち着かないようだ	□ほとんどない(0)	□時々ある(1)	□よくある(3)
4. ゆううつそうだ	□ほとんどない(0)	□時々ある(1)	□よくある(3)
5. 体の調子が悪そうだ	□ほとんどない(0)	□時々ある(1)	□よくある(3)
6. 物事に集中できないようだ	□ほとんどない(0)	□時々ある(1)	□よくある(3)
7. することに間違いが多いようだ	□ほとんどない(0)	□時々ある(1)	□よくある(3)
8. 強い眠気に襲われるようだ	□ほとんどない(0)	□時々ある(1)	□よくある(3)
9. やる気が出ないようだ	□ほとんどない(0)	□時々ある(1)	□よくある(3)
10. へとへとのようだ（運動後を除く）	□ほとんどない(0)	□時々ある(1)	□よくある(3)
11. 朝起きた時、疲れが残っているようだ	□ほとんどない(0)	□時々ある(1)	□よくある(3)
12. 以前とくらべて、疲れやすいようだ	□ほとんどない(0)	□時々ある(1)	□よくある(3)

　　　　　各々の答えの（　）内の数字を全て加算してください。　合計＿＿＿点

[2] 最近1か月の働き方と休養
　その方について、当てはまる項目の□全てに✓を付けてください。

□1. ほとんど毎晩、午後10時以降に帰宅する（★1）
□2. 休日も仕事に出かけることが多い
□3. 家に仕事を持ち帰ることが多い
□4. 宿泊を伴う出張が多い
□5. 仕事のことで悩んでいるようだ
□6. 睡眠時間が不足しているように見える
□7. 寝つきが悪かったり、夜中に目覚めたりすることが多いようだ
□8. 家での仕事のことが気にかかって仕方ないようだ
□9. 家でゆっくりくつろいでいることはほとんどない

★1：夜勤等の勤務形態の方は、仕事のため家を出てから帰るまでの時間が14時間以上であることを目安にしてください。

　　　　　　　　　　　　　　　　　✓を付けた項目の数＿＿＿個

第2章　事前の予防策～心の病を防ぐ諸対策

|総合判定|

次の表を用い、疲労・ストレス症状、働き方と休養のチェック結果から、対象者の仕事による疲労の蓄積度の点数（0～2）を求めてください。

仕事による疲労蓄積度点数表

		「働き方と休養」項目の該当個数	
		3個未満	3個以上
「疲労・ストレス症状」の質問に対する該当項目の合計点数	10点未満	0	1
	10点以上	1	2

※糖尿病や高血圧症等の疾病がある方の場合は判定が正しく行われない可能性があります。

対象者の仕事による蓄積疲労度の点数は：□ 点（0～2）

	点数	仕事による負担度
判定	0	低いと考えられる
	1	やや高いと考えられる
	2	高いと考えられる

※ご本人の評価とあなたの評価は異なっていることがあります。

●疲労蓄積予防のための対策

対象とされた方の疲労の蓄積はいかがでしたか？疲労が蓄積すると心身の健康状態の低下を招き、健康障害を引き起こすことがあります。疲労の蓄積を防ぐために、あなたと対象者で、働き方と休養について話し合い、働き方や休養について改善を心がけてください。また、必要に応じ産業医等の産業保健スタッフや医療機関への相談・受診をお勧めします。

（出所：厚生労働省「労働者の疲労蓄積度チェックリスト」）

V　過重労働対策事例

次に、実際の企業の過重労働対策事例をみてみる。図表2－31の内容は、厚生労働省のパンフレット「労働者の健康を守るために」で記載している過重労働対策事例を整理したものである。

第3節　過重労働とメンタルヘルス

〔図表2-31〕

		業　種	社員数	対策内容
1	A社	総合工事業	226人	社長名による取り組み方針を社内LANに掲示 ラインを通じて月80時間以上の時間外労働をする社員の状況把握 うつ病対策の書籍を購入し、管理職と施工部の所長クラスに配布
2	B社	食料品製造業	130人	安全衛生委員会で審議し、委員の過重労働対策への関心を高める 申し出窓口の設置、面接指導についての文書を社内報で掲載 医師面接申出書の様式を作成
3	C社	印刷・同関連業	108人	年次有給休暇とは別に5日間のリフレッシュ休暇を付与 休日数の6日間増加 委員会により、全員が有給休暇を公正に取れるように取り組む
4	D社	化学工業	160人	管理職の時間に関して日報を記入させる 面接指導表等の様式を作成
5	E社	窯業・土砂製品製造業	35人	産業医を選任し、面接指導を行うようにした 繁忙期にも出勤させず、完全に休みとした
6	F社	金属製品製造業	49人	リーダーによる部下の労働時間の把握を徹底 時間外休日労働時間が月45時間～80時間の労働者の健康管理対策
7	G社	金属製品製造業	102人	休暇後の社員の体調を聞き取り、状況の把握に努める 産業医に相談できる体制を整え、面接指導を実施する 健康診断で有所見になった者に外部保健師が事後指導を実施
8	H社	金属製品製造業	100人	時間外労働実績をグラフにまとめ社内会議で公表。社長が健康重視の方針 安全衛生委員会で産業医による健康障害に関する講話を聴講
9	I社	電子部品等製造業	596人	時間外労働時間が月40時間超の社員に部門長が面接等を行う 面接調書で自覚症状を訴えた社員を優先し、産業医等が問診

10	J社	電気機械器具製造業	165人	看護師を採用し、健康診断関連業務、健康相談、健康ニュースの発行を担当
				「長時間勤務者の健康チェック規程」を定めて長時間労働者は業務時間内に強制的に看護師のチェックを受ける
11	K社	情報通信機械器具製造業	71人	一定の長時間労働者は申出の有無にかかわらず、産業医の面接
				時間外休日労働が45時間超の労働者も希望すれば面接指導を実施
12	L社	情報通信機械器具製造業	100人	職場巡視に産業医も進んで参加し、修正点等の指摘を受ける
				定時（8時間）で仕事を終える工夫をする（通称：チャレンジ8）
				徒歩や自転車通勤奨励（通称：エコフィット）、禁煙者の拡充対策等
13	M社	製造業	153人	相談窓口の設定
				自己申告制をICカード利用の入退出管理に切り替え
14	N社	情報通信業	38人	定期面談の実施
				一定以上の時間外労働が発生している社員の業務見直し
15	O社	道路旅客運送業	101人	日報で日々チェックし、チェックシートで個別指導
				深夜勤務者は年2回健康診断を実施
16	P社	道路旅客運送業	330人	出庫時、帰庫時も対面で法定労働時間を順守するよう再度伝達
				特定の人が故意に時間オーバーしているので、個別指導を実施
17	Q社	道路貨物運送業	123人	多能工化による応援体制の充実
				残業申告制による時間外労働時間の個人による進捗管理および指導
18	R社	建築材料等卸売業	8人	10年以上前からノー残業デーを導入
				週間業務打ち合わせで、業務が1人に集中しないようにする

第3節　過重労働とメンタルヘルス

1　事例から学ぶこと

　18社の過重労働対策について紹介したが、まずは社員数を確認していただきたい。ほとんどの会社が200人未満であり、1桁の社員数の会社もある。

　すなわち、過重労働対策は、大企業のように余力があれば対応でき、中小企業では困難だという見方があるかもしれない。

　しかし、この例のように中小企業だからこそ真剣に過重労働対策に取り組む必要があると考える。なぜならば、少ない社員数の中でもし、核となる人材が過重労働で精神障害を罹患したらどうなるであろうか。本人や家族が不幸になるのは当然のことであるが、会社にとって大きな痛手である。そのことが原因で、経営に大きな支障を来すリスクがある。

　ぜひ、この事例を参考にして過重労働対策に真剣に取り組んでいただきたい。

　次に、事例の過重労働対策を整理し、主な内容についてテーマ別に確認してみよう。

2　トップのリーダーシップ

　とても重要なことである。もし、「1つだけ、社員の過重労働を削減する方法をあげなさい」といわれたら、「トップがリーダーシップを発揮して、本気で取り組むこと」と答えるだろう。

　なぜならば、いくら表面的に過重労働対策としてさまざまな対策を実施していても運用が形骸化していれば、まるで意味をなさない。トップが、何が何でも過重労働は阻止するという強い意思が大切である。

　事例では、A社の「社長名による取り組み方針を社内LANに掲示」が参考になる。まずは、社長の強い意思を社内へ周知徹底させることが重要になる。

　そして、H社の「時間外労働実績をグラフにまとめ、社内会議で公表」も

参考になる。具体的には、ここでは管理・監督者を含め、全社員の月あたりの時間外労働実績を45時間以上、60時間以上の２段階でグラフにまとめ、毎月社内会議で公表するシステムを用いている。そのうえで、社長から会社の健康重視の考えを述べているというものだ。

つまり、社長の方針が適切に浸透しているか否か、社内会議の場で確認して、再発の防止に取り組んでおり真剣さが感じられる。

3　安全衛生委員会、産業医等の活用

次に、安全衛生委員会（または衛生委員会）、産業医が適切に社員の健康管理を実施することも重要である。

まずは、B社の「安全衛生委員会で審議し、委員の過重労働対策への関心を高める」が注目される。安全衛生委員が過重労働対策に対して関心をもつことが重要であり、同社では安全衛生委員会の議題として毎月取り上げるようにしている。

そして、具体的な取り組みとして、H社の「安全衛生委員会で産業医による健康障害に関する講話を聴講」も参考になるであろう。

そのほかに、産業医の活用として、G社「産業医に相談できる体制を整え、面接指導を実施する」、I社「面接調書で自覚症状を訴えた社員を優先し、産業医等が問診する」、K社「一定の長時間労働者は申出の有無にかかわらず、産業医の面接」、L社「職場巡視に産業医も進んで参加し、修正点等の指摘を受ける」も参考にしていただきたい。

興味深い事例では、J社の「看護師を採用し、健康診断関連業務、健康相談、健康ニュースの発行を担当」である。看護師を採用して、健康管理の強化を図るものである。この健康診断関連業務とは健診の計画から保健指導まで幅広く対応している。また、健康相談としては月４回健康相談日を設けている。とても徹底しているといえるであろう。

4　管理者の意識改革

　現場の管理者の役割も重要である。そのためには、管理職が過重労働対策についての重要性を認識しなければならない。たとえば、Ａ社の「うつ病対策の書籍を購入し、管理職と施工部の所長クラスに配布」のように過重労働が引き起こす問題について学ぶ機会を与えることも有効と考える。

　そして、そのうえで、Ｆ社の「リーダーによる部下の労働時間の把握を徹底」することで、過重労働の抑制に努めることになる。

　また、管理者自身の健康管理も重要である。Ｄ社の「管理職の時間に関して日報を記入させる」も参考になる。ここでは、管理職の勤務時間を把握していなかったという問題が発覚したので、日報を記入させ、工場の入退場時間等のチェックを行うというものである。

5　休暇の取得促進

　休暇を取得することは、心身の疲労回復につながる。

　Ｃ社の取り組みが参考になる。まず、有給休暇とは別にリフレッシュ休暇を設けたことがあげられる。同社では、勤続５年ごとに業務の調整を図りながら連続取得させるようにしている。また、休日数も一気に６日間増加させ、さらに全員が有給休暇を公正に取得できるような取り組みを行っている。

6　業務改善

　次に、過重労働を抑制するには、労働時間の短縮化を図る必要がある。そのためには、業務の見直しや工夫が重要である。Ｌ社では、「定時（８時間）で仕事を終える工夫（通称：チャレンジ８）」に取り組んでいる。

　そして、社員間のチームワークも大切であり、Ｑ社の「多能工化による応援体制の充実」も注目される。社員１人ひとりが複数の能力を有すること

で、ある社員の業務が過重になればサポートできるようにしておくことは有効と考える。

また、R社のように「週間業務打ち合わせで、業務が1人に集中しないようにする」ことも重要なことである。

さらに、N社のように、「一定以上の時間外労働が発生している社員の業務の見直し」も場合によっては検討する必要があるであろう。

7　自己管理

健康問題は、やはり社員1人ひとりが自覚をもつことが重要である。そして、そのための気づきを与えることも有効である。

まずは、個別指導である。O社では、超過労働時間管理は、日報で日々チェックし、チェックシートで個別指導を行っている。

また、健康を害すれば、メンタル不調につながることもあり、さまざまな健康対策が重要である。L社では、徒歩や自転車通勤を奨励（通称：エコフィット）し、禁煙者の拡充対策等を行っている。

このように代表的なものをテーマ別にみてきた。それ以外も多くの事例が図表2－31に掲載されているので、参考にしていただきたい。

Ⅵ　就業規則規定例

過重労働対策に関する就業規則の規定例および書式例を紹介する。参考にしていただきたい。

1　残業の事前申請および事後報告

> （残業の事前申請及び事後報告）
> 第○条　従業員が所定労働時間外、休日、深夜に勤務を行う場合は、事前に所属長に申し出て承認を得なければならない。但し、業務の都合で事前申出が困難な場合は、事後速やかに申し出なければならない。
> 　2　前項の承認を受けて所定労働時間外、休日、深夜に勤務した従業員は、所定の様式により、勤務内容を報告しなければならない。

　残業の事前申請については、過重労働対策を進めるうえでの基本中の基本である。なぜならば、職場の管理者が部下の長時間労働を適切に管理する意識をもつことが過重労働対策を進めるうえで重要だからである。

　ここでは、さらに事後報告も規定している。実際の残業時間を管理者が確認して、業務改善のアドバイスを行い、労働時間の短縮化につなげていくことが有効だからである。

【書式3】 残業申請書

平成〇〇年〇〇月〇〇日

〇〇課長　様

所属〇〇部〇〇課
氏名　〇〇〇〇

残　業　申　請　書

　以下のとおり残業を実施したいと思いますので、申請します。

1．日時：〇〇年〇〇月〇〇日
2．残業予定時間：〇〇時間〇〇分
　　　　　　　　（〇〇時〇〇分～〇〇時〇〇分）
3．残業を実施する理由

_____
_____
_____

注）・終業時刻の2時間前迄に必ず届け出ること
　　・残業結果報告書を必ず提出すること
　　・残業が終了したら、速やかにタイムカードに退社時刻を打刻し、退社すること

第3節　過重労働とメンタルヘルス

【書式4】　残業結果報告書

平成〇〇年〇〇月〇〇日

〇〇課長　様

所属〇〇部〇〇課
氏名　〇〇〇〇

残　業　結　果　報　告　書

以下のとおり残業の結果報告を致します。

1．日時：〇〇年〇〇月〇〇日
2．残業実施時間：〇〇時間〇〇分
　　　　　　　（〇〇時〇〇分～〇〇時〇〇分）
　　残業予定時間との差異：〇〇時間〇〇分
3．残業の実施結果
　＿＿＿＿＿＿＿＿＿＿＿＿＿＿＿＿＿＿＿＿＿＿＿＿＿＿＿
　＿＿＿＿＿＿＿＿＿＿＿＿＿＿＿＿＿＿＿＿＿＿＿＿＿＿＿
　＿＿＿＿＿＿＿＿＿＿＿＿＿＿＿＿＿＿＿＿＿＿＿＿＿＿＿

＜上司確認欄＞
　＿＿＿＿＿＿＿＿＿＿＿＿＿＿＿＿＿＿＿＿＿＿＿＿＿＿＿
　＿＿＿＿＿＿＿＿＿＿＿＿＿＿＿＿＿＿＿＿＿＿＿＿＿＿＿
　＿＿＿＿＿＿＿＿＿＿＿＿＿＿＿＿＿＿＿＿＿＿＿＿＿＿＿

注）・上司は必ず残業実施者に確認すること

2　ノー残業デー

（ノー残業デー）
第〇条　毎週〇曜日は、ノー残業デーとする。
　2　前項にかかわらず、業務の都合で社員が残業を行う場合は、当該社員の所属長は残業理由を原則当日に所定の様式にて総務部に報告するものとする。

ノー残業デーにより、労働時間短縮を図ることも有効である。ただ、この

ノー残業デーが形骸化しては意味がないので、残業を命令または許可した所属長に報告義務を課している。

3　所属長の遵守事項

（所属長の遵守事項）
第○条　所属長は、前条の遵守事項に加えて、原則として以下の内容について遵守しなければならない。
　　　一　所属長は、部下の時間外労働を最後まで見届けたうえで退勤すること

かなり大胆な規定であるが、労働時間短縮には実に効果的と考える。つまり、部下に残業命令したり、部下の残業を許可すれば、自分が退勤できなくなるわけである。また、これにより、いかに残業をさせずにすむのか考えることにもなるであろう。

ただ、所属長の健康面について、会社は適切に配慮する必要がある。

4　リフレッシュ休暇

（リフレッシュ休暇）
第○条　当該年度の４月１日において、勤続年数が10年、20年、30年、40年に達した社員に心身のリフレッシュのためにリフレッシュ休暇を与える。
　2　休暇日数は、以下のとおりとし、連続で取得するものとする。
　　　一　勤続10年　　3日
　　　二　勤続20年　　5日
　　　三　勤続30年　　7日
　　　四　勤続40年　　10日
　3　休暇の取得期限は当該年度とする。
　4　休暇の取得の申し出は、30日以上前に所属長に行うものとする。
　5　リフレッシュ休暇は有給とする。

リフレッシュ休暇の内容である。一定の勤続年数に達した社員に対して、心身のリフレッシュを促進するものある。状況に応じて、要件を緩和（例：

勤続年数3年）してもよいであろう。

Ⅶ 参考裁判例

　長時間労働と会社の安全配慮義務違反について、富士通四国システムズ〔FTSE〕事件（大阪地判平成20・5・26労判973号76頁）を取り上げる（なお、その後、大阪高等裁判所において訴訟棄却）。
　この事件は、会社の残業禁止命令のあり方について、示唆するものである。概要は、次のとおりである。

富士通四国システムズ〔FTSE〕事件（大阪地判平成20・5・26労判973号76頁）
　原告は、専門学校卒業後に平成14年4月にSEとして雇用された社員である。
　この社員は、平成15年ころから月5回程度、無断で始業時間に欠勤するようになった。
　また仕事がないと思われるのに残業してることもあり、上司が、仕事がないなら早く帰るように指導したが、言うことを聞かない場合もあった。
　平成16年4月以降は病気を理由として欠勤・休職扱いとなった原告が、遅くとも平成16年3月16日の時点での診断でうつ病によるうつ状態を発症していた。
　原告の時間外労働時間は発症1カ月前が114時間03分、同6カ月間の平均が1カ月あたり105時間01秒と認められ、過度な業務の状態が長期にわたって継続していたもので、原告には恒常的に業務による強度の負荷がかかっていたとされた。
　そして、原告のうつ病によるうつ状態の発症と本件業務との因果関係が認められた。
　会社は、原告作業の進捗状況を把握し、その作業遅滞に対し上司の補助や人員補充など、原告の業務軽減につながる措置を一定程度講じていたが、それでもなお原告の時間外労働時間は1カ月あたり100時間を超えており、会社はこれを認識していたのであるから、これを是認すべき義務を負っていたなどとして、会社の原告に対する安全配慮義務違反が認められた。

　この裁判では、原告である社員の時間外労働時間数が1カ月100時間を超

えていることを問題視し、会社側の安全配慮義務違反が認められた。

　この事件では、残業を禁止させるうえでは、単に注意しただけではなく、強い指導をもって、不必要な残業を防止することの重要性を示唆している。

　この裁判例では、残業禁止に関する指導のあり方について、以下のように述べている。参考にしていただきたい。

> 　FTSE（会社のことである）が原告に対する安全配慮義務を履行するためには、C班長らが行ったように、単に原告に対して残業しないよう指導・助言するだけではもはや十分でなく、端的に、これ以上の残業を禁止する旨を明示した強い指導・助言を行うべきでありそれでも原告が応じない場合、最終的には業務命令として、遅れて出社してきた原告の会社構内への入館を禁じ、あるいは一定の時間が経過した以降は帰宅すべき旨を命令するなどの方法を選択することも念頭に置いて、原告が長時間労働をすることを防止する必要があったというべきである。

（坂本　直紀）

第4節　セクハラ・パワハラとメンタルヘルス

I　職場におけるセクハラ

1　均等法によるセクハラ対策

　ここでは、厚生労働省都道府県労働局雇用均等室「事業主の皆さん　職場のセクシュアルハラスメント対策はあなたの義務です!!」を参考に、説明をしていく。

(1)　セクハラ対策の義務化

　セクシュアル・ハラスメント（以下、「セクハラ」という）については、男女雇用機会均等法（以下、「均等法」という）11条で、次のように定められている。

> 第11条　事業主は、職場において行われる性的な言動に対するその雇用する労働者の対応により当該労働者がその労働条件につき不利益を受け、又は当該性的な言動により当該労働者の就業環境が害されることのないよう、当該労働者からの相談に応じ、適切に対応するために必要な体制の整備その他の雇用管理上必要な措置を講じなければならない。
> 2　厚生労働大臣は、前項の規定に基づき事業主が講ずべき措置に関して、その適切かつ有効な実施を図るために必要な指針を定めるものとする。

　まず、1項において、セクハラ対策として雇用管理上必要な措置を講ずることを事業主に義務づけている。平成19年4月1日に均等法が改正施行されたが、セクハラについては、配慮義務から措置義務へと強化されている。
　そして、2項における事業主が講ずべき措置に関する指針として、「事業

主が職場における性的な言動に起因する問題に関して雇用管理上講ずべき措置についての指針」（平成18年厚生労働省告示第615号）が示されており、以下の措置を講ずべきこととされている。

(1) 事業主の方針の明確化及びその周知・啓発
　　事業主は、職場におけるセクハラに関する方針の明確化、労働者に対するその方針の周知・啓発として、次の措置を講じる。
　　なお、周知・啓発をするに当たっては、職場におけるセクハラの防止の効果を高めるため、その発生の原因や背景について労働者の理解を深めることが重要である。
　イ　職場におけるセクハラの内容及び職場におけるセクハラがあってはならない旨の方針を明確化し、管理・監督者を含む労働者に周知・啓発すること。
　ロ　職場におけるセクハラに係る言動を行った者については、厳正に対処する旨の方針及び対処の内容を就業規則その他の職場における服務規律等を定めた文書に規定し、管理・監督者を含む労働者に周知・啓発すること。
(2) 相談（苦情を含む。以下同じ。）に応じ、適切に対応するために必要な体制の整備
　　事業主は、労働者からの相談に対し、その内容や状況に応じ適切かつ柔軟に対応するために必要な体制の整備として、次の措置を講じるものとする。
　イ　相談への対応のための窓口（以下「相談窓口」という。）をあらかじめ定めること。
　ロ　イの相談窓口の担当者が、相談に対し、その内容や状況に応じ適切に対応できるようにすること。また、相談窓口においては、職場におけるセクハラが現実に生じている場合だけでなく、その発生のおそれがある場合や、職場におけるセクハラに該当するか否か微妙な場合であっても、広く相談に対応し、適切な対応を行うようにすること。
(3) 職場におけるセクハラに係る事後の迅速かつ適切な対応
　　事業主は、職場におけるセクハラに係る相談の申出があった場合において、その事案に係る事実関係の迅速かつ正確な確認及び適正な対処として、次の措置を講じるものとする。
　イ　事案に係る事実関係を迅速かつ正確に確認すること。
　ロ　イにより、職場におけるセクハラが生じた事実が確認できた場合において

は、行為者に対する措置及び被害を受けた労働者に対する措置をそれぞれ適正に行うこと。
　ハ　改めて職場におけるセクハラに関する方針を周知・啓発する等の再発防止に向けた措置を講ずること。
　　なお、職場におけるセクハラが生じた事実が確認できなかった場合においても、同様の措置を講ずること。
(4)　(1)から(3)までの措置と併せて講ずべき措置
　(1)から(3)までの措置を講ずるに際しては、併せて次の措置を講じなければならない。
　イ　職場におけるセクハラに係る相談者・行為者等の情報は当該相談者・行為者等のプライバシーに属するものであることから、相談への対応又は当該セクハラに係る事後の対応に当たっては、相談者・行為者等のプライバシーを保護するために必要な措置を講ずるとともに、その旨を労働者に対して周知すること。
　ロ　労働者が職場におけるセクハラに関し相談をしたこと又は事実関係の確認に協力したこと等を理由として、不利益な取扱いを行ってはならない旨を定め、労働者に周知・啓発すること。

(2)　均等法上の「職場におけるセクハラ」

(A)　労働者

　労働者は、正規労働者のみならず、パートタイム労働者、契約社員などいわゆる非正規労働者を含む、事業主が雇用する労働者のすべてが該当する。
　また、派遣労働者については、派遣元事業主のみならず、労働者派遣の役務の提供を受ける者（派遣先事業主）についても規定が適用されることになる。したがって、派遣先事業主は、自ら雇用する労働者と同様に、措置を講ずる必要がある。

(B)　職　場

　事業主が雇用する労働者が業務を遂行する場所を指し、労働者が通常就業している場所以外の場所であっても、労働者が業務を遂行する場所であれば「職場」に含まれることになる。

「職場」の例としては、取引先の事務所、顧客の自宅、取材先、業務で使用する車中があげられる。

　　（C）　性的な言動

性的な内容の発言および性的な行動を指す。事業主、上司、同僚に限らず、取引先、顧客、患者などもセクハラの行為者になりうる。

「性的な言動」の例としては、①性的な内容の発言（性的な冗談やからかいをいう、性的な事実関係を尋ねる、性的な内容の情報（噂）を意図的に流布する、食事やデートに執拗に誘うなど）、②性的な行動（性的な関係を強要する、必要なく身体へ接触する、わいせつ図画を配布・掲示するなど）があげられる。

(3)　「職場におけるセクハラ」の種類

「職場におけるセクハラ」には「対価型」と「環境型」がある。

　　（A）　対価型セクハラ

労働者の意に反する性的な言動に対する労働者の対応（拒否や抵抗）により、その労働者が解雇、降格、減給などの不利益を受けることである。

「対価型セクハラ」の例としては、①事務所内において事業主が労働者に対して性的な関係を要求したが、拒否されたため、その労働者を解雇すること、②出張中の車中において上司が労働者の腰、胸などに触ったが、抵抗されたため、その労働者について不利益な配置転換をすること、③営業所内において事業主が日頃から労働者に係る性的な事柄について公然と発言していたが、抗議されたため、その労働者を降格することがあげられる。

　　（B）　環境型セクハラ

労働者の意に反する性的な言動により労働者の就業環境が不快なものとなったため、能力の発揮に重大な悪影響が生じるなどその労働者が就業するうえで看過できない程度の支障が生じることである。

「環境型セクハラ」の例としては、①事務所内において上司が労働者の腰、胸などに度々触ったため、その労働者が苦痛に感じてその就業意欲が低下していること、②同僚が取引先において労働者に係る性的な内容の情報を

意図的かつ継続的に流布したため、その労働者が苦痛に感じて仕事が手につかないこと、③労働者が抗議をしているにもかかわらず、事務所内にヌードポスターを掲示しているため、その労働者が苦痛に感じて業務に専念できないことがあげられる。

(4) セクハラ・チェックリスト

図表2-32のチェックリストは、筆者がハラスメント研修で使用しているものである。参考にしていただきたい。

〔図表2-32〕

	チェック項目	チェック結果
1	体重やスリーサイズ、下着の色について聞くことがある。	
2	卑猥な冗談を言ったり、からかったりすることがある。	
3	他の社員の性的な噂を立てたり、性的なからかいの対象とすることがある。	
4	異性との関係をしつこく聞くことがある。	
5	「なぜ、結婚しないのか」等について話題にし、やたらに聞くことがある。	
6	「男のくせに根性がない」、「女には仕事をまかせられない」等と発言することがある。	
7	「僕、坊や、お嬢さん」「おじさん、おばさん」などと人格を認めないような呼び方をすることがある。	
8	身体を執拗に眺め回すことがある。	
9	（職位を利用して）相手が嫌がっているのに、食事やデートにしつこく誘うことがある。	
10	性的な内容の電話をかけたり、性的な内容の手紙・Eメールを送ることがある。	
11	女性であるということだけで職場でお茶汲み、掃除、私用などを強要することがある。	
12	トイレや更衣室等をのぞき見することがある。	
13	酒席で、お酌やチークダンス、カラオケでのデュエット等を強要することがある。	
14	酔った勢いで、しつこく身体を触ることがある。	
15	交際拒否、身体への接触の拒否等があった場合は、業務上差別することがある。	

2　セクハラとメンタルヘルス

　セクハラが原因でうつ病等に罹患する場合もある。以下の事例は、厚生労働省のウェブサイト「こころの耳」に掲載されていたものである。

　先輩の男性社員と後輩の女性社員との間のセクハラに関するトラブル事例であり、男性社員の継続的なセクハラにより、女性社員がうつ病に罹患したものである（厚生労働省HP「こころの耳」（[事例5－1] セクハラ（セクシュアル・ハラスメント～性的嫌がらせ）からうつ病になった事例））。

　大学を卒業して入社した22歳の女性が配属された職場で、30歳代の既婚男性が彼女のトレーナーになりました。分からないところを相談すると懇切丁寧に教えてくれました。時々残業を一緒にするようになり、ある夕方、食事に誘われました。軽い気持ちでついて行きました。食事をしながら男性が会社の人間関係、仕事のこと、趣味などを語るのを話すのを楽しく聞きました。

　数日後、また食事に誘われた。「あまり付き合っていると誤解されるかも」と思い、今日は用事があるから、と断った。翌日また誘われたが、やはり、これはまずいな、と思い、断った。その翌日、仕事のことで相談したが、そっぽを向いて答えてくれない。食事の誘いを断ったからかな、と思ったが、まさかそんなことで？とも思った。しかし、話しかけても不機嫌な顔をするだけで、全然会話にならない。そういう気まずい数日が経過して、ある日の夕方パソコンのメールで食事の誘いが来た。こんな気まずい状態では仕事が進まないと思い、食事を付き合うことにした。前回と同じように、楽しい話を沢山してくれて嬉しくなり、気まずさも取れ、ほっとしたせいもあり、二人でカラオケに行った。そこでお酒も沢山入りはしゃぎ過ぎたかもしれないが、歌っている時にいきなりキスをされた。これはすぐに止めてもらった。そしてすぐに、お店を出て、逃げるように帰った。

　翌日からまた何度も誘われたが、断った。そうするとまた、あの気まずい状況が再現された。何を聞いても答えがない。仕事は一人で少しは出来るようになっていたが、その男性が重要な情報をちゃんと教えてくれないので、なかなか仕事が進まない。仕上げた成果を報告しても、それで良かったのかどうかも教えてくれない。

その数日後にまた誘いがあり、断る勇気が出なくて、食事を一緒にして、バーにも一緒に行った。その帰りに、暗がりで抱きしめられた。やっと腕を振りほどいて逃げるように帰った。

その夜、付き合った自分に嫌気がさして寝つけず、悶々と過ごした。翌日、寝不足の頭で出勤して、一日はやっと過ごしたが、眠いはずなのに夜眠ろうとすると寝つけない。眠れても夜中に目が覚める。朝、食欲がなく、なんとかジュースだけは飲んで出社した。そういう日が数日続き、ある朝、会社に行こうとしたら、胸がドキドキして動けなくなった。その日は結局休むことにした。夕方、少し元気が出てきて、明日は行けそうな気がした。しかし、翌朝ベッドの中から出る気力がなく、その日も休んだ。そういう欠勤が１週間続き、これではダメだと思い、ある日の午後、心のクリニックを受診した。医師の診断は「うつ病」で、薬が処方された。

3　セクハラと労災

セクハラによる精神障害に関しては、厚生労働省の認定基準に基づき、評価される（詳細は、第2章第1節Ⅲ「3　精神障害に関する労災認定」参照）。

(1)　特に心理的負荷が強いセクハラの取り扱い

過去の労災請求事案では、心理的負荷の強度を「Ⅲ」に修正すべきもののほかに、強姦や、本人の意思を抑圧して行われたわいせつ行為など、特に心理的負荷が強い出来事も認められている。

このようなセクハラは、その出来事だけで心理的負荷の強度を「強」と判断できる、現行の「特別な出来事等」に該当することとした。

なお、「本人の意思を抑圧して行われたわいせつ行為」は、被害者が抵抗したにもかかわらず強制的にわいせつ行為がなされた場合はもとより、被害者が抵抗しなかった（できなかった）場合も、行為者が優越的立場を利用するなどして、物理的・精神的な手段によって被害者の意思を抑圧してわいせつ行為が行われた場合も含むこととしている。

〔図表2-33〕

特別な出来事の類型	心理的負荷の総合評価を「強」とするもの
心理的負荷が極度のもの	強姦や、本人の意思を抑圧して行われたわいせつ行為などのセクハラを受けた。

(2) 繰り返されるセクハラの評価

　セクハラ事案は、その大半が当該出来事が反復継続して行われている。行為が反復継続することは、心理的負荷を強める要素であり、セクハラが繰り返し行われている事案の中には、単発の出来事としては強い心理的負荷ではないが、一定期間反復継続することで強い心理的負荷と評価できるものがある。

　そこで、行為の内容やその反復継続の程度を組み合わせて一体的にとらえ、全体としてその心理的負荷を評価し、その中で、強い心理的負荷といえるものを、具体的に例示することとした。

(3) セクハラ事案の留意事項

　セクハラが原因で対象疾病を発病したとして労災請求がなされた事案の心理的負荷の評価に際しては、特に次の事項に留意することとした（認定基準第8・2）。

① セクシュアルハラスメントを受けた者（以下「被害者」という。）は、勤務を継続したいとか、セクシュアルハラスメントを行った者（以下「行為者」という。）からのセクシュアルハラスメントの被害をできるだけ軽くしたいとの心理などから、やむを得ず行為者に迎合するようなメール等を送ることや、行為者の誘いを受け入れることがあるが、これらの事実がセクシュアルハラスメントを受けたことを単純に否定する理由にはならないこと。
② 被害者は、被害を受けてからすぐに相談行動をとらないことがあるが、この事実が心理的負荷が弱いと単純に判断する理由にはならないこと。
③ 被害者は、医療機関でもセクシュアルハラスメントを受けたということをすぐに話せないこともあるが、初診時にセクシュアルハラスメントの事実を申し

立てていないことが心理的負荷が弱いと単純に判断する理由にはならないこと。
④ 行為者が上司であり被害者が部下である場合、行為者が正規職員であり被害者が非正規労働者である場合等、行為者が雇用関係上被害者に対して優越的な立場にある事実は心理的負荷を強める要素となり得ること。

(4) セクハラに関する新評価表

新評価表において「セクシュアルハラスメントを受けた」という出来事を「対人関係のトラブル」という類型から分離し独立した類型とした。

(5) まとめ

セクハラについては、心理的負荷の強度を「強」と判断する具体例が多く記載されている。

内容をみると、「継続性」「会社の対応」が大きな意味をもつ。

したがって、相談体制（相談窓口等）がとても重要な役割を果たすことになる。すなわち、継続的にセクハラが発生しないように、早めに被害者が相談窓口に相談してもらい、相談担当者は早期に対応する。また、相談担当者の相談スキルの向上を図り、被害者の相談に対して適切に対応できるようにすることが、重要である。

4 職場環境配慮義務違反に基づく企業の責任

セクハラが原因でメンタルヘルス不調になることがあることは、前述のとおりであるが、その結果、会社が法的責任を追及されることがある。

岡山セクハラ〔リサイクルショップＡ社〕事件（岡山地判平成14・11・6労判845号73頁）においては、女性従業員が複数の上司からセクハラ行為を受け、その結果、PTSDにまで罹患したものである。

裁判では、これらの複数の上司に対する不法行為責任を認めるとともに、会社に対しても、一人の上司の行為については職場環境配慮義務（使用者は被用者に対し、労働契約上の付随義務として信義則上被用者にとって働きやすい

第2章 事前の予防策～心の病を防ぐ諸対策

[図表2-34]

出来事の類型	平均的な心理的負荷の強度				心理的負荷の総合評価の視点	心理的負荷の強度を「弱」「中」「強」と判断する具体例		
	具体的出来事	心理的負荷の強度				弱	中	強
		Ⅰ	Ⅱ	Ⅲ				
㊱セクシュアルハラスメント	セクシュアルハラスメントを受けた		☆		・セクシュアルハラスメントの内容、程度等 ・その継続する状況 ・会社の対応の有無及び内容、改善の状況、職場の人間関係等	【「弱」になる例】 ・「〇〇ちゃん」等に当たる発言をされた場合 ・セクシュアルハラスメントに当たる発言をされたが継続しなかった場合 ・職場内に水着姿の女性のポスター等を掲示された場合	○セクシュアルハラスメントを受けた 【「中」になる例】 ・胸や腰等への身体接触を含むセクシュアルハラスメントであって、行為が継続しておらず、会社が適切かつ迅速に対応し発病前に解決した場合 ・身体接触のない性的な発言のみのセクシュアルハラスメントであって、発言が継続していない場合 ・身体接触のない性的な発言のみのセクシュアルハラスメントであって、複数回行われたものの、会社が適切かつ迅速に対応しそれが終了した場合	【「強」になる例】 ・胸や腰等への身体接触を含むセクシュアルハラスメントであって、継続して行われた場合 ・胸や腰等への身体接触を含むセクシュアルハラスメントであって、会社に相談しても適切な対応がなく、改善されなかった又は会社への相談等の後に職場の人間関係が悪化した場合 ・身体接触のない性的な発言のみのセクシュアルハラスメントであって、発言の中に人格を否定するようなものを含み、かつ継続してなされた場合 ・身体接触のない性的な発言のみのセクシュアルハラスメントであって、性的な発言が継続してなされ、かつ会社がセクシュアルハラスメントがあると把握していても適切な対応がなく、改善がなされなかった場合

132

よう職場環境を保つよう配慮すべき義務を負っているとするもの）を尽くしていないものとされ、損害賠償をする義務があることを認めた。

II 職場におけるパワハラ

1 パワハラ対策

(1) パワハラの定義と行為類型

パワー・ハラスメント（以下、「パワハラ」という）については、現在、法律上明確な定義はないが、厚生労働省の「職場のいじめ・嫌がらせ問題に関する円卓会議」（座長：堀田力・さわやか福祉財団理事長）では、「職場のパワーハラスメントの予防・解決に向けた提言」をとりまとめ、その中で、パワハラについて、以下のとおり定義している。

> 職場のパワーハラスメントとは、同じ職場で働く者に対して、職務上の地位や人間関係などの職場内の優位性（※）を背景に、業務の適正な範囲を超えて、精神的・身体的苦痛を与える又は職場環境を悪化させる行為をいう。
> ※ 上司から部下に行われるものだけでなく、先輩・後輩間や同僚間、さらには部下から上司に対して様々な優位性を背景に行われるものも含まれる。

また、職場のパワハラの行為類型について、図表2-35のとおりあげている。ただし、職場のパワハラのすべてを網羅するものではない。

〔図表2-35〕

類型	具体的行為
（1） 身体的な攻撃	暴行・傷害
（2） 精神的な攻撃	脅迫・名誉毀損・侮辱・ひどい暴言
（3） 人間関係からの切り離し	隔離・仲間外し・無視
（4） 過大な要求	業務上明らかに不要なことなどを要求
（5） 過小な要求	仕事を与えない等
（6） 個の侵害	私的なことに過度に立ち入ること

また、次のとおり、さまざまな機関がパワハラについて、独自に定義づけている。

<財団法人21世紀職業財団>
「職場において、職務上の地位や影響力に基づき、相手の人格や尊厳を侵害する言動を行うことにより、その人や周囲の人に身体的・精神的苦痛を与え、その就業環境を悪化させること」

<中央労働災害防止協会>
「職場において、職権などの力関係を利用して、相手の人格や尊厳を侵害する言動を繰り返し行い、精神的な苦痛を与えることにより、その人の働く環境を悪化させたり、あるいは雇用不安を与えること」

<株式会社クオレ・シー・キューブ>
「職務上の地位または職場内の優位性を背景にして、本来の業務の適正な範囲を超えて、継続的に相手の人格や尊厳を侵害する言動を行うことにより、就労者に身体的・精神的苦痛を与え、または就業環境を悪化させる行為」

このように、パワハラについては、さまざまな定義があるが、重要なことは、以下のとおりである。すなわち、パワハラとは、職務上の立場や権力を利用して、立場の弱い者を傷つける行為であり、具体的には、感情的に怒鳴りつける、必要以上にののしる、根拠のない批判を繰り返す、無視する、不当に降格や職位・権限を奪うなどの行為があげられる。

また、「職場」は、必ずしも社内に限らず、社外の場所を含み、「職務上の立場や権力」は、必ずしも上司から部下への関係に限らず、部下から上司、同僚同士等、幅広く解釈される。

さらに、パワハラの相手方とは、社内の社員に限らず、社外の社員等、幅広く解釈したほうがよいであろう。

なぜならば、パワハラの法的責任については、加害者は刑事的責任と民法における不法行為責任を負い、会社も民法における使用者責任等を負うリスクがあるからである。

たとえば、請負契約の受発注の関係で考えてみよう。一般的には、発注側が代金を支払う立場にあるため、受注側より、力関係でいけば強い立場になるケースが多いと思われる。

そして、その力関係が強いことを背景として、ある社員（発注側）がパワハラを取引先社員（受注側）に対して行うことが懸念される。

したがって、パワハラ対策を講じるうえでは、社外の社員に対してもパワハラを行わないように注意喚起する必要がある。この点は、セクハラについても同様である。

(2) パワハラ・チェックリスト

図表2-36に示すのは、筆者がハラスメント研修で使用するパワハラ・チェックリストである。参考にしていただきたい。

2 パワハラとメンタルヘルス

また、こうしたパワハラはメンタルヘルスにおいても悪影響を及ぼす。図表2-37は、中央労働災害防止協会が行った「パワー・ハラスメントの実態調査」から「パワハラは企業にどんな損失をもたらすか」を抜粋したものである。

このように、パワハラは職場にさまざまな悪影響を及ぼすが、ここで注目していただきたいのが、「社員の心の健康を害する」が82.8％と最も多いことである。すなわち、パワハラを放置すれば、心の健康を害することになり、メンタル不調に陥る社員が出るリスクが高くなることが懸念される。

3 パワハラが発生した場合の企業の責任

パワハラについて企業の責任が問われる可能性があるので、企業は注意しなければならない。

ヴィナリウス事件（東京地判平成21・1・16労判988号91頁）では、ある従業員が、会社に対して入社時と異なる業務に従事させられ、上司からパワハラ

〔図表2－36〕

	チェック項目	チェック結果
1	部下、後輩、同僚等に対して、プライベートな用事を押し付ける。 （例：家の掃除、車の洗車、チケットの手配）	
2	忘年会、社員旅行等の際に宴会芸を強制的にさせたりする。	
3	取引先等の社外の社員に対して、不適切な言動をして困らせている。	
4	飲酒している部下等に対して、自宅に車で送ることを命じる。	
5	メンタルヘルス不調の社員に対して厳しく接しており、配慮を欠いている。	
6	不適切な発言をしている。 （例：馬鹿野郎、給料泥棒、主任失格、お前なんかいてもいなくても同じだ、もう辞めろ）	
7	業務上必要でもないことを命じる。 （例：結婚指輪を外せ、髪型は七三に分けろ、俺が仕事終わるまで残業してろ）	
8	本人が嫌がると思われるあだ名をつける。	
9	本人が嫌がっているにもかかわらず、強引に飲み会や合コンに誘う。	
10	机を叩いたり蹴る等により、相手を威嚇する。	
11	多くの社員が見ている前で、叱責する。	
12	大声で怒鳴る。	
13	過去の仕事のミスを、すでに解決し、問題が発生していないにもかかわらず、何度もしつこく指摘する。	
14	気に入らない社員に対しては、仕事を与えなかったり、無視する。	
15	パワハラ等職場の問題について改善を求められても、積極的に対応しない。	

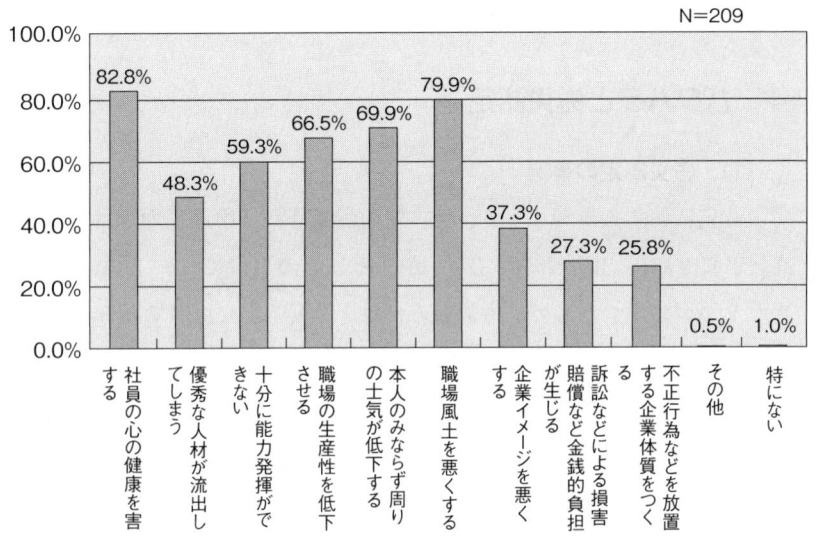

第4節　セクハラ・パワハラとメンタルヘルス

〔図表2-37〕

N=209

- 社員の心の健康を害する　82.8%
- 優秀な人材が流出してしまう　48.3%
- 十分に能力発揮ができない　59.3%
- 職場の生産性を低下させる　66.5%
- 本人のみならず周りの士気が低下する　69.9%
- 職場風土を悪くする　79.9%
- 企業イメージを悪くする　37.3%
- 訴訟などによる損害賠償など金銭的負担が生じる　27.3%
- 不正行為などを放置する企業体質をつくる　25.8%
- その他　0.5%
- 特にない　1.0%

（出所：中央労働災害防止協会「パワー・ハラスメントの実態に関する調査研究報告書」）

を受けた結果、過去に罹患したうつ病を再発させられた。

そして、うつ病を理由に解雇させられたと主張し、解雇およびその後の対応が不法行為になると主張して損害賠償を求めた事案である。

裁判では、会社の使用者責任を認め、慰謝料の支払いを命じたものである。裁判では、次のように述べている。

> 上司が「クビ」と発言したことが認められるが、このような発言は、従業員を困惑させるものであり、現に従業員は、この発言を引き金として自殺行為に及んでいるのであり、パワーハラスメントとしてはかなり悪質であるといわざるを得ない。特に、うつ病であることを知った後にも、このような言動を続けたことは、うつ病に罹患した場合に自殺願望が生ずることは広く知られたところであることに照らすと、うつ病に罹患した従業員に対する配慮を著しく欠くものである。（中略）
> 上司のパワーハラスメント行為は不法行為を構成する。そして、上司の同行為は会社の職務に関連して行われたものであるから、会社は民法715条（使用者責

任）を免れない。

4 パワハラと労災認定

(1) 労災認定の事例

　労災認定に関する事例として、名古屋南労基署長〔中部電力〕事件（名古屋高判平成19・10・31労判954号31頁）がある。この事例では、上司によるパワハラを原因の1つとして、労働者の自殺を労災認定した例である。そもそも、精神疾患が労災認定されるためには、「業務に起因すること」が認定され、「業務上の疾病」と認められなければならない。その判断基準の1つに、「業務による強い心理的負荷があったか」（業務ストレス）がある。

　本件では、以下の点について、強い業務ストレスがあったとされた。

① 主任への昇格　　自殺した社員の上司Ａは、社員の主任昇格に際し、社員が能力不足である旨を明記することを命じ、さらに書き直すことについても厳しく命じた。その上、Ａが社員に対して「主任失格」と叱責していたことなどにより、通常の「昇格」よりは、強い業務ストレスがあったと認めた。
② 上司との関係　　上司Ａは、社員に対して「主任失格」、「おまえなんか、いてもいなくても同じだ」などの言葉を用いて感情的に叱責した。さらに、結婚指輪を身に着けることが集中力低下の原因になるとして、主任昇格後、死の直前まで、複数回にわたって、結婚指輪を外すように命じていた。これらは、何ら合理性のない、単なる厳しい指導の範疇を超えたパワハラだとして、業務ストレスの強い出来事だとした。

　そのほかにも、長時間労働も大きな原因とされているが、単なる部下への指導を超えた感情的な叱責や合理性のない命令などが、パワハラとされて負荷を認めた点が注目される。

(2) 労災請求動向

　また、最近の労災請求動向をみると、パワハラに関する内容が増加していることも注目される。これは、第2章第1節Ⅲ3に記載のとおり、判断指針

第4節　セクハラ・パワハラとメンタルヘルス

の改正が影響しているものと思われる。

平成21年度から平成23年度の精神障害等の出来事別決定件数の分析結果は、以下のとおりである。

【平成21年度の状況】

図表２－38は、平成21年度の精神障害等の出来事別の支給決定件数を示したグラフである。この支給決定件数とは支給の有無について判断した件数を意味する。出来事は、20件以上の判断件数があったものを選んだものである。

最も多いのが、「上司とのトラブルがあった」が134件である。また、「仕事内容・仕事量の大きな変化を生じさせる出来事があった」が114件と100件を超えている。

これ以外にも、パワハラに関係するものとして、平成21年度から加わった「ひどい嫌がらせ、いじめ、又は暴行を受けた」が42件もあることが注目される。

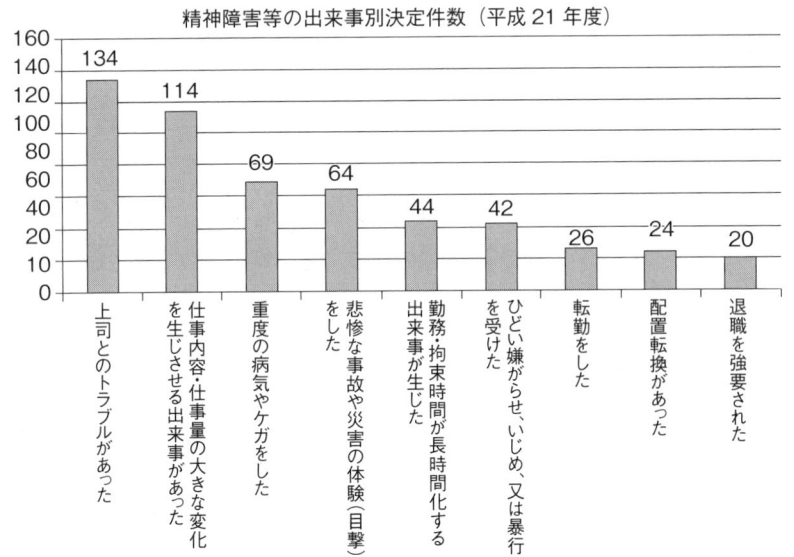

〔図表２－38〕
精神障害等の出来事別決定件数（平成21年度）

出来事	件数
上司とのトラブルがあった	134
仕事内容・仕事量の大きな変化を生じさせる出来事があった	114
重度の病気やケガをした	69
悲惨な事故や災害の体験（目撃）をした	64
勤務・拘束時間が長時間化する出来事が生じた	44
ひどい嫌がらせ、いじめ、又は暴行を受けた	42
転勤をした	26
配置転換があった	24
退職を強要された	20

（参考：厚生労働省「平成22年度『脳・心臓疾患および精神障害などの労災補償状況』まとめ」）

第2章　事前の予防策～心の病を防ぐ諸対策

【平成22年度の状況】

　図表２－39は、平成22年度の精神障害等の出来事別の支給決定件数を示したものである。出来事は、平成21年度と同様に20件以上の判断件数があったものを選んだ。

　平成22年度も「上司とのトラブルがあった」が187件と最も多いが、前年度と比較して50件以上も増加しており、上司とのトラブルに基づく精神障害等の労災請求の増加が懸念される。

　また、「仕事内容・仕事量の大きな変化を生じさせる出来事があった」は113件と前年度と同様に100件を超えている。

　また、「ひどい嫌がらせ、いじめ、又は暴行を受けた」が58件、「同僚との

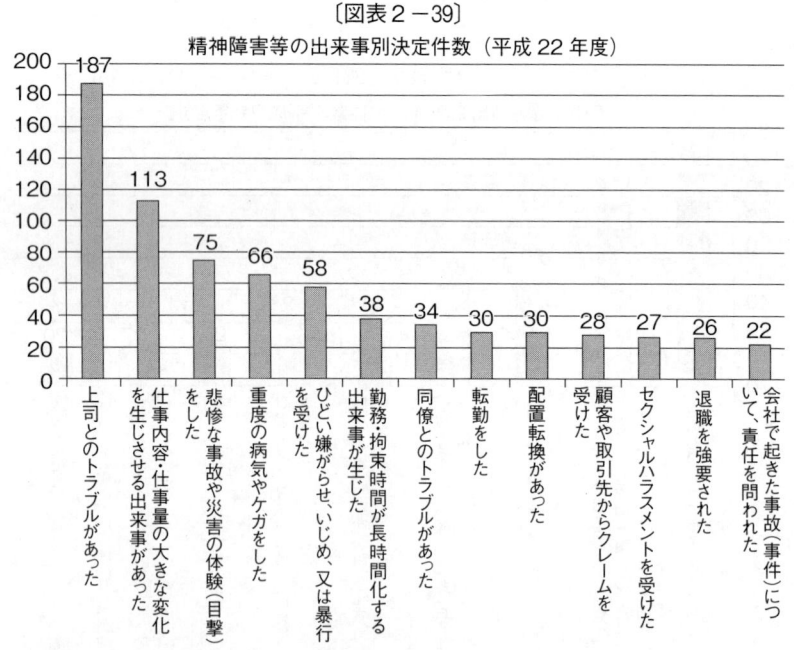

〔図表２－39〕
精神障害等の出来事別決定件数（平成22年度）

出来事	件数
上司とのトラブルがあった	187
仕事内容・仕事量の大きな変化を生じさせる出来事があった	113
悲惨な事故や災害の体験（目撃）をした	75
重度の病気やケガをした	66
ひどい嫌がらせ、いじめ、又は暴行を受けた	58
勤務・拘束時間が長時間化する出来事が生じた	38
同僚とのトラブルがあった	34
転勤をした	30
配置転換があった	30
顧客や取引先からクレームを受けた	28
セクシャルハラスメントを受けた	27
退職を強要された	26
会社で起きた事故（事件）について、責任を問われた	22

（参考：厚生労働省「平成22年度『脳・心臓疾患および精神障害などの労災補償状況』まとめ」）

第4節　セクハラ・パワハラとメンタルヘルス

トラブル」があったが34件、さらに「セクシュアルハラスメントを受けた」が27件あることも特徴的といえよう。

【平成23年度の状況】

図表2－40は、平成23年度の精神障害等の出来事別の支給決定件数を示したものである。出来事は、これまでと同様20件以上の判断件数があったものを選んでいる。

平成23年度も「上司とのトラブルがあった」が、最も多く200件を超えている。「上司とのトラブル」は毎年増加しており、注意が必要である。また、「ひどい嫌がらせ、いじめ、又は暴行を受けた」も、毎年増加しており、パワハラに関する労災請求の可能性が高まっていることが感じられる。

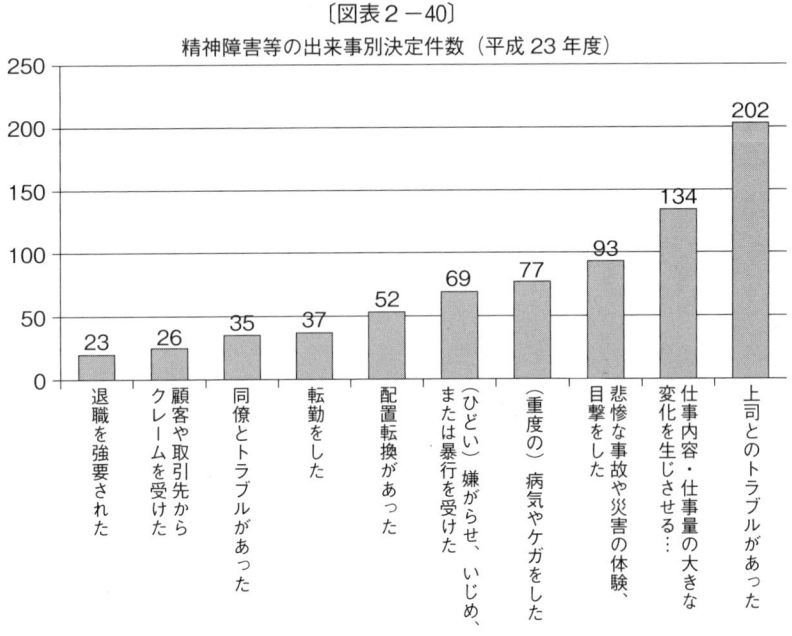

〔図表2－40〕
精神障害等の出来事別決定件数（平成23年度）

出来事	件数
退職を強要された	23
顧客や取引先からクレームを受けた	26
同僚とトラブルがあった	35
転勤をした	37
配置転換があった	52
（ひどい）嫌がらせ、いじめ、または暴行を受けた	69
（重度の）病気やケガをした	77
悲惨な事故や災害の体験、目撃をした	93
仕事内容・仕事量の大きな変化を生じさせる…	134
上司とのトラブルがあった	202

（参考：厚生労働省「平成23年度『脳・心臓疾患と精神障害の労災補償状況』まとめ」）

また、「上司とのトラブルがあった」と「「ひどい嫌がらせ、いじめ、又は暴行を受けた」の心理的負荷評価表は、図表２－41のとおりである。

第4節　セクハラ・パワハラとメンタルヘルス

〔図表２－41〕

	出来事の類型	平均的な心理的負荷の強度				心理的負荷の総合評価の視点	心理的負荷の強度を「弱」「中」「強」と判断する具体例		
		具体的出来事	心理的負荷の強度				弱	中	強
			Ⅰ	Ⅱ	Ⅲ				
30	⑥対人関係	上司とのトラブルがあった		☆		・トラブルの内容、程度等 ・その後の業務への支障等	【「弱」になる例】 ・上司から、業務指導の範囲内である指導・叱責を受けた ・業務をめぐる方針等において、上司との考え方の相違が生じた（客観的にはトラブルとはいえないものも含む）	○上司とのトラブルがあった 【「中」である例】 ・上司から、業務指導の範囲内である強い指導・叱責を受けた ・業務をめぐる方針等において、周囲からも客観的に認識されるような対立が上司との間に生じた	【「強」になる例】 ・業務をめぐる方針等において、周囲からも客観的に認識されるような大きな対立が上司との間に生じ、その後の業務に大きな支障を来した

	出来事の類型	平均的な心理的負荷の強度				心理的負荷の総合評価の視点	心理的負荷の強度を「弱」「中」「強」と判断する具体例		
		具体的出来事	心理的負荷の強度				弱	中	強
			Ⅰ	Ⅱ	Ⅲ				
29	⑥対人関係	（ひどい）嫌がらせ、いじめ、又は暴行を受けた			☆	・嫌がらせ、いじめ、暴行の内容、程度等 ・その継続する状況 （注）上司から業務指導の範囲内の叱責等を受けた場合、上司と業務をめぐる方針等において対立が生じた場合等は、項目30等で評価する。	【解説】部下に対する上司の言動が業務指導の範囲を逸脱し、又は同僚等による多人数が結託しての言動が、それぞれ右の程度に至らない場合について、その内容、程度、経過と業務指導からの逸脱の程度により「弱」又は「中」と評価 【「弱」になる例】 ・複数の同僚等の発言により不快感を覚えた（客観的には嫌がらせ、いじめとはいえないものも含む）	【「中」になる例】 ・上司の叱責の過程で業務指導の範囲を逸脱した発言があったが、これが継続していない ・同僚等が結託して嫌がらせを行ったが、これが継続していない	○ひどい嫌がらせ、いじめ、又は暴行を受けた 【「強」である例】 ・部下に対する上司の言動が、業務指導の範囲を逸脱しており、その中に人格や人間性を否定するような言動が含まれ、かつ、これが執拗に行われた ・同僚等による多人数が結託しての人格や人間性を否定するような言動が執拗に行われた ・治療を要する程度の暴行を受けた

5　パワハラ対策の基本的な考え方

　パワハラに関する対策については、厚生労働省の指針におけるセクハラに関する対策が参考になる。

　すなわち、「事業主が職場における性的な言動に起因する問題に関して雇用管理上講ずべき措置についての指針」（平成18年厚生労働省告示第615号。前記Ⅰ1(1)参照）をパワハラに置き換えて、対策を進めるものである。主な概要は、以下に示すとおりである。

1．職場におけるパワハラの内容及び職場におけるパワハラがあってはならない旨の方針を明確化し、管理・監督者を含む労働者に周知・啓発すること。
2．職場におけるパワハラに係る言動を行った者については、厳正に対処する旨の方針及び対処の内容を就業規則その他の職場における服務規律等を定めた文書に規定し、管理・監督者を含む労働者に周知・啓発すること。
3．相談への対応のための窓口（以下「相談窓口」という。）をあらかじめ定めること。
4．3の相談窓口の担当者が、相談に対し、その内容や状況に応じ適切に対応できるようにすること。
5．事案に係る事実関係を迅速かつ正確に確認すること。
6．5により、職場におけるパワハラが生じた事実が確認できた場合においては、行為者に対する措置及び被害を受けた労働者に対する措置をそれぞれ適正に行うこと。
7．改めて職場におけるパワハラに関する方針を周知・啓発する等の再発防止に向けた措置を講ずること。
8．職場におけるパワハラに係る相談者・行為者等の情報は当該相談者・行為者等のプライバシーに属するものであることから、相談への対応又は当該パワハラに係る事後の対応に当たっては、相談者・行為者等のプライバシーを保護するために必要な措置を講ずるとともに、その旨を労働者に対して周知すること。
9．労働者が職場におけるパワハラに関し相談をしたこと又は事実関係の確認に協力したこと等を理由として、不利益な取扱いを行ってはならない旨を定め、労働者に周知・啓発すること。

Ⅲ　ハラスメント対策事例

　前記Ⅰ1(1)・Ⅱ5で述べたように、セクハラとパワハラ（以下、まとめて「ハラスメント」という）については、トップの強い意思が前提となり、社員が相談しやすく、またハラスメントが発生した場合に円滑に対応するための仕組みづくりが重要といえる。

　次に、企業の具体的対策をみてみよう。以下に示すのは、「パワー・ハラスメントの実態に関する調査研究報告書」（中央労働災害防止協会）における企業に対するヒアリングの結果を参考にしてまとめたものである。

　パワハラを前提とした調査結果であるが、内容をみるとセクハラ対策にもつながるものである。そこで、ここでは、ハラスメント対策として内容を整理し、説明する。

1　相談体制の整備

　相談体制を整備しておくことは、ハラスメント対策の基本中の基本といえよう。ただ、ハラスメント専用の相談窓口というよりも、メンタルを含む健康面とハラスメントの相談を一括して受け入れる体制を整備しているケースがある。

　このように、ハラスメント専門ではなく、さまざまな相談体制の一環としてハラスメントへの相談に対応する形でも問題ない。

　ただ、重要なのはハラスメントに関する相談も受け付けているということを社員が理解しておく必要がある。社内報や電子メール等で周知を徹底することが有効である。

2　研修会・講演会の開催

　会社がハラスメント対策に真剣に取り組んでいることを示すために、研修

会や講演会を開催することもよいであろう。もちろん、社員のハラスメント対応能力の向上にもつながるメリットがある。

たとえば、次に示すとおり、階層別に教育を実施するケースもある。

1	トップ層へのパワハラ講演会を実施	専門家を招いて講演会を実施
2	部門長への研修を実施	プロジェクトメンバーが講師となって研修を実施
3	課長層以上への研修を実施	上記と同様にプロジェクトメンバーが講師となって研修を実施
4	一般社員への研修	今後、研修を実施予定

また、E-ラーニングで研修を実施し、その中に事例に基づいたテストを実施したり、ワークショップ形式で研修を実施するケースがある。

このように、講演会や研修の内容はさまざまであるが、大切なのは継続である。毎年定期的に研修を実施する等、工夫することが重要である。

3　ハラスメント対策マニュアルの作成

ハラスメント対策マニュアルを作成して管理職等へ配布するケースがある。具体的には、「ハラスメント撲滅宣言」「取り組む目的」「実例によるケーススタディ」で構成している。

マニュアルを通じて、ハラスメントに対する正確な知識と重要性を認識させる取り組みでもある。

また、こうしたマニュアルに記載している内容を昇格・昇進試験に取り入れてもよいであろう。それにより、管理職はマニュアルを真剣に読むことが期待できる。結果として、ハラスメントの抑止力にもつながると思料する。

4　会社の方針

会社の倫理綱領にハラスメントの文言を加えるケースもある。具体的に

は、「……パワーハラスメント等の人権侵害行為を排除する」と宣言している。

また、会社の行動基準にハラスメントという文言を入れるケースもある。いずれにしても、経営トップの強い意思が感じられる。

5　人事評価への反映

人事評価の成果の中に「労務管理」の項目を入れている。そして、もし上司がハラスメントを放置しているような事態があれば、評価項目に「×」がつき、査定に影響を及ぼすケースがある。

このようにすれば、上司のハラスメントに対するけん制効果が期待できる。真剣に職場改善に取り組むことにつながるであろう。

Ⅳ　ハラスメント防止規程

ハラスメントとは、そもそも服務規律違反であり、懲戒処分の対象とするべきである。悪質な場合は、懲戒解雇にすることも検討する必要があるであろう。

以下に示すのは、ハラスメントの防止に関する規程例である。参考にしていただきたい。

【書式5】 ハラスメント防止規程（例）

ハラスメント防止規程

第1章　総　則

（目的）
第1条　この規程は、就業規則第○条に基づき、職場におけるセクシュアルハラスメント（以下「セクハラ」という）とパワーハラスメント（以下「パワハラ」という）に関する取扱いを定めたものである。ハラスメントの未然防止を図るとともに、ハラスメントが発生した場合に迅速に解決を図ることを通じて、社員の働きやすい良好な職場環境を実現することを目的とする。

（セクハラの定義）
第2条　セクハラとは、職場において行われる性的な言動に対する社員の対応により、当該社員がその労働条件につき不利益を受けたり、当該性的な言動により社員の就業環境が害されることをいう。
　2　前項の「職場」とは、社内に限らず、社外の場所を含む。
　3　第1項の「社員」とは、社内の社員に限らず、社外の取引先等の社員も含む。

（セクハラ行為）
第3条　セクハラ行為の具体例を以下の通り例示的に列挙する。社員は、このようなセクハラ行為をしてはならない。
　一　性的な冗談、からかい、質問
　二　わいせつ図画の閲覧、配付、掲示
　三　身体への不必要な接触
　四　交際、性的な関係の強要
　五　その他、上記に準ずる行為

（パワハラの定義）

第4条　パワハラとは、職場において、職務上の地位または職場内の優位性を背景にして、相手の人格や尊厳を侵害する言動を行うことにより、その人や周囲の人に身体的・精神的苦痛を与え、その就業環境を悪化させることをいう。
　2　前項の「職場」とは、社内に限らず、社外の場所を含む。
　3　第1項の「職務上の地位または職場内の優位性」とは、上司から部下への関係に限るものではなく、部下から上司、同僚同士等、様々な関係が該当する。
　4　第1項の「相手」とは、社内の社員に限らず、社外の取引先等の社員も含む。

（パワハラ行為）
第5条　パワハラ行為の具体例を以下の通り例示的に列挙する。社員は、このようなパワハラ行為をしてはならない。
　一　傷つけるような暴言や、叩いたり、蹴るような暴力をすること
　二　法令違反の行為を強要すること
　三　仕事上のミスについて、しつこく責め続けること
　四　大勢の社員が見ている前で、責め続けること
　五　大声で怒鳴ったり、机を激しく叩くこと
　六　仕事を与えなかったり、無視すること
　七　業務上必要のないことを強制すること
　八　本人が嫌がる噂を広めること
　九　嫌がらせ行為をすること
　十　退職強要すること
　十一　プライベートな用事を強引に押し付けること
　十二　その他上記に準ずる行為

（適用範囲）
第6条　本規程は、すべての社員に適用する。

第2章　相談体制の整備等

(相談窓口の設置)
第7条　会社は、セクハラとパワハラ（以下「ハラスメント」という）に関する被害の相談に対応するため、○○部に相談窓口を設置するものとし、次の業務を担当する。
　　一　ハラスメントに関する苦情・相談を受け付けて対応すること
　　二　ハラスメントについて事実関係を確認すること
　　三　ハラスメントの事実が認められると判断した場合は、懲罰委員会に報告すること

(相談の申し出)
第8条　社員は、ハラスメントを受けた場合又はハラスメントが発生するおそれがある場合は、相談窓口に申し出を行うことができる。

(ハラスメントの連絡)
第9条　ハラスメントを目撃した場合、社員は、直ちに相談窓口に連絡しなければならない。

(プライバシーの保護)
第10条　相談窓口の担当者は、社員より申出があった事実が漏洩しないように細心の注意を払い、プライバシーの保護に留意しなければならない。

(不利益取扱の禁止)
第11条　会社は、社員が相談窓口にハラスメントについて申し出たことにより、不利益的な取扱をしてはならない。

(管理者の注意義務)
第12条　職場内の管理者は、社員がハラスメントを起すことがないよう、部下の指導・啓発に努めなければならない。

第3章　事実認定及び処分

(事実認定)

第13条　ハラスメントの最終的な事実認定は、原則として、相談窓口からの報告をもとに、懲罰委員会で行う。
　　2　前項に関わらず、相談窓口で解決できる事案については、相談窓口にて事実認定を行うものとする。

（ハラスメント調査に関する協力）
第14条　社員は、相談窓口または懲罰委員会からハラスメント行為に関する調査への協力が求められた場合には、これに協力しなければならない。

（懲戒処分）
第15条　以下の各号に該当する社員に対し、懲戒規程に基づき、原則として懲戒処分を行う。
　　一　ハラスメント行為をした社員
　　二　故意または過失により、部下のハラスメント行為を放置していた社員
　　三　ハラスメント行為について社内相談窓口または懲罰委員会に虚偽の申し立てを行った社員
　　2　ハラスメント行為が悪質な場合は、懲戒解雇を行うものとする。

（被害者に対する措置）
第16条　会社は、被害者の就業環境の改善のため、必要な措置を行うものとする。

（再発の防止）
第17条　会社は、ハラスメントが発生した場合は、速やかに再発防止に取り組むこととする。

第4章　雑　則

（その他）
第18条　本規程に定めていない事項については、法令ならびに就業規則および個別の雇用契約に定めるところによる。

附　則
　この規則は平成□□年□□月□□日から実施する。

V　ハラスメント対策における優先事項

　社内でさまざまなハラスメント対策は実施されているが、多くの会社では、ハラスメント対策について、まだまだ大きな効果が得られていない状況でもある。
　ハラスメント対策で気をつけるべきことは、違反者に対して厳しく懲戒処分で対応することを日ごろから社員に強くアピールすることは、危険ということである。確かに、ハラスメント行為に対する懲戒処分は必要であるが、それを強調しすぎると、かえって社員の反感をかったり、上司の部下に対する指導が委縮することが懸念される。
　ハラスメント対策で重要なことは、「良好な職場環境の形成」である。
　そして、良好な職場環境を形成するためには、社員に対して日々愛をもって接することが大事になる。
　愛は人の人生をプラスに変えることができる。
　一方、ハラスメントとは、人の人生をマイナスに変える行為である。
　したがって、マイナス面のハラスメントに対抗するには、プラス面の愛を充実させることが重要であることはいうまでもないであろう。
　すなわち、「会社から社員への愛」「職場の愛」により、「良好な職場環境の形成」を図り、ハラスメントが発生しない社内風土を醸成することが最も大切なことである。
　そして、こうした「良好な職場環境の形成」が図られれば、メンタルヘルス不調の予防につながることになる。
　メンタルヘルスの不調は、いわば「心の病」である。
　「心の病」を予防するには、社員がよい感情を会社や他の社員に対して抱

くことが重要である。

　そのためには、良好な職場環境を形成することが必要であり、たとえば、社員を褒めたり、感謝することが社内で当たり前のようになっている必要があるといえよう。

（坂本　直紀）

第5節　労働者の心の健康の対策

Ⅰ　労働者の心の健康の保持増進のための指針

　厚生労働省では、メンタルヘルスケア（事業場で事業者が講ずるように努めるべき労働者の心の健康の保持増進のための措置のこと）が適切かつ有効に実施されるため、「労働者の心の健康の保持増進のための指針」（平成18年3月31日基発第31001号健康保持増進のための指針告示第3号）において、メンタルヘルスケアの原則的な実施方法を定めている。具体的には、以下のとおりである。

1　心の健康づくり計画

　労働者自身が、ストレスに気づき、これに対処することの必要性を認識することが心の健康づくりにおいて重要である。
　しかし、職場におけるストレス要因は、労働者の力だけでは取り除くことが難しい場合があり、事業者によるメンタルヘルスケアを積極的に推進する必要がある。
　このため、事業者は、自らが事業場でのメンタルヘルスケアを積極的に推進することを表明し、衛生委員会等で十分に調査審議を行う。そして、メンタルヘルスケアに関する事業場の現状とその問題点を明確にして、その問題点を解決する具体的な実施事項等についての「心の健康づくり計画」を策定し、実施することが重要である。
　心の健康づくり計画で定める事項は、以下に示すとおりである。

① 事業者がメンタルヘルスケアを積極的に推進する旨の表明に関すること。
② 事業場における心の健康づくりの体制の整備に関すること。
③ 事業場における問題点の把握及びメンタルヘルスケアの実施に関すること。
④ メンタルヘルスケアを行うために必要な人材の確保及び事業場外資源の活用に関すること。
⑤ 労働者の健康情報の保護に関すること。
⑥ 心の健康づくり計画の実施状況の評価及び計画の見直しに関すること。
⑦ その他労働者の心の健康づくりに必要な措置に関すること。

2　4つのメンタルヘルスケアの推進

　事業者は、各事業場の実態に即した形で、メンタルヘルスケアに取り組むことになるが、同指針の中では、以下に示す4つのケアが継続的かつ計画的に行われることが重要であるとしている。

(1)　セルフケア
　労働者自身がストレスや心の健康について理解し、自らのストレスを予防、軽減するあるいはこれに対処することである。

(2)　ラインによるケア
　労働者と日常的に接する管理監督者が、心の健康に関して職場環境等の改善や労働者に対する相談対応を行うことである。

(3)　事業場内産業保健スタッフ等によるケア
　事業場内産業保健スタッフ等が、事業場の心の健康づくり対策の提言を行うとともに、その推進を担い、また、労働者および管理監督者を支援することである。

(4)　事業場外資源によるケア
　事業場外の機関および専門家を活用し、その支援を受けることである。
　次に、4つのケアについて具体的に確認する。

3　セルフケア

　労働者がストレスに気づくためには、労働者がストレス要因に対するストレス反応や心の健康について理解する必要がある。また、同時に自らのストレスや心の健康状態についても正しく認識する必要がある。
　したがって、事業者は、以下に示すとおり労働者に対して適切にサポートを行い、セルフケアを促進することが重要になる。

(1)　教育研修・情報提供

以下に示す内容について、教育研修・情報提供を行う。

・メンタルヘルスケアに関する事業場の方針
・ストレスおよびメンタルヘルスケアに関する基礎知識
・セルフケアの重要性および心の健康問題に対する正しい態度
・ストレスへの気づき方
・ストレスの予防、軽減およびストレスへの対処の方法
・自発的な相談の有用性
・事業場内の相談先および事業場外資源に関する情報
---

(2)　相談体制の整備

　労働者自身が管理監督者や事業場内産業保健スタッフ等に自発的に相談しやすい環境にする。

(3)　セルフチェックの機会

　ストレスへの気づきのために、ストレスに関する調査票や情報端末機器を活用し、随時、セルフチェックを行うことができる機会を提供する。

4　ラインによるケア

　管理監督者は、部下の状況を日常的に把握している。また、個々の職場での具体的なストレス要因を把握し、その改善を図ることができる立場にある。

したがって、以下の対応を図ることが重要である。

(1) 職場環境等の把握と改善

管理監督者は、労働者の労働の状況を日常的に把握し、個々の労働者に過度な長時間労働、過重な疲労、心理的負荷等が生じないように配慮する。

(2) 労働者からの相談対応

管理監督者は、日常的に、労働者からの自発的な相談に対応するよう努める必要がある。特に、長時間労働等で疲労の蓄積が認められたり、強度の心理的負荷を伴う出来事を経験した労働者等から、話を聞き、適切な情報を提供し、必要に応じて事業場内産業保健スタッフ等や事業場外資源への相談や受診を促すように努める。

(3) 教育研修・情報提供

以下のような内容について、管理監督者へ教育研修・情報提供を行う。

- メンタルヘルスケアに関する事業場の方針
- 職場でメンタルヘルスケアを行う意義
- ストレスおよびメンタルヘルスケアに関する基礎知識
- 管理監督者の役割および心の健康問題に対する正しい態度
- 職場環境等の評価および改善の方法
- 労働者からの相談対応（話の聴き方、情報提供および助言の方法等）
- 心の健康問題により休職した者の職場復帰への支援の方法
- 事業場内産業保健スタッフ等との連携およびこれを通じた事業場外資源との連携の方法
- セルフケアの方法
- 事業場内の相談先および事業場外資源に関する情報
- 健康情報を含む労働者の個人情報の保護等

5 事業場内産業保健スタッフ等によるケア

事業場内産業保健スタッフ等は、セルフケアおよびラインによるケアが効果的に実施されるよう、労働者および管理監督者に対する支援を行う。

具体的には、産業医、衛生管理者、保健師、心の健康づくり専門スタッフ、人事労務管理スタッフが該当することになるであろう。

事業場内産業保健スタッフ等は、心の健康づくり計画に基づく具体的なメンタルヘルスケアの実施に関する企画立案、メンタルヘルスに関する個人の健康情報の取扱い、事業場外資源とのネットワークの形成やその窓口となること等の中心的な役割を果たすものである。

このため、事業者は、事業場内産業保健スタッフ等によるケアに関して、次の措置を講じるものとする。

(1) 教育研修、知識修得等の機会の提供

以下のような内容について、事業場内産業保健スタッフ等へ教育研修等を行う。

・メンタルヘルスケアに関する事業場の方針
・職場でメンタルヘルスケアを行う意義
・ストレスおよびメンタルヘルスケアに関する基礎知識
・事業場内産業保健スタッフ等の役割および心の健康問題に対する正しい態度
・職場環境等の評価および改善の方法
・労働者からの相談対応(話の聴き方、情報提供および助言の方法等)
・職場復帰および職場適応の支援、指導の方法
・事業場外資源との連携(ネットワークの形成)の方法
・教育研修の方法
・事業場外資源の紹介および利用勧奨の方法
・事業場の心の健康づくり計画および体制づくりの方法
・セルフケアの方法
・ラインによるケアの方法
・事業場内の相談先および事業場外資源に関する情報
・健康情報を含む労働者の個人情報の保護等

(2) 方針の明示等

メンタルヘルスケアに関する方針を明示し、実施すべき事項を委嘱または

(3) 体制の整備

事業場内産業保健スタッフ等が労働者の自発的相談等を受けることができる制度および体制を、それぞれの事業場内の実態に応じて整える。

(4) 推進担当者の選任

産業医等の助言、指導等を得ながら事業場のメンタルヘルスケアの推進の実務を担当するメンタルヘルス推進担当者を、事業場内産業保健スタッフ等の中から選任するよう努める。

メンタルヘルス推進担当者としては、衛生管理者等や常勤の保健師等から選任することが望ましいが、事業場の実情によっては、人事労務管理スタッフから選任することも考えられる。

(5) 専門家の活用

一定規模以上の事業場では、事業場内にまたは企業内に、心の健康づくり専門スタッフや保健師等を確保し、活用することが望ましい。

(6) 意見の尊重

事業者は心の健康問題を有する労働者に対する就業上の配慮について、事業場内産業保健スタッフ等に意見を求め、また、これを尊重するものとする。

6 事業場外資源によるケア

メンタルヘルスケアを行ううえでは、必要に応じてメンタルヘルスケアの専門的知識を有する事業場外資源のサポートを受けることが考えられる。

たとえば、労働者は相談内容等が社内に知られることを望まない場合があるかもしれない。このような場合には、事業場外資源を活用することが有効である（第2部Q14以下参照）。

ただ、事業場外資源を活用したとしても、これに依存することなく、事業者が主体性を失わないよう留意すべきである。このため、事業者は、事業場

内産業保健スタッフ等が窓口となって、事業場外資源から必要な情報提供や助言を受ける等により対応することが有効である。

また、必要に応じて労働者を速やかに事業場外の医療機関および地域保健機関に紹介するためのネットワークを日頃から形成しておくことも大切であるといえよう。

II 事業場における具体的対策

1 心の健康づくり計画

メンタルヘルス対策は、画一的なものではなく、事業場ごとで内容が異なるものである。したがって、自社に適したメンタルヘルスを推進するためには、まずは自社にとって適切な心の健康づくり計画を立案して、実施することが重要になる。

P（plan：計画）、D（do：実施）、S（see：評価）に基づき、心の健康づくり計画の策定と実施プロセスがある。

(1) メンタルヘルス方針の決定・表明

まずは、トップがメンタルヘルス方針の決定・表明を行うことになる。周知の方法は、社員全員に対して、社内報を配布したり社内メールで通知することで対応することが考えられる。

(2) 心の健康づくり計画策定

上記の方針のもとに心の健康づくり計画を策定することになる。具体的には前記 I 1 で示した項目が計画に盛り込まれる。いずれも重要な内容であるが、「事業場における問題点の把握」が特に重要であると考える。なぜならば、仮に社内の体制を整備しても、現在、社員が不安に感じている問題点の解決に結びつかなければ意味がないからである。

したがって、自社のメンタルヘルスに関する現状分析を徹底的に行い、問

題点を把握して、特にメンタルヘルスに大きな支障を来している問題点の解決を図ることで、効果を高めていくことが重要と考える。

(3) 計画実施

次に計画を実施することになるが、具体的には各事業場で4つのケア（「セルフケア」、「ラインによるケア」、「事業場内産業保健スタッフ等によるケア」、「事業場外資源によるケア」）に基づき、計画を実施することになる。

(4) 評価・見直し

実施結果について効果を確認する。また、活動の見直しと改善を行い、その内容を心の健康づくり計画に反映させる。

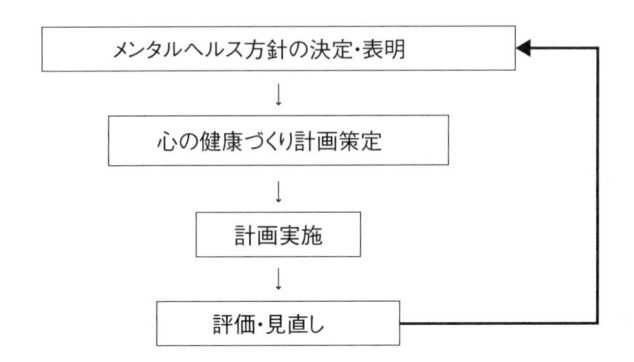

```
┌─────────────────────────────┐
│  メンタルヘルス方針の決定・表明  │◀──┐
└─────────────────────────────┘   │
              ↓                    │
┌─────────────────────────────┐   │
│     心の健康づくり計画策定      │   │
└─────────────────────────────┘   │
              ↓                    │
┌─────────────────────────────┐   │
│          計画実施              │   │
└─────────────────────────────┘   │
              ↓                    │
┌─────────────────────────────┐   │
│        評価・見直し            │───┘
└─────────────────────────────┘
```

2　セルフケア

セルフケアにおいて重要なことは、「いつもの自分と違う」ことに気づきを得ることである。

そのためには、指針に記載のとおり、情報提供と教育研修が重要となる。事例1は、ある企業における情報提供例である。

〔事例1〕

> ある企業では、メンタルヘルスに関するさまざまな情報をイントラネット上で公開している。具体的には、気づきやストレスのチェックの他に各種公的機関の相談窓口、病院のかかり方なども掲示している。さらに、カウンセリングについてもQ&A形式で掲載している。

　このように、社員が容易にメンタルヘルスの情報にアクセス可能にすることで、「いつもの自分と違う」ことへの気づきを得る可能性が高まる。

　また、教育方法であるが、外部講師を招聘して全社員に対して集合研修で行うこともよいが、市販のDVD教材を購入してメンタルヘルスの知識について学ぶことでもよいであろう。企業の実情や考え方に適した形で対応すればよいと考える。

3　ラインによるケア

　ラインによるケアについても管理監督者の資質を向上させる必要があるため、情報提供と教育研修が重要である。したがって、管理監督者に対してメンタルヘルス研修を通じて能力向上を図る取り組みが必要となる。

　また、ラインによるケアの重要点であるが、それは管理監督者が「いつもと違う部下」に早く気づくことである。「いつもと違う」ことの背後には病気が潜んでいる可能性があるからである。

　事例2・3は、「いつもと違う」ことに気づくための企業の事例である。

〔事例2〕

> ある企業では、年に1回自己申告シートを社員が提出しているが、その中の項目に「ストレスが多いか」を加えた。また、「その他」欄を拡大した。
> これにより社員がいろいろ書いてくるようになり、中には、「このままではおかしくなる」という記述もみられるようになり、早期に社員の異常な兆候を発見

することができた。

　このケースでは、社内で活用している自己申告シートを応用したものである。このように、すでに社内で実施している制度を応用して、社員の異常な状況を把握するツールとして活用することも有効である。また、「その他」欄や自由欄を拡大することで、上司が「聴く」という姿勢を社員に理解してもらえることになるであろう。

〔事例３〕
　ある管理監督職は、部下から報告書を毎日提出させているが、この報告書の中の言葉遣いに変化があることに気づいた。いろいろ聞いてみると、プライベートで深刻な悩みを抱えていることがわかった。

　このケースでは、日々の報告書から部下の異変に気づき、早期に異変の原因を把握している点が特徴的である。また、状況に応じて、管理監督職が産業医等のところに相談に行かせる仕組みを事業場につくっておけば、迅速な対応に結び付くであろう。

4　事業場内産業保健スタッフ等によるケア

　事業場内産業保健スタッフ等の重要な役割は、社員の抱えるメンタルヘルス問題の解決を支援することである。そのためには、事業場内産業保健スタッフは、一定の情報収集を適宜行い、適切に対応する能力を身に付けておく必要がある。
　また、事業場内産業保健スタッフの大きな役割の１つに相談対応業務がある。事例４・５に示す事例は、この相談対応に関する内容である。

〔事例4〕
> ある会社では、女性のメンタルヘルス担当者が20代後半の女性社員に対して面談を実施している。また、継続的にサポートを行い、適切に対応する。

このケースでは、特定の層の社員に対して、適切な相談担当者が対応している点が特徴的である。すなわち、30歳に近くなった女性社員は女性特有のさまざまな悩みを抱えることもある。こうした女性社員の不安を少しでも解消するため、女性担当者による面談を行うというものである。これ以外でも、たとえば、社内でメンター制度を取り入れ、先輩社員が後輩社員をサポートする制度を取り入れる企業もある。

〔事例5〕
> ある会社では、相談ルームを設けているが、時間があるときに来てくださいという告知を行っている。見学に来た人に対して、相談室の特徴を説明したり、相談員を紹介している。

社内に相談室等の設備を設ける企業もあるが、相談室に行くことに抵抗がある社員もいると思われる。そのような場合、このように見学を行う機会を与えるのもよいであろう。まずは、気軽に相談できる雰囲気をつくることが大切なことである。

5　事業場外資源によるケア

社員のメンタルヘルスケアを促進するうえで、外部の機関を活用することが有効な場合もある。

図表2－42は、外部の機関の中で公的機関の例を示したものである。

〔図表2－42〕

公的な相談機関	勤労者メンタルヘルスセンター	事業場の労働者に対して、心の電話相談等を実施
	産業保健推進センター	専門図書やビデオなどの貸し出しや相談員によるセミナーや個別相談等を実施
	精神保健推進センター	電話やメール等で、心の健康相談を実施
	地域産業保健センター	小規模事業場を対象に、健康相談窓口の開設等を実施

　これらの公的な相談機関のサービスは、原則として無料で利用できるものである。したがって、事業場内産業保健スタッフは、こうした機関の情報について社員に情報提供を行い、必要に応じて有効に活用するとよいであろう。
　図表2－43は、民間の相談機関の例を示したものである。

〔図表2－43〕

民間の相談機関	㈳日本産業カウンセラー協会	無料電話相談「働く人の悩みホットライン」を実施。企業・団体への研修、カウンセリングを実施
	日本臨床心理士協会	電話相談事業を実施
	EAPサービス機関	従業員支援プログラムに関するサービスを行う

　上記は、原則として有料でサービスを実施しているが、㈳日本産業カウンセラー協会や日本臨床心理士協会では、無料電話相談を実施していることもある。
　また、労働者健康福祉機構では、国が定めた基準（厚生労働省通達「メン

タルヘルス対策における事業場外資源との連携の促進について」(平成20年6月19日基安労発第0619001号)を満たしたメンタルヘルス相談機関を登録し、登録相談機関リストとして、ホームページで公表している。

登録された機関の特徴は、図表2－44に示すとおりである。労働者健康福祉機構の都道府県産業保健推進センター内には、メンタルヘルス対策支援センターが設けられ、相談機関利用促進員が配置されている。必要に応じて問い合わせをしてみてもよいであろう。

〔図表2－44〕

・十分な経験を有する常勤の相談対応者がいる。
・提供できるサービス内容、料金体系、相談対応者の氏名、もっている資格、これまでの業務実績などが公開されている。
・職場のメンタルヘルスに詳しい精神科医が相談機関をサポートし、必要な場合には、専門医等を紹介する。
・プライバシーが確保できる相談室が整備されている。

(出所:厚生労働省「メンタルヘルス対策支援センター開設のご案内」)

6 複数の相談窓口

以上のとおり、4つのケアをみてきたが、これらはうまく連携してこそ効果が発揮すると思われる。

たとえば、「ラインによるケア」「事業場内産業保健スタッフ等によるケア」「事業場外資源によるケア」は、いずれも相談業務がある。

どの相談窓口を選択するかを決定するのは、基本的に社員である。大切なことは、複数の相談ルートを設定していることを社員が認識して、適切に選択できることである。

書式6は、「メンタルヘルス相談窓口」について社員に告知した文書の例である。

第5節　労働者の心の健康の対策

【書式6】　メンタルヘルス相談窓口について（社員への告知文）

平成〇〇年〇〇月〇〇日
〇〇部〇〇課
〇〇〇〇　様

人事部長　〇〇〇〇

メンタルヘルス相談窓口について

　標記の件につき、下記の通り相談窓口を案内します。また、社内の相談内容については秘密を厳守しますので、何かおかしいと思ったことがあれば、ご相談下さい。

1．社内の相談窓口
　(1) 職場の上司　　　〇〇〇〇
　(2) メンタルヘルス推進担当者
　　　人事課：〇〇〇〇
　　　（電話：内線〇〇〇－〇〇〇）
　　　（メール：＊＊＊＊＠＊＊＊＊＊＊＊．jp）

2．社外の相談窓口
　(1) 〇〇労災病院勤労者メンタルヘルスセンター
　　　「勤労者心の電話相談」　電話：〇〇－〇〇〇〇－〇〇〇〇
　(2) 〇〇地域産業保健センター
　　　「健康相談窓口」　電話：〇〇－〇〇〇〇－〇〇〇〇

以　上

Ⅲ　就業規則規定例

以下に示すのは、心の健康の対策に関する規定例である。参考にしていただきたい。

1　セルフケア

（社員の責務）
第○条　社員は常に職場の衛生に注意を払うとともに、自己の健康の保持および増進に努めなければならない。
　2　社員は、職場の管理者その他の者が実施する衛生管理に関する措置に従い、協力しなければならない。

社員が、自ら健康を管理することを義務づけた規定である。また、職場の衛生管理の措置にも適切に対応することを求めている。

2　ラインによるケア

（管理者の責務）
第○条　管理者は、産業保健スタッフと連絡を密にし、常に社員の衛生に留意し、快適な職場環境の実現および社員の健康の保持増進に努めなければならない。

管理者の社員に対する健康管理と快適な職場環境の実現について規定している。

3　事業場内産業保健スタッフ等によるケア

（健康相談窓口の設置）
第○条　会社は、社員の健康教育および健康相談その他の健康の保持増進を図るため、人事部に健康相談窓口を設置する。

> 2　社員は、健康面に不安を感じたら、相談窓口を利用し、健康の保持増進に努めなければならない。

　メンタルヘルスケアを促進する健康相談窓口に関する規定である。また、ここでは社員に健康相談窓口を積極的に利用してもらうために、健康面に不安を感じたら活用する旨の努力義務を課している。

（坂本　直紀）

第6節　産業カウンセラーの活用

　平成12年に、厚生労働省が発表した「事業場における労働者の心の健康づくりのための指針」(平成12年8月9日労基発第522号の2。なお、「労働者の心の健康の保持増進のための指針」(平成18年3月31日基発第0331001号)の策定により廃止)にあげられた4つのケアの1つである「事業場外資源」の職種において臨床心理士と並んで産業カウンセラーが明記されている。日本には、カウンセラーという国家資格はない。いくつもの協会・団体がカウンセラーを輩出している中、「産業カウンセラー」は長年の歩みが社会的に高く評価されている。

　ここでは、特に、カウンセラーの1つである産業カウンセラーについて紹介する。

I　産業カウンセラーとは何か

1　カウンセリングとは

　カウンセリングは、過去において「相談」と訳されてきたが、一般的な「相談」と比べると、「カウンセリング」は援助のための専門的な知識や技能および一定の手続を必要とすることから、現在では、「カウンセリング」という言語のまま用いられている。

　「カウンセリング」の目的は、人生で誰もが遭遇する問題を自ら乗り越えながら成長していくことができるように援助することにある。

2　産業カウンセラーとは

　産業カウンセリングは、「カウンセリング」を土台とし、産業・企業に適

用するものである。目的は、対象者である働く人の心の健康を援助し、相談にのることにある。この援助は、働く人個人のカウンセリングだけでなく、職場あるいは企業全体に及ぶこともある。働く人の心をむしばんでいる原因が、職場のいじめ等である場合、個人のカウンセリングの効果には限界がある。その個人を取り巻く組織全体の改善に、産業カウンセラーはかかわる必要があるからである。

II 産業カウンセラーの歩み

1 アメリカにおける産業カウンセリングの起源

　20世紀初頭のアメリカにおいて、専門的援助活動としてのカウンセリングが誕生した。1900年代初めのアメリカは、急速な工業化が進み、都会には職を求めて若者が集まり、工場労働者となった。1908年にパーソンズ（Parsons, F.）が、個人の適性に合った職業選択の指導を始めたのが、職業指導運動の始まりである。

　続いて、教育測定運動が起こった。合理的、客観的に個人の能力、適性などを正しくとらえるための測定技術が必要であるとの観点から、各種の心理テストの開発を促した。

　精神衛生運動は、ビアーズ（Beers, C.W.）が、精神病院での患者の待遇改善を訴えた。後に予防、健康の保持・向上を主張するようになり、精神医学、カウンセリングなどと統合しながら、現代のメンタルヘルス運動への流れをつくったとされている。[1]

　1920年に入り、アメリカの企業が従業員の職場適応のために援助の必要性を認めるようになり、産業カウンセリングが発展した。

1　産業カウンセラー養成講座テキストより

ウェスタン・エレクトリック社のホーソン工場で行われた実験（1924年～1932年）がある。ハーバード大学のメイヨー（Mayo, G.E.）を中心に、労働生産性についての科学的実験と従業員の不平不満や本音を聞き出す面接計画が実施された。ホーソン工場での実験結果から人間的な欲求や感情に配慮した人間関係論に基づいた人事管理が生まれ、同社においても1936年に面接制度を発足するに至った。労働者にも経営者にも企業内カウンセリングが有益であるということがわかり、カウンセラーが配置されたと記録されている。

2　日本における産業カウンセリング

戦前の日本においても、大企業の一部で経済的な問題を中心とした「相談」は行われていたが、「カウンセリング」が紹介されたのは戦後になってからである。

1954年（昭和29年）、日本電信電話株式会社（現NTT）が「①電信、電話オペレータの緊張や不平不満が作業能率に大きく影響すること、②電話の自動化、中継の機械化などの変化に伴い、人間関係面の考慮が必要なこと、③20代職員が半数近くを占め、情緒的葛藤が多いこと」の理由により、試験的にカウンセラー制度を導入したのが最初である。

その後、高度成長政策への政策転換が行われた時代となり、「集団就職」の名のもとに多くの若い労働力が、親元を離れて工業地帯に送り込まれた。しかし、彼らの中には孤独に耐え切れず、離職するものも多く、企業としても、その対応に迫られた。他方職場においては、技術革新による配置転換や転勤問題が発生し、今までと違った労働生活の変化が労働者に心の問題を引き起こすようになった。こうして、産業カウンセラーの登場する土壌がつくられたのである。[2]

1960年には産業分野のカウンセリングに従事する人や研究者が集まり、㈳

---

[2] ㈳日本産業カウンセラー協会の業務案内より

日本産業カウンセラー協会が設立された。産業カウンセラーの呼称は、協会の認定試験に合格した者のみが使うことができる。現在では協会会員数も2万人を超えて、カウンセリング業界では、最大の力量をもつ団体となっている。

3 日本におけるEAPと産業カウンセリング

アメリカの産業カウンセリングの中心的な活動に「Employee Assistance Programs（EAP）：従業員援助制度」がある。EAPは従業員へのカウンセリングを専門機関に委託する、事業場外資源である。

EAP運動は、1940年代にアルコール依存症に悩む社員への援助プログラムとして成果を上げたことから、健康な従業員のストレス、家庭問題、キャリアなどの問題支援対策として普及してきた。EAPの特徴は、①問題解決を援助することが作業能率と生産性の向上につながる、②短期カウンセリングを原則とする、③面接相談以外にも、管理者訓練、従業員に対するメンタルヘルス教育・啓蒙・広報を行う、④従業員へのリサーチと評価などを幅広く請け負っていることである。[3]

日本におけるEAPは、アメリカのEAP協会の支部として精神科医を中心とした団体と、EAPを事業化している営利法人の2種類がある。最近EAP的サービスが拡大しつつある。サービスの対象・内容は、多岐にわたっているが、具体的な活動内容は、①社員の啓蒙、②電話、電子メール、面接によるカウンセリング、③管理職、人事労務への研修、④治療機関への紹介、フォローアップなどがある。こうしたサービスを、契約企業の従業員や家族であれば基本的には無料で、しかもプライバシーに十分配慮された形で受けられるのが特徴であり、そのサービスにかかわっている産業カウンセラーも少なくない（詳細は、第2部Q14以下を参照されたい）。

---

3 産業カウンセラー養成講座テキストより

4 産業カウンセリングの現状とこれからの産業カウンセラーの課題

　2010年（平成22年）7月に㈳日本産業カウンセラー協会東京支部において、「企業や団体は産業カウンセラーに何を期待しているか」に関する調査を行った。産業カウンセラーの専門性という点において、企業はメンタルヘルス対策への援助をあげている。メンタルヘルス対策の予防活動において「人間関係（コミュニケーション）能力を強化することによって、多くの問題の予防活動に繋げられるものである」という結果が得られた。産業カウンセラーが身近で活動することにより、コミュニケーション強化の担い手になることであろう。

　いま、産業界では生き残りをかけてリストラや人事政策などを大きく変えることを余儀なくされている。このような中で、職場のいじめ、パワハラ、セクハラが増加の傾向にあり、従業員は疎外され、八方ふさがりであるからこそ産業カウンセリングが強く求められている。産業カウンセラーは、その要望にどのように応えていくのかが最大の課題となっている。

Ⅲ　企業における産業カウンセラーの役割とは

1　産業カウンセラーが見た職場

　近年、「職場のいじめ」が深刻な社会問題になってきている。日本産業カウンセラー協会が2006年度（平成18年度）に行ったアンケート結果を報じた記事を紹介する。

4　メンタルヘルス対策への援助は、産業カウンセラーの3つの領域の1つである（詳細は、後記Ⅲ「3　産業カウンセラーの3つの柱」参照）。

第6節　産業カウンセラーの活用

> 「職場のいじめ」深刻化　カウンセラー8割　「相談を受けた」
> 　社員の心のケアなどに配置されている産業カウンセラーの約8割が、社員の職場でのいじめに関する相談を受けていることが、日本産業カウンセラー協会のアンケートで分かった。弁護士などが実施する労働相談でも、ここ数年いじめに関する相談が急増しており、大人の世界でもいじめは深刻化していることをうかがわせている。
> 　同協会が全国100人の産業カウンセラーにアンケート調査を実施、74人から回答を得た。
> 　その結果、職場でのいじめで相談などを受けた人は、約8割（59人）に上った。内容（複数回答）は、セクシュアル・パワーハラスメント（40人）・人間関係の対立（32人）・能力が低いといじめる（25人）—　などだった。中には仕事ができることをねたまれてのいじめや、退職に追い込むため仕事を与えないなどのいじめもあった。
> 　　　　　　　　　　　　〈2007年（平成19年）2月18日付け毎日新聞〉

　翌2007年度（平成19年度）のアンケートは、この1年間に企業や団体の人事労務部門などでカウンセリング活動に携わっている産業カウンセラーを対象に行われた。

　今回の調査結果においても、職場のいじめの事例を見たり、相談を受けた経験のある人は、81％に上った。いじめの内容は、「パワーハラスメント」が78％で多く、次いで「人間関係の対立・悪化に起因したいじめ」（59％）、「仕事のミスに対するいじめ」（44％）、「セクシュアル・ハラスメント」（36％）と続いた。

　いじめの形態として「罵る・怒鳴る・威嚇する」が68％と最も多く、いじめが生じた関係は「上司から部下に対して」（85％）が圧倒的に多かった。

　カウンセラーが「いじめと関連がある」と感じたものは、「コミュニケーション能力の欠如」とした回答が80％と最も多かった。その他、「人を育てる意識の希薄化」（62％）、「人権感覚・モラル感覚の低下・欠如」（54％）、「成果主義・能力主義」（50％）などをあげる回答も少なくない結果であった。

第2章 事前の予防策～心の病を防ぐ諸対策

〔図表2－45〕 産業カウンセラーが見た職場／「職場のいじめ」に関するアンケート結果(1)

【1】 産業カウンセラーの視点から見て、「職場のいじめ」と考えられる事例を見たり、相談を受けたりしたことはありますか？

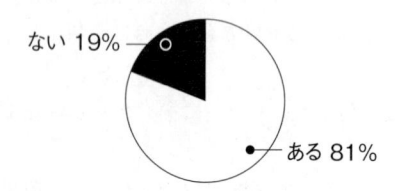

- ない 19%
- ある 81%

【2】【1】で「ある」と答えた方にお伺いします。その事例の内容はどんなことでしたか。（複数回答可）

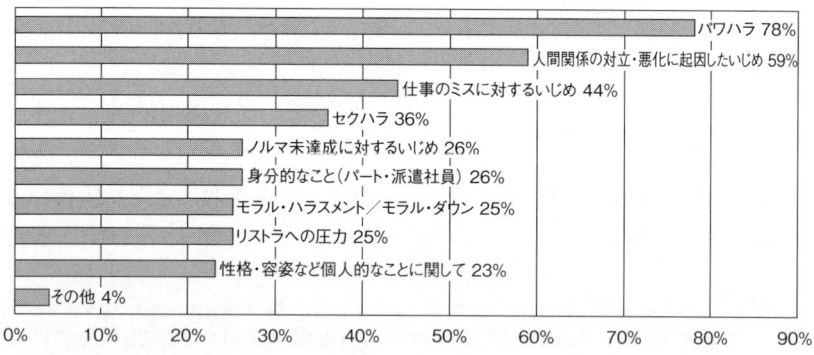

- パワハラ 78%
- 人間関係の対立・悪化に起因したいじめ 59%
- 仕事のミスに対するいじめ 44%
- セクハラ 36%
- ノルマ未達成に対するいじめ 26%
- 身分的なこと（パート・派遣社員）26%
- モラル・ハラスメント／モラル・ダウン 25%
- リストラへの圧力 25%
- 性格・容姿など個人的なことに関して 23%
- その他 4%

【3】 いじめはどんな形態で行われていましたか？（複数回答可）

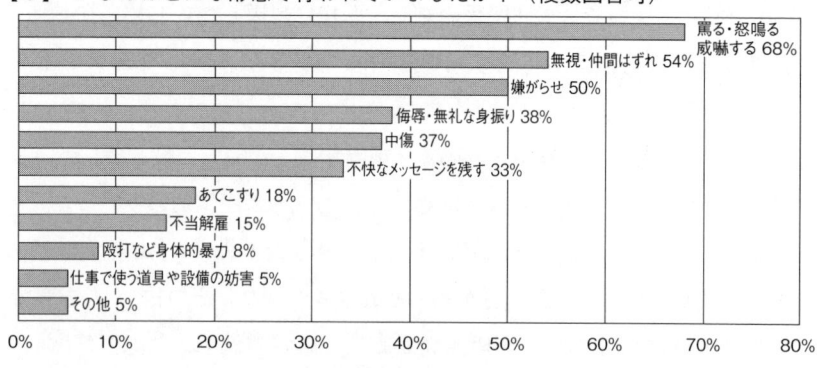

- 罵る・怒鳴る・威嚇する 68%
- 無視・仲間はずれ 54%
- 嫌がらせ 50%
- 侮辱・無礼な身振り 38%
- 中傷 37%
- 不快なメッセージを残す 33%
- あてこすり 18%
- 不当解雇 15%
- 殴打など身体的暴力 8%
- 仕事で使う道具や設備の妨害 5%
- その他 5%

「産業カウンセリング」2008.1（No.247）より

第6節　産業カウンセラーの活用

〔図表2-46〕　産業カウンセラーが見た職場／「職場のいじめ」に関するアンケート結果(2)

【1】　あなたの企業内で、「職場のいじめ」が起こったことはありますか？
　　　　ある　74.0％　（しばしば起こる　19.8％　たまに起こる　80.2％）
　　　　ない　26.0％

（以下、「ある」と答えた方にお伺いします）

【2】　「職場のいじめ」が発生することで、どんな損失が生じましたか？
　　　（複数回答可）

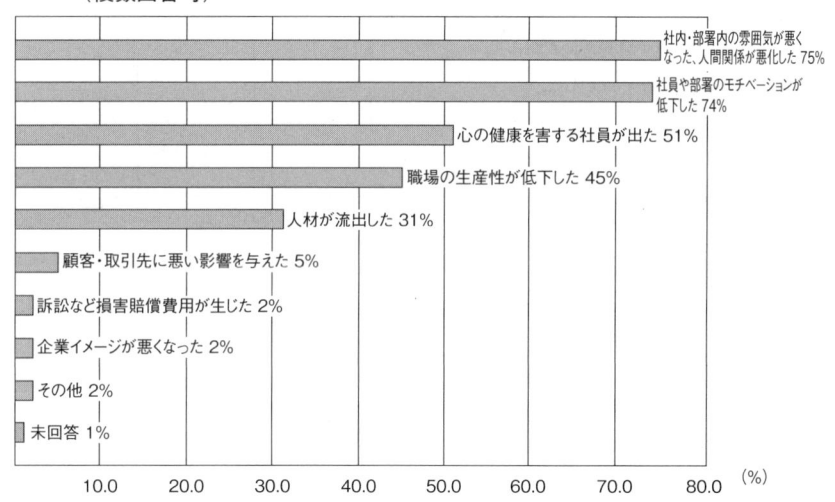

- 社内・部署内の雰囲気が悪くなった、人間関係が悪化した　75％
- 社員や部署のモチベーションが低下した　74％
- 心の健康を害する社員が出た　51％
- 職場の生産性が低下した　45％
- 人材が流出した　31％
- 顧客・取引先に悪い影響を与えた　5％
- 訴訟など損害賠償費用が生じた　2％
- 企業イメージが悪くなった　2％
- その他　2％
- 未回答　1％

　2008年（平成20年）5月21日の同協会の定例記者会見において「職場のいじめ」調査第2弾として、「企業内での実際に行われている予防・対策及びその効果」についてのアンケート調査結果が公表された。「産業カウンセラー資格を有する人事労務担当者・管理職・経営者」を対象に180名から回答を得た。

　記者会見の席上で、同協会の原専務理事は、「（アンケート調査の結果から）管理監督者の立場から、職場の雰囲気の悪化・モチベーションの低下など、実態を懸念しつつも防止のための対策に苦慮していることがうかがえる。職場のいじめ問題の根底には、働く人の人権をどのように尊重してゆくかとい

【3】「職場のいじめ」に気づいた／発覚したきっかけは？（複数回答可）

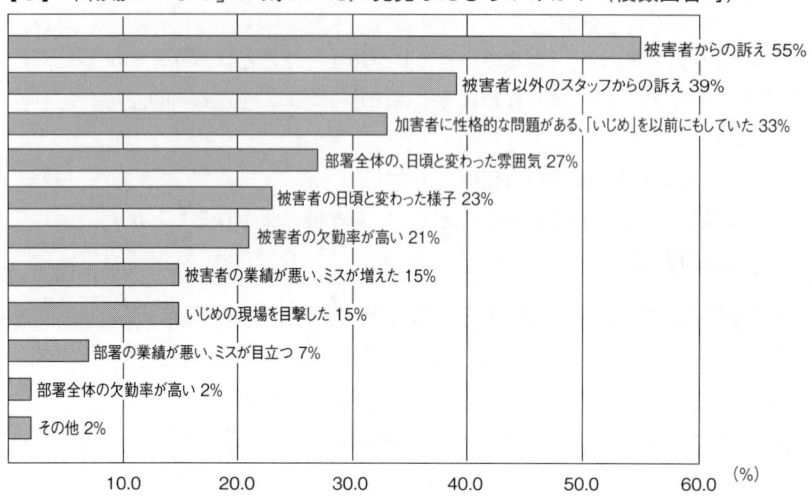

- 被害者からの訴え 55%
- 被害者以外のスタッフからの訴え 39%
- 加害者に性格的な問題がある、「いじめ」を以前にもしていた 33%
- 部署全体の、日頃と変わった雰囲気 27%
- 被害者の日頃と変わった様子 23%
- 被害者の欠勤率が高い 21%
- 被害者の業績が悪い、ミスが増えた 15%
- いじめの現場を目撃した 15%
- 部署の業績が悪い、ミスが目立つ 7%
- 部署全体の欠勤率が高い 2%
- その他 2%

【4】その後、「いじめ」が解決した場合にとられた対応策を教えてください。

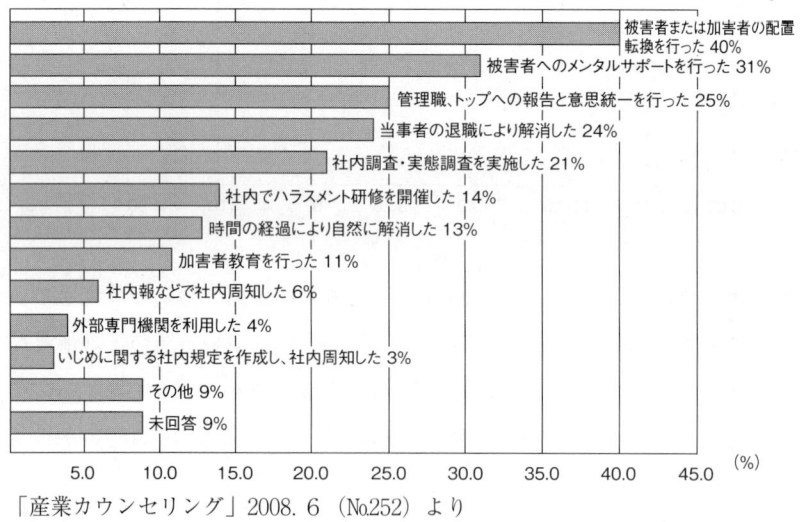

- 被害者または加害者の配置転換を行った 40%
- 被害者へのメンタルサポートを行った 31%
- 管理職、トップへの報告と意思統一を行った 25%
- 当事者の退職により解消した 24%
- 社内調査・実態調査を実施した 21%
- 社内でハラスメント研修を開催した 14%
- 時間の経過により自然に解消した 13%
- 加害者教育を行った 11%
- 社内報などで社内周知した 6%
- 外部専門機関を利用した 4%
- いじめに関する社内規定を作成し、社内周知した 3%
- その他 9%
- 未回答 9%

「産業カウンセリング」2008.6（No.252）より

う重要な課題が横たわり、また、大きくは格差・貧困化の問題も関連しており、個別企業の問題として捉えるだけではなく、社会的な方策・規制を検討

すべき課題」とし、「産業カウンセラーの立場からは、いじめを受けている当事者の心のケアとともに、企業組織への働きかけをどのように取り組んでゆくかが課題」としたうえで、「今後とも社会に事実を広めていくことを行なっていき、協会ができる取組みを考えてゆくことが必要」と述べた。[5]

2　産業カウンセラーと企業のかかわり方

　企業や組織に対して、産業カウンセラーはどのようなかかわり方ができるのだろうか。メンタルヘルスに対する経営者の理解度や企業の体質・風土によっても異なってくるだろう。「産業カウンセラー」を積極的に活用する企業もあれば、厚生労働省の指針に基づいて体裁だけ整えて設置している企業もあるかもしれない。20歳以上であれば産業カウンセラーの養成講座を受講することができるので、資格を取得した社員が産業カウンセラーを担当するケース、事業場外の産業カウンセラーに嘱託するケース、また開業カウンセラーと契約するケースやボランティアに頼っているケースもある。

　事業場内における産業カウンセラーの場合、相談する労働者としては「秘密が漏れるのでは」、「昇進に影響するのでは」と思い、利用することを躊躇することもあるようだ。また外部に相談機関があった場合、「相談するのに気が楽」ということもあるが、「外部からでは教育研修、メンタルヘルスの啓蒙、アセスメントなどの集団的で予防的なカウンセリング活動には限界がある」、「企業内の関連部門とのネットワークが弱くなるのでは」という心配もあるかもしれない。産業カウンセラーとしての存在を、「固定観念」にとらわれず開かれたものとして認められるような努力が求められる。

　では、具体的に産業カウンセラーは、企業にとってどんな役割を担うことがよいのだろうか。

5　機関誌「産業カウンセリング」No.252より

3　産業カウンセラーの3つの柱

(1)　産業カウンセリングの領域・機能

産業カウンセリングの領域・機能を大別すると、以下の3つがあげられる。

① メンタルヘルス対策への援助　仕事や職場の人間関係などから生じるストレスや心の問題に対するカウンセリング、不調にならないための環境整備へのアドバイス、早期発見、復職時の支援や援助

② キャリア開発への援助　産業社会における生き方（life style）の設計や近年の人事制度や組織の変更に伴う職業生涯における生き方の再設計、それに対応する能力開発を支援するためのカウンセリング

③ 職場における人間関係開発への援助　産業場面におけるカウンセリング・マインドの普及・啓蒙および、人間関係（コミュニケーション）強化への活動

ややもするとメンタルヘルス・カウンセリングのみが産業カウンセリングのすべてと理解されがちであるが、開発的で教育的側面もあわせもったものと理解する必要がある。[6]

具体的に、3つの役割とはどのようなものであろうか。

(2)　メンタルヘルス対策への援助

近年、多くの人が何らかのストレスを抱えており、職種の違いや企業風土によっても異なるとはいえ、「メンタルヘルス不調の人」が増加の傾向にある。心身の変調が生産性の低下へとつながり、些細なミスが大事故を発生させる危険も予想される。問題行動の除去や治療だけでなく、よりよい適応と成長や発達を援助することが、メンタルヘルスの保持・増進活動の中心となる。そこで、職場のストレス対策と個人のストレスコントロールへの援助が

---

[6]　國分康孝監修『現代カウンセリング事典』2004年、金子書房

必要となってきている。

　（A）　カウンセリング

　職場にはストレス要因が常に存在しているので、過剰なストレスによってメンタルヘルス不調が生じる前に、ストレス対策としてのストレスマネジメントを行うことが、産業カウンセラーの活動としてのポイントとなる。

　ストレスマネジメントとしては、①気づき、成長の促進、問題の解決などのカウンセリングや自己管理の側面と、②人事管理、環境管理、教育訓練など集団管理の側面があるといわれている。

　（B）　リラクセーション

　個人へのストレスコントロールの援助としてはリラクセーションの技能（自律訓練法など）の知識と方法を身に付け、指導できることが必要となってくる。

　（C）　メンタルヘルス教育

　メンタルヘルスは、「働く人の健康」というだけではなく、「企業にとっての健康」である生産性の向上や人事労務管理と結び付く「リスク・マネジメント」としても重要な問題となっている。産業カウンセラーとして、労働者、特に管理監督者に対してメンタルヘルス教育を行うこともメンタルヘルスの維持・改善に寄与することになる。

　（D）　メンタルヘルス不調者等の早期発見と対処

　メンタルヘルス不調者や精神障害者を早期に発見することは、産業医などの産業精神保健スタッフと連携をとることによって、より早く対応することができると思われる。場合によっては事業場外の専門機関を利用し、必要によっては専門医との連携の下にカウンセリングやケアを行うことも活動の1つであろう。

　しかし、あくまでも産業カウンセラーの対象者は健常者であるということを念頭においておかなければならない。早期発見をしたら、専門医療機関に受診を勧めることが大切である。

(E) 管理監督者へのコンサルテーション

　産業カウンセラーのメンタルヘルス活動として大きな役割を占めるものとしては、管理監督者が安心して相談できる場を提供し、コンサルテーションを行い、部下の職場不適応に関する疑問や不安および対応についてともに考え、現実的で適切な助言をすることであると考えられる。

(F) 企業への働きかけ

　企業の経営方針、人事施策などは、労働者のメンタルヘルスや職場組織に大きな影響を与えるものといえる。産業カウンセラーは、職場のストレス要因を的確に把握し、対処を計画し、企業にフィードバックすることも役割の1つといえる。さらに、労働現場や企業組織の調査・分析等を実施し、専門的見地から労働者の働く場の改善について、提言を行うことも必要となるであろう。

(3) キャリア開発への援助

　産業構造の変化、技術革新の進展、労働者の就業意識・雇用形態の多様化の中で、労働移動が激しくなっている。その結果、企業内だけでなく企業外でも通用する職業能力が労働者に求められ始めている。このため、産業カウンセラーの活動として、キャリア開発の分野においても労働者の上質な職業生活（Quality of Working Life）の実現を援助する側面が大きな比重を占めるようになった。そもそも、個人が自分自身に向き合い、自分の問題を理解し、自己実現できるように援助することは、本来のカウンセリングの基本的機能であるともいえよう。これからの産業カウンセラーの活動分野として大きな役割が期待されている。

(4) 職場における人間関係開発への援助

　メンタルヘルス対策やキャリア開発とともに、働く人の成長を促し、人間関係を育成するための活動も必要である。組織開発的傾向のものと対人関係開発的傾向のものとがある。

(A) 組織開発

・人間関係能力の開発（リーダーシップ能力の開発、価値の明確化）
・集団的能力開発（チームワーク、意思決定）

　　　（B）　対人関係開発

・対人関係能力の開発（管理監督者のリスナー（傾聴）訓練、アサーション・トレーニング等）[7]
・構成的グループ・エンカウンター[8]

　産業カウンセラーは、このような人間関係トレーニングを行うことにより、より快適な職場環境をつくることに積極的に取り組んでいかなければならない。

4　THPにおける産業カウンセラーの役割

　THP[9]は、厚生労働省の推進する「心とからだの健康づくり運動」のことをいう。1988年（昭和63年）の労働安全衛生法の改正に伴い、「事業場における労働者の健康保持増進のための指針」（昭和63年9月1日健康保持増進のための指針公示第1号）で公表された。身体面のみならず、精神面の健康にも取り組む必要性が明示されている。Totalとは、「全従業員を対象とする」、「こころとからだの両面」にわたる、「生涯を通じて」を意味している。

　働く人の健康づくりを進めることは、急速な高齢化が進むわが国において、従業員にその能力を十分に発揮してもらうという観点はもとより、職場の活性化や医療費の抑制など社会経済の面からも、企業に求められる重要な課題となっている。

---

[7] 人間関係において自分も相手も大切にしながら、自分の感情、考え、要求などを、主に言語を通して適切に表現する能力を養うための訓練。

[8] エンカウンターは、本音を表現し合い、それを互いに認め合う体験である。リーダーの指示した課題をグループで行い、そのときの気持を素直に語り合うことで徐々にエンカウンター体験を深めていく。自己理解、他者理解、人生理解を促進する教育的色彩の強い援助方法である。

[9] Total Health Promotion Plan：トータル・ヘルス・プロモーション・プラン

THPは労働安全衛生法に基づいて、産業医が個々の労働者の「健康測定」を行い、その結果によって心身両面から「健康指導」、「メンタルヘルスケア」、「栄養指導」、「保健指導」を行うことをいい、事業者には、必要な措置を講じる努力義務が課せられている。THP活動を具体的に推進していくための体制として、産業医、運動指導担当者、運動実践担当者、心理相談担当者、産業栄養指導担当者、産業保健指導担当者の6種類の専門スタッフが「健康保持増進委員会」を構成して、栄養、運動、休養の3本柱で健康づくりの支援をするプログラムになっている。

　これらのスタッフは、事業場内に配置されることが原則であるが、現実にこれだけのスタッフを揃えることが困難な事業場も少なくない。可能であっても、アウトソーシングを選択する事業場もある。

　次のような流れで、THP（健康づくり）活動は進められていく。

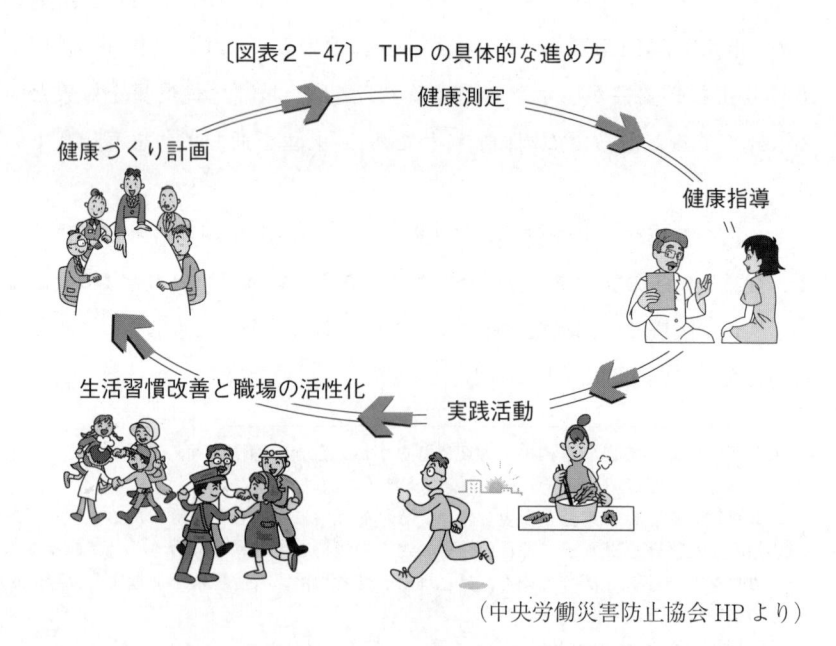

〔図表2－47〕　THPの具体的な進め方

健康づくり計画 → 健康測定 → 健康指導 → 実践活動 → 生活習慣改善と職場の活性化 →（健康づくり計画へ）

（中央労働災害防止協会HPより）

<健康づくり計画＞　THPを効率よく進めるために、職場の実態に応じた活動の健康づくりの目標（方針）を定め、実行可能な計画を作成する。
↓
<健康測定＞　健康指導を行うために必要な問診、生活状況調査、診察、医学的検査および運動機能検査を実施する。
・生活状況調査項目：運動習慣・食習慣　等
・医学的検査項目：血液・循環機能　等
・運動機能検査項目：柔軟性・全身持久性　等
↓
<健康指導＞　運動・メンタルヘルスケア・栄養・保健の各分野について、それぞれのTHPスタッフが、各個人の健康測定結果に基づいて実施する健康づくりへのアドバイスを行う。これは、理想的な生活習慣を押し付けるのではなく、自らできることをつかんでいくものである。
↓
<実践活動＞　各個人が、健康指導等を参考にして実践するウォーキングなど日常的な健康づくり活動のことをいう。THPスタッフの指導を受けながら適切な実践活動を進めていく。
↓
<生活習慣改善と職場の活性化＞　THPの活動で生活習慣が改善されると、元気な従業員が増え、職場に活気が広がる。この様子を確認しながら職場の一層の活性化を目指して、次の計画へとつなげていく。
↓
【健康づくり計画】に戻る

指針には「事業者は、これらのスタッフに『健康保持増進措置を実施するスタッフ養成専門研修』を受講させ、これらのスタッフの養成に努める必要がある」と明記されている。

心理相談担当者に求められる資質は、以下にまとめた。

第2章　事前の予防策～心の病を防ぐ諸対策

〔図表2-48〕　THP健康づくりスタッフと役割

《健康保持増進措置の内容》

```
                    ┌─────────────────┐
                    │  健康保持増進計画  │
                    └─────────────────┘
                              ↓
┌──────────────────────────────────────────────────┐
│              健康測定（すべての労働者）              │
├──┬───────────────────────────────────────────────┤
│産│・問診                                          │
│業│・生活状況調査（仕事の内容、運動歴等）              │
│医│・診察                                          │
│  │・医学的検査（形態、循環機能、血液、尿、その他）    │
│  │　　　　　　　　　　　　⇒　下線の項目は、健康診断で代替可能 │
│  │・運動機能検査（筋力、柔軟性、敏捷性、平衡性、全身持久性、筋持久力）│
│  │　　　　　　　　　　　　⇒　必要に応じて実施     │
│  │・運動等の指導票の作成（スタッフへの指示）         │
└──┴───────────────────────────────────────────────┘
                              ↓
《第1段階の指導》　┌─────────────────────────────┐
                 │労働者自身の健康状況に応じた全般的な指導│
                 └─────────────────────────────┘
《第2段階の指導》　　・全ての労働者　　・メンタルヘルスケアが　　・食生活上の問題が
                                     必要と判断された労働者　　認められた労働者
```

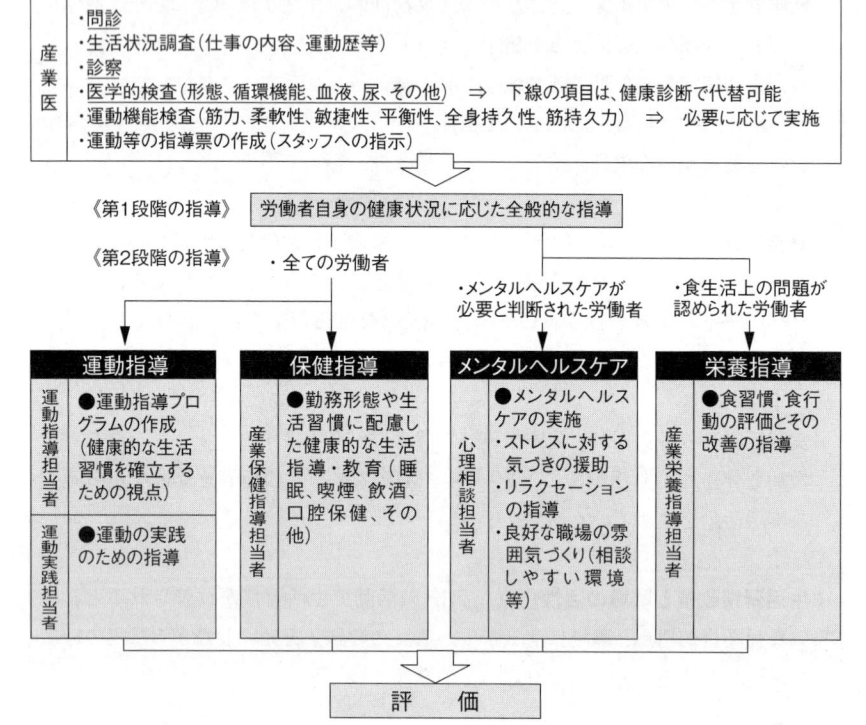

運動指導	保健指導	メンタルヘルスケア	栄養指導
運動指導担当者	産業保健指導担当者	心理相談担当者	産業栄養指導担当者
●運動指導プログラムの作成（健康的な生活習慣を確立するための視点）	●勤務形態や生活習慣に配慮した健康的な生活指導・教育（睡眠、喫煙、飲酒、口腔保健、その他）	●メンタルヘルスケアの実施・ストレスに対する気づきの援助・リラクセーションの指導・良好な職場の雰囲気づくり（相談しやすい環境等）	●食習慣・食行動の評価とその改善の指導
運動実践担当者　●運動の実践のための指導			

```
                    ↓
                ┌───────┐
                │ 評　価 │
                └───────┘
```

（パンフレット「職場における心身両面にわたる健康づくり」（中央労働災害防止協会）より抜粋）

1　話がきちんと聴ける――少なくとも「積極的傾聴」の知識と技法を身に付けていること。
2　心理相談担当者としての資質について自己評価ができる――来談者を1人で抱え込まないこと。
3　産業医、保健師・看護師、衛生管理者などとの共同作業ができる――心理相談は単なるカウンセリングではないことを理解できること。

4 メンタルヘルス教育が担当できる――来談者の来訪を待っているだけではなく、職場への働きかけができること。少なくともストレスについての知識とストレス・コントロールの技法を身に付けていること。
5 健康情報の管理ができる――守秘義務、プライバシーについての知識を身に付け、それを実行すること。

まさに、産業カウンセラーである。

メンタルヘルスには、心理的な不調を抱えている人と健常者がいる。THPにおいては、健常者の心の健康を維持することに重点がおかれている。働く人のストレスに対する気づきへの援助は、日頃からの心身の緊張を解きほぐし、メンタルヘルスの健康維持に有効である。必要に応じてリラクセーションの指導、良好な職場の雰囲気づくりの支援も重要な仕事となる。

産業カウンセラーがTHPに携わる場合、委員会の産業医、運動担当者、栄養担当者などに対して、さまざまな病気と心の関係、企業の組織や制度と心の関係など、産業カウンセラーならではの専門知識を啓蒙しておくことも大切なことである。[10]

5 4つのケアにおける産業カウンセラーの役割

(1) はじめに

近年、産業構造が変化する中、働く人の6割以上が、職業生活でのストレスを感じている。精神障害による労災認定件数も年々増加の一途にある。

2000年(平成12年)8月、「事業場における労働者の心の健康づくりのための指針――心の健康づくりの策定」が労働省(現厚生労働省)から示された(詳細は「第5節 労働者の心の健康の対策」を参照されたい)。そこで示された「4つのケア」とは、次のとおりである。

① 労働者自身による「セルフケア」

---

10 法学書院編集部編『産業カウンセラーのすべてがわかる本〔改訂版〕』2003年、法学書院

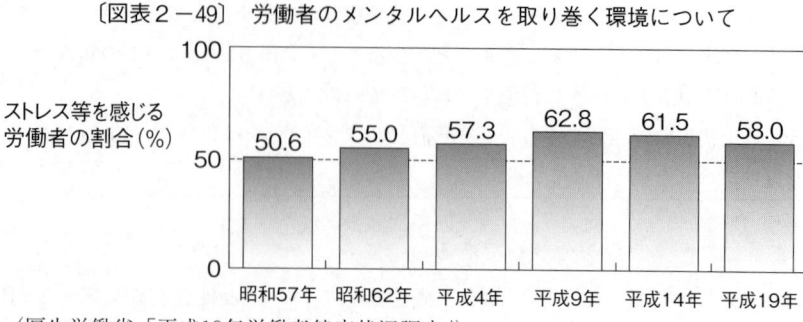

〔図表2－49〕　労働者のメンタルヘルスを取り巻く環境について

ストレス等を感じる労働者の割合(%)

昭和57年	昭和62年	平成4年	平成9年	平成14年	平成19年
50.6	55.0	57.3	62.8	61.5	58.0

（厚生労働省「平成19年労働者健康状況調査」）

② 管理監督者による「ラインによるケア」
③ 事業場内の健康管理担当者による「事業場内産業保健スタッフ等によるケア」
④ 事業場外の専門家による「事業場外資源によるケア」

産業カウンセラーが、「4つのケア」とどうかかわってくるのだろうか。

(2) セルフケア

(A) 概　要

労働者自身がストレスや心の健康について理解し、自らのストレスの予防、軽減あるいはこれに対処することが大切である。事業者は、労働者にセルフケアに関する教育研修、情報提供を行い、心の健康に関する理解の普及を図ることが重要となってきている。また、自発的に相談しやすい環境の提供も必要となってくる。

事業場内産業保健スタッフ等に産業カウンセラーが配置されている場合はもとより、事業場外資源としての位置づけであっても、産業医・保健師等と連携しながら、ストレスチェック（「職業性ストレス簡易調査票」、「うつチェックテスト」（図表2－51）、「ストレス耐性度チェック」（図表2－50）等）や教育研修、情報提供をすることで職場全体にメンタルヘルスへの意識が向上したという事例もある。

[図表2-50] ストレス耐性度チェック

	項　目	めったにない	ときどき	しばしば	いつも
1	冷静な判断をする	1	2	3	4
2	明朗である	1	2	3	4
3	表現するほうである	1	2	3	4
4	楽しい	1	2	3	4
5	人の顔色が気になる	4	3	2	1
6	前向きである	1	2	3	4
7	うらやましくなる	4	3	2	1
8	動くことが好き	1	2	3	4
9	人をとがめる	4	3	2	1
10	人の長所をみる	1	2	3	4
11	融通がきく	1	2	3	4
12	手紙の返事をすぐ書く	1	2	3	4
13	のんきである	1	2	3	4
14	事実を確かめる	1	2	3	4
15	配慮をする	1	2	3	4
16	感謝できる	1	2	3	4
17	友人が多い	1	2	3	4
18	家庭内不和	4	3	2	1
19	仕事がきつい	4	3	2	1
20	興味がある	1	2	3	4
	各段階の合計				
	総合計				

（日本大学の桂・村上氏らの開発によるもの）

　各項目の中で、もっともよくあてはまると思われる段階にチェックをつけ、点数を合計して判定する。
チェックの数が、
　　50～80の人：ストレスに強い人である。ストレスがあっても頑張れる人である。
　　20～40の人：生活の変化があると体調を崩しやすいとか、気持ちの変化が起こりやすい、ストレス耐性の低い方と言える。
　　40～50の人：ストレスに対して強くもなく弱くもなく、平均的である。

第2章 事前の予防策～心の病を防ぐ諸対策

〔図表2−51〕 うつチェックテスト

この2週間、次のような問題にどのくらい頻繁に悩まされていますか？	全くない	数日	半分以上	ほとんど毎日
1．物事に対してほとんど興味がない、または楽しめない				
2．気分が落ち込む、憂鬱になる、または絶望的な気持ちになる				
3．寝つきが悪い、途中で目が覚める、または逆に眠りすぎる				
4．疲れた感じがする、または気力がない				
5．あまり食欲がない、または食べ過ぎる				
6．自分はダメな人間だ、人生の敗北者だと気に病む、または自分自身や家族に申し訳がないと感じる				
7．新聞を読む、またはテレビを見ることなどに集中することが難しい				
8．他人が気づくぐらいに動きや話し方が遅くなる、またはこれと反対に、そわそわしたり、落ちつかず、ふだんよりも動き回ることがある				
9．死んだ方がましだ、あるいは自分を何らかの方法で傷つけようと思ったことがある				

■の部分に○が5つ以上あれば、うつ病が疑われます。
（そのうち1つは質問1または2）
M.I.N.I.(The Mini-International Neuropsychiatric Interview)

〔図表2−52〕 職業性ストレス簡易調査票

中央労働災害防止協会HPより

A　あなたの仕事についてうかがいます。最もあてはまるものに○を付けてください。

	そうだ	まあそうだ	ややちがう	ちがう
1．非常にたくさんの仕事をしなければならない	1	2	3	4
2．時間内に仕事が処理しきれない	1	2	3	4
3．一生懸命働かなければならない	1	2	3	4
4．かなり注意を集中する必要がある	1	2	3	4
5．高度の知識や技術が必要なむずかしい仕事だ	1	2	3	4
6．勤務時間中はいつも仕事のことを考えていなければならない	1	2	3	4
7．からだを大変よく使う仕事だ	1	2	3	4
8．自分のペースで仕事ができる	1	2	3	4
9．自分で仕事の順番・やり方を決めることができる	1	2	3	4
10．職場の仕事の方針に自分の意見を反映できる	1	2	3	4
11．自分の技能や知識を仕事で使うことが少ない	1	2	3	4
12．私の部署内で意見のくい違いがある	1	2	3	4
13．私の部署と他の部署とはうまが合わない	1	2	3	4
14．私の職場の雰囲気は友好的である	1	2	3	4
15．私の職場の作業環境（騒音、照明、温度、換気など）はよくない	1	2	3	4
16．仕事の内容は自分にあっている	1	2	3	4
17．働きがいのある仕事だ	1	2	3	4

第6節　産業カウンセラーの活用

B　最近1か月間のあなたの状態についてうかがいます。最もあてはまるものに○を付けてください。

	ほとんどなかった	ときどきあった	しばしばあった	ほとんどいつもあった
1. 活気がわいてくる	1	2	3	4
2. 元気がいっぱいだ	1	2	3	4
3. 生き生きする	1	2	3	4
4. 怒りを感じる	1	2	3	4
5. 内心腹立たしい	1	2	3	4
6. イライラしている	1	2	3	4
7. ひどく疲れた	1	2	3	4
8. へとへとだ	1	2	3	4
9. だるい	1	2	3	4
10. 気がはりつめている	1	2	3	4
11. 不安だ	1	2	3	4
12. 落着かない	1	2	3	4
13. ゆううつだ	1	2	3	4
14. 何をするのも面倒だ	1	2	3	4
15. 物事に集中できない	1	2	3	4
16. 気分が晴れない	1	2	3	4
17. 仕事が手につかない	1	2	3	4
18. 悲しいと感じる	1	2	3	4
19. めまいがする	1	2	3	4
20. 体のふしぶしが痛む	1	2	3	4
21. 頭が重かったり頭痛がする	1	2	3	4
22. 首筋や肩がこる	1	2	3	4
23. 腰が痛い	1	2	3	4
24. 目が疲れる	1	2	3	4
25. 動悸や息切れがする	1	2	3	4
26. 胃腸の具合が悪い	1	2	3	4
27. 食欲がない	1	2	3	4
28. 便秘や下痢をする	1	2	3	4
29. よく眠れない	1	2	3	4

C　あなたの周りの方々についてうかがいます。最もあてはまるものに○を付けてください。

	非常に	かなり	多少	全くない
次の人たちはどのくらい気軽に話ができますか？				
1. 上司	1	2	3	4
2. 職場の同僚	1	2	3	4
3. 配偶者、家族、友人等	1	2	3	4
あなたが困った時、次の人たちはどのくらい頼りになりますか？				
4. 上司	1	2	3	4
5. 職場の同僚	1	2	3	4
6. 配偶者、家族、友人等	1	2	3	4
あなたの個人的な問題を相談したら、次の人たちはどのくらいきいてくれますか？				
7. 上司	1	2	3	4
8. 職場の同僚	1	2	3	4
9. 配偶者、家族、友人等	1	2	3	4

D　満足度について

	満足	まあ満足	やや不満足	不満足
1. 仕事に満足だ	1	2	3	4
2. 家庭生活に満足だ	1	2	3	4

(B) 事　例

- セルフケア研修　　一般従業員にメンタルヘルスを広く知らせることを重視した研修会。メンタルヘルスの基礎知識を主にし、ストレス対処法としてアロマセラピー等の企画を入れ、メンタルヘルスに興味をもってもらえるような工夫をしている。
  →アンケート結果：メンタルヘルスに対する理解度・認識度が向上した。
- 階層別研修　　新入社員研修、入社3年目研修を実施している。
  　新入社員研修：社会人としての心身の健康管理、メンタルヘルス不調の基礎知識、ストレス対処、健康相談室の紹介
  　入社3年目研修：職場のメンタルヘルス対策、コミュニケーションスキル
- ストレスチェック　　健康診断時に合わせて全従業員に「職業性ストレス簡易調査票」を簡素化した事業所独自のストレスチェックを行い、「仕事ストレス」「身体ストレス」「支援状態」などを部門別・年齢別・男女別・夜勤勤務有無別に把握している。
  →ストレスチェックの結果：職場環境や勤務状態の状況把握や改善に役立っている。
- 啓発活動　　①メンタルヘルス推進月間には早朝門でビラ配布、②機関誌『リラックス通信』を発行し（月1回以上）、研修会の内容・アンケート結果・ストレス発散方法の紹介などを記載、③メンタルヘルス相談先一覧を休憩室に掲示。
- 健康相談室の開設　　研修会参加者全員にアンケートを実施し、参加者の一番多かった意見・要望が「健康相談室の開設」。その結果を受けてメンタルヘルスに関する相談のみに限定せず「健診結果が気になる」などの身体に関する悩みも産業医に相談できる「健康相談システム」を開設した。
  →相談室開設後、管理職および一般社員からの相談が増え、不調の早期発見につながっている。

(3)　ラインによるケア

(A)　概　要

　労働者と日常的に接する管理監督者が、心の健康に関して職場環境等の把握や改善し、労働者に対する相談対応を行うことが必要である。事業者は、

管理監督者に対してラインによるケアに関する教育研修、情報提供を行うことが必要となる。ラインによるケアは、「事業場におけるメンタルヘルスケア」において最も重要な柱となるものである。

2006年（平成18年）、厚生労働省から「職場におけるメンタルヘルス対策のあり方検討委員会報告書」が出された。その中で、「労働者のメンタルヘルスケアの新たな課題」として、「ラインケアが管理職に新たな負荷を生んでしまう」という現状への問題提起がされている。具体的には、ラインケアを推進する役割にある管理監督者に対するケア、つまり「ケアを行うものへのケア」が必要であり、そのような体制を保障することが、よりよいラインケアにつながるという考えである。

産業カウンセラーは、管理監督者からの心の健康に関しての職場環境等の相談に応える役割を担うことができる。[11]

(B) 事　例

- 階層別研修　新任主任研修、部課長研修を実施している。
  新任主任研修：職場の人間関係、傾聴法の基礎
  部課長研修：傾聴実習、事例研究
- 所属長による「不調のサインチェック」　①各所属長に、不調のサインのチェックシートを配布、②所属長は、サインに該当する部下がいないか自部署を振り返る、③思い当たる場合は、症状、状況のみを記入し提出、④産業カウンセラー（健康管理担当者）が内容を確認し、コメントのあった所属長から直接ヒアリングし、声かけ、リスニング、業務負担調整など日常的な対応を検討し、必要に応じて専門家（相談員であるシニア産業カウンセラー）につないだりして対応している。
- →所属長への啓発になっている。また、ケアが必要な社員への早期対応にもなっている。

11　前述3「(2)　メンタルヘルス対策への援助」における「(E)　管理監督者へのコンサルテーション」を参照。

(4) 事業場内産業保健スタッフ等によるケア

(A) 概　要

　産業医・衛生管理者・保健師・心の健康づくり専門スタッフ・人事労務担当者によるケアは、「事業場の心の健康づくり対策」の提言を行うとともに、その推進を担い、労働者および管理監督者のセルフケア、ラインによるケアが効果的に実施されるよう支援する心の健康づくりの中心的役割にある。事業者は、「事業場内産業保健スタッフに対して専門的な事項を含む教育研修、知識習得等の機会の提供を図り、またメンタルヘルスに関する方針を明示し、実施すべき事項を委嘱または指示をする」とされている。

　2008年（平成20年）10月10日に「平成19年労働者健康状況調査結果の概況」が厚生労働省から発表された。

　心の健康対策（メンタルヘルスケア）に取り組んでいる事業所のうち、「専門スタッフがいる」とする事業所の割合は52.0％（前回平成14年調査49.8％）となっている。事業所規模別でみると、300人以上のすべての規模で8割を超えている。

　専門スタッフがいる事業所のうち、専門スタッフの種類（複数回答）別の配置状況では、「産業医」(56.5％) が最も高い。「カウンセラー等」は27.1％で事業所規模別では5,000人以上では67.1％、1,000～4,999人で52.6％となっている。

　産業カウンセラーが、事業場内産業保健スタッフの一員である「心の健康づくり専門スタッフ」として、専門的見地から職場の改善について企業に働きかけることも重要な役割となる。[12]

(B) 事　例

・前述したように、事業場内産業保健スタッフとして、研修（セルフケア・階層別研修）、ストレスチェック、啓発活動、相談室におけるカウンセリング業務

---

[12] 前述3「(2) メンタルヘルス対策への援助」における「(F) 企業への働きかけ」を参照。

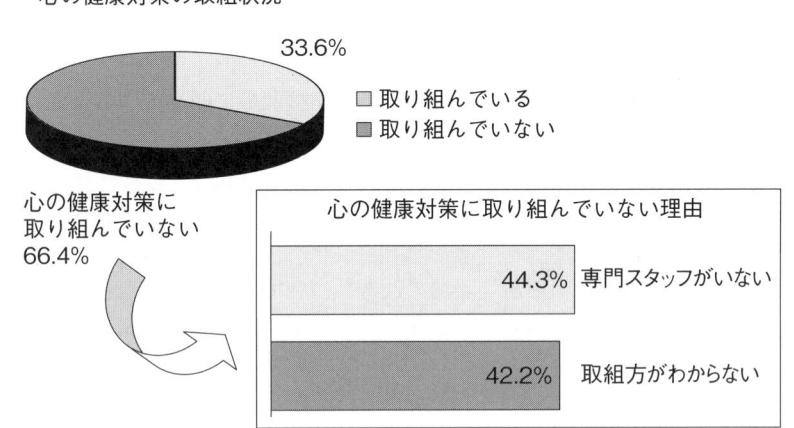

〔図表2－40〕 職場での心の健康対策取り組み状況

心の健康対策の取組状況

取り組んでいる 33.6%
取り組んでいない 66.4%

心の健康対策に取り組んでいない理由
- 専門スタッフがいない 44.3%
- 取組方がわからない 42.2%

（厚生労働省平成19年労働者健康状況調査）

を担当している。
・ストレスチェック、アンケート調査結果等を分析し、職場環境等の評価および問題点の把握、改善に一役かっている。

(5) 事業場外資源によるケア

　事業場内に保健師、心の健康づくりスタッフ等がいない場合に、メンタルヘルスケア推進のため事業場外の機関および専門家を活用し、その支援を受けるケアをいう。

　職場における心の健康づくりは重要な課題となっているが、多くの職場では、心の健康対策の取り組みが遅れている状態にある。

　多くの職場では、「専門スタッフがいない」「取り組み方がわからない」等の理由で取り組みが十分でない状況となっている。産業カウンセラーをはじめとしてEAP、メンタルヘルス対策支援センター（平成20年5月からスタート。労働者健康福祉機構都道府県産業保健推進センター内に設置）の活用を「事業場外資源によるケア」として呼びかけている。

事業者が事業場外資源に依存することで主体性を失わないようにするため、事業場内産業保健スタッフ等が窓口となって、適切な事業場外資源から必要な情報提供や助言を受けるように努めることが大切である。事業者は、必要に応じて労働者を速やかに事業場外の医療機関等に紹介できるように、日頃からネットワークを形成しておくことも大事である。

社内よりも社外の専門家のほうが、気軽に労働者が相談しやすいこともある。事業場外の相談機関と契約したところ、社員のパワハラ等についての相談が増加し、相談機関から職場環境の改善について示唆があったという事例もある。また、職場復帰に際し、専門医からのセカンドオピニオンを参考にしたという効果もある。

事業場外資源としての産業カウンセラーは、メンタルヘルスの教育研修、セルフケア・ラインケアの推進、相談機関として重要な存在となってくる。また、産業カウンセラー自身、専門医療機関等へ紹介できるよう、常にネットワークを構築しておくことも大切である。

6　職場復帰支援における産業カウンセラーの役割

厚生労働省「平成19年労働者健康状況調査結果の概況」によると、心の健康対策（メンタルヘルスケア）に取り組んでいる事業所の割合は33.6％（前回調査23.5％）、事業所規模別には1,000～4,999人および5,000人以上の規模では9割を超えており、また、100人以上のすべての規模で6割を超えている。

また、平成19年より新規調査項目になった「過去1年間にメンタルヘルス上の理由により連続1ヶ月以上休業又は退職した労働者がいる」事業所の割合は全体では7.6％であるが、事業上規模別には1,000～4,999人および5,000人以上の規模で9割を超えている。

うつ病などの心の健康問題により休業を余儀なくされた労働者の職場復帰については三次予防となるが、身体的疾患の場合の職場復帰に比べて、完治

第6節　産業カウンセラーの活用

による復職は比較的少なく、通常は服薬しながらの状態で復帰をするので、再発・再燃することも少なくない。

産業保健スタッフとしての産業カウンセラーは、どのような役割なのだろうか。

平成16年10月に厚生労働省から公表された職場復帰支援の手引きでは、産業カウンセラーは、精神科医、心療内科医、臨床心理士、心理相談担当者等と「心の健康づくり専門スタッフ」の位置にある。産業カウンセラーは他の産業保健スタッフと比較して、メンタルヘルスに関してより多くの知識や熟練した技術を有していることが多いので、復職判定時の評価、就業上の配慮に関する助言、本人および管理監督者からの相談への対応、復職後のフォローアップ等について、適切な助言をすることを期待されており、精神科医、心療内科医、臨床心理士等には、その支援が職場の実情に即した実際的なものになるため、産業保健の考え方、職場の諸事情について十分理解をしていることが望まれている。

ここでは、ある地方銀行における職場復帰支援プログラムを紹介する。

・従来の復職支援における問題
　① 復職判定に関して、産業医からの意見書に基づいて関係スタッフ（産業医、保健師、産業カウンセラー、人事部）全体で話し合う場がない。
　　→そのため、復職後、一部に再発がみられた。
　② 復職後のフォローが難しい。
　③ 治療医と産業医との接点がない。
　④ 休職・復職支援システムが整備されておらず、心の健康障害に関する職場復帰支援プログラムが定められていなかった。

・職場復帰支援プログラム事業におけるプログラム策定の進め方[13]
職場復帰支援プログラム（案）に基づき、管理監督者および各スタッフ（人事労務担当者、産業医、保健師、産業カウンセラー等）の役割分担を明確にし、手引きのプログラム案（5つのステップ）に沿って事例を支援していきながら、プログラムの検証を行い、職場復帰支援に関する各項目についての検討を[14]

行った。

職場復帰支援プログラムフォローチャートが完成した。

産業カウンセラーは、産業保健スタッフの一員として支援していくことになる。

- ・第1ステップ　　休職中の労働者との面談
- ・第3ステップ　　復職判定についての話し合い、支援プランの作成
- ・第4ステップ　　最終的な職場復帰決定に対しての本人・家族の面談
- ・第5ステップ　　職場復帰後のフォローアップ
  - ①　就業状況、業務遂行能力の評価
  - ②　症状の再燃・再発の有無を確認
  - ③　治療状況の確認
  - ④　産業医・保健師との面談
  - ⑤　職場復帰支援プランの評価と見直し
  - ⑥　措置が解除となった時点でプログラム終了（6カ月後を目安）

7　身近で小さな相談室としての役割

(1) 概　要

　職場のメンタルヘルスが進むきっかけになったのは、第3節で述べた大手広告会社社員の過労自殺について、東京地裁が企業責任を認めた裁判からであるといわれている。メンタルヘルスは、企業の重要なリスク管理の1つといえる。

　メンタルヘルス教育が大切なのはわかっているが、前述したように、メンタルヘルス対策に対して「取り組み方がわからない」という状況にある職場

13　中央災害防止協会が平成14年度から3年間厚生労働省から委託を受けて実施している「心の健康問題により休業した労働者の職場復帰支援モデル事業」のことをいう。希望して選定された事業場（モニター事業場）が、職場復帰支援プログラム（案）をもとに、職場復帰支援規程等の作成、試行または導入を行った。

14　「心の健康問題により休業した労働者の職場復帰支援の手引き」の原案のことである。

第6節　産業カウンセラーの活用

[図表2-54] 心の健康対策（メンタルヘルスケア）の取組の有無および取り組み内容別事業所割合

（単位：％)

| 区分 | 事業所計 | 心の健康対策（メンタルヘルスケア）に取り組んでいる | 取組内容（複数回答） ||||||||||| 心の健康対策（メンタルヘルスケア）に取り組んでいない |
			衛生委員会等での調査審議	メンタルヘルス対策についての問題点を解決するための計画の策定と実施	メンタルヘルスケアの実務を行う担当者の選任	労働者への教育研修・情報提供	管理監督者への教育研修・情報提供	事業所内産業保健スタッフの教育研修・情報提供	職場環境等の評価及び改善	労働者からの相談対応の体制整備	職場復帰における支援（職場復帰支援プログラムの策定を含む。）	地域産業保健センターを活用した対策の実施	都道府県産業保健推進センターを活用した対策の実施	医療機関を活用した対策の実施	他の外部機関を活用した対策の実施	その他	不明	
平成19年	100.0	33.6	(17.6)	(13.8)	(19.4)	(49.3)	(34.5)	(12.1)	(20.5)	(59.3)	(18.0)	(4.2)	(1.7)	(15.8)	(20.4)	(7.5)	(0.1)	66.4
(事業所規模)																		
5000人以上	100.0	100.0	(58.2)	(85.3)	(74.6)	(100.0)	(100.0)	(80.6)	(42.4)	(93.0)	(100.0)	(1.7)	(17.5)	(55.8)	(62.1)	(7.7)	(-)	-
1000～4999人	100.0	95.5	(49.2)	(59.7)	(59.7)	(80.0)	(82.5)	(63.6)	(36.6)	(91.6)	(72.5)	(6.0)	(5.7)	(33.9)	(46.8)	(3.0)	(-)	4.5
300～999人	100.0	83.0	(35.6)	(24.6)	(36.9)	(58.3)	(61.1)	(36.3)	(20.4)	(75.3)	(46.6)	(6.1)	(6.6)	(23.1)	(29.7)	(4.1)	(-)	17.0
100～299人	100.0	64.1	(32.7)	(16.0)	(27.5)	(49.4)	(44.1)	(20.1)	(19.2)	(65.6)	(30.5)	(2.7)	(2.6)	(19.6)	(22.0)	(3.8)	(0.2)	35.9
50～99人	100.0	45.2	(26.2)	(14.1)	(21.1)	(51.2)	(42.1)	(16.4)	(20.3)	(61.4)	(19.4)	(3.2)	(3.2)	(14.6)	(17.2)	(3.4)	(0.3)	54.8
30～49人	100.0	36.8	(18.2)	(10.6)	(17.0)	(44.4)	(30.0)	(10.8)	(18.7)	(55.8)	(19.1)	(3.4)	(1.7)	(21.2)	(19.4)	(6.2)	(0.3)	63.2
10～29人	100.0	29.2	(13.1)	(13.7)	(17.8)	(49.6)	(31.8)	(9.6)	(21.0)	(58.2)	(14.6)	(4.7)	(1.1)	(14.0)	(20.5)	(9.1)	(-)	70.8
(メンタルヘルスケアのための専門スタッフ)																		
専門スタッフ有	...	...	(28.3)	(23.9)	(31.1)	(52.7)	(40.1)	(18.5)	(19.1)	(69.3)	(25.3)	(5.5)	(2.7)	(22.0)	(26.8)	(4.9)	(0.1)	...
専門スタッフ無	...	...	(6.0)	(2.9)	(6.7)	(45.7)	(28.5)	(5.3)	(22.0)	(48.4)	(10.0)	(2.8)	(0.6)	(9.1)	(13.4)	(10.3)	(0.1)	...
平成14年	100.0	23.5	(...)	(...)	(...)	(...)	(...)	(...)	(...)	(...)	(...)	(...)	(...)	(...)	(...)	(...)	(...)	76.5

注：取組内容は、平成14年調査と大幅に変わっていることから比較できない。
（厚生労働省平成19年労働者健康状況調査）

が多い。大企業は契約をしたEAPと連携をとりながら、リスクを回避することもできるかもしれないが、中小企業においては、メンタルヘルス対策への戸惑いや抵抗があるようだ。

(2) 具体的な取り組み

㈳日本産業カウンセラー協会四国支部・田中事務局長が、四国における産業カウンセラーの活動についてお話された記事を紹介する。

> （前略）（産業カウンセラーは）四国全体では723人（平成20年3月末現在）。全員が協会が認定する産業カウンセラーの有資格者である。主婦や定年退職者、教師や医療従事者など年代も動機もさまざま。養成講座やセミナー開催、電話相談など協会の活動は広がり、2008年2月までの1年間では企業とのカウンセリング契約などで前年の2倍以上の73人を派遣した。（中略）産業カウンセラーが行うサポートは、まず相談者の話に耳を傾けること。話すことで心を整理し、自分で問題解決する糸口を見つけ出す。管理職が部下の話をもっと聞く姿勢をもてば、職場のコミュニケーションや人間関係が変わり、心の問題の改善につながると思う。
> 〈2008年（平成20年）4月7日付け愛媛新聞〉

前述した心の健康対策（メンタルヘルスケア）に取り組んでいる事業所のうち、心の健康対策の取り組み内容（複数回答）をみると、「労働者からの相談対応の体制整備」(59.3％) が最も高く、次いで「労働者への教育研修・情報提供」(49.3％)、「管理監督者への教育研修・情報提供」(34.5％) の順になっている。

「心の健康対策の効果があると思う」と回答した事業所は67.0％（前回61.3％）であるが、メンタルヘルスケアに取り組んでいない事業所において、「今後取り組む予定はある」は4.4％であり、「取り組む予定はない」が51.9％、「検討中」が42.8％となっており、事業所の規模が小さいほどその傾向にある。

そんな中小企業であっても、奮闘している産業カウンセラーも少なくない。ここでは、その取り組みの一部を紹介する。

> - 上層部が職場におけるカウンセリングの必要性を理解し、積極的に推進していくためにもカウンセリングの啓蒙が欠かせない役割の1つと考えて活動している。
> - 取締役自ら、産業カウンセラーの資格を取得し、労働者への声かけを実践している。
> - 何でも相談できる学校の保健室のような雰囲気を大切にしている。
> - 相談室で相談者を待っているだけでなく職場に出て行く。
> - 相談室がなくても、お昼休みのちょっとした時間に家庭の問題、職場の問題で悩んでいる労働者の話を聴くことを重視している。
> - 事業所で行われるレクリエーション等に進んで参加し、従業員とコミュニケーションをとりながら、「産業カウンセラーは身近な存在」とアピールしている。

「労働者健康状況調査」の労働者調査では、仕事や職業生活に関する強い不安、悩み、ストレスが「ある」とする労働者の割合は58.0%（前回61.5%）となっている。

「相談できる人がいる」とする労働者の割合は89.7%となっており、具体的な相談相手（複数回答）としては「家族・友人」（85.6%）が最も高い。残念ながらカウンセラー等は1.5%である。しかし、「相談できる人がいない」と答えている人は8.8%で、10.8%の男性が職場においても相談できない状態にいるのである。

悩める相談者のためにも身近な「相談室」であるような産業カウンセラーも大切である。

（吉田　直子）

〔参考文献・資料一覧〕
- 『産業カウンセラー養成講座テキスト（2004年版）』㈳日本産業カウンセラー協会
- 國分康孝監修『現代カウンセリング事典』2001年、金子書房

第2章 事前の予防策～心の病を防ぐ諸対策

- 『産業カウンセラーのすべてがわかる本』2003年、法学書院
- 事業案内「relations 心を結び人を育てる」㈳日本産業カウンセラー協会
- 渡辺三枝子『カウンセリング心理学』1996年、ナカニシヤ出版
- 松渓一言他『産業カウンセリング入門』1995年、日本文化科学社
- 古屋健治『カウンセリング』1971年、文教書院
- 『職場における心身両面にわたる健康づくり』厚生労働省、中央労働災害防止協会
- 『労働衛生のハンドブック（2007年度版）』独立行政法人　労働者健康福祉機構
- 江口毅編著（ジャパンEAPシステムズ）『管理職のためのこころマネジメント』労務行政
- リレーション vol.3（2007年5月号）、㈳日本産業カウンセラー協会、（有限責任中間法人）産業カウンセリングサポートセンター
- 機関誌「産業カウンセリング」No.247、2008年、㈳日本産業カウンセラー協会
- 機関誌「産業カウンセリング」No.251、2008年、㈳日本産業カウンセラー協会
- 機関誌「産業カウンセリング」No.252、2008年、㈳日本産業カウンセラー協会
- 「心の健康　職場復帰支援手引き」中央労働災害防止協会
- 「心理相談専門研修テキスト」中央労働災害防止協会
- 「THP指導者養成専門研修　健康確保総論」中央労働災害防止協会
- 「心の健康づくり事例集」厚生労働省、中央労働災害防止協会
- 「労働者の健康を守るために」厚生労働省
- 平成19年労働者健康状況調査　厚生労働省
- ㈳日本産業カウンセラー HP
- NHKテレビテキスト『資格はばたく産業カウンセラー』NHK出版

第7節　個人情報に関する留意点

Ⅰ　健康情報について事業者が講ずべき措置

　事業者は、社員に対して安全配慮義務を負っている。この安全配慮義務を怠り、たとえば社員がうつ病に罹患して自殺した場合は、多額の損害賠償を支払わなければならないリスクがある。
　したがって、事業者としては、社員の健康状態を把握して、必要に応じて勤務条件の変更等、適切な対応を行う必要がある。
　しかしながら、こうした健康状態を把握するためには、社員の健康情報を取得する必要がある。この健康情報については、個人情報保護の観点から、取得に際しては、慎重な対応が必要である。

Ⅱ　厚生労働省通達の考え方

1　健康情報と個人情報

　以下は、厚生労働省の健康情報の定義（雇用管理に関する個人情報のうち健康情報を取り扱うにあたっての留意事項〔平成24年厚生労働省告示第357号における雇用管理分野における個人情報保護に関するガイドラインの措置の実施等に加えて事業者が留意すべき事項を定めたもの〕）について、概要をまとめたものである。

> 1．健康情報
> 　ガイドラインに定める雇用管理に関する個人情報のうち、健康診断の結果、病歴、その他の健康に関するものをいう。なお、健康情報に該当するものの例

として、次に掲げるものが挙げられる。
(1) 産業医が労働者の健康管理等を通じて得た情報
(2) 労働安全衛生法に基づき、事業者が作業環境測定の結果の評価に基づいて、労働者の健康を保持するため必要があると認めたときに実施した健康診断の結果
(3) 事業者が実施した健康診断の結果並びに労働者から提出された健康診断の結果
(4) 事業者が医師等から聴取した意見及び事業者が講じた健康診断実施後の措置の内容
(5) 事業者が実施した保健指導の内容
(6) 健康保持増進措置（THP）を通じて事業者が取得した健康測定の結果、健康指導の内容等
(7) 労働者災害補償保険法の規定に基づき、労働者から提出された二次健康診断の結果
(8) 健康保険組合等が実施した健康診断等の事業を通じて事業者が取得した情報
(9) 受診記録、診断名等の療養の給付に関する情報
(10) 事業者が医療機関から取得した診断書等の診療に関する情報
(11) 労働者から欠勤の際に提出された疾病に関する情報
(12) (1)から(11)までに掲げるもののほか、任意に労働者等から提供された本人の病歴、健康診断の結果、その他の健康に関する情報

以上のように、健康診断結果等のさまざまな健康情報は、個人情報の保護に関する法律（以下、「個人情報保護法」という）で保護される個人情報といえる。

2　メンタルヘルスに関する健康情報の医療機関からの取得

以下は、同通達における健康情報の第三者提供に関する概要を示している。

第3　健康情報の取扱いについて事業者が留意すべき事項

第 7 節　個人情報に関する留意点

1　法第16条及び法第23条第1項に規定する本人の同意に関する事項（ガイドライン第7の12及び4関係）
(1)　事業者が、労働者から提出された診断書の内容以外の情報について医療機関から健康情報を収集する必要がある場合、事業者から求められた情報を医療機関が提供することは、法第23条の第三者提供に該当するため、医療機関は労働者から同意を得る必要がある。この場合においても、事業者は、あらかじめこれらの情報を取得する目的を労働者に明らかにして承諾を得るとともに、必要に応じ、これらの情報は労働者本人から提出を受けることが望ましい。
(2)　安衛法第66条第1項から第4項までの規定に基づく健康診断については、同条において事業者は「医師（同条第3項の歯科医師を含む。以下、この項において同じ。）による健康診断」を行わなければならないとされている。事業者は、健康診断の実施に当たって、医療機関に健康診断の実施を委託することにより当該医療機関の医師に労働者の健康診断を実施させる場合がある。その際、事業者は、健康診断の実施に必要な労働者の個人データを医療機関に提供する。また、安衛法第66条の3、第66条の4及び第66条の6の規定において、事業者は、健康診断の結果の記録、当該結果に係る医師等からの意見聴取、当該結果の労働者に対する通知が義務付けられている。事業者がこれらの義務を遂行するためには、健康診断の結果が医療機関から事業者に報告（提供）されなければならない。これらのことから、事業者が医療機関にこれらの健康診断を委託するために必要な労働者の個人データを医療機関に提供し、また、医療機関が委託元である事業者に対して労働者の健康診断の結果を報告（提供）することは、それぞれ安衛法に基づく事業者の健康診断実施義務を遂行する行為であり、法第23条第1項第1号の「法令に基づく場合」に該当し、本人の同意を得なくても第三者提供の制限は受けない。
(3)　また、事業者が、健康保険組合等に対して労働者の健康情報の提供を求める場合、事業者と健康保険組合等とは、異なる主体であることから、法第23条の第三者提供に該当するため、健康保険組合等は労働者（被保険者）の同意を得る必要がある。この場合においても、事業者は、あらかじめこれらの情報を取得する目的を労働者に明らかにして承諾を得るとともに、必要に応じ、これらの情報は労働者本人から提出を受けることが望ま

> しい。
> 　ただし、事業者が健康保険組合等と共同で健康診断を実施する場合等において、法第23条第4項第3号の要件を満たしている場合は、当該共同利用者は第三者に該当しないため、当該労働者の同意を得る必要はない。

　以上のように、医療機関にとっては、事業者は第三者に当たるので、医療機関が勝手に事業者へ健康診断結果等の健康情報を提供することはできないのが原則である。

　社内の産業保健スタッフが、社員に対して医療機関を紹介し、社員がメンタルヘルスに関する健康診断を受診する際に、その健康診断結果について事業者が取得する場合もあるであろう。

　その場合においても、社員の安全配慮の観点から、本人から同意を得て健康診断結果を取得して、対応することが適切である。

　また、労働安全衛生法に基づく健診（例：定期健康診断）については、上記の記述のとおり、個人情報保護法23条1項1号で「法令に基づく場合」は本人の同意なく第三者提供可能としていることから、事前に本人の同意がなくても健康診断結果について医療機関から取得することができると考える。

　この点、平成16年12月24日付けの厚生労働省「医療・介護関係事業者における個人情報の適切な取扱いのためのガイドライン」においても、「医療機関等が、労働安全衛生法第66条、健康保険法第150条、国民健康保険法第82条又は老人保健法第20条により、事業者、保険者又は市町村が行う健康診断等を受託した場合、その結果である労働者等の個人データを委託元である当該事業者、保険者又は市町村に対して提供することについて、本人の同意が得られていると考えられる」との記述がある。

3　メンタルヘルスに関する健康情報の主治医や家族からの取得

　厚生労働省による「労働者の心の健康の保持増進のための指針」（平成18

年3月31日基発第0331001号）によれば、「メンタルヘルスケアを推進するに当たって、労働者の個人情報を主治医等の医療職や家族から取得する際には、事業者はあらかじめこれらの情報を取得する目的を労働者に明らかにして承諾を得るとともに、これらの情報は労働者本人から提出を受けることが望ましい」としている。

事業者としては、社員の安全配慮を進めるうえでは、社員の健康情報を的確に把握しなければならない。こうしたことから、個人情報であることに配慮して、社員から同意を得て適切に取得することが重要となる。

Ⅲ　社員のメンタルヘルス対策における留意事項

事業場内産業保健スタッフが、社員からメンタルヘルスに関する相談を受ける場合の留意点について説明する。

1　第三者提供

まず、相談の場で取得した個人情報を同一事業場内で取り扱う場合については、第三者提供には該当しないことになる。

そして、個人情報について過剰に保護しすぎることは、社員の健康管理に悪影響を及ぼすことにもなりかねない。

また、個人情報保護法では、「人の生命、身体又は財産の保護のために必要がある場合であって、本人の同意を得ることが困難であるとき」については、第三者提供の義務について適用しない旨を規定している（個人情報保護法23条1項2号）。

したがって、メンタルヘルスに関する情報は、社員の安全の確保等緊急かつ重要な事態が発生した場合は、躊躇することなく積極的に利用することが重要になる。

2 慎重な取り扱いが重要

　ただ、メンタルヘルスに関する情報は慎重に取り扱うことも同時に重要である。以下に示すのは、厚生労働省による「労働者の健康情報の保護に関する検討会」の報告書の一部抜粋である。

> 　メンタルヘルスに関する健康情報のうち、精神疾患を示す病名は誤解や偏見を招きやすいことから、特に、慎重な取扱いが必要である。
> 　また、周囲の「気付き情報」の場合、当該提供者にとっても個人情報であり、当該提供者との信頼関係を維持する上でも慎重な取扱いが必要となる。
> 　メンタルヘルスに関する情報の取扱い方が不適切であると本人、主治医、家族などからの信頼を失い、健康管理を担当する者が必要な情報を得ることができなくなるおそれがある。
> 　したがって、メンタルヘルスに関する健康情報の収集や利用等その取扱いについては、産業医等がその健康情報の内容を判断し、必要に応じて、事業場外の精神科医や主治医等とともに検討することが重要である。
> 　なお、メンタルヘルス不調の者への対応にあたって、職場では上司や同僚の理解と協力が必要であるため、産業医・産業看護職・衛生管理者等の産業保健スタッフは、本人の同意を得て、上司やその職場に適切な範囲で情報を提供し、その職場の協力を要請することも必要であると考えられる。

　以上のように、メンタルヘルス情報の取り扱いを誤ると、実際に悩んでいる社員のみならず、情報を提供した社員との人間関係にも亀裂が生じるリスクがある。

　また、ライン、事業場内産業保健スタッフ、事業場外資源が連携してメンタルヘルス対策を行う際には、本人の同意を得る等適切かつ慎重に対応する必要がある。

3 不必要な情報は収集しない

　不必要な情報を収集しないことも重要である。たとえば、病名については、「ラベリング」というようにレッテルを貼る行為につながりやすく、誤

解や偏見を招きやすい面がある。このため、病名を記さない形で情報管理を行うことが望ましい。

こうしたことから、実際に面談を行うときに面談記録を作成する場合は、なるべく病名を記載しないことがよいと考える。

Ⅳ　個人情報保護に関する事例

以下に示すのは、個人情報に関して不適切な事例である。

> ある管理職は、自分の部下から相談を受ける際には、退社後にお酒を飲みながら、どんなことでも話を聞くという姿勢で対応している。しかし、その部下の相談内容が、部下の同意を得ることなく、いつの間にか、人事部の人事担当者に伝わっていることがわかり、トラブルになってしまった。

これは、管理者が秘密を人事部に漏らしたことで部下の信頼をなくしたケースである。

この場合に重要なことは、次の2点である。

第1に、上司が自分の立場を明確にして、部下に納得してもらうことである。すなわち、上司は、部下のよき相談相手である必要があり、それがよりよい職場風土の形成に寄与するものと思われる。ただ、管理者は、部下の安全面についても責任を負っていることを同時に自覚しなくてはならない。したがって、相談内容によっては、人事部に相談しながら適切に対応することも必要になる。相談を受ける際には、「相談内容によっては人事部に相談する場合があるかもしれない。しかし、どうしても秘密にしてほしいという内容は他言しない」と説明するべきである。

第2に、重要なことは、相談内容を人事部に話すことを本人が拒否しても、内容によっては人事部に伝えることを説得して同意を得る努力をすることである。先述のように部下が、人事部に伝えることを拒否した場合は、基本的に秘密にしなければならない。しかし、相談内容によっては人事部等の

ようにメンタルヘルス問題について知見がある部署へ相談することが適切な場合がある。そのようなときには、「この問題は管理者である私1人では対応することはできない。この点は、人事部にも相談して、より良い方向で対策を検討したいのが、どうだろうか」と説明して、本人の同意を得る努力をすることが重要である。

V　個人情報保護に関する規定

以下に示すのは、健康情報に関する取り扱いに関する規定例である。参考にしていただきたい。

1　個人情報取得に関する同意

（個人情報取得に関する同意）
第○条　会社は、社員に関する下記の個人情報について、各項記載の利用目的のため、取得・利用することができ、社員はその取得と利用につき必要な情報提供・同意とその他の諸手続に協力するものとする。

区分	内容	利用目的
身体・健康情報	健康状態、傷病歴、健康診断記録、メンタルヘルス、障害	健康的な就業状態の確保、労働者による適正な健康管理及びこれに伴う業務の軽減措置、休職、復職等の適切な人事措置を行なうため

この規定では、会社が個人情報について、利用目的を達成するために、身体・健康情報を取得・利用することができる旨を記載している。なお、ここでは、「身体・健康情報」のみを抜粋したが、これ以外の雇用管理に関する個人情報も区分に加えてもよいであろう。

2　利用目的の個別利用

> （利用目的の個別利用）
> 第○条　第○条の「身体・健康情報」を、従業者の健康管理のため会社が産業医または専門医師等に提供すること。

　会社が必要に応じて、事業場外資源である専門医を通じて健康管理を適切に行う機会を確保するための規定である。

3　主治医からの健康情報の取得

> （主治医からの健康情報の取得）
> 第○条　社員は、社員の健康管理のため合理的必要ある場合、会社が、社員の主治医から、社員の身体・健康情報を、会社の指定する専門医師等を通じて入手することに異議なくこれを承認し、これに協力する。

　場合によっては、主治医の情報も会社が入手することで、社員の適切な健康管理につながる可能性もある。

（坂本　直紀）

第3章 事後の対応策〜社員が心の病を発症したら

第1節 社員が精神疾患にかかったら

Ⅰ 業務上か業務外（私傷病）か

　社員が精神疾患にかかった場合、その原因が、過重労働にあるのか、それとも個人的事情にあるのかは重要なポイントとなる。もちろん、どちらかだけに原因があるとはっきり区分できない場合もあるかもしれない。しかし、過重性があると疑われるような要素があるのであれば、その点の確認が必要となる。というのも、業務上の災害と認められる場合は、次のように、業務外の傷病、すなわち「私傷病」と異なる点があるからである。

Ⅱ 業務災害と私傷病との取り扱いの違い

　社員の疾病が業務災害か私傷病なのかで、法的には主に図表3－1のような取り扱いの違いが出てくる。そのほか、業務災害では民事上の損害賠償請求が認められる可能性が高まる。

〔図表3－1〕

	業務災害	私傷病
①補償	使用者には労働基準法の定める災害補償責任がある。	特に定めなし

	・療養補償（労基法75条） ・休業補償（同法76条） ・障害補償（同法77条） ・遺族補償（同法79条） ・葬祭料（同法80条）など	
②公的保険からの給付	労災保険からの給付 ①の災害補償責任を果たすために、使用者が義務として加入。業務災害にあった場合、原則として、①の災害補償は、労災保険から給付が行われる。たとえば、休業補償給付は、傷病補償年金に切り換わらなければ、要件を満たしている限り、支給される（支給期間の上限なし）。	会社が加入している場合、健康保険、健保組合等からの給付 たとえば、私傷病で休職した場合、健康保険においては、労務不能と判断されれば、傷病手当金（上限：1年6カ月）が支給される。
③解雇	制限がある。 業務上負傷・疾病により、療養のため休職する期間およびその後30日間は、解雇してはならない。ただし、打切補償を支払った場合、または天災事変その他やむを得ない事由のために事業の継続が不可能（行政官庁の認定が必要）となった場合は、制限はない（労基法19条）。ただし、この場合も、客観的に合理的な理由を欠き、社会通念上相当でない解雇は、無効（労働契約法16条）。	特に制限はない。 ただし、客観的に合理的な理由を欠き、社会通念上相当でない解雇は、無効（労働契約法16条）。

Ⅲ 業務災害に当たるかのポイント

発症前6カ月間の長時間労働や業務による強いストレスの有無等がポイントとなる。

特に、長時間労働は、業務上疾病に強い影響を与えると考えられているので、この点の確認が必要である。

長時間労働の有無の判断では、厚生労働省が出している「心理的負荷による精神障害の労災認定基準」(平成23・12・26基発1226第1号。以下、「認定基準」という)が参考となる。

〔図表3－1〕

```
┌─────────────────────────────────────────────┐
│   長時間労働がある場合の評価方法                │
│                                              │
│   長時間労働に従事することも精神障害発病の原因  │
│ となり得ることから、長時間労働を次の3通りの視点 │
│ から評価します。                              │
│                                              │
│ ① 「特別な出来事」としての「極度の長時間労働」(p.5) │
│   発病直前の極めて長い労働時間を評価します。    │
│ 【「強」になる例】                             │
│ ・発病直前の1か月におおむね160時間以上の時間外労働を行った場合 │
│ ・発病直前の3週間におおむね120時間以上の時間外労働を行った場合 │
│                                              │
│ ② 「出来事」としての時間外労働(p.7 具体的出来事16) │
│   発病前の1か月から3か月間の長時間労働を出来事として評価します │
│ 【「強」になる例】                             │
│ ・発病直前の2か月間連続して1月あたりおおむね120時間以上の時間外労働を行った場合 │
│ ・発病直前の3か月間連続して1月あたりおおむね100時間以上の時間外労働を行った場合 │
│                                              │
│ ③ 他の出来事と関連した長時間労働              │
│     (p.5 恒常的長時間労働が認められる場合の総合評価) │
│   出来事が発生した前や後に恒常的長時間労働(月100時間程度の時間外労働)があった場合、心理的負荷の強度を修正する要素として評価します。 │
│ 【「強」になる例】                             │
│ ・転勤して新たな業務に従事し、その後月100時間程度の時間外労働を行った場合 │
│                                              │
│ ┌──────────────────────────────────────┐ │
│ │上記の時間外労働時間数は目安であり、この基準に至らない場合でも、心理的負荷を │ │
│ │「強」と判断することがあります。                │ │
│ └──────────────────────────────────────┘ │
│                                              │
│   ※ ここでの「時間外労働」は、週40時間を超える労働時間をいいます。 │
└─────────────────────────────────────────────┘
```

(出所：厚生労働省「精神障害の労災認定」パンフレット)

実際に、厚生労働省が発表している「平成23年度『脳・心臓疾患と精神障害の労災補償状況』まとめ」のうち、精神障害等で支給決定された事案を、1カ月平均の時間外労働時間数別の件数をみると、図表3－3のようになっている。

〔図表3－3〕
精神障害で支給決定された事案
（1カ月平均の時間外労働時間数別）

(件)

区分＼年度	平成22年度	うち自殺	平成23年度	うち自殺
20時間未満	56	5	63	4
20時間以上～40時間未満	13	1	19	2
40時間以上～60時間未満	18	6	15	4
60時間以上～80時間未満	11	6	15	4
80時間以上～100時間未満	27	8	29	9
100時間以上～120時間未満	43	14	38	15
120時間以上～140時間未満	25	9	28	9
140時間以上～160時間未満	12	2	8	5
160時間以上	20	6	21	7
その他	83	8	89	7
合計	308	65	325	66

(注) その他の件数は、出来事による心理的負荷が極度であると認められる事案等、時間外労働時間数に関係なく業務上と判断した事案の件数である。
(出所：厚生労働省「平成23年度『脳・心臓疾患と精神障害の労災補償状況』まとめ」)

平成23年度をみると、「その他」以外では、20時間未満が最も支給決定件数が多いが、次いで100時間以上～120時間未満、80時間以上～100時間未満、120時間以上～140時間未満、160時間以上と、時間外労働時間数が多いケースにおいて、支給決定されている。80時間以上が1つの要注意点といえる。

ただし、精神障害等の労災認定においては、業務による強いストレスがある場合は、時間外労働時間数がそれほど多くないケースでも、支給決定され

ることがある。

　業務による強いストレスについては、認定基準に具体的に示されている。たとえば、職場でのストレスの原因となる出来事として、自分の昇格（進）、仕事内容（量）の変化、重大な仕事上のミスなどがあげられる。このような出来事があり、強い業務ストレスが認められる場合は、労災認定される可能性が高くなる（詳細は第2章第1節参照）。

　上記まとめによると、平成23年度、精神障害等による労災請求をした人が、過去最多を更新し、1272件に上った。労災と認定された件数も、325件と過去最多になった。

　増加している原因の1つとして、「心理的負荷による精神障害等に係る業務上外の判断指針」（平成11・9・14基発第544号）が改正されたことが考えられる（平成21・4・6日基発第0406001号）。上記改正では、対人関係のトラブルについて「ひどい嫌がらせ、いじめ、又は暴行を受けた」といった項目を設け、基準が拡大された。認定された325件のうち、事故や災害の体験によるものを別として、発症の原因を多い順に見ると、以下のとおりである。

① 仕事内容・仕事量の大きな変化を生じさせる出来事があった：52件
② ひどい嫌がらせ、いじめ、または暴行を受けた：40件
③ 上司とのトラブルがあった：16件

　上記②③のように、対人関係のトラブルに関するものが増加の傾向にある。ただし、内訳をみると、②の原因によるものは、決定件数69件中、支給決定件数が40件と6割近くが労災決定されているのに対し、③の原因によるものは、決定件数202件中、支給決定件数16件と1割に届かない。対人関係のトラブルといっても、その程度や態様によって、認定状況が異なるということがうかがえる。

　請求件数の増加には、情報の入手のしやすさや、個人の権利意識の高まりなどもあげられると考える。支給決定件数も増加しており、企業としては、リスク対策が求められる（図表3－4参照）。特に、対人関係については、過

度に委縮すべきではないが、適切な指導、管理が必要といえる。

　また、認定基準には、長時間労働の基準が明記されており（認定基準第2・2(4)）今後、ますます労災請求や認定件数が増えていくことが予想される。

第3章 事後の対応策～社員が心の病を発症したら

〔図表3－4〕
精神障害の出来事別決定および支給決定件数一覧

出来事の類型	具体的な出来事	平成22年度 決定件数	うち自殺	平成22年度 うち支給決定件数	うち自殺	平成23年度 決定件数	うち自殺	平成23年度 うち支給決定件数	うち自殺
1 事故や災害の体験	(重度の)病気やケガをした	66	4	16	2	77	5	18	1
	悲惨な事故や災害の体験、目撃をした	75	2	32	0	93	0	48	0
2 仕事の失敗、過重な責任の発生等	業務に関連し、重大な人身事故、重大事故を起こした	9	2	3	1	9	1	4	1
	会社の経営に影響するなどの重大な仕事上のミスをした	19	7	4	4	8	5	2	2
	会社で起きた事故、事件について、責任を問われた	22	5	6	3	10	3	2	1
	自分の関係する仕事で多額の損失等が生じた	8	5	6	4	5	1	1	0
	業務に関連し、違法行為を強要された	5	0	2	0	4	0	0	0
	達成困難なノルマが課された	10	3	6	3	10	5	6	4
	ノルマが達成できなかった	10	4	2	1	13	5	4	2
	新規事業の担当になった、会社の建て直しの担当になった	9	1	4	0	11	4	8	1
	顧客や取引先から無理な注文を受けた	4	0	1	0	7	1	4	1
	顧客や取引先からクレームを受けた	28	7	10	6	26	7	6	2
	大きな説明会や公式の場での発表を強いられた	2	1	0	0	1	0	1	0
	上司が不在になることにより、その代行を任された	1	0	0	0	0	0	0	0
3 仕事の量・質	仕事内容・仕事量の(大きな)変化を生じさせる出来事があった	153	38	66	18	134	43	52	24
	1か月に80時間以上の時間外労働を行った 注2	-	-	-	-	6	2	3	0
	2週間以上にわたって連続勤務を行った 注2	-	-	-	-	2	1	1	0
	勤務形態に変化があった	3	1	1	1	4	0	0	0
	仕事のペース、活動の変化があった	7	1	0	0	5	4	0	0
4 役割・地位の変化等	退職を強要された	26	3	10	2	23	1	5	0
	配置転換があった	37	10	5	3	52	11	11	4
	転勤をした	30	10	5	1	37	9	8	3
	複数名で担当していた業務を1人で担当するようになった	15	2	9	2	7	3	1	1
	非正規社員であるとの理由等により、仕事上の差別、不利益取扱いを受けた	11	1	2	0	5	1	1	0
	自分の昇格・昇進があった	13	3	3	1	12	5	2	1
	部下が減った	2	1	0	0	1	0	0	0
	早期退職制度の対象となった	1	0	0	0	0	0	0	0
	非正規社員である自分の契約満了が迫った 注2	-	-	-	-	1	0	0	0
5 対人関係	(ひどい)嫌がらせ、いじめ、又は暴行を受けた	58	7	39	5	69	5	40	3
	上司とのトラブルがあった	187	19	17	2	202	13	16	4
	同僚とのトラブルがあった	34	3	0	0	35	4	2	0
	部下とのトラブルがあった	6	1	1	0	3	1	2	1
	理解してくれていた人の異動があった	1	0	0	0	0	0	0	0
	上司が替わった	6	0	0	0	7	1	0	0
	同僚等の昇進・昇格があり、昇進で先を越された	2	0	0	0	1	0	0	0
5 セクシュアルハラスメント	セクシュアルハラスメントを受けた	27	0	8	0	17	1	6	1
6 特別な出来事 注3		50	5	50	5	70	9	70	9
7 その他 注4		124	24	0	0	102	23	0	0
合計		1061	170	308	65	1074	176	325	66

注1 「具体的な出来事」は、平成23年12月26日付け基発第1226号1号「心理的負荷による精神障害の認定基準について」(以下「認定基準」という。)別表1による。
　　認定基準が策定される前に決定した事案については、別表1の対応する出来事に対応している。
　2 注2は認定基準により新設された項目であり、平成23年12月26日以降に決定した事案の件数である。
　3 「特別な出来事」は、心理的負荷が極度のもの等の件数である。
　4 「その他」は、評価の対象となる出来事が認められなかったもの等の件数である。
(出所：厚生労働省「平成23年度『脳・心臓疾患と精神障害の労災補償状況』まとめ」)

Ⅳ　労災申請手続

　業務災害の可能性がある場合は、労災保険給付等の申請手続が行われる。
　労災申請手続は、原則として、被災労働者や被災労働者の遺族等が行うものである。具体的には、被災労働者等が休業補償給付等の労災保険給付の請求（労災保険法12条の8第2項）を労働基準監督署長に対して行うことになる。その際、被災労働者等は労災保険給付等の請求書に必要事項を記入して労働基準監督署に提出する。請求書の用紙は労基署で入手できる。
　事業主は、労災保険給付等の請求書において、①負傷または発病の年月日、②災害の原因および発生状況等の証明をしなくてはならない（労災保険法施行規則12条の2第2項等）。しかし、事業主は、業務と死亡との因果関係の有無を判断できないので、事故証明の記載も困難である。このような場合は、労基署に相談をするか、会社は原因が判断できないため、労基署にて判断をお願いするとの趣旨を記載するという方法があると考える。
　または、「災害の原因及び発生状況について、当社の認識している状況とは相違致しますので署名押印できない」との理由書を提出するという方法もある。
　そして、労基署が判断できるだけの必要資料を速やかに提出する。病気の原因が、業務のせいではないと考え、対応をおろそかにする事業主もあるが、対応が悪ければ、被災労働者や遺族の心情を逆なでしたり、これを見ている他の社員との信頼関係にもひびが入りかねない。事業主には、誠実な対応が望まれる。

Ⅴ　精神疾患発症時の手続

　労災申請手続は、多くの場合、時間を要する。このような場合は、いった

んは私傷病で処理し、労基署の判断が出れば、業務上災害での処理に切り替える方法もある。

なお、過重性がない場合は、私傷病として処理することとなる。

（深津　伸子）

第2節　私傷病による業務軽減措置

I　不完全な労務提供を受領する必要があるか

　労働契約法6条は、「労働契約は、労働者が使用者に使用されて労働し、使用者がこれに対して賃金を支払うことについて、労働者及び使用者が合意することによって成立する」と定めている。つまり、労働契約の主たる内容は、労働すること（労務の提供）とこれに対する賃金（報酬）の支払いである。

　労働者は労働契約を締結することにより労務提供義務を負うことになるが、この労務提供義務は労働契約上の通常の勤務時間、通常の勤務に従事することを前提とするものである。たとえば、体調が悪いため通常の勤務時間のうち半日しか仕事ができないという場合には、「債務の本旨」（民法415条）に従った履行とはいえず、不完全履行として使用者はそのような形の労務提供の受領を拒否できる。

　よって、労働者がメンタルヘルス問題で、通常の勤務ができないと認められる場合は、使用者は労務提供を拒否してもよいともいえる。

II　片山組事件の影響

　片山組事件（最判平成10・4・9労判736号15頁）は、建築工事現場で長年にわたり現場監督業務に従事してきた労働者が、バセドウ病のため現場作業に従事できないと申し出たところ、会社が「自宅治療命令」を発し、復帰までの4カ月間を欠勤扱いとして、賃金等を支給しなかったため、労働者がこの業務命令を無効として、賃金等の支払いを請求した事件である。判決は、

労務提供に関して、次のように述べている。

> 片山組事件（最判平成10・4・9労判736号15頁）
> ① 社員が、職種や業務内容を特定せずに労働契約を締結した場合において、
> ② 現に就業を命じられた特定の業務について労務の提供が十全にできないとしても、
> ③ 「他の業務」について労務の提供することができ、
> （この場合の「他の業務」とは、能力・経験・地位、企業の規模・業種・社員の配置, 異動の実情・難易等に照らして、社員が配置される現実的可能性があると認められるもの）
> かつ、
> ④ その提供を申し出ているならば、
> ⇒なお債務の本旨に従った履行の提供があると解するのが相当である。

つまり、業務の限定なく採用し、配転可能な部署をもつある程度の規模の企業においては、社員が他の業務での労務提供を求める以上、不完全な労務提供でも受領しなければならない可能性が生じてきた。この点で、片山組事件は、実務に影響ある判例といえる。

Ⅲ　労働安全衛生法の増悪防止措置

　労働安全衛生法（以下、「安衛法」という）は、健康診断の結果、健診項目に異常が認められた労働者について、医師の意見を聴取して、必要があると認められるときは、就業場所の変更、作業の転換、労働時間の短縮、深夜業の回数の減少などの増悪防止措置を講じなくてはならないと定めている（安衛法66条の4・66条の5）。さらに、「健康診断結果に基づき事業者が講ずべき措置に関する指針」（以下、「健診後措置指針」という）においても、健診結果について医師等の意見の尊重や健診結果に基づく増悪防止措置を明文化している。

　この安衛法や健診後措置指針の定める増悪防止措置は、単に安衛法上の義

務でなく、現在の裁判例を含めた実務的指針といえる。その内容が、実際の裁判例においても安全配慮義務の一環となっているからである。

Ⅳ 適切な業務軽減措置とは

上記Ⅰに述べたように、原則として、不完全な労務提供は拒否することができる。しかし、片山組事件（前掲最判平成10・4・9）や安衛法の増悪防止措置などを踏まえ、また、優秀な社員の確保や良好な労使関係の維持などの観点から、不完全な労務提供を受領する状況も生ずると考える。すなわち、精神疾患の初期症状がみられたときに、軽減業務での労務提供を受け入れるといった状況である。これは、職務限定契約の有無、労働者の意向、病状、業務内容、企業規模、配転可能性の有無など、具体的状況により検討することとなる。これらの条件が整わない場合、たとえば、配転可能な部署のない中小零細企業等においては、業務軽減措置までは行わず、労務提供を拒否しうるものと考える。

では、具体的に、業務軽減措置はどのように行えばよいのだろうか。これは、精神疾患の原因が、業務にあるか、個人的事情にあるのかで異なる。

原因が業務にあるのなら、業務を調整する必要がある。たとえば、長時間労働により過重負荷がかかっているのなら、業務量の調整を行い、仕事の内容がその労働者にとって重すぎるというのなら、職務を変更する必要がある。ただし、業務の調整することがかえってその社員の自信を喪失させストレスを与えることもあるため、医師の意見を聞きながら行うことがよりよい方法であると考える。

一方、原因が個人的事情にある場合、会社はどのような対応をとればいいのだろうか。会社の安全配慮義務の一環として、管理職が部下の労働時間、労働状況や健康状態を把握することがあげられる。これに従って、管理職が、部下の精神疾患の初期症状を認め、その原因が個人的事情であった場

合、会社はその原因を取り除くまでの配慮は求められない。

　しかし、精神疾患の初期症状を把握しながら、これを放置し、漫然と業務を与え続け、業務によって精神疾患が悪化したことが認められれば、業務災害と認定される可能性がある。公務災害の事例だが、うつ病についての内在的素因（メランコリー親和型性格等）を有する労働者がうつ病を発症して自殺したケースで、裁判所は次のように述べている。

> **地公災基金神戸市支部長〔長田消防署〕事件**（神戸地判平成14・3・22労判827号107頁）
> 　社会通念上、公務の遂行が労働者にとって精神的および肉体的に相当程度負担と認められる程度の過重な負荷に加え、これによって、内在的素因が自然的経過を超えて急激に増悪し、うつ病を発症させたと認められるか否かによって、公務起因性を判断する

　つまり、そもそものうつ病の要因が業務になくとも、業務によってうつ病を悪化させたのなら、業務起因性が認められる可能性があるといえる。したがって、私傷病である精神疾患においても、業務の調整などの配慮が必要となることがある。

　この場合の軽減措置の内容としては、一般に健康といわれる労働者よりも過重な負荷をかけないよう、残業等の制限や業務量を調整するなどの措置をとることとなる。この点、高血圧症を増悪させ、脳幹部出血により死亡した判例が参考となる。

> **システムコンサルタント事件**（東京地判平成10・3・19労判736号54頁、東京高判平成11・7・28労判770号58頁、最決平成12・10・13労判791号6頁）
> 　確かに、労働者の中に高血圧患者が相当な割合で存在していることからすれば、使用者は、すべての高血圧の労働者について、その症状の軽重や、本人の申出の有無、医師の指示の有無にかかわらず、一律に就労制限を行い、他の健康な労働者に比較して就労内容及び時間を軽減すべき義務を負うとまでいうことはできない。

しかし、高血圧は、前記認定のとおり、致命的な疾病である脳出血の最大の原因であり、他にも心筋梗塞や腎疾患などの重篤な合併症の原因になるものである。このことに照らすならば、少なくとも、使用者は、高血圧が要治療状態に至っていることが明らかな労働者については、高血圧に基づく脳出血などの致命的な合併症が発生する蓋然性（ある事柄が起こる確実性）が高いことを考慮し、<u>健康な労働者よりも就労内容及び時間が過重であり、かつ、高血圧を増悪させ、脳出血等の致命的な合併症を発症させる可能性のあるような精神的及び肉体的負担を伴う業務に就かせてはならない義務を負う</u>というべきである。このことは労働者から業務軽減の申出がなされていないことによっても、何ら左右されるものではないというべきである。

　なお、軽減措置の内容については、客観的な医学的所見に基づき、次の健診後措置指針の区分のように、各健康状態に合わせた適切な対応が求められる。また、軽減業務の詳細については、第10節を参照していただきたい。

〔図表3－5〕

就業区分		就業上の措置の内容
区　分	内　容	
通常勤務	通常の勤務でよいもの	
就業制限	勤務に制限を加える必要のあるもの	勤務による負荷を軽減するため、労働時間の短縮、出張の制限、時間外労働の制限、労働負荷の制限、作業の転換、就業場所の変更、深夜業の回数の減少、昼間勤務への転換等の措置を講じる。
要休業	勤務を休む必要のあるもの	療養のため、休暇、休職等により一定期間勤務させない措置を講じる。

（深津　伸子）

第3節　私傷病休職制度

I　私傷病休職制度とは

　労働基準法には、私傷病休職制度についての規定はない。そのため、私傷病にかかった場合の取り扱いは、各企業の就業規則や規程等の定めに従うことになる。そして、このような休職制度は、その目的、機能、合理性、労働者が受ける不利益の内容等を勘案して、裁判所により、就業規則の合理的解釈という手法で法規制されることとなる。

　この私傷病休職制度は、「解雇猶予措置」であるといわれる。すなわち、私傷病休職制度とは、社員との労働契約関係を維持しつつ、労働を免除し、病気・ケガの回復を待つことによって、社員を退職・解雇から保護する制度である。よって、休職期間中に回復し就労可能となれば復職、回復せずに期間満了となれば、退職または解雇となる。

　たとえば、試用期間中の社員にも私傷病休職が適用される規則にしていた場合で、本人に病気回復の見込みがあれば、休職させずいきなり解雇はできない。というのも、就業規則等に規定されていて、職務能力の回復の可能性があるのであれば、解雇猶予措置である休職は社員の権利ともいえるからである。

　私傷病で労働できなければ、本来、相当期間の欠勤により、解雇の合理的事由がある場合もある。しかし、一定期間の療養等をもって復職できるのであれば、優秀な労働者の維持・確保が見込めることとなる。さらに、このような人事施策による労働者の定着性、モチベーション、帰属意識の維持・向上等も意図している。このように、恩恵的な性格を有する側面や、人員調整の余力の問題もあり、私傷病休職制度は、大企業から普及したものと考えら

れる。一方、人材確保の競争の必要のない業界や、人員調整が難しい零細企業には、私傷病休職制度が存在しない例もみられる。

II　問題の所在と適切な規定の必要性

　上述のように、私傷病休職制度は「解雇猶予措置」であり、社員の権利といえる。一方で、私傷病休職期間中は賃金、さらには、退職金や昇給に不利益を及ぼす規定にしている企業も多くみられる。このような休職に付する場合、慎重な対応が必要となってくる。

　たとえば、会社と社員間で、休職の要否について争いがある状況で、会社が社員に対し、医師の診断もなく、不適切に休職命令を発し、賃金不支給の措置をとった場合、休職命令が違法となり無効とされることがある。この場合、社員は理由のない休職命令により休職させられたわけで、本来通常に働けば得られたはずの賃金請求権は失わないことになる。

　このような点で、休職や復職に関し、トラブルが発生しやすい。さらに、最近では精神疾患の増加という背景がある。このような病気の場合、病状を客観的に把握することが困難なことから、手術のために入院を必要とする傷病等と比べて対応が難しい。

　私傷病休職制度を設けている、またはかかる制度導入を検討している企業は、私傷病休職に関する問題点を踏まえ就業規則等に適切な規定をおくことにより、トラブルの未然防止に努めるべきである。

III　企業の休職制度の状況

　それでは、実際の企業における休職制度の現状はどのようになっているのであろうか。少し前の調査であるが、「労働条件の設定・変更と人事処遇に関する実態調査」（独立行政法人労働政策研究・研修機構、2005年5月）が参考

第3章　事後の対応策〜社員が心の病を発症したら

となる。これは、単純無作為に抽出した全国の従業員規模10人以上の企業10,000社を対象とし、2677社の有効回答を得たものである。

1　社員を一定期間休職させる制度や慣行の状況

同調査によると、何らかの休職制度のある企業の割合は、69.3％ということである。

さらに、休職制度の種類では、「病気休職」を設けている企業が、69.1％と最も多い（図表3－6）。

実務的な感覚でも、前述のとおり、特性ある業界や企業、零細企業等を除いて、休職制度を設けているほうが主流であると思われる。

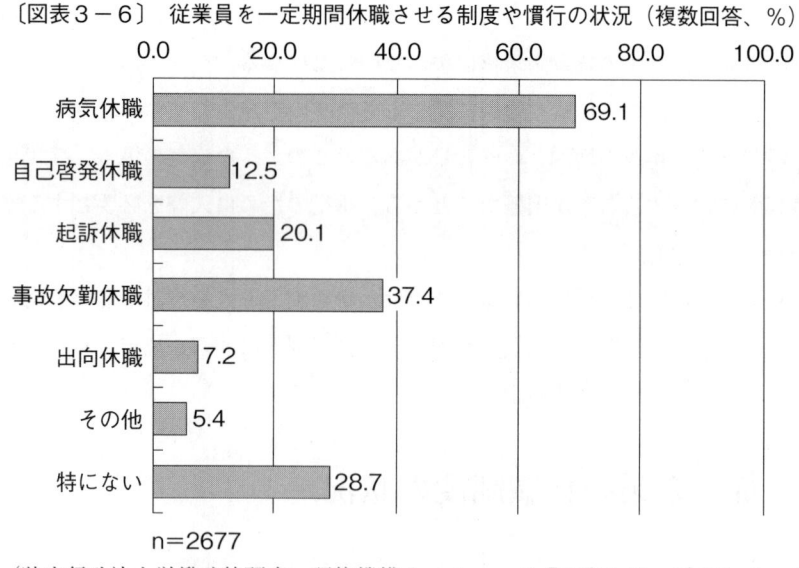

〔図表3－6〕　従業員を一定期間休職させる制度や慣行の状況（複数回答、％）

項目	％
病気休職	69.1
自己啓発休職	12.5
起訴休職	20.1
事故欠勤休職	37.4
出向休職	7.2
その他	5.4
特にない	28.7

n=2677

（独立行政法人労働政策研究・研修機構ホームページ「調査シリーズNO.5　労働条件の設定・変更と人事処遇に関する実態調査」）

2　休職のルールについての規定の形式

　休職制度のある企業のうち、休職のルールをどのような形式で規定しているかについては、「就業規則」が83.3％と最も多い（図表3－7）。

　実務的にも、就業規則によることが多いと感じられるが、その内容については、長期間見直されていないものがよくある。結果、現代的な疾患や問題に合っておらず、反対にトラブルを生む可能性もあるので、注意が必要である。

　そのほか、2番目に多い「慣行」については、あいまいさを残すことが多く、運用に困難を生ずることが多い。できれば、ルールを規定化し、それに従った運用をすることが、トラブルを少なくする1つの方法であると考える。

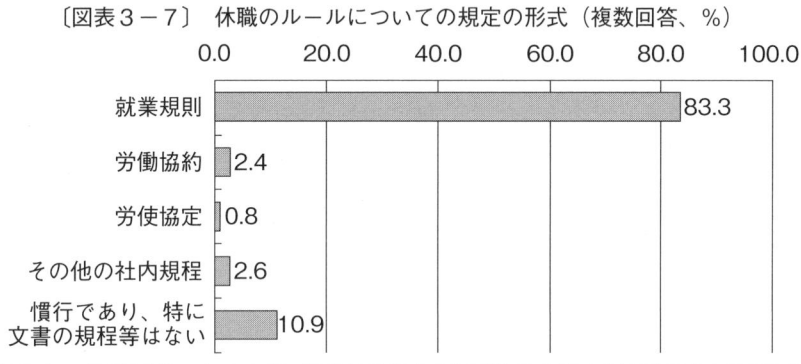

〔図表3－7〕　休職のルールについての規定の形式（複数回答、％）

項目	％
就業規則	83.3
労働協約	2.4
労使協定	0.8
その他の社内規程	2.6
慣行であり、特に文書の規程等はない	10.9

何らかの休職制度のある企業（「病気休職」「自己啓発休職」「起訴休職」「事故欠勤休職」「出向休職」「その他（専従休職等）」）を対象に集計（n＝2378）
（独立行政法人労働政策研究・研修機構ホームページ「調査シリーズNO.5　労働条件の設定・変更と人事処遇に関する実態調査」）

（深津　伸子）

第4節　私傷病休職制度の適用・期間の設定・発令の要件

I　私傷病休職制度の適用範囲

　契約社員やアルバイト、パートなどの非正規社員や試用社員については、私傷病休職制度をどのように考えればよいだろうか。

　私傷病休職制度は、会社の就業規則や規程等の定めに従うことになる。非正規社員への私傷病休職制度に関しても、就業規則等の定めによることとなる。実務で目にするのは、就業規則等を確認した結果、正社員と非正規社員を分けて定めておらず、非正規社員にも私傷病休職が適用される規定となっているものがある。この場合、その非正規社員に病気回復の見込みがあれば、休職させずいきなり解雇することはできない。なぜなら、解雇猶予措置である私傷病休職制度を就業規則等において適用除外にしていない以上、その適用があるからである（ただし、回復の見込みが全くなかったり、退職勧奨に応ずるなどの場合は別である）。

　したがって、非正規社員にも適用する規定にするかは、休職制度の趣旨に照らして、きちんと検討すべきである。

　法律に定めがある点で、休職制度とは異なるが、育児休業、介護休業等育児又は家族介護を行う労働者の福祉に関する法律（以下、「育児・介護休業法」という）を例に考えてみる。同法は育児休業等の制度を定め、この制度を用いることにより、育児をする労働者が退職せずすむようにし、雇用の継続を図るという目的を有する。原則として希望する労働者には育児休業をとらせなければならないが、一定の要件に該当する有期雇用者や所定労働日数が2日以下の労働者等については、育児休業の対象外とできる旨定められている。これは、休業をとらせて雇用の継続を図るという法の趣旨に合わない

からである。

　私傷病休職制度は、労働基準法などに定めのない恩恵的な制度である。また、相当期間の休職を適用してその回復を待ち、復職させることで人材を確保し定着を図るという性格を考えると、有期雇用契約にはなじみにくい。このようなことから、私傷病休職は正社員に適用し、契約社員やアルバイト、パートなど、長期雇用を予定しない社員には適用しないと定めることも1つの方法である。

　試用社員については、次のように考える。現在多くの企業では、3カ月～6カ月程度の試用期間を設けている。試用期間とは、試用期間中の社員の身元調査の補充やその期間中の勤務状態の観察により、会社の職務への適格性を判断し、適性がないとされる場合には、本採用拒否ができる解約権留保付き労働契約と解されている。つまり、試用社員の本採用拒否は、正社員の解雇よりは緩やかに認められている。

　この試用期間中の社員、いわゆる試用社員についても、私傷病休職の適用から除外されていなければ、病気回復の見込みがある限り休職させずいきなり解雇することはできないと考える。しかし、試用期間というのは上述のとおり、職務への適格性を判断する期間であり、この間に精神疾患で欠勤が続くようであれば、職務への適格性を疑わざるを得ない。よって、就業規則等においては、試用社員も私傷病休職制度の適用除外としておくことが望ましい。

　ただし、本採用拒否の具体的内容については、「客観的に合理的な理由」の存在を求め、正社員に対してよりは緩やかとしても、厳しく判断される傾向にある。よって、本採用拒否の事由について、採用時の明示や就業規則に規定しておくことで、トラブルの予防に努めることが賢明である。

　また、適用範囲を定めるにあたっては、不当な差別（男女雇用機会均等法が禁止する性差別や労働組合法が禁止する労働組合への加入等を理由とする不利益取り扱い）に当たらないようにしなければならない。さらに、平成20年4

月に施行された、短時間労働者の雇用権利の改善等に関する法律（以下、「パート労働法」という）の改正への注意も必要である。すなわち、改正パート労働法は、通常の労働者と実質的に異ならない状態にある一定の短時間労働者ついて、賃金の決定、教育訓練の実施、福利厚生施設の利用その他の待遇について差別取り扱いを禁じている。この一定の短時間労働者とは、正社員と、①職務内容が同じ、②人材活用の仕組み、運用が全雇用期間を通じて同じ、そして、③契約期間が実質的に無期契約の労働者のことであり、このような労働者については、休職制度についても差別的取り扱いはしてはならない。

以下に、私傷病休職規程の適用範囲の規定例を紹介しておくので、参考にしていただきたい。

【書式7】 私傷病休職規程および就業規則への定め

私傷病休職規程

（総則）
第〇条　この規程は、業務外の傷病（私傷病）による休職制度について定める。
（本規程の適用範囲）
第〇条　この規程の適用対象は、私傷病を理由とする休職を必要とする正社員を対象とし、第〇条に規定する試用社員及び契約社員、パート、アルバイト等、就業形態が特殊な勤務に従事する者については、適用しない。

就業規則

（試用社員の本採用拒否）
第〇条　試用期間中の者が次の各号のいずれかに該当するときは解雇する。ただし、14日を超える試用期間中の者を解雇するときは、第□条に定める手続を行う。
　一　正当な理由なく遅刻、早退、欠勤したとき
　二　正当な理由なく無断欠勤したとき

三　正当な理由なく上司の指示に従わなかったとき
　四　就業時間中、業務に専念せず、職場を離れたり、私的な行為を行ったとき
　五　必要な業務を習得する能力・技術が劣ると会社が判断したとき
　六　健康状態が悪化し、勤務することが困難なとき
　七　会社への提出書類、面接時に述べた内容が事実と著しく異なることが判明したとき、または、業務遂行に支障となる恐れのある既往症を隠し、それが発覚したとき
　八　その他、前各号に順ずる程度の事由があるとき

Ⅱ　私傷病休職発令の要件

　休職は、労働者との合意によってなされることもあるが、通常は、使用者の発令によって行われるものである。

　私傷病休職においても、会社と社員が話し合って双方納得したうえで行われるのがベストだが、特に精神疾患に関しては、会社が休職を勧めているにもかかわらず、社員がこれに応じないといった例がみられる。そのため、会社が適切に休職を発令できるようにしておく必要がある。では、どのような状況になれば、その発令を行うことができるのであろうか。

　この点についても、会社の就業規則や規程等の定めに従うことになる。たとえば、次のように一定期間の欠勤がなされて、初めて休職発令ができるとする就業規則をよく見かける。

```
（休職）
第○条　会社は、社員が次の各号の一に該当するときは、休職を命ずることがある
　一　業務外の傷病により、欠勤が引き続き○カ月以上に及んだとき
　　……
```

　しかし、精神疾患では、欠勤と出勤を繰り返すことがよくある。このよう

な場合、上記の規定では休職発令がなかなかできない。また、これに休職期間も長期に設定されている場合、両期間を合わせると、相当長期となってしまうこともある。

以上を踏まえ、次のように、欠勤要件を満たさない場合でも、柔軟に会社が休職発令できるような規定例をご紹介する。ただし、実際の私傷病休職の要否については、慎重な対応が必要である。

（休職）
第○条　会社は、社員が次の各号の一に該当するときは、休職を命ずることがある
一　業務外の傷病により、欠勤が○カ月以上に及んだとき、または完全な労務提供ができず相当期間の療養を要すると会社が認めるとき
　　……

Ⅲ　私傷病休職期間の設定

次に、私傷病休職期間の長さはどれくらいが妥当なのであろうか。

勤続年数の長短などで分けず、どの社員にも一律長期の休職期間というのは、あまり適切ではないだろう。というのも、周囲の社員の業務負担が増えモチベーションが下がる、休職中無給にしたとしても社員の社会保険料等が免除にならない、など会社にとって相応の負担がかかる。また、社員の立場からすると、長く勤めスキルもつけて会社に貢献したのに、いざ病気になったら新入社員と同じ扱いでは、士気が下がることもあるであろう。

休職期間については、私見ではあるが、中小企業であれば、1カ月～1年未満程度が可能な範囲内ではないかと思われる。反対に大企業では、休職期間が長く、それ以外に休職期間中も有給にするなど、手厚い制度にしている所がある。これは社員が多く、休職者の業務を代替できるなどの余力があり、また人材確保の必要性があるからだろう。

以上によると、休職期間は、会社の規模、業務の種類などの実状をよく踏まえ、勤続年数などに応じて、設定することをお勧めする。次の規定例は、勤続年数に応じて、期間を定めたものである。

（休職の期間）
第○条　前条による休職の期間は、原則として次の各号のとおりとする。
　　一　前条第1号による場合
　　　　勤務年数3カ月以上1年未満　　　1カ月
　　　　勤務年数1年以上3年未満　　　　3カ月
　　　　勤務年数3年以上5年未満　　　　6カ月
　　　　勤務年数5年以上　　　　　　　　1年

　ちなみに、上述の調査では、病気休職の休職期間の上限について、次のような結果が出ている（図表3-8）。このような調査結果を参考の1つとしてもよいだろう。

　なお、病気休職の休職期間の上限については、「6カ月～1年未満」が22.0%と最も多い。また、規模が大きくなるほど、「1年6カ月～2年未満」や「2年以上」など、上限を長く回答する会社が多くなっている。

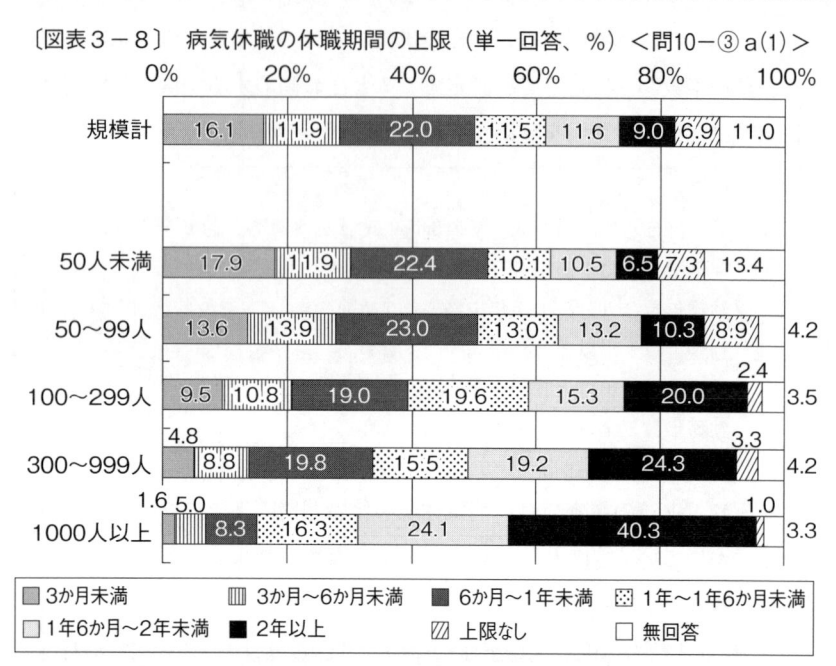

第３章　事後の対応策～社員が心の病を発症したら

〔図表３－８〕　病気休職の休職期間の上限（単一回答、％）＜問10－③a(1)＞

区分	3か月未満	3か月～6か月未満	6か月～1年未満	1年～1年6か月未満	1年6か月～2年未満	2年以上	上限なし	無回答
規模計	16.1	11.9	22.0	11.5	11.6	9.0	6.9	11.0
50人未満	17.9	11.9	22.4	10.1	10.5	6.5	7.3	13.4
50～99人	13.6	13.9	23.0	13.0	13.2	10.3	8.9	4.2
100～299人	9.5	10.8	19.0	19.6	15.3	20.0	2.4	3.5
300～999人	4.8	8.8	19.8	15.5	19.2	24.3	3.3	4.2
1000人以上	1.6	5.0	8.3	16.3	24.1	40.3	1.0	3.3

「病気休職」のある企業を対象に集計（n=2373）
（独立行政法人労働政策研究・研修機構ホームページ「調査シリーズ NO. 5　労働条件の設定・変更と人事処遇に関する実態調査」）

（深津　伸子）

第5節　私傷病休職制度を認めるか否かにあたって注意すべきこと

Ⅰ　まずは合意による休職がベスト

　社員が会社と話をできる状態であれば、会社と社員が話し合って双方納得したうえでの休職が望まれる。というのも、会社が一方的に休職を発令するのでは、会社に対する不信感が芽生え、病気回復への気持が置き去りになったり、病気の悪化を招く事態も起こりかねない。さらには、本人が納得しない休職を迫られる場合は、トラブルの原因ともなる。特に、精神疾患については、会社が休職の判断を行うのに困難が生じることが多いため、社員との合意によることが重要である。

　この場合、主治医の診断書や意見などから、回復の見込みや休職の要否、さらにはその社員に必要な休職の期間や方法などを検討することとなるが、そのためには、主治医、社員と会社側の担当者の三者で面談するなどの機会を設けるのも1つの方法である。そのうえで、必要な休職を適用し、病気回復に努めてもらう。

Ⅱ　周囲の協力を得る場合

1　プライバシー権と個人情報

　精神疾患にかかった社員に対し、受診を勧めたり休職・復職など適切な対応を行うために、周囲の理解や協力を得る必要が生じることがある。しかし、説明もなくみだりに広範囲に情報を流すことは、かえって差別や偏見を助長し、悪影響を及ぼすことになる。さらに、その社員のプライバシーの侵

害という問題も発生する。

　プライバシー権とは、憲法13条を根拠とする人格権の１つであり、プライバシーを侵害した場合は、損害賠償請求される可能性がある。

　一方、個人情報保護法の定める個人情報とは、「生存する個人に関する情報であって、当該情報に含まれる氏名、生年月日その他の記述等により特定の個人を識別することができるもの」（個人情報保護法２条１項）とされている。つまり、情報によって個人が識別できるか否かがポイントであり、プライバシー権と違い、本人を特定できる情報であれば、個人情報に該当し、保護の対象となる。

　そして、この定義に該当するような健康情報も個人情報となり、当然この中にはメンタルヘルスに関する情報（以下、「メンタルヘルス情報」という）も含まれることとなる。

　個人情報保護法では、会社は、原則として、本人の同意なしに社員の個人情報を第三者に開示することができない。よって、会社が本人の同意なく、社員のメンタルヘルス情報を第三者（家族を含む）に開示した場合、個人情報保護法違反となる可能性がある。

　さらに、個人情報保護法に違反した場合は、主務大臣の勧告・命令の対象となり、その命令にも違反すれば、刑罰が科せられることとなる。

　以上を踏まえ、社員のメンタルヘルス情報は、プライバシー権と個人情報保護の双方の観点から慎重に取り扱うことが必要である。そして、第三者への開示については、まずは、本人の同意を得ておくことを原則と考えるべきである。

2　周囲の協力を得る限度

　しかし、本人が周囲の協力を得ることを否定する場合はどうなるのか。

　この点、豊田通商事件（名古屋地判平成９・７・16労判737号70頁）が参考となる。本件は、勤務中、精神の異常を疑わせるような行動（業務命令違反、

暴行)をとって入院し、退院後も無銭飲食、業務命令違反、上司への暴行、業務妨害、湯のみ茶碗を窓ガラスに投げつけるなどの行為をした労働者の普通解雇が認められた例である。

　裁判所は、家族や親族への連絡について、次のように見解を述べている。「職場において分裂病が疑われる者がいる時、原則として、家族ないし保護者に連絡し、職場での異常行動などについて、精神衛生的立場から充分に説明し、家族ないし保護者の者が責任をもって病者を専門医に受診させるようにすることが最も適切な処置であると思う」との記載があり、治療を受けさせるために家族等に依頼することは適切な行動であると認められる。

　また、個人情報保護法では、本人の同意なく個人情報を第三者に開示できる場合として、法令に基づく場合等のほか、「人の生命、身体または財産の保護のために必要がある場合で、本人の同意を得ることが困難であるとき」をあげている（個人情報保護法23条1項）。

　このことからすると、メンタルヘルス情報も、例外的に本人の同意なく、家族や親族に通知することができる場合があると考えられる。しかし、健康情報は、センシティブなものであり、住所や電話番号より、機密性・重要性が求められ、慎重な対応が求められる。よって、例外を認めるのはそれを行う必要性が認められる場合で、かつ合理的な範囲内とするべきであろう。

　そして、この場合の家族・親族の範囲については、注意すべきである。同居の直近の家族や親族、すなわち配偶者、配偶者がいなければ親か子どもといったように、最も近い関係の人とすることが適切である。

　また、社内でのメンタルヘルス情報の取り扱いについては、慎重に行うことが必要である。基本的には、人事担当部署や社員の健康を取り扱う部署が、把握することが考えられる。ラインの管理職などについては、ラインケアや増悪防止、健康配慮義務履行等の目的に必要な範囲内で、必要な項目のみとすることが重要である。ただし、社内でこのような情報を取り扱う社員については、非開示契約の締結や個人情報の取り扱いに関する教育・訓練等

人的安全管理措置を講じることも必要である。

いずれにしても、本人の同意が得られず判断に困難を生ずる場合は、医師の意見や、法律の専門家に相談するなど、慎重な対応が求められる。また、産業医等との面談を受けさせ、専門医の受診を勧めるといった方法もある。

III　休職の判断

1　医学的根拠の必要性

上述のとおり、精神疾患による休職の場合、社員と合意のうえ、休職を適用することがよりよい方法である。

しかし、最近は、会社が休職を勧めているにもかかわらず、本人に休職が必要という自覚がなく、これを拒否するというケースも見受けられる。

会社には、社員の生命・身体等の安全に配慮する安全配慮義務がある。よって、会社がこのような社員を放置して、社員の病状が悪化し自殺などに至った場合、状況によっては会社の責任を問われる可能性が全くないとはいいきれない。また、周囲への影響などを考えると、会社は看過せず対応し、最悪の事態とならないようにすべきである。つまり、社員の意に反してでも休職してもらう状況も生ずる。

このような休職命令を出すには根拠が必要である。欠勤が続いて明らかに欠勤〇カ月といった休職発令要件に該当する場合はこれによることが可能である。しかし、断続的に欠勤を繰り返すような場合、休職が必要かどうかを会社だけで判断するのは難しい。このような場合、診断書等の医学的な裏づけを根拠とすべきである。

したがって、専門医への受診を促すことになる。ただし、いまだ精神疾患についての抵抗感をもっている人も少なくないことから、精神科医への受診を命ずることがプライバシーの侵害といわれる可能性がある。しかし、会社

の安全配慮義務履行のためには、受診命令が必要な場合がある。よって、比較的通いやすい心療内科などの受診を勧めたり、精神科医への受診を命ずるにしても、まずは受診要請といった形で、社員が受け入れやすい方法で行うことが有効である。それでも、難しい場合は、受診命令を出すことになる。

　ただし、社員が個別に選択した主治医の場合、次のような問題も発生する。精神疾患の場合、主治医からの診断書は、患者の差別防止の観点から、「うつ病」を「抑うつ状態」と軽い症状に書き換えることもあるようだ。また、患者や家族の希望が含まれた診断書であったり、主治医には職場の環境がよく見えないとの事情もある。よって、診断書の内容に疑問が生じることがあるのだが、この場合、そのまま鵜呑みにすることはリスクがある。まずは、会社の業務の状況等を説明しながら、休職の適否や病状について、主治医の意見を聴取することである。それでも、主治医の意見が変わらずその意見に疑問がある場合は、どのような対応をとりうるのだろうか。

2　会社指定医への意見聴取

　社員が精神疾患に罹患したような疑いがあって受診を勧めているのに本人に自覚がなく受診しない場合や、主治医からの診断に疑問がある場合、会社が指定した医師（以下、「会社指定医」という）への受診やその意見を聞くという方法がある。しかし、この方法においては、社員の受診義務が生じるのか、また社員の医師選択の自由はどうなるのかという問題を起こす。

　まず、就業規則に受診義務に関する規定がない場合について、次の裁判例がある。

京セラ事件（東京高判昭和61・11・13労判487号66頁、最判昭和63・9・8労判530号13頁）
　会社としては社員の疾病が業務に起因するものであるか否かは同人の以後の処遇に影響するなど極めて重要な関心事であり、しかも社員が当初提出した診断書を作成した医師から、社員の疾病は業務に起因するものではないとの説明がある

第3章　事後の対応策～社員が心の病を発症したら

などの事情があった。このような事情がある場合には、会社が社員に対し改めて専門医の診断を受けるよう求めることは、労使間における信義則ないし公平の観点に照らし合理的かつ相当な理由のある措置であるから、就業規則等にその定めがないとしても指定医の受診を指示することができ、社員はこれに応ずる義務がある。

空港グランドサービス・日航事件（東京地判平成3・3・22労判586号19頁）
　①原則として、医療行為を受ける者には医師選択の自由がある。なぜなら、医師の診察を受ける行為は、患者のプライバシーあるいは自己決定権が侵害される可能性がある行為だからである。したがって、社員が会社の指定した医師を希望しない場合は、他の医療機関を選択しうると解すべきである。
　②しかし、社員の選択した医療機関の診断結果に疑問があるような場合で、疑問を抱くことに合理的な理由がある場合は、会社指定の医師による受診の指示に応ずる義務がある。
　③そして、受診義務の存否にかかわらず、社員が会社指定の医師による受診を拒否をしたことは、会社の安全配慮義務を尽くすべき手段を社員自らの意思により退けたこととなる。よって、損害の算定にあたって、これを、過失相殺に準ずる減額要素とし、減額割合を2割とした。

　このように、両ケースとも、就業規則に会社指定医の受診義務の規定がなくても、会社の発した会社指定医への受診命令を適法としている。
　また、「心の健康問題により休業した労働者の職場復帰支援の手引き」（以下、「職場復帰支援の手引き」という。厚生労働省HP参照）が、平成21年3月23日に改訂された。職場復帰支援の手引きでは、職場復帰の場面ではあるが、次のように述べられている。

2　職場復帰支援の流れ
　(2)　主治医による職場復帰可能の判断＜第2ステップ＞
　……ただし現状では、主治医による診断書の内容は、病状の回復程度によって職場復帰の可能性を判断していることが多く、それはただちにその職場で求められる業務遂行能力まで回復しているか否かの判断とは限らないことにも留意すべきである。また労働者や家族の希望が含まれている場合もある。そのため、主治

医の判断と職場で必要とされる業務遂行能力の内容等について、産業医等が精査した上で採るべき対応について判断し、意見を述べることが重要となる。(3(3)ア(イ)参照)

　以上のように、職場復帰可能の判断の際、産業医等による判断、意見を述べることが重要とされている。これは、職場復帰の時だけでなく、休職に入るにあたっても準用されるべきと考える。なぜなら、休職前の初期段階からその病状を産業医等がわかっていれば、職場復帰の際にも、病状と業務内容に即した意見を述べることにつながるからである。なお、職場復帰支援の手引きにおいて、産業医等とは、産業医その他労働者の健康管理等を行うのに必要な知識を有する医師をいうとされている。

　以上から、空港グランドサービス・日航事件（前掲東京地判平成3・3・22）のように、主治医の診断に疑問があったり、精神疾患のような症状をみせているような場合で、これに合理的な理由が認められる場合に、会社指定の医師による受診義務が発生すると考えるべきであろう。

　たとえば、主治医の診断書は軽い所見がされていても、実際には精神疾患の症状があり休みが非常に多く、とても出勤がままならない状況のようなケースなどである。このような場合、異常な行動や症状がみられたときの記録に基づき命令しその記録残しておくなど、合理的な理由を証明できるようにしておくことが必要である。

3　就業規則に受診義務を定める

　とはいえ、上述のような問題とならないよう、就業規則に休職判断の際の受診義務を定めておくことが社員とのトラブルの防止策となる。
　この点、次の判例が参考となる。

電電公社帯広局事件（最判昭和61・3・13労判470号6頁）
　①就業規則に、社員が会社の業務命令に服従すべき旨を定め、その規定内容が合理的なものであるかぎりにおいては、その規定内容は労働契約の内容となり、

社員に義務付けることとなるとした。
　②そのうえで、就業規則の性質をもつ健康管理規程に基づき、合理性ないし相当性が肯定できる限度において、健康回復を目的とする精密検査の受診や、病院ないし医師の指定など、会社の指示に従う義務を社員は負うとした。

　つまり、就業規則に合理的な規定を定め、合理性や相当性が肯定できる限度内で、受診義務を認めたものである。
　以上によると、就業規則に次のような規定を入れておくことをお勧めする。

（指定医師の受診義務等）
第○条　会社は、私傷病休職の要否・期間等の確認のため、社員に対し、健康状態を記した診断書の提出を命ずるほか、必要に応じて、主治医への面談、事業聴取、会社の指定する医師による健康診断、検診、または精密検査等の受診を命じることができ、社員は合理的な理由なくこれを拒んではならない。
　2　前項の目的を遂行するため、社員は会社に対して、主治医宛の医療情報開示同意書を提出するものとする。

　このように規定し、あらかじめ社員に知らせておけば、社員は心構えをすることができ、その納得も得られやすくなる。
　ただし、この規定があれば、どんな状況であっても会社指定医の診断を受けなければならない、という運用は問題となる可能性がある。というのも、診断というのはとてもセンシティブな個人情報を取得する行為であり、受診を強制するのは問題だという考え方があるからである。本当に必要な状況に応じて適用すべき条項であるということにご留意いただきたい。

4　主治医の医療情報開示

　会社指定医の意見聴取や診断を受けるときや休職判断の際、主治医からの医療情報開示や主治医へのアプローチ（ヒアリング等）を行うことがある。しかし、通常、患者の明示の同意なく、主治医は患者の医療情報を開示しな

い。よって、社員から情報開示の同意書をとることが必要となる。

5　会社指定医

　会社指定医については、精神疾患なら精神科などの専門医であることを要する。特に、産業医が精神科医であることがよりよいと考える。産業医は会社の業務内容を踏まえたうえで、所見を示してくれるからである。職場復帰支援の手引きでは、「特に産業医等は専門的な立場からより詳細な情報を収集できる立場にあるが、主治医とスムーズなコミュニケーションが図れるよう精神医学や心身医学に関する基礎的な知識を習得していることが必要となる」とされている。以上によると、産業医が精神科医であることが最も適切といえる。

　しかし、中小規模の企業においては、産業医を精神科の専門医とすることが難しいことがあるが、この場合はいざという時に相談できるような精神科医との関係をつくっておくことが肝要である。産業医がいない会社や、産業医がいても専門でない状況において、精神疾患の専門医を探す場合、各機関によって情報の有無は異なるかもしれないが、地域産業促進センター等の外部の専門機関（第2章第5節参照）などに問い合わせてみるのも1つの方法であろう。

　また、産業医やカウンセラーの人脈で精神科医の紹介を受けたり、弁護士や社会保険労務士がコネクションをもっていることもある。しかるべきルートから紹介を受け、会社が信頼できる専門医に依頼することが重要である。

6　受診命令に従わない場合

　会社が発した受診命令にも従わない場合は、どうするか。1つには、受診命令違反として、懲戒処分を行うという方法がある。しかし、メンタル不調の場合は、従業員のプライバシーに大きくかかわるので、懲戒処分の是非、程度についてもその影響を受ける。よって、1回の命令違反をもって、重度

の処分はできない。受診命令違背の回数、その社員の言動による周囲への悪影響等を考慮して、処分の有無、程度を検討することとなる。

しかし、軽度の懲戒で受診命令に従ってくれればよいが、そうでなければ、受診命令を重ね、相当期間を要することになる。よって、その他の手段として、職務不適格者として人事措置をとることが考えられる。

これは、遅刻、欠勤や周囲への悪影響等の問題行為に対して、通常の職務不適格の扱いをする方法である。まず、問題行為（遅刻・早退、周囲への悪影響行為）に対して、注意書を出すことよりはじめ、それにもかかわらず改善がみられなかった場合、重度の人事措置（それこそ解雇等も含めて）を検討することになるであろう（岡芹健夫『人事・法務担当者のためのメンタルヘルス対策の手引』65頁）。ただし、この場合でも、適宜受診命令に従うことを勧告し、受診の機会を与えることも必要であろう。

以上の方法があるが、懲戒処分にしろ人事措置にしろ、その有効性のハードルは高く、メンタル不調の社員に発する場合、より症状が悪化して自殺などに至らないよう、担当者としては細心の注意を払い、それでも相手の不調の状況によっては、不安を払拭するのは難しい。また、病気の原因に過重性が全くなければよいが、その可能性がある場合は、リスクがある。

できれば、上記措置に至るまでに、受診命令に応ずるよう説得することが重要である。また、担当者による説得にあたっては、病気とわかれば休職という会社の福利厚生制度を利用してしっかり療養することもできるのだから、受診するよう説得することが必要である。たとえば、うつ病などでは、不眠などが起こりやすいので、不眠を診てもらうために診断を受けてはどうかなどと、本人が受診しやすい理由を話すとよいであろう。また、傷病によらない職務不適格者とされてしまうことの不利益を含めた説明も１つであろう。説得にあたり産業医やカウンセラーなどの協力を得られるのであれば、そのアドバイスの下に行ったり、本人の説得に加わってもらう方法もある。

【書式8】 休職申請書

平成〇〇年〇〇月〇〇日

〇〇部〇〇課
〇〇〇〇　様

〇〇部〇〇課
〇〇〇〇　㊞

休　職　申　請　書

　下記の事由により休職させていただきたく申請いたします。よろしくお願いいたします。

記

1．休職（予定）期間
　　平成〇年〇月〇日から平成〇年〇月〇日まで

2．休職事由
　　〇〇の治療および療養専念

3．添付書類
　　主治医による診断書　　　　1通
　　医療情報開示の同意書　　　1通

【書式9】 当社指定医の受診命令書①

平成〇〇年〇〇月〇〇日

〇〇部〇〇課
〇〇〇〇　様

○○○○株式会社
代表取締役　○○○○　㊞

当社指定専門医の受診命令書

　貴殿は、業務外の傷病により、就業規則○○条に基づき、平成○○年○○月○○日から休職する旨を申し出ており、その証拠として、○○病院○○科○○医師の診断書が提出されています。
　しかし、同医師の診断書には、貴殿の報告と異なる点が記載され、また当社が把握している事項とも相違する点が見られます。
　したがって、当社は、貴殿に対し、就業規則○○条に基づき、当社指定専門医の○○病院○○科○○医師の診断を平成○○年○○月○○日までに受診するよう通知します。
　なお、この受診がない限り、貴殿の休職申出を認めることはできませんので、ご留意ください。

以　上

【書式10】　当社指定専門医の受診命令書②

平成○○年○○月○○日

○○部○○課
○○○○　様

○○○○株式会社
代表取締役　○○○○　㊞

当社指定専門医の受診命令書

　貴殿は、業務外の疾病により通院を要する旨の平成○○年○○月○○日付け○○病院○○科○○医師の診断書を提出されています。
　しかし、同医師の診断書には、当社が把握している事項とも相違する点が見られます。

したがって、当社は、貴殿に対し、就業規則○○条に基づき、当社指定専門医の○○病院○○科○○医師の診断を平成○○年○○月○○日までに受診するよう通知します。

なお、この受診に基づいて、当社の貴殿に対する今後の対応を検討させていただきます。つきましては、この受診がない場合、もしくは受診結果によっては、貴殿の出社申出が認められない場合もありますので、あらかじめご承知おきください。

以　上

【書式11】　症状の聞き取り、調査等の同意書

同　意　書

私は、貴社または貴社の指定する医師が、私の主治医である○○病院○○科○○医師に対しまして、私自身に関する、初診以来今日に至るまでの間の並びに今後の診療記録、看護記録、カウンセリング記録、レセプト等の写しの提供と、私の病状につき直接聞き取り説明を受け、調査することに同意いたします。

平成○○年○○月○○日

株式会社○○○○御中

住　所

氏　名　　　　　　　㊞

【書式12】　休職命令書

平成○年○月○日

○○部○○課

○○　○○様

　　　　　　　　　　　　　　　　　　　　○○株式会社
　　　　　　　　　　　　　　　　　　　　代表取締役　　○○○○

休職命令書

　当社では、貴殿の業務外傷病に基づく休職について、貴殿からの診断書、当社指定専門医の面接結果および意見書等を踏まえて総合的に判断した結果、貴殿は当社業務に耐えうる健康状況になく、療養・治療に専念いただく必要があると認定するに至りました。

　つきましては、本命令書記載のとおり就業規則第○条○項に基づき平成○年○月○日付けで私傷病休職に付することをご通知申し上げます。

　なお、下記事項および当社関係規定についてご承知おきください。

　　　　　　　　　　　　　　　記

1．休職期間
　平成○年○月○日から平成○年○月○日まで

2．休職の事由
　　○○の治療および療養専念

3．給与等の取り扱い
　給与規程第○条により、休職期間中の給与は無給とし、健康保険の給付による。

4．復職
　治療医（主治医）の診断書を当社に提出し、当社の指示により当社指定専門医による主治医等の医療情報の調査・分析、診断を受け、通常の業務に復帰できる健康状態に服したことを証明したうえで、当社の復職の業務命令（文書）によること（就業規則第○条）。

5．自然退職
　就業規則第○条○項に定める休職期間が満了しても、休職事由が消滅しない場

合は、就業規則第〇条〇項により、休職期間の満了をもって退職とする。

6．報告
　就業規則第〇条により、休職中〇カ月ごとに当社に対して、主治医の診断書を添付したうえで病状の変化・回復状況につき報告すること。

7．留意事項
　休職期間中の当社との連絡は、人事部とする。

以　上

（深津　伸子）

第6節　私傷病休職期間中の病状報告

Ⅰ　病状報告の必要性

　会社にとって、休職中の社員の病状が回復に向かっているか、回復するために療養に専念しているのかは気になるところである。たとえば、病気で休職中の社員が、通院し治療を受けるべきところ、それをせずアルバイトをしているというケースが実際に生じたこともある。会社はせっかく社員に休職を与え、病気回復に努めてもらい、その復職を待っているにもかかわらず、これではいつ回復に向かうのか先が見えない。さらには、会社にとっては詐病を疑うなど、その信頼関係にひびも入りかねない。社員にとっても、回復して復職できるチャンスを逃すことにもなってしまう。
　このような事態を避けるため、会社としては状況を把握すべく、病状報告を求めたくなる。また、復職のタイミングなどにより、人員調整の必要なども出てくるため、これは重要な問題でもある。
　しかし、休職期間中に、会社の任意に病状の報告をさせることは可能なのであろうか。

Ⅱ　労働契約上の報告義務

　そもそも、労働契約上、社員は会社に対して、業務に関し報告する義務があると解されている。
　しかし、休職期間中は、労働契約は存続しているものの、業務には就いていない。ましてや、個人の病気や病状は、プライベートの非常にセンシティブな情報である。このような情報は、会社に報告する義務は社員にないとい

うのが本来的な考え方であろう。特に、就業規則等に病状報告を課す規定がない場合、微妙な問題となる。

Ⅲ　病状報告は合理的な範囲内で

とはいえ、会社にとってみれば、社員の休職期間中の病気回復状況は、上述のように人員調整等の問題もあり、非常に重要かつ必要な情報となりうる。

そして、休職制度は、その目的、機能、合理性、労働者が受ける不利益の内容等を勘案して、合理的かどうかという観点でその有効性が問われることになる。つまり、報告義務に関しても、同様のことがいえよう。

この点については、次のような解釈がある。

まず、私傷病休職制度は、「解雇猶予措置」としての性格を有していて、病気が回復しなければ解雇となる。つまり、労働者にとってみれば、休職を続けると解雇となることから、不利な状況であるといえる。したがって、「休職継続の必要性を確認する一般的合理性はある」（岩出誠「労働者の健康と補償・賠償」日本労働法学会109号64頁）とする解釈がある。

また、社員は自分の病気で休職し、それに伴って、会社にいろいろな負担をかけている。このような負担に関する限度においては、病気の情報といっても、広い意味で業務に関するものといえるのではないかという解釈もある。

したがって、休職期間中であっても病状報告を課すことに合理性を見出す可能性はあるといえる。ただし、これは合理的な範囲内で行うことが必要である。

よって、就業規則に規定がない場合、合理的な範囲内、たとえば、冒頭の休職期間中に兼業をしているなど療養に専念していない場合のように合理的にみて疑いがある場合、たとえば、月1回程度にするなど報告の頻度、内容

も合理的な範囲内で、報告を命じることは可能であると考える。

Ⅳ　就業規則に病状報告義務を定めること

　このような問題を避けるには、就業規則等に病状報告に関する規定を載せておくべきである。

　私傷病休職は解雇猶予措置と解され、その設定自体が合理的な範囲内で各会社の自由に任されている。したがって、休職規定にかかる報告義務規定があれば、これに従って報告義務を課すことは可能と考えられる。

　また、社員にしてみれば、不意打ちで病状の報告をしろと言われることは、会社に不信感を抱いたり、精神疾患であれば病状に悪影響を及ぼすことにもなりかねない。以上のような問題にならないようにするためにも、就業規則等に病状報告義務を定めておくべきである。

　下記規定例および報告書を、一例としてご参考いただきたい。

> （病状等の報告義務）
> 第○条　私傷病休職期間中、社員は、会社の求めに応じ、病状等について診断書等を添えて報告しなければならない。

Ⅴ　休職期間中の対応例

　休職期間中の対応例として、休職者と人事担当者でレポートのやりとりを行って休職後のフォローをしているケースもある。症状にもよるが、まめな社員の場合、2週間に1回レポートが提出され、人事担当者が返事を出すということもある。また、1カ月に1回は人事担当者が出向いて面談を行ったり、会社に出てきてもらうこともある。そして、復帰後は、その社員の状態に応じた対応を行い、再び力を発揮してもらえるよう好転した事例もある。

　これは、休職期間中、丁寧に対応している例である。社員にプレッシャー

を与えることは精神的に負担をかけるため、避けなければならないが、上述のとおり、きちんと治療を受けているか確認するためにも、休職期間中のコミュニケーションは大切である。

　休職期間中の社員は様々な不安を抱えている。社員の症状や状態に応じた丁寧なコミュニケーションは「職場は私を待っていてくれる」との安心感を与えることができる。ひいては、治療に専念でき、その効果を高めることにもなる。報告義務というと硬い印象ではあるが、「報告⇔返事」というやりとりの中で、職場との温かいコミュニケーションが感じられれば、社員にとってもプラスの効果に働くものと考える。

【書式13】 休職状況報告書

```
                                        平成○○年○○月○○日
○○部○○課
○○○○　様

                                        ○○部○○課
                                        ○○○○　㊞

                    休　職　状　況　報　告　書

  就業規則第○条により、下記のとおり報告いたします。


1．従業員区分
   社員・嘱託・契約・その他（　　　　）

2．生年月日
     年　　月　　日（　　歳）

3．療養中の連絡先
```

住所：
　　　電話番号：
　　　FAX：
　　　Eメール：

4．治療を受けている病院・医師
　　　病院・科：
　　　医師名：

5．休職の原因
　　　傷病名

6．経過

7．見込

（注意）
①　〇ヵ月ごと、1日現在で記入し提出してください。
②　診断書を添付してください。

（深津　伸子）

第7節　休職期間の通算

Ⅰ　休職、復職を繰り返す社員

　休職をとった社員が、復職後、再度同様の事由で休職を願い出るというケースが増えている。
　このようなケースでは、休職期間の通算制度が就業規則等になく、他に特別な事情がなければ、基本的には認めざるを得ないことになる。特別な事情とは、重篤な症状で全く回復の見込みがないとか、相当頻繁に休職を繰り返しており、労務の提供が全くないような場合や、休職しても回復の見込みがないと専門医の判断により立証されている場合などである（第8節参照）。
　特に、うつ病など精神疾患は、休職を繰り返すケースがみられる。
　このような病気は、早く復帰しなくては、と焦りを抱く人も多いらしく、治癒したようにみえた段階で復職を急いでしまうことがある。しかし、実は治癒しておらず、復職でまた症状が悪化することなどがある。
　反対に、社員が会社の制度を知り尽くして、悪用していた例などもある。このような場合、周囲の社員の負担が増え、モチベーションが下がるといった事態も生ずる。悪用を防ぐ意味でも、未然防止の措置をとっておく必要がある。

Ⅱ　休職期間通算規定をおく

　実務では、このような状況に備えて、私傷病休職の通算制度をおいておくことをお勧めしている。これは、以前私傷病休職した社員が、再び私傷病で休職した場合に、以前の休職期間と新しい休職期間を通算する制度である。

再休職の期間は残存期間とし、休職期間が残っていない、または期間を過ぎても治癒しない場合は、就業規則の自然退職または解雇規定が適用できるようにしておく。

　大企業の場合は、残存期間がない社員について、新たに２、３カ月間の休職を与えるといった対応も考えられるが、企業規模が小さく、規定が設けられている場合は、残存期間がなくなった段階で、自然退職または解雇規定を適用することも可能と考える。

Ⅲ　どこまで通算できるのか

　では、この私傷病休職期間は、同一傷病でなくとも通算できるのであろうか。

　この点、通算が可能なのは、同一の疾病による休職に限られるという考え方がある。なぜなら、けがで休職していた社員がようやく治癒して復職した直後、今度は病気で休職せざる得なくなったという場合に、残存期間がなければ休職がとれないのでは、あまりにも社員にとって厳しいからである。

　一方で、同一の疾病の場合以外でも通算が適法とされた例もある。日本郵政公社〔茨木郵便局〕事件（大阪地判平成15・7・30労判854号86頁）は、公務員の例ではあるが、多種類の疾病にかかわる休職期間の通算に関して争われた事案として参考となる。

日本郵政公社〔茨木郵便局〕事件（大阪地判平成15・7・30労判854号86頁）
〔事件の概要〕
　本件は、郵便局が職員に対し、平成14年1月9日付けでした「国家公務員法79条1号により3月間休職を命ずる（非結核性疾患、ただし、前休職期間を通算する）、今後休職の期間中給与を支給しない」との処分が法令等の解釈を誤ったものであるから違法であるとして、職員がその取消しを求めた事案である。
〔判決の要旨〕

> 　国公法79条1号において、疾病の種類ごとに休職することを定めていないのは、心身の故障による休職の要否は、専ら職員が心身の故障のために長期の休養を必要とする状態にあるか否かによって判断されるべきもので、その原因である疾病の種類を問わない趣旨によるものと解される。
> 　このような、国公法79条1号の趣旨に照らすと、規則の運用通達5条関係2項で「休職期間は、同一の休職の事由に該当する状態が存続する限り、その原因である疾病の種類、従事する業務の内容等が異なることとなった場合においても、引き続き3年を超えることができない」と定められているのは、国公法79条1号の内容を、解釈上明確化したものであるということができる。
> 　したがって、規則の運用通達5条関係2項が解釈基準として合理性を欠くということはできない。
> （中略）
> 　しかも、職員の主張によると、疾病の種類が異なる場合には、休職期間を通算しないこととなるが、そうすると、疾病を併発した者の場合、休職期間が著しく長期（例えば、2つの疾病にり患、併発した場合、最長6年）となり、この点においても、職員の主張は合理性を欠くというべきである。

　以上のように述べ、同一疾病以外でも、前休職期間を通算する旨の休職処分に違法はないとされた。

　私傷病休職制度は、会社が恩恵的に定める解雇猶予措置という性格からしても、傷病の種類を問わず通算する取り扱いが認められる可能性はあると考える。

　また、精神疾患などでは、同様の疾患でも違う病名がつくこともあり、疾病と疾病の境界が曖昧な場合もある。このような場合に、同一疾病に限っていると、通算できないという事態も発生する。よって、少なくとも、同一・類似疾病については、通算する旨の規定をおくべきと考える。

Ⅳ　通算する期間と不利益変更

　さらに、通算する空白期間はどうするか、また通算規定を新設する場合や

通算の条件を厳しくする場合は不利益変更の問題点がある。この点に関し、一定日数の欠勤後に休職が命じられる規定をもつ企業で、欠勤日数の前後通算について、「欠勤後一旦出勤して３ヶ月以内に再び欠勤する時……は、前後通算する」となっていたが、「欠勤後一旦出勤して６ヶ月以内または、同一ないし類似の事由により再び欠勤するとき……は、欠勤期間は中断せずに、その期間を前後通算する」との就業規則の変更が有効と判断されたケースがある（野村総合研究所事件・東京地判平成20・12・19労経速2032号３頁）。このように、同一ないし類似の事由では期間を問わずに欠勤に通算する規定への変更が有効とされたことは、実務上参考となる。そして、不利益変更の必要性および合理性について、判決は次のように述べている。変更にあたりこのような検討、手続が必要といえ、その必要性の根拠や、とった手続等を証拠に残しておくとよいであろう。

野村総合研究所事件（東京地判平成20・12・19労経速2032号３頁）
　近時いわゆるメンタルヘルス等により欠勤する者が急増し、これらは通常のけがや疾病と異なり、いったん病状が回復しても再発することが多いことは被告の主張するとおりであり、現実にもこれらにより傷病欠勤を繰り返す者が出ていることも認められるから、このような事態に対応する規定を設ける必要があったことは否定できない。そして、証拠によれば、被告における過半数組合である野村総合研究所従業員組合の意見を聴取し、異議がないという意見を得ていることも認められる。そうすると、この改定は、必要性および合理性を有するものであり、就業規則の変更として有効である。

　ただし、極めて短期間の休職期間を設定している場合と大企業でみられるような長期間（たとえば３年）の休職期間を設定している場合では、不利益変更の合理性判断が異なる可能性がある。

　したがって、各会社の休職制度に応じ、妥当な範囲内で定めをおく必要がある。

　規定例を下記にあげておくので、一例としてご参考いただきたい。

第7節 休職期間の通算

（私傷病休職期間の算定）
第○条 私傷病休職期間の算定に際し、当該休職時点までに同休職が付与されたことがある社員については、復職後いったん出勤して6カ月以内または原因が同一ないしは類似の傷病で休職する場合は、同休職期間から従前付された同休職期間を控除した残存期間をもって上限期間とする。

（深津　伸子）

第8節　復職可否の判断基準と退職・解雇の問題

Ⅰ　休職期間満了時復職できなければ解雇（退職）

　休職をしていた社員が、どのような状態になれば復職できるのであろうか。

　これは、重要な問題である。なぜならば、私傷病休職は、一種の「解雇猶予措置」であり、多くの企業の就業規則では、私傷病休職期間が満了しても、休職事由が消滅せず、就業が困難な場合は休職期間の満了をもって解雇（または退職）とするような規定があるからである。

　治癒しない社員は、職を失ってしまうため、「復職可能か否か」をめぐり、トラブルが起こりがちである。

Ⅱ　職場復帰支援の手引きにおける職場復職可否の判断基準

　厚生労働省の「職場復帰支援の手引き」においては、次のように示されている。

> 6　その他職場復帰支援に関して検討・留意すべき事項
> 　(2)　職場復帰可否の判断基準
> 　　職場復帰可否について定型的な判断基準を示すことは困難であり、個々のケースに応じて総合的に判断を行わなければならない。労働者の業務遂行能力が職場復帰時には未だ病前のレベルまでは完全に改善していないことも考慮した上で、職場の受け入れ制度や態勢と組み合わせながら判断する。
> 　　職場復帰判断基準の例として、労働者が職場復帰に対して十分な意欲を示し、通勤時間帯に一人で安全に通勤ができること、会社が設定している

勤務日に勤務時間の就労が継続して可能であること、業務に必要な作業（読書、コンピュータ作業、軽度の運動等）をこなすことができること、作業等による疲労が翌日までに十分回復していること等の他、適切な睡眠覚醒リズムが整っていること、昼間の眠気がないこと、業務遂行に必要な注意力・集中力が回復していること等が挙げられよう。

次項に掲げる試し出勤制度等が整備されている場合や、事業場外の職場復帰支援サービス等が利用可能な場合には、これらを利用することにより、実際的な判断が可能となることが多い。

ただし、疾病のり患を理由に休職した労働者の職場復帰の可否に関しては、さまざまな判例が出されている。このためトラブルを防止するためにも、法律の専門家等と相談し、適切な対応を図ることが求められる。なお、これらの判例の中には、労働者と職種を限定した雇用契約を結んでいる場合と、職種を限定しない契約を結んでいる場合とで、異なった判断をしているものがある。

以上によると、定型的な基準を示すことは難しく、病状や会社の制度等により個々の判断によることになるが、例としてあげられている点が参考となる。特に「会社が設定している勤務日に勤務時間の就労が継続して可能であること」はポイントであり、たとえば、診断書の内容が短時間勤務や週3日勤務なら復帰できるなどの条件がついている場合は、職場復帰を認めるのはまだ尚早といえる。また、「適正な睡眠覚醒リズムが整っていること」とされていることから、少なくとも始業時刻に出勤できることも、復職の条件となろう。

また、復帰する業務であるが、職場復帰支援の手引きにおいては、「まずは元の職場への復帰」を原則としている。また、安全配慮義務の観点からは完全な治癒が備わっていない状況での復職は問題である。よって、異動等が原因で発症したケースは別として、そうでなければ、元の職場へ復帰できる程度の回復に至っていることも判断基準として考えられる。ただし、後述する裁判例のように、回復の状況、会社の規模、配転可能部署の有無や職種限定契約の有無等に応じて、修正がありうる。もし、休職期間満了で解雇や退

職となってしまう場合は、期間を定めて休職の延長等の措置をとり、再度回復の状況を確認することもありうる。また、完全な治癒または一定期間経過後の回復可能性を確認したうえで、当面軽減業務として、後述の裁判例のように期間を区切って他の業務に就かせるのも1つの方法である。

このように、回復状況に関しては、休職前の症状がなくなり100％治癒したことを確認したうえで、必要ならば第10節のような軽減業務を認めるのが適切であろう。

さらに、復職可否の判断基準を休職時に示しておけば、よりトラブルの防止つながる。

Ⅲ　私傷病休職からの復職に関する裁判例の検討

では、実際に裁判において、復職できるかが争われたケースを、メンタルヘルス以外の事案も含め検討する。

1　治癒の概念の変化

復職判断の際は、治癒、すなわち職務を遂行できる程度に回復しているかが問題となる。

(1)　従前の裁判例

従前の裁判例では、休職期間満了時の復職可能性を判断する際の回復の程度について、次のような判断基準があった。

1つは、「従前の業務を通常の程度に行える健康状態に復したとき」という判断基準である（昭和電工事件・千葉地判昭和50・5・31労判461号65頁）。言い換えれば、完全な回復を要するという考え方である。

一方で、「当初は軽易作業に就かせればほどなく通常業務に復帰できるという程度の回復」という判断基準も登場してきた（エール・フランス事件・東京地判昭和59・1・27労判423号23頁）。すなわち、少しの間、軽易作業を経れ

ば完全な回復に至る程度という考え方である。

(2) 回復の程度をより広く解する裁判例等

しかし、近時では、会社側に、より復職の配慮を求めるような裁判例等が出てきた。影響を与えたのが片山組事件（最判平成10・4・9労判736号15頁）である。判決のポイントをみてみよう。

片山組事件（最判平成10・4・9労判736号15頁）
① 社員が、職種や業務内容を特定せずに労働契約を締結した場合において、
② 就業を命じられた特定の業務について労務の提供が完全にできないとしても、
③ 「他の業務」について労務の提供することができ、（この場合の「他の業務」とは、能力・経験・地位、企業の規模・業種・社員の配置，異動の実情・難易等に照らして、社員が配置される現実的可能性があると認められるもの）
④ その提供を申し出ているならば、
⇒なお債務の本旨に従った履行の提供があると解するのが相当である。

つまり、業務の限定なく採用し、配転可能な部署をもつ一定以上の規模をもつ企業においては、社員が他の業務での復職を求める以上、これを認める必要が生じるということである。上記(1)と比較して、軽易作業だけでなく、「他の業務」にまで配置の可能性を検討するよう示されており、会社の配慮がより求められると考えられる。

その後、以下のように、片山組事件を引用する裁判例も出ている。B学園事件（大阪地決平成17・4・8労判1895号88頁）は、うつ病で休職した教職員のケースである。

B学園事件（大阪地決平成17・4・8労判895号88頁）
① 復職可否の判断は、原則としてその教職員が従前の職務を遂行できる程度にまで傷病が回復したか否かにより判断すべきとしつつ、（片山組事件の上記判決を引用して）現実的可能性がある他の業務に配転しないまま、復職を拒絶することはできないとした。
② ただし、本件では、配置される現実的可能性があると認められる業務につい

て、労務の提供できる状態にまで回復したとの証明がなされたとは言い難いとして復職は認められなかった。

　また、キヤノンソフト情報システム事件（大阪地判平成20・1・25労判960号49頁）は、コンピュータープログラマーがクッシング症候群および自律神経失調症で休職したケースである。

> **キヤノンソフト情報システム事件**（大阪地判平成20・1・25労判960号49頁）
> ① 休職期間満了時には、労働者の症状は、会社における就労が可能な程度にまで十分回復していた。
> ② （片山組事件の上記判決を引用して）雇用契約上、この労働者に職種や業務内容の特定はなく、復職当初は開発部門で従前のように就労することが困難であれば、しばらくは負担軽減措置などの配慮をすることも会社の規模からして不可能ではないと解されるうえ、開発部門より残業時間が少なく作業計画を立てやすいとされるサポート部門にこの労働者を配属することも可能であったはずとした。
> ③ よって、休職期間満了をもっての退職は無効とされた。

　以上のように、片山組事件（前掲最判平成10・4・9）判決に沿って、回復の程度をより広く解釈される可能性がある。特に、キヤノンソフト情報システム事件（前掲大阪地判平成20・1・25）のように、復職時の復帰準備への配慮を具体的に求めているケースもあり、会社は慎重な対応を行わなければならないといえる。

2　従前の職務のレベルを厳格にとらえ回復していないと判断した例

　上述のような流れの中で、注目すべき裁判例がある。
　そもそも、職種の限定なく長期雇用を前提に入社した社員（ゼネラリスト）は、たとえば営業から総務へといったように、いろいろな職種に配転される可能性がある。よって、私傷病休職からの復職に際しても、他の業務への配転可能性はゼロではなく、これを含め治癒を検討することとなる。これ

が、片山組事件（前掲最判平成10・4・9）など職種を限定しないで入社した社員に関する考え方である。

しかし、独立行政法人N事件（東京地判平成16・3・26労判876号56頁）は、休職者（神経症、パーソナリティ障害等）の従前の職務のレベルを厳格にとらえ、配転可能性について検討しつつも、復職を認めなかったケースである。

独立行政法人N事件（東京地判平成16・3・26労判876号56頁）

① 私傷病休職からの復職が認められるためには、休職の原因となった私傷病の治癒が必要であり、治癒とは原則として従前の職務を通常の程度に行える健康状態に回復したことをいう。

② 職種に限定がなく、他の軽易な職種であれば従事することができ、軽易な職務に配置換えすることが可能であるとか、当初は軽易な職務に就かせ、程なく従前の職務を通常に行うことができると予測できる場合には、復職を認めることが相当である。

③ 復職に当たって検討すべき「従前の職務」とは、この職員が休職前に担当していた職務（軽減業務）を基準とするのではなく、その法人の職員が本来通常行うべき職務を基準とすべきであるとした。

④ この法人の本来通常行うべき職務は、金融等の知識・経験を駆使した高度な判断や折衝能力が求められるものであり、他の部門における業務においても同様であった。しかし、この職員は単純作業でさえもできず、このような職務を遂行し得る状態になかった。また、この法人では10年来新規職員を採用していないことから、他の軽微な職務（折衝、判断の必要がない単純作業）に配転できる具体的可能性もない。

⑤ 主治医の見解によれば、この職員が当初担当すべき業務量は、従前の半分程度であり、その期間として半年程度を要するとしており半年という期間はいかにも長く、半年後に十分職務を行えるとの保障もないことから、当初軽易な職務に就かせれば程なく従前の職務を通常に行うことができると予測できる場合とは解されないとした。

⑥ よって、解雇は有効とした。

つまり、従前の職務のレベルを厳格にとらえ、それが遂行できるレベルま

で回復していなかったと判断したものである。さらに、配転の現実的可能性の程度、軽易な職務の業務量やその期間についても具体的に検討され、配慮の限界が示されており参考となる。

3　職種を特定して雇用された社員の場合

それでは、職種を特定して雇用された社員（スペシャリスト）の場合はどのように考えるのであろうか。

解雇が争われた事案ではないが、カントラ事件（大阪高判平成14・6・9労判839号47頁）が参考となる。この事件は、慢性腎不全のために2年近く休職した後の復職の申し出を拒否された大型貨物列車運転手が、就労を求めたときから現実に復職するまでの間の賃金を請求したケースである。

> **カントラ事件**（大阪高判平成14・6・19労判839号47頁）
> ① 職種を特定して雇用された労働者が、従前業務を通常程度に遂行できなくなった場合は、原則として労働契約に基づく債務の本旨に従った履行の提供はできない状況にあると解されるとした。
> ② ただし、他に現実に配置可能な部署ないし担当できる業務が存在し、会社の経営上もその業務を担当させることにそれほど、問題がないときは除かれる。

つまり、スペシャリストにおいては、原則として、他の業務への配転による雇用保障義務までは会社は当然に負担しないと考えられる。ただし、上記②の例外についても述べているので、この点注意が必要である。

4　休職期間を残しての解雇の場合

休職期間を残しての解雇は、認められない可能性がある。K社事件（東京地判平成17・2・18労判1892号80頁）は、躁うつ病により、7カ月休職した社員の事案である。

> **K社事件**（東京地判平成17・2・18労判892号80頁）

① 躁うつ病の躁状態であることを理由とする解雇につき、解雇に先立って、原告社員の主治医の助言を求めた形跡がなく、本件訴訟の原告本人尋問での供述態度からは治療の効果が上がっていたと考えられることから、その症状が重く、治療により回復する可能性がなかったとはいえないとされた。本件では、原告社員については勤続年数が10年を超え、休職期間は最大2年となるところ、前回の休職期間は7カ月余りにすぎないことからすると、治療の効果が期待できるのであれば、被告会社において、再度の休職を検討するのが相当であるとされた。
② また、被告会社では原告社員のほかに病気で通常勤務ができない者2名の雇用を継続しており、原告社員の症状の程度に照らすと、原告社員のみを解雇するのは、平等取扱いに反するから、客観的で合理的な理由を欠き、解雇権を濫用したものとして無効とされた。

回復の程度が微妙な事案では、休職期間満了まで、回復可能性を検討すべきといえる。また、主治医の助言を求めていない等の点でも、有効例と比較して、会社の丁寧な対応を欠いているといえる。さらに、他の社員との公平性を検討している点も注目されるケースである。

また、日本瓦斯〔日本瓦斯運輸整備〕事件（東京地判平成19・3・30労判942号52頁、東京高判平成19・9・11労判957号89頁）は、休職期間を満了しての退職が有効とされている。

日本瓦斯〔日本瓦斯運輸整備〕事件（東京地判平成19・3・30労判942号52頁、東京高判平成19・9・11労判957号89頁）
① 自律神経失調症と診断された労働者について、欠勤の経過、提出した診断書の記載内容等から、平成16年11月16日の時点で休職事由に該当する事情が存したと認められ、その後3回にわたる休職の発令に際しても同事情が存したと認められることから、休職はいずれも有効になされたとした一審判決が相当とされた。
② 4回目の休職の期間満了に際して、診断書を提出せず、体調について以前と変化がないと回答した労働者に対して、5度目の休職を発令せず、4回目の休職の期間満了（平成17年8月15日）をもって退職扱いとしたことに何ら不当な

点はなく、使用者の就業規則に基づき、同日の経過をもって退職の効力が発生したというべきであるとした一審判決が相当とされた。
③　なお、一審判決は、休職期間が満了した後、再度の休職を命ずるか否かは使用者の裁量に委ねられており、それが権利の濫用にわたらない限り適法であると解すべきであるとした。そのうえで、使用者は、3度にわたり休職を更新し、その期間も9カ月が経過しているにもかかわらず、労働者の体調には一向に改善がみられなかったために再度の更新はしないこととしたのであり、私傷病休職（就業規則45条1号）の際の休職期間が9カ月とされている（46条1項1号ニ）ことにも照らすと、平成17年8月15日の時点で休職期間を更に延長しなかったことに何ら不当な点はないというべきとされた。

本件では、就業規則に定める休職期間を満了していることがポイントとなっている。また、診断書未提出といった健康状態把握への協力拒否についても、注目される要素である。

5　会社の健康状態把握に対し社員が協力しない場合

会社が健康状態を把握しようとして、社員に協力を求め、それを社員が拒否するような場合は、解雇が認められる可能性がある。

大建工業事件（大阪地決平成15・4・16労判849号35頁）は、うつ病の事案で、社員が就労可能と判断できるだけの資料を全く提出せず会社が治癒したと判断できなかったことなどから解雇が有効とされたケースである。

大建工業事件（大阪地決平成15・4・16労判849号35頁）
　うつ病で18カ月の休職期間を満了した労働者が職務復帰を希望するにあたって、復職の要件である治癒（従前の職務を通常の程度行える健康状態に復した）したかどうかを使用者が労働者に対して確認することは当然必要なことであり、休職前の勤務状況、休職期間を考えると、就労の可否判断の一要素に医師の診断を要求することは、合理的かつ相当な措置であり、使用者は労働者に対し、医師の診断あるいは医師の意見の聴取を指示でき、労働者もこれに応じる義務があるとされた。
　使用者が診断書提出期限を数回にわたって延期したにもかかわらず、労働者は

新刊のご案内

―― 2013年2月 ――
(2012年8月～2013年2月刊行分)

民事法研究会

http://www.minjiho.com/
【最新の図書目録はホームページ上でダウンロードできます】

話題の新刊・近刊

2月刊 国民を実効的に救済する事件処理のポイントを書式を織り込み解説！

行政訴訟ハンドブック

A5判・約420頁・定価3990円　　山下清兵衛 編著

2月刊 企業にとって必須の関税節約スキームを具体的に解説！

Q&A FTA・EPAハンドブック ―関税節約スキームとしての活用法―

A5判・240頁・定価2310円　　末冨純子 著
瀧 康暢

2月刊 東京家裁の最新実務・運用に対応した手続の解説と基本書式を収録！

書式 人事訴訟の実務 ―訴え提起から執行までの書式と理論―

A5判・約480頁・定価4515円　　東京家裁人事訴訟研究会 編

2月刊 長年の出版社勤務で培った経験から出版・配信法務と条項を具体的に解説！

電子書籍・出版の契約実務と著作権

A5判・216頁・定価2100円　　弁護士 村瀬拓男 著

2月刊 論点を網羅的に取り上げ、そのまま訴訟で活用できるよう実践的に詳解！

過払金返還請求・全論点網羅2013

A5判・517頁・定価5040円　　名古屋消費者信用問題研究会 監修
瀧 康暢 編著

2月刊 法律の構造から調停人の行動基準、制度の現状と課題を豊富な資料を織り込み分析！

認証ADRの現状と課題 ―対話促進型調停における法律専門職調停人の行動基準を中心に―

A5判・428頁・定価3990円　　加藤俊明 著

2月刊 市民後見人養成研修に利用できるテキスト！（全3巻）

市民後見人養成講座 第1巻 成年後見制度の位置づけと権利擁護
市民後見人養成講座 第2巻 市民後見人の基礎知識
市民後見人養成講座 第3巻 市民後見人の実務

第1巻 B5判・273頁・定価2205円
第2巻 B5判・約310頁・定価2730円
第3巻 B5判・約210頁・定価1785円

公益社団法人
成年後見センター・リーガルサポート 編

1月刊 新非訟事件手続法の施行、関連法令等の改正に対応！

書式 借地非訟・民事非訟の実務〔全訂四版〕

A5判・526頁・定価4935円　　　　　園部 厚 著

1月刊 環境法の視点から、東日本大震災と原子力事故を理論的に整理！

震災・原発事故と環境法

A5判・257頁・定価3360円　　　　高橋 滋・大塚 直 編

1月刊 新たな調停・審判での必須事項を当事者・代理人の立場から解説！

Q&A離婚実務と家事事件手続法

A5判・305頁・定価3150円　　　　弁護士 小島 妙子 著

1月刊 分割行為詐害性をめぐる判例の分析、最新の実務動向に対応して改訂増補！

会社分割の理論・実務と書式〔第6版〕 ―労働契約承継、会計・税務、登記・担保実務まで―

A5判・702頁・定価5880円　編集代表 今中利昭 編集 髙井伸夫・小田修司・内藤 卓

12月刊 ますます重要性の高まる事件処理の技術力向上をめざすノウハウを開示！

ケースで学ぶ家事・少年事件の事実をとらえる技術 ―家裁調査官の事実解明スキル―

A5判・301頁・定価2940円　　　　飯田 邦男 著

12月刊 家事事件手続法、子の監護に関する規定が改正された平成23年改正民法に対応！

夫婦関係調停条項作成マニュアル〔第5版〕 ―文例・判例と執行までの実務―

A5判・278頁・定価2625円　　　　小磯 治 著

これを提出せず、医師への意見聴取も拒否し続けた。

また、使用者が休職期間満了後も直ちに退職扱いとせず、自宅待機の措置をとっていたことや、労働者自身が、未だ体調がすぐれないと述べているなどから治癒したと判断できず、就業規則の「精神又は身体に障害があるか、又は虚弱、老衰、疾病のために勤務にたえないと認められた者」との規定に基づく解雇を有効とした。

また、東京都教育委〔小学校教員分限免職〕事件（東京地判平成17・10・27労判908号46頁）は、精神分裂病に罹患した教員の診断拒否によって手続がなされなかった点をやむを得ないとして、免職処分が有効とされたケースである。

東京都教育委〔小学校教員分限免職〕事件（東京地判平成17・10・27労判908号46頁）
　被告東京都教育委員会が、小学校教員であった原告職員に対する3年間の休職処分後の分限免職処分につき、原告職員は、免職処分当時においても精神分裂病（現在統合失調症）に罹患し、休養して治療することを要し、職場復帰は困難であったとされた。
　免職処分に至る手続において、指定医師による診断が行われていない点につき、被告委員会が指定医師の診断のないまま免職処分したことは、原告職員がその診断を拒否したことによるやむを得ない措置というべきである。また、被告委員会は指定医師2名から意見聴取するなど慎重な手続を経ていることを考慮すると、指定医師による診断を経ていないことが、免職処分の違法事由、取消事由になると認められないとされた。

6　欠勤期間を残していたこと、会社のメンタルヘルス対策の不備等により解雇を認めなかった事例

休職期間の適用解釈を誤り復職が早まったうえ、主治医の意見を聴取しない等、メンタルヘルス対策の不備もあったとして、解雇が無効とされたケースである。

> **J学園事件**（東京地判平成22・3・24労判1008号35頁）
> ① 就業規則には、「業務外の傷病により、欠勤が引き続き90日を経過したとき」に休職を命ずることができると定められており、その場合の休職期間は1年以内とされていた。しかし、被告学校法人は原告教員に対し休職期間が1年であるとの通知をしたことについて、就業規則の解釈を誤ったものとして、休職期間は90日分延長できたはずとした。
> ② 被告学校法人は、原告教員の退職の当否等を検討するに当たり、主治医であるA医師から、治療経過や回復可能性等について意見を聴取していない。これには、B校医が連絡しても回答を得られなかったという事情が認められるが、そうだとしても（三者面談までは行わないとしても）、被告学校法人の人事担当者であるC教頭らが、A医師に対し、一度も問い合わせ等をしなかったというのは、現代のメンタルヘルス対策の在り方として、不備なものといわざるを得ない。

　特に、復職が難しい事案では、会社は主治医に対する意見聴取をしっかりと行うなど、慎重な対応が求められる。また、欠勤期間を経て休職期間に入るような規定にしている場合は、その欠勤期間をとらせていないと解雇が認められない可能性がある。

IV　私傷病による精神疾患に関する解雇が争われたその他の裁判例の検討

1　解雇は厳格に判断される

　解雇は、客観的に合理的な理由を欠き、社会通念上相当であると認められない場合は、その権利を濫用したものとして、無効となる（労働契約法16条）。精神疾患に罹った場合は、労働者の労務提供の不能や労働能力または適格性の喪失などが、合理的な理由となりうる。
　しかし、日本では、終身雇用などの長期雇用システムが発展してきた背景があるため、裁判所は解雇に関しては、厳格に判断する傾向にある。これ

は、精神疾患に罹患した場合も同様である。

　以下の事案は、症状が重く労務提供に支障を来したり、適格性に問題があるかが争われたケースである。このようなケースにおいても、会社が粘り強く改善措置や指導を行い、他に解雇を回避する手段がないような場合に解雇が認められるといえる。具体的事例として、実務の参考にしていただきたい。

2　裁判例

(1)　精神分裂病（現在は統合失調症）が解雇当時においても改善されなかったとして解雇が有効とされた例

西部病院事件（東京地判昭和50・4・24労判225号20頁）
　被告病院に8年以上も勤務していた原告社員が、精神分裂病者として業務に耐えられないという理由で解雇され、その解雇の当否が争われた。
　原告社員は不当労働行為、保護義務者の選任・診察、医療保護・精神病院管理者の診察、同意のない入院等々手続面での違法性をあげて、解雇の無効と受けた損害を主張した。
　しかし、裁判所は、解雇事由そのものに重点をおいて考察し、本件解雇当時においても原告社員の入院治療を要する状態が改善されるに至らなかったとして被告病院の解雇を是認し、不就労期間の賃金等支払請求を認めなかった。

　原告社員の奇行等があり、家族等から協力拒否され、引き取り手のいない状況で、被告病院が精神障害者診察および医療保護申請書を提出し、要入院の診断が出たが、本人が拒むため誘導入院させ、退院後の解雇が争われた珍しいケースである。

(2)　勤務成績不良、会社業務運営の妨害等の理由による解雇が有効とされた例

東芝事件（東京地判昭和58・12・26労判速報カード423号13頁）
　原告社員が、神経症ないし神経衰弱状態との診断により欠勤し、短時間勤務の制限付きで出社後の奇行や暴言、非常識な言動から、勤務成績不良、会社の業務運営の妨害等の理由による解雇が有効とされた。

昭和51年10月19日から上述の病気により欠勤し、昭和52年10月5日より朝夕1時間の勤務制限付きで出社することとなった。そして、電算機プログラムを使用できるよう言い渡され、例題を解いてみたが答えと合わず、原因がプログラム自体に欠陥があるのか不明等の報告しただけで、さらに検討を尽くすようにとの上司の再三の指示にもかかわらず全くこの仕事をしなかった。また、職務成果は著しく少なく、かつ低次であった。さらに、大声で怒鳴りつける、わめき散らすような態度で業務妨害を来すことが常態で、会議が持てない状態となっていた。さらに、会社の関係先、客先に対しても非常識な言動が再三みられ、会社の信用を著しく失墜させ、業務遂行のうえにもその被害が発生した。以上のような言動を再三注意したが改まる見込みが全くないため、55年3月28日「仕事の能力若しくは勤務成績が著しく劣り、又は職務に怠慢なとき」「会社の業務の運営を妨げ又は著しく協力しないとき」との就業規則の解雇事由に該当するとして、解雇を有効とした。

　会社が粘り強く再三にわたり注意、指導を行い、それでも改善される見込みがないと判断され解雇が有効となった点が注目されるケースである。

(3) 躁状態等で心身の障害、疾病等のため業務に堪えないとしてなされた普通解雇が有効とされた例

東京合同自動車事件（東京地判平成9・2・7労判731号88頁）
　被告タクシー会社が、躁状態等にあった原告社員（タクシー乗務員）に対して行った普通解雇につき、当該解雇が就業規則の「精神若しくは身体に障害があるか又は虚弱、老衰、疾病のため業務に耐えないと認めたとき」に該当するものであるとして、解雇が有効とされた。
　原告は、躁状態等により平成6年1月12日から同年12月20日までと、同月22日から平成7年2月28日まで入院していること、退院時には就労可能な状況であったもののさらに治療が必要な状況であったところ、平成7年4月11日には通院をやめており、この段階で治療あるいは経過観察等が不要な状況になったとは認められなかった。また、勤務再開後の原告の一連の言動（会社が家族をだまして原告を無理に入院させたとの手紙を数回郵送、興奮して部長に対し罵詈雑言を浴びせる、奇行など）および勤務状況（信号を確認せず物損事故）などを考慮して、解雇権の濫用に当たらないとされた。

こちらも平成7年3月21日に勤務再開してから、1年近くを経て、解雇（平成8年2月21日付け）に至った過程が注目されるケースである。

(4) 事理弁識能力等の有無が問題となった例

豊田通商事件（名古屋地判平成9・7・16労判737号70頁）

精神疾患（妄想性人格障害等）により引き起こされた可能性がある行為でも事理弁識能力を有する者の行為である以上、就業規則の懲戒規定は適用されるとされた。原告社員は事理弁識能力があり、本件における無銭飲食、暴行、業務妨害、物品持出などの各行為は、就業規則の普通解雇事由に該当するとし、これを理由とする普通解雇は解雇権の濫用に該当しないとされた。

解雇の段階において、すでに6通の専門医の診断書が出されていること、原告社員は解雇前6年間にわたり、就業規則の懲戒（けん責）事由に該当する行為を繰り返し行っていること、被告会社が原告社員のナイトホスピタル（昼間は会社に勤務し夜間は病院で過ごす治療方法）に協力するなど、治療に協力的な態度を取っていることなどからも解雇権の濫用に当たらないと判断した。

事理弁識能力ある者の行為に対する懲戒規定適用の可能性、治療への協力体制などが注目されるケースである。

なお、この豊田通商事件（前掲名古屋地判平成9・7・16）とは対照をなす例として、警察官が心神喪失状態で行った行為に対する懲戒免職処分が無効とされた例をあげておく。

大分県警察本部事件（大分地判平成8・6・3労判718号91頁）

公務員に対する懲戒（免職）処分は、処分の対象となった非違行為を当該公務員が責任能力を有している状態で行ったことが必要であり、行為当時、心身喪失の状態にあった者のなした行為に対しては、懲戒処分をなし得ないとされた。

原告公務員は、飲酒のうえ、同僚の警察官宅で天井に向けて拳銃を一発発射し、逮捕された。原告公務員は、以前に精神分裂病の疑いで入院したことがあり、本件の非違行為直前には飲酒し酩酊状態であった。また、事件を起こす数日前には昇任試験に不合格となってショックを受け不眠症に陥っていたということであり、本件非違行為に関する刑事裁判では、行為当時心神喪失状態にあったとして無罪の判決を受けており、懲戒（免職）処分についても無効とされた。

心身喪失状態で刑事裁判でも無罪の判決を受けていること、また普通解雇でなく懲戒処分であることが、豊田通商事件（前掲名古屋地判平成9・7・16）とは対照的に、裁判所の厳しい規制を受けることとなった点で注目されるケースである。

V 休職期間満了時の対応と解雇・退職

上述のように、解雇が有効とされるには、合理的理由や社会的相当性が求められる。そのためには会社側の相当の努力が必要であるが、それを行っても認められないケースがあることが裁判からもうかがえる。さらに、会社が解雇しようとする場合は、少なくとも30日前に予告をするか、予告をしない場合は30日分以上の予告手当を支払わなければならない（労働基準法20条）。これらを踏まえると、休職期間満了時において、休職事由が消滅しない場合においては、自然退職とする規定を設けておき、これに従って退職とすることがトラブル回避のためには有用である。

（休職期間満了時の措置）
第○条　私傷病休職期間が満了しても、治癒せず、就業が困難な場合は休職期間の満了をもって退職とする。
　2　前項における治癒とは、従前の業務を健康な時と同様に通常業務が遂行できる程度に回復することを意味する。

また、解雇とするような規定になっている会社であっても、一方的に解雇するのではなく、社員と話し合って、合意の上円満に退職してもらうことが重要である。

なお、傷病が業務に起因（業務上災害）している場合、休業期間中およびその後30日間の解雇はできないという解雇制限がある（労働基準法19条）。ただし、使用者が打切補償を支払った場合には、解雇制限を解除してよいとされている。打切補償とは、労働基準法上の療養補償を受ける労働者が、療養

開始後3年を経過しても治らない場合に、使用者が平均賃金の1200日分を支払うことで、その後の補償を行わなくともよいという規定である（同法81条。ただし、労働者災害補償保険法（以下、「労災保険法」という）で療養開始後3年を経過した日（または同日後）に、傷病補償年金支給の場合は打切補償とみなす（労災保険法19条））。しかし、解雇制限が解除されたからといってすぐに解雇できるものではないと考える。なぜなら、解雇制限が解除されても、解雇有効とされる合理的理由や社会的相当性が備わっていなければならず、障害の程度にもよるが少なくとも会社は復職に向けて支援する必要がある（第10節Ⅰ参照）。

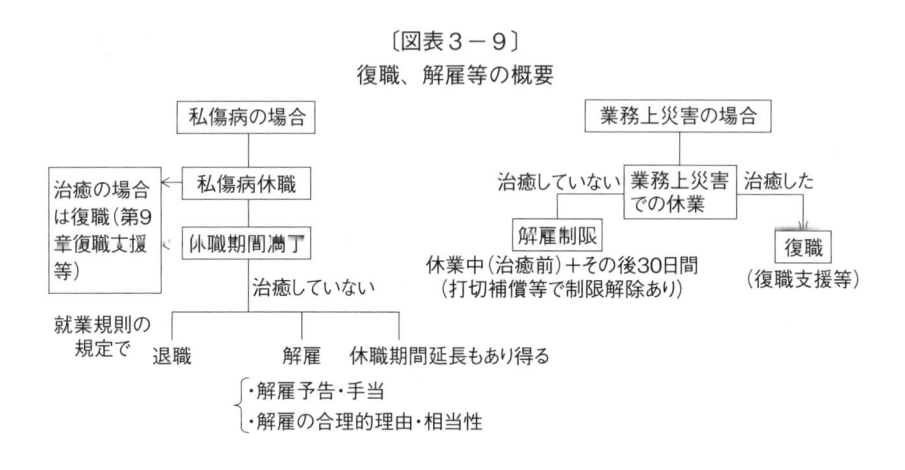

〔図表3－9〕
復職、解雇等の概要

【私傷病の場合】
私傷病休職 → 休職期間満了
- 治癒の場合は復職（第9章復職支援等）
- 治癒していない
  - 就業規則の規定で退職
  - 解雇
    - 解雇予告・手当
    - 解雇の合理的理由・相当性
  - 休職期間延長もあり得る

【業務上災害の場合】
- 治癒していない → 解雇制限（休業中（治癒前）＋その後30日間（打切補償等で制限解除あり））
- 治癒した → 復職（復職支援等）

（深津　伸子）

第9節　復職判断の方法

Ⅰ　復職判断の際の問題点

　私傷病休職からの復職は判断に悩むことがある。たとえば、休職をしていた社員が復職したいと言ってきたが、社員の家族を交えた面談で本人に質問などをしても、その家族が答えるばかりで、本人は話すこともできず、以前と変わらず調子が悪そうといったケースがある。このような場合、会社は、社員の復職請求を、そのまま受け入れなければならないか、との疑問が生ずることがある。
　特に、精神疾患のように、治癒の程度がわかりづらい病気の場合に問題となりがちである。

Ⅱ　復職を判断するのは誰か

　そもそも、私傷病休職から復職させる否かを判断するのは会社である。そして、判断するには根拠が必要となるが、これは医学的な裏づけに基づいて行うことが必要となる。
　となると、「治癒して復職できる状態である」との裏づけをとり、証明する責任は「会社 or 社員のどちらが負うのか？」という問題が生ずる。

Ⅲ　治癒したことを証明するのは誰か

　これまでの学説や裁判例は、「会社」が証明をするとの考えがなされていた。しかし、疾病に罹患したのはいうまでもなく社員であって会社ではな

い。つまり、自分の疾病に関する情報を圧倒的に多くもっているのはその社員である。そのため、会社に証明させ、その責任を負わせるのは妥当と考えられない。

また、以下の最近の裁判例のように、社員が証明できないことにより、復職できないなどの不利益を「社員」が被る例が出てきている。

たとえば、大建工業事件（大阪地決平成15・4・16労判849号35頁）は、うつ病による休職期間満了時、会社が社員に対し、健康状態の把握のため、協力を要請したのに、社員が拒否したこと等から解雇有効となったケースである。

> **大建工業事件**（大阪地決平成15・4・16労判849号35頁）
> ① 会社は、労働者に対し、医師の診断あるいは医師の意見を聴取することを指示することができるし、労働者としてもこれに応じる義務がある。
> ② そして、会社が数回にわたって診断書提出期限を延期したにもかかわらず、労働者が特に理由を説明することなく診断書を提出せず、通院先の病院の医師ではない医師の証明書なる書面を提出したのみで、通院先の医師や証明書を作成した医師への意見聴取をも拒否し続けており、会社が休職期間満了後も直ちに労働者を休職満了扱いとせずに自宅待機の措置をとっていたとの事情や、労働者自身が未だ体調がすぐれない旨述べていることを合わせ考慮して、普通解雇が認められた。

また、横浜市学校保健会〔歯科衛生士解雇〕事件（東京高判平成17・1・19労判890号58頁）は、頸椎性脊髄症で長期休業後の歯科衛生士が、職務を遂行するにあたって支障があるとして解雇が有効とされた例である。労働者が、検査方法を変えれば復職できると証明しようとしたが、これが認められずに、結局は真偽不明の不利益（解雇）を受けることになってしまったものである。

> **横浜市学校保健会〔歯科衛生士解雇〕事件**（東京高判平成17・1・19労判890号58頁）
> ① 職務（口腔内検査）を遂行する際、最低限必要な視線の確保について、検査

> 対象者の位置を動かすなどの方法で検査が可能だと、労働者は主張した。
> ② しかし、労働者が主張する検査可能性については相当の疑問が残り復職できないとして、解雇が有効とされた。

　いずれも、労働者が復職できることの証明がなされなかったことから、解雇などの不利益を労働者が被ったといえる。
　さらに、私傷病休職制度は解雇猶予措置であること、休職に入る際に医学的根拠（休業を要するとの診断書等）に基づいて休職に入ったことに鑑みると、復職可能との証明は社員が行うとの考え方が成立しうると解される（岩出誠「労働者の健康と補償・賠償」日本労働法学会109号）。
　よって、まずは、労働者の病状の推移を観察してきた主治医から復職可能という診断が下されることにより、復職判断のプロセスがスタートする。そして、この診断書を基に、社員（状況により家族も交え）と面談を行うこととなる。
　診断書には、就業上の配慮に関する主治医の具体的な意見を含めてもらうことが望ましい。
　ただし、従前の学説や裁判例の考え方もあるため、就業規則に、社員が休職事由の消滅を証明することを記載し、明記しておくことがトラブルの未然防止策となろう。

> （休職事由消滅の証明）
> 第○条　休職を命じられた社員が、復職を希望する場合、休職の事由が消滅したことを、客観的な資料をもって会社に示さなければならない。

Ⅳ　主治医の診断書に疑問が生じた場合

　現状では、主治医による診断書の内容は、症状の回復程度を中心に記載されていることが多く、社員や家族の希望が含まれている場合がある。
　社員が主治医の診断書等を提出し、会社が社員と面談した結果、提出され

た診断書に疑問がある場合どうなるのであろうか。たとえば、主治医の診断書には、「治癒し復職が可能」と書いてあるが、会社と社員との面談によると、いまだ精神障害の症状が顕著で、治癒したと判断できないという状況である。会社は、復職請求をそのまま受け入れる必要があるのであろうか。

　この点、会社はそのまま受け入れるべきではないと考える。もし、このまま社員が復職し、症状が悪化すれば深刻な問題となる。社員にとっては、もう少し休めば悪化は防げたかもしれない。会社にとっては、復職後、業務によりその精神障害が悪化した場合、責任が問われる可能性がある。また、芳しくない状態のままでの復職は、周囲の社員に大きい負担を与えることにもなりかねない。

　以上を踏まえると、会社は、社員が本当に復職できるのか、十分手を尽くし確認しておくべきである。

V　主治医の意見を聴く

　まず、会社は、社員の同意を得て、本人を交え主治医と話し合い、会社の業務などの事情を説明し再考してもらうことが望ましい。その際、その業務を通常程度に遂行できるまで回復しているか、将来的に再発せず継続的に労務提供できるのか、確認することが必要である。復職可否だけでなく、少しずつ業務に慣らしていけば復職できるなど、その他の方法の検討もしやすくなる。そして、社員が納得のうえで、会社が復職可否を決定できれば理想的である。

　しかし、もし、社員が主治医との面談や医療情報開示について同意してくれない場合、復職可能かどうかの十分な証明がなされない。このような場合、会社は社員に対し、提出された診断書には疑問があるので復職は認められず、就業規則に従いこのまま休職を続けてもらうこととなる（休職期間満了の場合は解雇か自然退職となる）と説明し、そうはしたくないので協力して

もらいたいと説得することが必要となる。

　このような問題とならないようにするためには、主治医への面談等に関する社員の協力義務を就業規則に明記しておくべきである。

> （私傷病休職から復職するための措置）
> 第○条　会社が、私傷病休職からの復職の確認のため、必要に応じて、社員の主治医に対する面談による事情聴取、または医療情報の開示を求めた場合には、社員はこれに応じなければならない。
> 　2　前項の目的を遂行するため、社員は会社に対して、主治医宛の医療情報開示同意書を提出するものとする。

Ⅵ　主治医の診断書や意見聴取のポイント

　主治医からの診断書や意見を聴取するに際しては、会社の業務内容、その社員が従事している職務やその遂行のために必要な能力、職場環境等を、主治医に理解してもらうことがポイントである。

　この点、厚生労働省の職場復帰支援の手引きにおいても、次のように示されている。

> 2　職場復帰支援の流れ
> 　(2)　主治医による職場復帰可能の判断＜第２ステップ＞
> 　……また、より円滑な職場復帰支援を行う上で、職場復帰の時点で求められる業務遂行能力はケースごとに多様なものであることから、あらかじめ主治医に対して職場で必要とされる業務遂行能力の内容や社内勤務制度等に関する情報を提供した上で、就業が可能であるという回復レベルで復職に関する意見書を記入するよう依頼することが望ましい。

Ⅶ　会社指定医の意見を聴く

　主治医と話し合った結果、主治医の意見が患者の意向に偏っていて、再考に応じてくれないこともある。このような場合、会社は「治癒し復職が可能」とした主治医の診断書を覆すに足る医学的な根拠を提示し、証明することとなる。

　この証明の方法として、社員から医療情報開示の同意を得たうえで、主治医のもつ医療情報を開示してもらい、会社指定医により主治医からの意見を聴き取り（可能なら会社も）、必要ならば社員が会社指定医の診断を受ける。そして、会社指定医の意見を聴いて、会社は復職の可否を判断することとする。

　この点について、職場復帰支援の手引きにおいては、次のように示されており参考となる。

> 3　職場復帰支援の流れ
> (2)　主治医による職場復帰可能の判断＜第2ステップ＞
> ……ただし現状では、主治医による診断書の内容は、病状の回復程度によって職場復帰の可能性を判断していることが多く、それはただちにその職場で求められる業務遂行能力まで回復しているか否かの判断とは限らないことにも留意すべきである。また労働者や家族の希望が含まれている場合もある。そのため、主治医の判断と職場で必要とされる業務遂行能力の内容等について、産業医等が精査した上で採るべき対応について判断し、意見を述べることが重要となる。(3(3)ア(イ)参照)

　以上のように、職場復帰可能の判断の際、産業医等による判断、意見を述べることが重要とされている。

　また、トラブルを防止するためには、就業規則に定めをおいておき、これに従って、会社指定医の意見を聴取し、復職可否の判断を行うべきである。

> （私傷病休職から傷職する際の会社指定医の受診義務等）
> 第○条　会社は、私傷病休職からの復職の確認のため、必要に応じて、社員に対し、会社の指定する医師による健康診断、検診、または精密検査等の受診を命じることができ、社員は合理的な理由なくこれを拒んではならない。
> 　2　前項の目的を遂行するため、社員は会社に対して、主治医宛の医療情報開示同意書を提出するものとする。

　なお、会社指定医については、産業医がいない場合、または産業医が精神科などの専門医でない場合は精神科などの専門医を指定することとなる（第5節Ⅲ5参照）。

〔図表3－10〕 復職可否判断のフロー

以下は、復職可否判断のケースの1つを、フローにまとめたものである。
① 社員からの診断書の提出
　　（合わせてチェックリストを提出してもらうのも1つの方法である〔図表3－11〕）
　　↓
② 会社と社員（状況により家族も交え）との面談【書式14】
　　↓
③ 社員の同意を得て会社が主治医の意見を聴く（可能なら本人も交える）
　　↓
④ 社員から医療情報開示の同意を得て、会社指定医（可能なら会社も）が主治医から意見を聞き取る【書式15】
　　必要ならば社員が会社指定医の診断を受ける
　　↓
⑤ 会社指定医の意見をふまえ会社が復職可否の判断をする
　　↓　　　　　　　↓
⑥ 治癒し通常業務に戻れる。　治癒していない。
　　↓　　　　　　　↓
職場復帰命令【書式16】　　休職　　休職期間満了
　　　　　　　　　　　　　　　　↓　　　↓
　　　　　　　　　　　　　　休職延長　自然退職または解雇

〔図表３−11〕 休職から復職に向けてのセルフチェックリスト

平成　年　月　日
名前　　　　　㊞

事項		内容	Yes又はNo	週の頻度	備考（具体的内容、程度、特記事項等）
生活関係	快眠度	よく眠れなかった日がある	Y・N	回	
	起床時刻	会社の所定出勤時刻より２時間遅く起きることがある	Y・N	回	
	食生活	食事を抜く、食事時間が２時間ずれる	Y・N	回	
	身なり	歯磨き、洗顔、洗髪など、身だしなみを清潔に保てない	Y・N	回	
	読書、テレビ視聴時等の状態	集中力、理解力がない	Y・N	回	
	外出	全く外出しない日がある	Y・N	回	
	精神症状による日常生活上の支障	憂鬱、不安、イライラ、やる気のなさ等で日常生活に支障がある	Y・N	回	
	身体症状による日常生活上の支障	倦怠感、頭痛、発熱、下痢、吐き気等で日常生活に支障がある	Y・N	回	
人間関係	家族との関係	家族のサポートがない	Y・N	回	
	他人との関係	近所、知人等から話しかけられた場合に返事できない、または自分から話しかけられない	Y・N	回	
治療関係	主治医との関係	通院、質問、話合いをしていない、理解の程度が低い	Y・N	回	
	復職する業務の説明	会社の業務について主治医にきちんと説明できていない	Y・N	回	
	薬の服用	主治医の許可を得ずに薬の服用を止めている	Y・N	回	
復職関係	職場での人間関係	不安や葛藤がある	Y・N	回	
	職場復帰への意欲	業務内容に関心がない、職場復帰への意欲が湧かない	Y・N	回	
	復職への不安	復職に不安がある、病状悪化の可能性がある	Y・N	回	
	職務遂行達成可否（半年）	受入部署が求める達成度合いを満たせない	Y・N	回	
その他	自傷他害の可能性	自傷又は他害の可能性があるか	Y・N	回	

① Yes または No で表現できない、その他頻度で表せない場合等は備考欄に文書で記入してください。
② 本人が判断できない事項は、家族や主治医と相談の上記入してください。
③ このシートは復職判断や復職支援に使用するものです。ありのままの現状を記入してください。

【書式14】 社員面談記録

社員面談記録

記録作成日　年　月　日　記載者（　　　　）

所属		氏　名		男・女	年齢　才	休職開始日時 平成　年　月　日

面談日時：平成　年　月　日　　時　○印　本人
　　　　　　　　　　　　　　　　　　　家族（配偶者・親・子供・その他）
　　　　　　　　　　　　　　　　　　　その他（　　　　　）

面談者（氏名）

本人の現在の状態	
治療・通院状況	
家族・主治医からの意見	
対応、感想など	
今後の予定	
次回面談予定	年　月　日　時　面談予定者：

第3章 事後の対応策〜社員が心の病を発症したら

【書式15】 診療情報提供書

診療情報提供書

　　　　　病院　　　　科
　　　　　　　　主治医先生

〇〇株式会社
※産業医　　　　　　㊞

　当社社員の復職判断、職場復帰に際し、下記2の情報提供依頼事項について情報提供及びご意見をいただきたいので宜しくお願い申し上げます。記入欄が不足の場合は、別紙にご記入ください。
　なお、いただいた情報は、本人の復職判断、職場復帰を支援する目的にのみに使用され、プライバシーには十分配慮しながら産業医が責任を持って管理いたします。
　今後とも当社の健康管理活動へのご理解ご協力を宜しくお願い申し上げます。

記

1　社員
　　氏名　〇〇〇〇　（男・女）
　　生年月日　　　年　　月　　日

2　情報提供依頼事項
　（1）発症から初診までの経過

　（2）処方内容、治療経過

(3) 現在の状態、症状（業務に影響を与える症状および薬の副作用の可能性なども含めて）
□治癒した
□経過観察を要する
□通院が必要である（月　　回程度）
□その他
（　　　　　　　　　　　　　　　　　　　　　　　）

(4) 勤務管理（業務に影響を与える症状および薬の副作用の可能性なども含めて）
□通常勤務可能である
□勤務制限を要する
　（□時間外勤務の制限、□休日勤務の制限、□出張の制限、
　　□その他：　　　　　　　　　　　　　　　　　　　　）
□就業時間の短縮を要する
　（□遅刻・早退、□半日勤務、
　　□その他：　　　　　　　　　　　　　　　　　　　　）
□職務の配置転換を要する
（具体的に：　　　　　　　　　　　　　　　　）
□就業させないことが望ましい（　　年　　月まで）

(5) その他留意点

（本人記入）
私は本情報提供依頼書に関する説明を受け、情報提供文書の作成ならびに産業医への提出について同意します。
　　年　　月　　日　　　氏名　　　　　　　　　㊞

※産業医がいない場合、又は産業医が精神科などの専門医でない場合は会社指定医となる。

【書式16】 復職命令通知書

平成○○年○○月○○日

○○部○○課
○○○○　様

○○○○株式会社
代表取締役○○○○

復職命令通知書

　貴殿は、業務外の傷病により、平成○○年○○月○○日付休職命令通知書に基づき、平成○○年○○月○○日から休職に入っていましたが、貴殿より、復職可能な旨の診断書が平成○○年○○月○○日に提出されました。
　そこで、当社は貴殿に対し、就業規則第○条○項に基づき、平成○○年○○月○○日より復職されるようご通知申し上げます。

以　上

（深津　伸子）

第10節　職場復帰支援、軽減業務、リハビリ出勤と復職後の労働条件

I　職場復帰支援の手引き

　復職支援にあたっては、厚生労働省が発表している職場復帰支援の手引きを参考にする方法がある。これは、心の健康問題で休業していた労働者の職場復帰を支援するための方法を示したものである。5つのステップの概要は、次のとおりである。

＜第1ステップ＞　病気休業開始及び休業中のケア
　ア　病気休業開始時の労働者からの診断書（病気休業診断書）の提出
　イ　管理監督者によるケア及び事業場内産業保健スタッフ等によるケア
　ウ　病気休業期間中の労働者の安心感の醸成のための対応
　エ　その他
　　　　↓
＜第2ステップ＞　主治医による職場復帰可能の判断
　ア　労働者からの職場復帰の意思表示と職場復帰可能の判断が記された診断書の提出
　イ　産業医等による精査
　ウ　主治医への情報提供
　　　　↓
＜第3ステップ＞　職場復帰の可否の判断及び職場復帰支援プランの作成
　ア　情報の収集と評価
　　(ｱ)　労働者の職場復帰に対する意思の確認
　　(ｲ)　産業医等による主治医からの意見収集
　　(ｳ)　労働者の状態等の評価
　　(ｴ)　職場環境等の評価
　　(ｵ)　その他

イ　職場復帰の可否についての判断
　ウ　職場復帰支援プランの作成
　　(ｱ)　職場復帰日
　　(ｲ)　管理監督者による就業上の配慮
　　(ｳ)　人事労務管理上の対応
　　(ｴ)　産業医等による医学的見地からみた意見
　　(ｵ)　フォローアップ
　　(ｶ)　その他
　　　　　↓
＜第4ステップ＞　最終的な職場復帰の決定
　ア　労働者の状態の最終確認
　イ　就業上の配慮等に関する意見書の作成
　ウ　事業者による最終的な職場復帰の決定
　エ　その他
　　　　↓
　職場復帰
　　　　↓
＜第5ステップ＞　職場復帰後のフォローアップ
　ア　疾患の再燃・再発、新しい問題の発生等の有無の確認
　イ　勤務状況及び業務遂行能力の評価
　ウ　職場復帰支援プランの実施状況の確認
　エ　治療状況の確認
　オ　職場復帰支援プランの評価と見直し
　カ　職場環境等の改善等
　キ　管理監督者、同僚等への配慮等

　この職場復帰支援の手引きについては、法的義務を課すものではないが、具体的に記述されている部分もあり、参考の1つとなる。会社がこのような復帰支援をどこまで行うかについては、原則として、裁量によるところになる。ただし、少なくとも、社員のメンタルヘルス不調の原因に過重性が認められる可能性があるのであれば、この職場復帰支援の手引きに沿った手厚い

第10節　職場復帰支援、軽減業務、リハビリ出勤と復職後の労働条件

復帰支援が求められるものと考える。

II　職場復帰の際、軽減業務を認める必要があるのか

　職場復帰が可能かどうかについては、治癒しているかによる。そして、100％治癒しているのであれば復職を認めるが、治癒の程度が100％のうち70％であるというのであれば、軽減業務にしろ、復職を認めるべきではないと考える。

　しかし、長期にわたる休職の後に急に通常業務を完全に行うのは負担がかかるものである。よって、100％治癒した状態で、長期に休職したブランクを埋めるための「ならし運転」として、軽減業務を認めることはある程度必要であろう。いずれも本人、主治医や会社指定医の意見を踏まえて行うようにする。その具体的内容としては、たとえば、次があげられる。

1　業務量

　復職直後は、適切な範囲内で業務量を制限し、段階的に通常のレベルの業務量に戻していくといった業務量の調整をする。ただし、業務量が少なく、能力や状態と釣り合っていない場合は、次のような問題点がある。すなわち、①業務量が少ないことへの不満、周囲への気遣いなどのストレスから状態を悪化させてしまうこと、②業務量が少ない状態に慣れてしまうという点である。医師等の意見を踏まえ、定期的に業務量の見直しをする必要がある。

2　勤務時間

　状況に応じて、残業、深夜労働、休日労働を制限する方法である。その他就業時間の短縮という方法もあるが、これについては、諸論ある。本来、100％治癒しているという条件であるので、軽減業務であっても正社員としてのフ

ルタイム勤務が最低条件であるという考え方もある。この点、職場復帰支援の手引きでは、職場復帰可否の判断基準において、「会社が設定している勤務日に勤務時間の就労が継続して可能であること」としながら、職場復帰支援プランの作成にあたっては、就業時間短縮についても配慮するよう示されている。

これらを踏まえると、たとえば、長期の休職にわたるような場合は、いきなりのフルタイム勤務は精神的、身体的に負担がかかるため、1週間〜2週間程度、終業時刻を早く切り上げ、段階的に終業時刻を本来の所定労働時間に近づけていく方法もあるのではないかと考える。

3　業務内容

職場復帰支援の手引きにもあるように、「まずは現職復帰」が原則である。その方が本人も慣れた業務で抵抗なく受け入れやすいからである。しかし、異動等が原因で発症したケースにおいては、新しい職場にうまく適応できなかった結果である可能性があるため、可能な範囲で、適応できていた以前の職場や、他の適応可能な職場への異動も考慮すべきである。

Ⅲ　軽減業務の場合の条件

いわゆる軽減業務の場合、給与を減額してもいいのか、という問題がある。業務が軽減されているのだから、当然給与も下げていいのではないか、と思われるかもしれない。

しかし、裁判例では、軽減業務でも「債務の本旨に従った履行の提供があると解する」としているものがある（片山組事件・最判平成10・4・9労判736号15頁）。言い換えれば、軽減業務であっても、社員は契約どおり働いているのだといっていることとなる。

したがって、軽減業務にもかかわらず従前の賃金を保障しなければならな

第10節　職場復帰支援、軽減業務、リハビリ出勤と復職後の労働条件

い、という解釈が成り立つ可能性がある。

　では、具体的に、軽減業務と賃金の関係はどのようになるであろうか。たとえば、次のような場合は、減額や不支給が認められる可能性がある。

① 　特殊勤務手当（例：交代制勤務で深夜勤務を免除するため深夜加給手当を支給しない）

② 　管理職手当（例：降格的配転による場合。ただし、資格・等級の変更がない場合は、減額規定が必要）

③ 　勤務時間の短縮

　これらは、ある程度、客観的に数値化して業務が軽減しているといえるものである。しかし、数値化が困難な程度の責任や業務量を軽減する場合、上述の片山組事件（前掲最判平成10・1・9）の関係から問題となる。

　たとえば、残業の免除や、責任を少し軽減するなどのケースである。この場合に給与を減額するのであれば、就業規則にその旨の規定が必要である。というのも、就業規則は、社員の労働条件等就業に関する事項を定めたものであり、その就業規則に軽減業務であれば減額すると書いてあり、それを周知していれば社員もこの点を理解し勤務していることになる。したがって、上述のように軽減業務における賃金の減額について争いが生じる可能性は低くなると考えられる。

　ただし、あまりにも社員に不利益な内容や就業規則の手続をきちんと行っていない場合は問題となるのでご注意いただきたい。

　以上を踏まえ、就業規則の復職の規定を載せておくので、参考にしていただきたい。

　いずれも、実際には、軽減業務の内容や、他の制度とのバランスなどにより異なる判断がありうる。実務にあたっては、専門家の意見を聞くなど慎重に対応することが必要である。

> （復職）
> 第○条　第○条による休職事由が消滅したときは復職させる。
> 　2　第○条○項○号の私傷病休職を命じられた社員が、復職を希望する場合、休職の事由が消滅したことを、客観的な資料をもって会社に示さなければならない。
> 　3　復職後の職務内容、労働条件その他の待遇等に関しては、休職の直前の時を基準として定める。ただし、元の職務に復帰させることが困難または不適当である場合は、職務や就業場所を変更することがある。
> 　4　前項にかかわらず、復職時に休職前と同程度の質・量・密度の業務に復せず、業務の軽減・時間短縮・責任の軽減等の措置を取る場合には、その状況に応じた、降格・給与の減額等の調整をなすことがある。

Ⅳ　復職後の労働条件

1　役職の引き下げ

　復職後、役職についていた社員の働きが十分でなく、役職を解く、あるいは役職を引き下げるべき状況が生ずることがある。これは、降職や降格などと呼ばれるもので、職能資格・等級を引き下げる降格（上記2参照）とは別のものである。

　会社には、職務内容や職務地を決定する人事権がある。一定の役職を解く降格については、裁判例は、就業規則に根拠規定がなくても人事権の行使として裁量的判断により可能である、としている（菅野和夫『労働法〔第10版〕』510頁）。つまり、役職を引き下げる降格・降職については、この人事権の行使として同意なく行うことが可能といえる。ただし、役職を限定して採用された社員については、人事権の範囲内とはならず、同意が必要となる（【書式17】参照）。

　また、賃金の引き下げについては、上記Ⅲのように、管理職手当が支払わ

れている場合など、降格・降職によりその役職から下がった分に関しては、引き下げることができる。たとえば、課長には課長手当を支払うという規定が就業規則にあり、課長の役職を解いた場合に、支払っていた課長手当をカットするというケースである。しかし、このような明確な支払い方法でなく、就業規則に減額規定がない場合は、降格・降職をしたからといって、即座に賃金カットにつながらないことに注意が必要である。よって、賃金の減額に関しては、上述の規定例などを参考にしていただきたい。

【書式17】 役職限定で入社した者の労働条件変更の連絡と同意

平成　年　月　日

〇〇　〇〇　様

株式会社〇〇〇〇
〇〇　〇〇

復職後の職務について

　本年　月　日付「私傷病療養休暇期間終了に関するご連絡」の通り、貴殿提出の診断書、また産業医による療養経過及び検査結果による診断書を総合考慮しまして、現時点では、復職可能と判断し、同4月1日より通常勤務と致します。
　つきましては、上記診断等による貴殿の状況と治癒経過を考慮しながら、職場への復帰を援助すべく、復職後の職務を変更致しますので、ご了知下さい。
　具体的には、貴殿の業務を、〇〇マネージャー〇〇業務から〇〇業務に変更し、職務と責任の軽減を図ります。これに伴い、当該職務と責任に対応する給与額への変更（〇〇円から〇〇円）もさせていただきます。

以上

株式会社〇〇〇〇　御中

受領確認及び同意書

　私は、上記「復職後の職務について」の受領を確認し、上記復職の内容について、了知し同意いたします。

平成　年　月　日
住　所
氏　名　　　　㊞

2　職能資格・等級の引き下げ

　復職した社員の業務遂行能力が休職前より低下していた場合に、職能資格・等級を引き下げる降格は可能だろうか。この場合、上記1で述べた役職の引き下げである降格と違い、人事権の範囲内とはならない。なぜならば、職能資格制度における資格・等級は、会社での就業をとおしての技能・経験に積み重ねにより到達した職務遂行能力に着眼して格づけられるもので、本来、引き下げられるということが予定されていない。よって、職能資格・等級の引き下げは、労働者との合意により契約内容を変更する場合以外は、就業規則等労働契約上の明確な根拠がなければなし得ない（前掲・菅野511頁）。職能資格制度を用いている企業は、降格規定の見直しが必要であろう。

　また、降格規定があっても、著しく不合理な評価によって大きな不利益を与えるような場合は、人事権の濫用として、無効となる場合がある。

V　リハビリ出勤

1　リハビリ出勤とは

　休職期間満了時に復職できるか否かを判断するために、試しに出勤するリハビリ出勤という制度がある。職場復帰支援の手引きにおいても、次のように述べている。

> 6　その他職場復帰支援に関して検討・留意すべき事項
> (3)　試し出勤制度等
> 　社内制度として、正式な職場復帰の決定の前に、以下の①から③までの例に示すような試し出勤制度等を設けている場合、より早い段階で職場復帰の試みを開始することができ、早期の復帰に結びつけることが期待できる。また、長期に休業している労働者にとっては、就業に関する不安の緩和に寄与するとともに、労働者自身が実際の職場において自分自身及び職場の状況を確認しながら復帰の準備を行うことができるため、より高い職場復帰率をもたらすことが期待される。
> ①　模擬出勤：職場復帰前に、通常の勤務時間と同様な時間帯において、短時間又は通常の勤務時間で、デイケア等で模擬的な軽作業やグループミーティング等を行ったり、図書館などで時間を過ごす。
> ②　通勤訓練：職場復帰前に、労働者の自宅から職場の近くまで通常の出勤経路で移動を行い、そのまま又は職場付近で一定時間を過ごした後に帰宅する。
> ③　試し出勤：職場復帰前に、職場復帰の判断等を目的として、本来の職場などに試験的に一定期間継続して出勤する。
> 　ただし、この制度の導入に当たっては、この間の処遇や災害が発生した場合の対応、人事労務管理上の位置づけ等について、あらかじめ労使間で十分に検討しておくとともに、一定のルールを定めておく必要がある。

　上述のとおり、職場復帰支援の手引きは法的義務とはいえず、また「設けている場合」としていることからも、この制度は会社に課せられた義務では

なく、採用するか否かは会社の裁量であるといえる。ただし、就業規則等で、リハビリ出勤が、休職者の権利となっている、または会社の義務として定められている場合、その申し出に応じる義務がある。

また、職場復帰支援の手引きにもあるように、試し出勤の人事労務管理上の位置づけについては、十分検討しておく必要がある。たとえば、無給のリハビリ出勤の場合は、労災保険が適用されない可能性がある。このような場合に、たとえば上司や同僚からの配慮のない言動等により、病状が悪化した場合、本来なら業務上災害となる可能性があるが、これが労災給付の対象とならなければ、会社が全面的な責任を負担することになりうる。このようなことから、リハビリ出勤制度を設けることは困難が多く、慎重に検討すべきであると考える。

2　リハビリ出勤を認めるべきか

リハビリ出勤は、復職後の軽減措置とは異なり、復職できる程度に治癒しているのか確認するなど、復職可否判断に用いられる。よって、リハビリ出勤が必要な状態というのは、完治していないことを意味するといえる。そのようなリハビリ出勤の過程で、症状の再燃や悪化することも考えられ、この場合会社が責任を問われる可能性がある。また、上述のように、労災の対象となるか否かといった問題もあり、会社はリハビリ出勤を安易に認めるべきではない。

このようなリハビリ出勤制度を導入するかどうかにあたっての考え方は、以下のとおりさまざまである。

① 　会社でのリハビリ出勤は認めない方法　　リハビリ出勤は、まだ治っていない状態で出勤するため、病状の再燃や悪化など、リスクが高い。主治医等が必要というのであれば、治療の一環として、外部の医療機関等でリワークを行ってもらい、完全に治ったら復職を認める。

② 　個別にリハビリ出勤を認める方法　　リワークを行っている医療機関

第10節　職場復帰支援、軽減業務、リハビリ出勤と復職後の労働条件

等が近くにないといった場合など、個人の事情や回復状況等に応じて個別にリハビリ出勤を認める。この場合、リハビリ出勤を制度として整備するのではなく、就業規則には必要最小限の事項のみ定めておいて、具体的には個別に会社と休職社員間で定めるという方法がある（詳細は、第2部Q6をご確認いただきたい）。

③　リハビリ出勤制度を設ける方法　　社内のリハビリ勤務で復帰の可否を見極めたいといった場合に、リハビリ出勤制度を整備する方法である。ただし、上述の労災リスク等を踏まえ、必要な対策を講じておくことが不可欠である。また、リハビリ出勤制度の適用にあたっては、回復の程度によらず一律に適用することのないよう、注意が必要である。精神疾患の病状は個人により異なるからである（【書式18】を一例としてご参照いただきたい）。

なお、職場復帰しても、すぐに休みがちになることが多いため、リハビリ出勤制度を取り入れたいというのであれば、そもそも、職場復帰の判断をしっかりと行うよう改善する必要があると思われる。これは、会社の安全配慮義務の履行という観点から、また社員の精神疾患における症状の再燃、悪化リスクを防止するためである。

3　リハビリ出勤の種類

リハビリ出勤は、その内容によって、いくつかの種類が考えられる。リハビリ出勤を認めるにあたっては、その種類、内容をおさえておく必要がある。職場復帰支援の手引きには、上記のとおり、①模擬出勤、②通勤訓練、③試し出勤があげられている。

これらのリハビリ出勤が、労務提供しているか、すなわち就労に当たるかが問題となることがある。実際の内容にもよるが、上記①②については、治療の一環として行われ就労に当たらないケースが多いと思われるが、③については、就労に当たるケースがあると考えられる。職場復帰支援の手引きで

は、「作業について使用者が指示を与えたり、作業内容が業務（職務）に当たる場合などには、労働基準法等が適用される場合があることや賃金等について合理的な処遇を行うべき」とされており、このような観点から、就労に当たるのか判断するのが適切である。就労に当たる場合は、労基法等を踏まえた適切な労働条件とし、そうでない場合は、処遇や災害が発生した場合の対応、人事労務管理上の位置づけについて、適切にルールを設定し、本人の理解を得ておく必要がある。

4　リハビリ出勤をめぐる裁判例

　実際に、リハビリ出勤が復職に当たるかが争われたケースがある。西濃シェンカー事件（東京地判平成22・3・18労判1011号73頁）は、脳出血で右片麻痺となった休職者が、休職期間満了後のリハビリ期間として休職期間を延長されたが満了により退職とされた事案である。裁判所は、作業は無給で労働契約に基づく労務の提供ではなく復職とはいえないとした。そして、退職の時点で従前の通常業務を遂行できないことは明らかで、現実的に配置可能な業務の存在も認められないことから休職期間満了による退職とした。

　本件では、約1年間にわたってリハビリ作業を継続しており、おおむね週に3日、1日2時間30分程度の出社であった。その内容は適宜人事部の担当者からの依頼を受けて、郵便物の宛名ラベルの作成やバインダーに貼付するラベルシールの作成等であり、その遂行状況や結果について、会社が評価することはなかった。また、本件では、「復職」という取り扱いをせず、あくまでもリハビリテーションの一環として作業に従事し、通常勤務が可能であると判断された時点において「復職」という取り扱いをしたいという会社の意向を示していたこと等もポイントといえ、実務の参考となる。

【書式18】 休職者のリハビリ出勤規程（例）

メンタルヘルス不調による休職者のリハビリ出勤規程

（目的）
第1条　この規程は、就業規則第〇条の規定に基づき、メンタルヘルスの不調による休職者が、主治医または産業医もしくは会社の指定する医師（以下、産業医および会社の指定する医師を併せて「産業医等」という）の診断により、リハビリ出勤（以下、単に「リハビリ出勤」という）が必要とされた場合に、適切にリハビリ出勤を行い、当該社員の職場復帰を支援することを目的として、出勤日の制限や勤務時間の短縮等の措置等ついて定めるものとする。

（対象者）
第2条　本規程はメンタルヘルスの不調により休業した社員が、医学的に業務に復帰するのに問題ない程度に回復し、職場復帰のためのリハビリ出勤を必要とする状態にあるもので、会社がその必要性を認めた者を対象とする。

（リハビリ出勤を必要とする状態）
第3条　前条におけるリハビリ出勤を必要とする状態とは、次の各号のいずれにも該当する状態をいう。
　（1）　当該社員から会社に対して職場復帰のためのリハビリ出勤をしたい旨の意思表示があること
　（2）　主治医から職場復帰可能であるが、第5条に定めるリハビリ勤務の措置が必要である旨の診断書の提出があること
　（3）　前号の診断書によっては判断が困難な場合、産業医等より前号同様の診断があるもの

（適用の範囲）
第4条　リハビリ出勤は、正社員に適用し、パート・アルバイト社員には適用しない。

（リハビリ出勤の措置の内容）
第5条　主治医の診断書または産業医等の診断により会社が必要と判断した場合、次の措置の全部または一部を講ずるものとする。
　(1)　残業の制限
　(2)　休日勤務の制限
　(3)　深夜勤務の制限
　(4)　就業時間の短縮
　(5)　出勤日の制限
　(6)　出張の制限
　(7)　配置転換・異動
　(8)　その他、会社が必要と認めた措置

（リハビリ出勤の期間）
第6条　リハビリ出勤の期間は、措置内容を問わず、通算6カ月間の範囲内で、主治医の診断書または産業医等の診断により会社が必要と認める期間とする。

（リハビリ出勤の申出の手続）
第7条　リハビリ出勤を希望する社員は、原則としてリハビリ出勤を開始しようとする日（以下、「リハビリ勤務開始予定日」という）の2週間前までに、主治医の診断書等を添えて、リハビリ出勤申請書にて会社に申出するものとする。

（リハビリ出勤の決定）
第8条　会社がリハビリ勤務を認めたときは、会社は当該社員に対してリハビリ出勤の条件等の取扱いについて記載した、リハビリ出勤承認通知書を交付する。

（リハビリ出勤期間中の措置内容・期間等の変更）
第9条　主治医もしくは産業医等の診断に基づく会社の判断または本人の申出により第5条に基づく措置の内容もしくは期間等の変更を希望する場合は、リハビリ出勤（変更）申請書により申し出を行う。ただし、期間の変更につい

ては開始日から通算して6カ月の範囲を超えないこととする。

（リハビリ勤務変更の決定）
第10条　会社が前条のリハビリ出勤に関する変更を認めた場合は、会社は申出社員に対してリハビリ出勤の労働条件等の取扱いについて記載したリハビリ出勤変更承認通知書を交付する。

（リハビリ出勤の休職期間へ通算）
第11条　リハビリ出勤は、就業規則第○条の休職期間に通算され、期間の中断として取り扱わないものとする。

（リハビリ出勤の終了）
第12条　リハビリ出勤は、次の各号のいずれかの事由が生じた場合に終了する。
　(1)　本人から復職の申し出があり、通常の勤務が可能でリハビリ出勤の必要がないことについて、主治医の診断書または産業医の診断等に基づき会社が終了可能と判断したとき
　(2)　社員が負傷、疾病等により開始日から6カ月以内に、リハビリ出勤が不能状態または復職不能状態になったとき
　(3)　終了予定日に達したとき
　(4)　就業規則第○条の休職期間が満了したとき
　(5)　その他、会社が終了を相当と判断したとき

（リハビリ出勤期間中の処遇）
第13条　リハビリ出勤期間中の給与その他の処遇については、次のとおりとする。
　(1)　給与　　リハビリ出勤中の給与については、給与規程第○条による。
　(2)　賞与　　リハビリ出勤中の賞与については、給与規程第○条による。
　(3)　管理職手当　リハビリ出勤期間中にその役職を解く場合においては、給与規程第○条により、管理職手当は支給しない。
　(4)　通勤費　リハビリ勤務中の通勤費については、給与規程第○条による。

（職場復帰と処遇）
第14条　第12条１号によりリハビリ出勤を終了させ、通常勤務可能と会社が判断した場合、職場復帰を命ずる。この場合において、職場復帰後の職務内容、その他の処遇に関しては、休業の直前の時を基準として定める。ただし、職場復帰時に休業前と同程度の質・量・密度の業務に復せず、業務の軽減・責任の軽減等の措置をとる場合には、その状況に応じた降格・降職をすることがある。

（産業医等への意見聴取および医療情報の開示）
第15条　会社が、第３条、第５条、第６条、第９条、第12条および第14条の適否、健康状態の把握、各措置の内容等の確認のため、必要に応じて、社員の主治医に対する面談による事情聴取、または医療情報の開示を求めた場合には、社員はこれに応じなければならない。
２　会社は、前項の確認のため、必要に応じて、社員に対し、産業医等による健康診断、検診、または精密検査等の受診を命じることができ、社員は合理的な理由なくこれを拒んではならない。
３　前各２項の目的を遂行するため、社員は会社に対して、主治医宛の医療情報開示同意書を提出するものとする。

【書式19】　リハビリ出勤（申出・変更）申請書

リハビリ出勤（申出・変更）申請書

人事労務責任者様

　　　　　　　　　　　　　　　　　　　　　　平成　年　月　日
　　　　　　　　　　　　　　　　　　　　　　所属
　　　　　　　　　　　　　　　　　　　　　　氏名　　　　　　　㊞

　私は、「メンタルヘルス不調による休職者のリハビリ出勤規程」に基づき下記のとおりリハビリ出勤（申出・変更）の申請いたしたく、よろしくお願い申し上げます。

記

1．開始希望日・変更の場合は変更希望日
　　平成　　年　　月　　日
2．終了希望日・変更の場合は変更希望日
　　平成　　年　　月　　日
　※変更の場合は当初開始日から6カ月以内を上限とする。
3．希望する申請内容・変更後の内容
　　(1)　残業の制限（禁止・制限　　時間）
　　(2)　休日勤務の制限（禁止・制限　　日）
　　(3)　深夜勤務の制限（禁止・制限　　時間）
　　(4)　就業時間の短縮（　　時から　　時まで）
　　(5)　出勤日の制限（　　日）
　　(6)　出張の制限（禁止・制限）
　　(7)　配置転換・異動（具体的内容　　　　　　　　）
　　(8)　その他
　　　（具体的内容　　　　　　　　　　　　　　　　）
4．添付書類
　　主治医による診断書　1通
　　医療情報開示の同意書　1通

以　上

【書式20】　リハビリ出勤（承認・変更承認）通知書

リハビリ出勤（承認・変更承認）通知書

所属
氏名　　　　　　様

　　　　　　　　　　　　　　　　　　平成　年　月　日
　　　　　　　　　　　　　　　　　　株式会社〇〇〇〇
　　　　　　　　　　　　　　　　　　人事部長〇〇〇〇

平成　　年　　月　　日にされたリハビリ出勤の申出・変更は、承認となりましたので、「メンタルヘルス不調による休職者のリハビリ出勤規程」に基づき、その取扱いを下記のとおり通知します。

記

1．リハビリ出勤期間・変更後の期間
　　　平成　　年　　月　　日から平成　　年　　月　　日までの期間
2．勤務内容・変更後の勤務内容
　　(1)　残業の制限（禁止・制限　　時間）
　　(2)　休日勤務の制限（禁止・制限　　日）
　　(3)　深夜勤務の制限（禁止・制限　　時間）
　　(4)　就業時間の短縮（　　時から　　時まで）
　　(5)　出勤日の制限（　　日）
　　(6)　出張の制限（禁止・制限）
　　(7)　配置転換・異動（具体的内容　　　　　　　　　）
　　(8)　その他、会社が必要と認めた措置
　　　　（具体的内容　　　　　　　　　　　　　　）
3．リハビリ出勤期間の処遇
　　(1)　所属および職務（　　　　　　　　　　　）
　　(2)　休業日
　　　　上記2の措置に基づく休業日は欠勤扱いとする。
　　(3)　給　与
　　　　リハビリ出勤中の給与については、給与規程第〇条による。
　　　　（休業日および就業時間の短縮における不就労時間は無給扱いとし、日割計算または時間割計算で算出した金額を給与から差し引くものとする。）
　　(4)　賞　与
　　　　リハビリ出勤中の賞与については、給与規程第〇条による。
　　　　（計算式　　　　　　　　　　　　　　　　）
　　(5)　管理職手当
　　　　貴殿の症状に応じて、リハビリ出勤期間中はその役職を解くため、給

与規程第○条により、管理職手当は支給しない。
　(6) 通勤費
　　　リハビリ出勤中の通勤費については、給与規程第○条による。
　　　（計算式　　　　　　　　　　　　　　　　　）
　(7) その他

以　上

【書式21】　リハビリ出勤終了申請書

リハビリ出勤終了申請書

人事労務責任者様

　　　　　　　　　　　　　　　　　　　　　　平成　年　月　日
　　　　　　　　　　　　　　　　　　　　　　所属
　　　　　　　　　　　　　　　　　　　　　　氏名　　　　　　㊞

　私は、「メンタルヘルス不調による休職者のリハビリ出勤規程」に基づきリハビリ出勤を行っておりますが、この度、下記のとおりリハビリ出勤の終了の申請いたしたく、よろしくお願い申し上げます。

記

1．終了希望日
　　平成　　年　　月　　日
　　（リハビリ出勤決定・変更時の予定期間　平成　年　月　日から平成　年　月　日まで）

2．終了事由
　具体的事由

第3章 事後の対応策～社員が心の病を発症したら

3．添付書類
　　主治医による診断書　　1通
　　医療情報開示の同意書　1通

以　上

〔図表3－12〕　リハビリ出勤・軽減業務等の概要

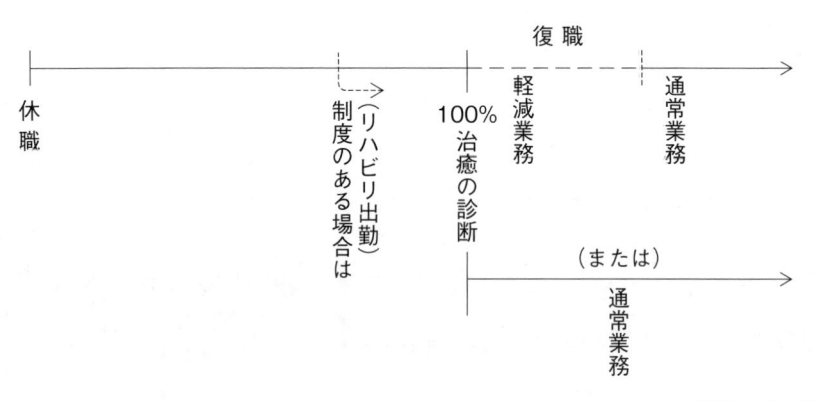

```
　　　　　　　　　　　　　　　　　　　復　職
　　　　　　　　　　　　　　　　　　┌─────┐
　　　　　　　　　　　　　　　　　　│軽減業務 │通常業務
　　　　　　　　　┌ ─ ─ ─ ─ ─ ─ →│         │─────→
休職　　　　　　　│                │         │
　　　　　　　　（リハビリ出勤）  100%
　　　　　　　　制度のある場合は  治癒の診断
                                    │                  （または）
                                    └──────────────通常業務─────→
```

（深津　伸子）

第11節　過重労働下で精神疾患の症状がみられたら

I　長時間労働の是正

　会社が長時間労働等の過重労働状態を把握している中で、その状態を放置しておくことは、問題である。精神疾患の症状が現れた場合はもちろんのこと、そのような症状を把握していない場合でも、会社の責任を問われることがある。

　リーディングケースである電通事件（最判平成12・3・24労判779号13頁）は、元社員Aの長時間労働および健康状態の悪化を知りながら、労働時間を軽減させる措置をとらなかったことにつき、使用者の責任を認めている。また、Aの性格を理由とする減額はできず、また原告である両親がAと同居していたとはいえ、Aの勤務状況を改善する措置をとりうる立場にあったとはいえないと指摘して、原告らの落ち度を理由とする減額を認めた原審（東京高判平成9・9・26労判724号13頁）の判断を破棄している。

　また、九電工事件（福岡地判平成21・12・2労判999号15頁）は、1年間に月100時間超の過重な時間外労働により、うつ病を発症し、自殺に及んだケースで、使用者の責任を認めている。

九電工事件（福岡地判平成21・12・2労判999号14頁）
① 　被告会社では、時間外労働時間および休日労働時間について自主申告制がとられていた。また、時間外労働および休日労働をする場合には、本来は勤務票に自ら記入して課長の承認を得ることになっていたが、実際には、現場施工管理担当者は事前の承認を得ることなく、月末にまとめて勤務票に時間外労働時間および休日労働時間を記載していた。また、時間外労働が月30時間を超えるなどの場合は事前に九電工労組の各分会長から支部に対する申請が必要になる

ため、被告会社の社員は36協定の定めの範囲内の時間数しか申告をしておらず、労働者Aも同様であった。Aの上司は、このような状況を認識しており、月1回のブロック会議などで、できるかぎり時間外労働をしないよう指導するとともに、土日曜日は交替で付すなど一人に業務負担が偏らないよう指導していたが、具体的な業務分担は現場施工管理責任者に任せていた。
② 被告会社は労働時間について自己申告制をとっていたものであるから、厚生労働省が策定した「労働時間の適正な把握のために使用者が講ずべき措置に関する基準」（平成13・4・6基発339号）に照らし、Aに対し、労働時間の実態を正しく記録し適正に自己申告を行うことなどについて十分に説明するとともに、必要に応じて自己申告により把握した労働時間が実際の労働時間と合致しているか否かについて実態調査を実施するなどし、Aが過剰な時間外労働をすることを余儀なくされ、その健康状態を悪化することがないように注意すべき義務があったというべきである。それにもかかわらず、被告会社は、Aの長時間に及ぶ時間外労働の状況を何ら是正しないで放置しており、被告会社には不法行為を構成する注意義務違反があったというべきで、また本件結果の予見可能性があったとされた。

厚生労働省は、「労働時間の適正な把握のために使用者が講ずべき措置に関する基準」（平成13・4・6基発第339号）において、上記の一定の措置を講じた場合には、タイムカード等による記録ではなく、自己申告制での記録を認めている。しかし、本件では、この一定の措置が講じられていなかったことと、さらには長時間労働の状況を何ら是正しないで放置していたことが問題となった。

労働災害について使用者の安全配慮義務違反または注意義務違反を肯定するためには、使用者に結果回避義務がなければならず、結果回避義務を肯定するために結果の予見可能性がなければならない。

この予見可能性の有無については、「事前に使用者側が当該労働者の具体的な健康状態の悪化を認識することが困難であったとしても、これだけで予見可能性がなかったとはいえないのであって、当該労働者の健康状態の悪化を現に認識していた、あるいは、それを現に認識していなかったとしても、

第11節　過重労働下で精神疾患の症状がみられたら

就労環境等に照らして、労働者の健康状態が悪化するおそれがあることを容易に認識し得たというような場合には、結果の予見可能性が認められる」としている。労働者の健康状態の悪化を認識していなくとも、就労環境等が健康状態を悪化させるおそれがあると認識できるならば、会社としては是正の措置をとらなければならない。

　なお、本件では、Aの妻である原告らが、Aの異変に気づいていたにもかかわらず病院で受診させるなどの対応をとっていなかったが、うつ病の発症や治療の要否の判断は容易ではなく、Aや原告がうつ病に関する十分な知識を有していたとも認められず、むしろAの就労状況からすれば、使用者である会社が当然に労働時間の抑制その他適切な処置をとるべきであったといえる等として、会社主張の過失相殺が否定された。

II　残業しないよう指導しても労働者が応じない場合

　残業しないような指導や助言をしていれば、労働者が応じないなど実際に是正されなくとも、会社の責任は果たしているといえるのだろうか。
　発症前6カ月間の平均が1カ月あたり100時間を超える時間外労働によりうつ病を発症したケースでは、次のように示されている。

> **富士通四国システムズ〔FTSE〕事件**（大阪地判平成20・5・26労判973号76頁）
> ① FTSE社は、原告（労働者）との間の雇用契約上の信義則に基づき、使用者として、労働者の生命、身体および健康を危険から保護するように配慮すべき義務（安全配慮義務）を負い、その具体的内容として、労働時間、休憩時間、休日、休憩場所等について適正な労働条件を確保し、さらに健康診断を実施したうえ、労働者の年齢、健康状態等に応じて従事する作業時間および内容の軽減、就労場所の変更等適切な措置をとるべき義務を負うというべきである。
> ② ETSE社は、Xの作業の進捗状況を把握し、その作業に遅れが出た場合には、上司が原告労働者の補助をし、業務を一部引き継いだり、補充委員を確保するなどして原告労働者の業務軽減につながる措置を一定程度講じていた。し

かし、原告の時間外労働時間は、上記業務軽減を行っても１カ月当たり100時間を超えており、FTSE社はこのような労働時間を認識していたのであるから、これを是正すべき義務を負っていたなどとして、Y社のXに対する安全配慮義務違反が認められた。
③　Xの長時間労働の状況が容易に是正される見込みはなかったといわなければならず、このような状況の下でFTSE社が安全配慮義務を履行するためには、単に原告労働者に対して残業しないよう助言・指導するだけではもはや十分ではなく、端的に、これ以上の残業を禁止する旨を明示した強い指導・助言を行うべきであり、それでも原告が応じない場合、最終的には、業務命令として、遅れて出社してきた原告の会社構内への入館を禁じ、あるいは一定の時間が経過した以降は帰宅すべき旨を命令するなどの方法を選択することも念頭に置いて、Xの長時間労働を防止する必要があったというべきである。

　本件では、原告は、月に５回程度、無断で始業時間に欠勤するようになり、そのような日は、午前11時ないし正午頃に出勤し、夜遅く、ときには早朝近くまで勤務することも少なくなかった。これについて、指導にあたっていたAは、そのような場合には休んだほうがよい旨の指導をしたが、原告は、当時、同じ事業所に勤務する交際相手の女性Bと昼食をとるのを楽しみにしているのだからそのようなことは言わないでほしい旨述べた。またAは、原告が特段の仕事がないと思われるのに残業していたため仕事がないなら早く帰るよう指導したところ、原告がBが退社するのを待っている等の返答をしたことが複数回あった。裁判所は、原告の言動は、社会的な未熟さ、公私の別がつかず、職場に対する配慮を欠いた身勝手な一面をうかがわせるものであり、もとより正当化されるべきではないが、原告は入社前に適応障害を来したことはなく、また同人は新卒入社後２年に満たない段階であったところ、「社会に出て間もない者がその社会的な未熟さに起因して、このような不適応の問題に直面することは、決して珍しくない」ともいえ、原告の個体的要因を課題に評価することは相当ではないとし、原告の発症と業務との間に因果関係を肯定した。

このような状況にあっても安全配慮義務違反が認められているのは、長時間労働が是正されていなかった点等が大きいのではないかと思われる。企業は、単に残業しないように助言するだけでなく、応じない労働者に対しては、残業禁止命令やさらには入館禁止命令を出すなど、強い姿勢で臨むことが時には必要となる。

なお、本件では、過失相殺により、損害の3分の1がなされている。原告が定時に出勤せず指導者からの指導を聞き入れず、たびたび深夜まで勤務するなど、原告は、前記のような形の勤務形態をあえて自らの意思によってとり続けていた等として、原告の過失とまで評価することはできないものの、他方でこのような勤務形態が寄与して生じた損害のすべてをFTSE社の負担に期することは公平に失するとしている。

Ⅲ 適正な業務配分と求められる対策

企業は、適正な業務配分を行い、初期症状をキャッチしたときは速やかな対応をとるべきである。みずほトラストシステムズ事件（東京高判平成20・7・1労判969号20頁）は、新卒SEが入社半年でうつ病自殺したのは、研修が不十分にもかかわらず専門部署に配属したためとして、損害賠償請求されたが、棄却されたケースである。

みずほトラストシステムズ事件（東京高判平成20・7・1労判969号20頁）
① 労働者Aの労働時間は、出社が午前8時30分前であり、退社については7月上旬から8月上旬にかけては午後9時頃まで会社に残って仕事をすることも多かったが、8月16日以降は他の新入社員に比して特に遅いとはいえず、最も遅く退館したのは、午後8時41分であった。
② 客観的にみて、Aが受けた部内研修がその内容や期間において不十分ないしは不適切なものであったとはいえず、コンピューター経験がなく集合研修を受けただけのAにとって過重なものともいえず、作業が、新人社員に対して初めて与える本番の作業として不適切なものであったとは認められず、コンピ

第3章 事後の対応策〜社員が心の病を発症したら

> ユータ経験がなく、研修を受けただけのAにとって過重なものであったともいえないとされた。

　本件では、Aが昼食後に吐き気を訴え、会社の診察室で問診を受け、帰宅後に訴外病院の夜間救急外来を受診した。被控訴人会社はAに病院で検査を受けるように指示した。また、Aには精密検査を受けさせることとした。加えて、AやBに対してはAに疲れがみえたら休憩室に連れ出すように指示するなどしている。長時間労働をさせていなかった点が大きく、また、適切な業務分担だけでなく、複数の対策を実施しており、このような点も評価されたのではないかと思われる。

Ⅳ　企業に求められる対応のまとめ

　以上によると、企業は長時間労働等の過重労働をしていないか、またその状況下で健康に異常がでていないか標準的な注意をしつつ、気づいたときには速やかにできる対応をするという、日々の労務管理を怠らないことが重要であるといえる。具体的には、適切な労働時間管理、健康診断や医師の面接などの安全衛生法の求める対策、健康相談窓口の設置などが考えられる。
　そして、症状をキャッチした場合、初期対応としては、医師への受診、そのアドバイスに沿った対策、残業の免除など長時間労働の削減、業務配分等の見直し、労働時間や休憩への配慮、休職までは長期でないたとえば2週間程度の休暇の付与などが考えられる。このような対応をしても効果がない、または症状が進んでいる場合は、休職によりしっかり療養に専念させる。また、職場復帰についても、業務災害により休業した労働者に対しては、手厚い復職支援をすべきであり、過重労働が原因の1つと思われるようなケースでは、おおむね業務災害と同様の対応をしておくことが重要である。

V　セクハラとの関係と対応策

1　セクハラとは

　セクハラに関しては、男女雇用機会均等法（以下、「均等法」という）において、次のように定められている。すなわち、職場において行われる性的な言動に対する労働者の対応により労働者がその労働条件につき不利益を受けること（対価型セクハラ）と、性的な言動により労働者の就業環境が害されること（環境型セクハラ）を防止するため、事業主は雇用管理上必要な措置をしなければならない（均等法11条）。

2　セクハラとなる「性的な言動」とは

　セクハラには、言葉によるものや、写真等を見せる、身体に触る、さらには性暴力に及ぶものまで、その行為の形態にはさまざまなものがある。次の例をあげておく。

言　動	具体的内容
発　言	性的な冗談・からかい、食事等への執拗な誘い、意図的に性的な噂を流す、性的な経験談を話したり聞いたりする等
視　覚	ヌードポスター・わいせつ図面の配布・掲示等
行　動	性的関係の強要、身体への不必要な接触、強制わいせつ行為、強姦等

3　セクハラの加害者・被害者

　セクハラの加害者は、社内の社員だけでなく、取引先や顧客も対象となる。つまり、社内の社員が加害者ともなるし、取引先や顧客が社内の社員に対する加害者となる可能性がある。

なお、これまで均等法は、女性に対する差別的取り扱いを禁止する片面的な法律であった。これが、平成19年4月施行の改正均等法においては、男女双方に対する差別を禁止する規定へと修正され、セクハラの被害者は男性も該当しうることとなった。

4　セクハラの判断基準

セクハラか否かを判断する基準としては、職業生活に関連して、本人の訴えや第三者からみて、見過ごすことのできない程度の具体的な不利益や被害が生じていること、または生じようとしていることが重要となる。

対価型・地位利用型では、地位や立場、権限を利用して昇進拒否や解雇等、労働条件への具体的不利益の発生、環境型では、職場環境への悪影響がその判断基準となる。

環境型は、対価型・地位利用型に比べて、その範囲を判断しにくい面があり、何がセクハラかわからないといった意見を耳にする。環境型セクハラの判断基準については、次のとおりである。

① 　性的言動の状況　　環境型のセクハラ、特にそれが発言を通じて行われる場合などには、原則としてその性的言動が、どの程度、繰り返されているかが重要な基準になる。

　　なお、問題の性的言動が、被害者にとって著しく悪質なものと考えられる場合には、一度の言動であっても、セクハラに当たると考えてよいであろう。

② 　「意に反する」とは　　「意に反する」言動とは、相手方の「望まない」言動であって、「不快な」ものを言うことである。

③ 　「不快な」言動かどうかの判断基準　　「通常の女性（または男性）」、つまり一般の通常人としての女性（または男性）の感じ方が判断基準となる。

　　しかし、被害者が普通以上に性的感受性が強い女性（または男性）で

あっても、本人が不快であると意思表示をしているにもかかわらず、その性的言動が繰り返されるような場合には、「通常の女性（または男性）」の感じ方にとらわれず、被害者本人の気持が判断の基準となる。

5　企業がとるべきセクハラ対策

企業がとるべきセクハラ対策としては、「事業主が職場における性的な言動に起因する問題に関して雇用管理上配慮すべき事項についての指針」（平成18年厚生労働省告示第615号）が参考になる。

具体的には、セクハラ防止に関する対応方針の明確化およびその周知・啓発、相談・苦情への対応、セクハラが生じた場合における事後の迅速かつ適切な対応等がある（第2章第4節参照）。

6　セクハラ発生時の対応

特に、セクハラが発生した場合の具体的対応としては、以下があげられる。

(1)　相談者からの事実確認を行う

事実確認は迅速に行うことが必要である。迅速な対応は、会社が真剣に苦情を受け止めているとの気持を相談者に伝えることになり、スムーズな解決につながる。法律に規定するセクハラに該当するか否かは別として、相談者から事情をよく聞くと同時に、何が一番耐えられないことか聞くことも大事である。社員の心身の状態によって、緊急性の有無を把握し、特に、相談者の心のケアを要する場合は迅速な対応が求められる。また、相談者が女性の場合、事情聴取者を女性にしたり、女性に同席してもらうなどの方法をとることも検討する。

なお、事情聴取にあたっては、メモをとり、書面や議事録を残すようにする。どのような言動が行われたのか、時系列に、5W1Hで押さえ、目撃者の有無なども確認する。これらは、次の事情聴取でも同様である。メールな

どの証拠があればそれも押さえておくとよい。

(2) 行為者・第三者からの事実確認を行う

真偽の確認のため、相談者から聴取した苦情内容の事実確認を、行為者とされる人に実施する。ここで、主張に不一致があり、事実確認が十分できない場合は、第三者や相談者から事実関係を聴取する。

また、密室ないし2人だけの場所で行われるような場合、事実認定は困難である。このような場合は、相談者が常日頃、他の社員に相談していたか、他の社員が同じような行為を受けたことがあるか、否定する行為者の主張とどちらが首尾一貫して信用性があるかなどから判断することとなろう。

調査にあたっては、関係者の名誉や人権を侵害しないよう注意が必要である。また、行為者とされる人に対して十分な弁明の機会も与えるようにする。

事実確認は相談窓口がある場合は、窓口担当者等が行うことが考えられる。しかし、このような窓口を設置していない場合や、状況によっては、人事労務関係の管理職や、その人が指名した所属長などが事実確認することが考えられる。

なお、相談窓口がない場合は、設置が求められる。パワハラの相談窓口と兼ねてもよい。

(3) 行為者・被害者に対する適切な措置

セクハラが認められた場合、行為者に対する措置および被害者に対する措置を適切に行う。具体的には、①行為者に対して就業規則に基づく懲戒処分を行う、②被害者と行為者と引き離すための配置転換を行う、③状況により行為者の謝罪を行うなどの措置が考えられる。処分のレベルについては、行為の性質、反復・継続性、被害者の数、加害者と被害者との職場での地位関係、行為が行われた状況、被害者の対応・感情、加害者の反省度合いなど、諸般の事情を勘案することとなる。ただし、セクハラが社会的問題となっている現状では、より厳格な処分が望まれる。

なお、セクハラと認定しなかった場合でも、加害者と疑われた社員については、紛らわしい言動等は慎むように注意、指導をしておくべきである。

(4) セクハラの再発防止に向けた措置

セクハラを行った者について厳正に対処する旨の方針をパンフレットや社内HPなどにより掲載、配付する。そのほか、セクハラ啓発のための教育・研修などを行うことも考えられる。

7 被害者がメンタル不調を訴えた場合

上記の対応が安全配慮義務の観点からも必要である。また、被害者がメンタル不調を訴えた場合は、より迅速な対応が求められる。どのようにしてもらいたいのか本人の希望を聞き、まずは、被害者に休暇を与えるまたは加害者を遠ざけるなど、心のケアに必要な対応を迅速に行う。この際、医師のアドバイスを受けるのも1つの方法である。

なお、セクハラを受け精神疾患にかかった場合、労災認定されることもある。認定基準の業務による心理的負荷評価表においては、「セクシュアルハラスメントを受けた」は、平均的な心理的負荷の強度は「Ⅱ」とされ、中程度のストレスとされている。

また、いじめやセクハラのように、出来事が繰り返されるものについては、発病の6カ月よりも前にそれが開始されている場合でも、発病前6カ月以内の期間にも継続しているときは、開始時からのすべての行為を評価の対象とすることとされている。

被害者がセクハラによるメンタル不調を訴えた場合の労災認定については、以下の認定基準の示す点もあわせて判断されるため、企業としても留意しておく必要がある。

2 セクシュアルハラスメント事案の留意事項
　セクシュアルハラスメントが原因で対象疾病を発病したとして労災請求がなされた事案の心理的負荷の評価に際しては、特に次の事項に留意する。
① セクシュアルハラスメントを受けた者（以下「被害者」という。）は、勤務を継続したいとか、セクシュアルハラスメントを行った者（以下「行為者」という。）からのセクシュアルハラスメントの被害をできるだけ軽くしたいとの心理などから、やむを得ず行為者に迎合するようなメール等を送ることや、行為者の誘いを受け入れることがあるが、これらの事実がセクシュアルハラスメントを受けたことを単純に否定する理由にはならないこと。
② 被害者は、被害を受けてからすぐに相談行動をとらないことがあるが、この事実が心理的負荷が弱いと単純に判断する理由にはならないこと。
③ 被害者は、医療機関でもセクシュアルハラスメントを受けたということをすぐに話せないこともあるが、初診時にセクシュアルハラスメントの事実を申し立てていないことが心理的負荷が弱いと単純に判断する理由にはならないこと。
④ 行為者が上司であり被害者が部下である場合、行為者が正規職員であり被害者が非正規労働者である場合等、行為者が雇用関係上被害者に対して優越的な立場にある事実は心理的負荷を強める要素となり得ること。

（深津　伸子）

第4章 メンタルヘルスをめぐる訴訟実務

第1節 総論

　労働契約において、使用者（以下、「会社」という）は、その雇用する労働者（以下、「社員」という）に対して、安全配慮義務を負う（労働契約法5条）。同条は、「使用者は、労働契約に伴い、労働者がその生命、身体等の安全を確保しつつ労働することができるよう、必要な配慮をするものとする」と規定しており、当然、メンタルヘルスの問題も、「生命、身体等の安全」に関する問題として、安全配慮義務の対象となり、同義務の不履行が認められれば、会社は社員に対して損害賠償義務を負うものである。

　問題は、会社が、具体的に、どのような場合に「安全配慮義務」に違反したとされてしまうのかという点である。つまり、メンタルヘルスの問題は、通常の外傷や内臓の疾患等のように容易に傷病の有無が判断できるものではなく、その発症過程や傷病の有無、程度等についても不明確な点が多く、それらの判定も専門家の判断に委ねざるを得ないという特性があるところ、はたして、どのような場合に、メンタルヘルスの問題が会社の業務に起因するものとして労災認定の対象となり、また、会社が安全配慮義務に違反したとして損害賠償請求の対象となるのかについては、検証すべき点が多いといえよう。

　メンタルヘルスの訴訟実務という視点で近時の裁判例を検討したときに、その類型として取り上げるべきは、①いわゆる過重労働によるもの、②ハラスメントによるもの（パワハラ、セクハラ）等であろう。なお、メンタルヘルス関連の訴訟実務という点で、いわゆる休職後の職場復帰の可否に関連す

る紛争も多いが、紙面の都合上、他の解説箇所に譲ることとさせていただく（第2章第8節・第9節参照）。

以下、ここでは、上記①②の訴訟類型に分類して解説する。

（大濱　正裕）

第2節　過重労働による自殺とメンタルヘルス

I　法令

1　過重労働とは

　そもそも「過重労働」という言葉の定義は一体何なのであろうか。この点、労働基準法、労働契約法、労働安全衛生法等のいわゆる労働関連法令を見ても、「過重労働」の定義は存在せず、厚生労働省の通達などの広義の意味での法令を見ても、その定義づけはなされていない。これは、ひとえに従業員の労働状態が「過重」といえるどうかは、いわば評価の問題であり、業務の内容などの総合的事情を踏まえた個別具体的な事案に応じた判断がなされるものであることによる。

　では、「過重」労働とはいったいどのようなケースで判断されるものなのであろうか。

2　判断指針と認定基準

　近年のメンタルヘルス問題の増加を受け、労働省（現在の厚生労働省）は、平成11年、精神障害等についての労災認定についての指針として「心理的負荷による精神障害等に係る業務上外の判断指針」（平成11・9・14基発第544号。以下、「判断指針」という）を出し、平成21年4月6日には、判断指針の一部改正をしている。その後、平成23年12月26日には、「精神障害の労災認定の基準に関する専門検討会報告書（平成23年11月）」の内容を踏まえ、「心理的負荷による精神障害の認定基準について」（平成23・12・26基発1226第1号。以下、「認定基準」という）が定められ、判断指針は廃止された。

判断指針においては、随所に、「恒常的な長時間労働、例えば所定労働時間が午前8時から午後5時までの労働者が、深夜時間帯に及ぶような長時間の時間外労働を度々行っているような状態等が認められる場合には、それ自体で……心理的負荷の強度を修正する」(判断指針第4・2(1)ロ参照)であるとか、「恒常的な長時間労働は精神障害の準備状態を形成する要因となる可能性が高いとされている」(判断指針第4・2(2)イ参照)、「極度の長時間労働、例えば数週間にわたり生理的に必要な最小限度の睡眠時間を確保できないほどの長時間労働」(判断指針第4・2(4)ハ参照)といったような表現はあるものの、いずれも十分な予見可能性を与えるほどに具体的なものとは到底いえないものであった。

　これに対し、新たな認定基準では、時間外労働時間数を指標とする基準を次のとおり示している(認定基準第4(4)抜粋)。

ア　極度の長時間労働による評価
　極度の長時間労働は、心身の極度の疲弊、消耗を来し、うつ病等の原因となることから、発病日から起算した直前の1か月間におおむね160時間を超える時間外労働を行った場合等には、当該極度の長時間労働に従事したことのみで心理的負荷の総合評価を「強」とする。

イ　長時間労働の「出来事」としての評価
　長時間労働以外に特段の出来事が存在しない場合には、長時間労働それ自体を「出来事」とし、新たに設けた「1か月に80時間以上の時間外労働を行った(項目16)」という「具体的出来事」に当てはめて心理的負荷を評価する。
　項目16の平均的な心理的負荷の強度は「Ⅱ」であるが、発病日から起算した直前の2か月間に1月当たりおおむね120時間以上の時間外労働を行い、その業務内容が通常その程度の労働時間を要するものであった場合等には、心理的負荷の総合評価を「強」とする。項目16では、「仕事内容・仕事量の(大きな)変化を生じさせる出来事があった(項目15)」と異なり、労働時間数がそれ以前と比べて増加していることは必要な条件ではない。
　なお、他の出来事がある場合には、時間外労働の状況は下記ウによる総合評価において評価されることから、原則として項目16では評価しない。

ただし、項目16で「強」と判断できる場合には、他に出来事が存在しても、この項目でも評価し、全体評価を「強」とする。
ウ　恒常的長時間労働が認められる場合の総合評価
　出来事に対処するために生じた長時間労働は、心身の疲労を増加させ、ストレス対応能力を低下させる要因となることや、長時間労働が続く中で発生した出来事の心理的負荷はより強くなることから、出来事自体の心理的負荷と恒常的な長時間労働（月100時間程度となる時間外労働）を関連させて総合評価を行う。
　具体的には、「中」程度と判断される出来事の後に恒常的な長時間労働が認められる場合等には、心理的負荷の総合評価を「強」とする。なお、出来事の前の恒常的な長時間労働の評価期間は、発病前おおむね６か月の間とする。

　以上のように、認定基準においては、旧判断指針に比べ、一定の時間外労働時間数が明記されるなど、「過重」労働と判断される場合の予見可能性の担保については一定の前進があったといえる。すなわち、直近の時間外労働が160時間を超える場合（上記ア）や、直近２カ月間において月平均120時間を超える時間外労働といった場合（上記イ）に該当した場合は、認定基準第２に定める認定要件の「対象疾病の発病前おおむね６か月の間に、業務による強い心理的負荷が認められること」（認定基準第２・２）の要件を満たすものとされ、「業務以外の心理的負荷及び個体的要因により対象疾病を発病したと認められない」（認定基準第２・３）場合には、労災と認定されることとなった。

　もっとも、直近の時間外労働が160時間を超える場合（上記ア）や、直近２カ月間において月平均120時間を超える時間外労働といった場合（上記イ）に該当した場合は、判断指針の時代においても当然に労災認定された事案であろうから、問題は、従前の判断指針においても微妙なラインとされていた時間外労働80時間前後のラインについての取り扱いであり（実際、認定基準においても、「１か月に80時間以上の時間外労働を行った」という事由しか存在しない場合は、心理的負荷の強度は「中」とされ、認定要件の２つ目である

「業務による強い心理的負荷」が認められないと判断されることとなっていることからも、まさに分水嶺となる微妙な時間外労働時間数であると意識されていることがわかる)、この点についての予測可能性については、いまだ不明確な部分も残るといわざるを得ない。

3 過重性についての判断

以上のように、認定基準の策定によって、いかなる場合に過重労働との判定がなされ、労災認定、そして会社が安全配慮義務違反による賠償義務を負うかについて、一定程度明確になった部分はあるものの、直近の時間外労働時間数が、160時間を超えるような業務起因性が明白な事例を除く、判断が困難な事案においては、個別事案における司法の判断によらざるを得ないため、個別の裁判例を検証するほかない。

以下、労災認定段階における判例の検証、および、会社の安全配慮義務違反の有無が争われた判例の検証を行う中で、どのような場合に過重性が認められているのかを検証するとともに、同訴訟類型における実務上の争点等についても紙面の許す限りで記すこととする。

II 過重労働による自殺と労災認定（労災不認定処分取消訴訟）

1 自殺と労災認定

一般的には、労働者の自殺は、「労働者の故意による死亡」として労災保険給付の支給対象とされない（労働者災害補償保険法12条の2の2第1項）。しかし、自殺が「労働者の故意による死亡」とはいえず、業務に起因するものと認められる場合が存在する。

労災認定で問題とされる自殺の類型は、①いわゆる過労によりうつ病を罹患し自殺する類型、②業務上の傷病により療養中の労働者がその傷病の苦

痛・憎悪等を理由にうつ病になり自殺する類型があるが、本書では、近時多くの裁判例が出てきている前者の①を中心に取り上げる。

2　過労自殺と労災認定

この点、認定基準においては、
① 対象疾病を発病していること（認定基準第2・1）
② 対象疾病の発病前おおむね6カ月の間に、業務による強い心理的負荷が認められること（認定基準第2・2）
③ 業務以外の心理的負荷および個体側要因により対象疾病を発病したとは認められないこと（認定基準第2・3）

の3要件をいずれも満たす精神障害については、業務に起因するものと判断することとし、そして、多くの精神障害では、精神障害の病態としての自殺念慮が出現する蓋然性が高いと医学的に認められることから、業務による心理的負荷によってこれらの精神障害が発病したと認められる者が自殺を図った場合には、精神障害によって正常の認識、行為選択能力が著しく阻害され、または自殺行為を思いとどまる精神的な抑制力が著しく阻害されている状態で自殺が行われたものと推定し、原則として業務起因性が認められるとしている。

よって、実務上も、過労自殺を主張する遺族は、認定基準に沿って、業務により強い心理的負荷がかかったことを主張し、労災申請をすることとなる。労災認定がなされた場合は、事案によって、会社の安全配慮義務違反の訴訟となるわけであるが、同訴訟類型については後述することとし（下記Ⅲ4参照）、まずは、労働基準監督署（以下、「労基署」という）ないし労働局によって、労災不認定処分がなされた場合の、同処分の取消訴訟の類型について取り上げることとする。

3 労災不認定処分取消訴訟

　労災認定は、いわば行政段階での判断であり、行政は当然ながら上記認定基準に従って判断を下すわけであるが、近時の司法における判断においては、判断指針や認定基準を「参考」にしながらも、それらに判断を「拘束」されることなく、より緩やかに業務起因性を判断し、行政段階における多くの不認定処分を取り消すとの判決が下されている。なお、同訴訟は行政訴訟であるから、被告は国ということになる。

(1)　業務起因性

　近時多くの裁判例が、医学的にも採用されている「ストレス―脆弱性理論」を参考に、業務起因性判断の規範を定立する傾向がある。すなわち、業務と当該精神障害との間に相当因果関係を認めるためには、当該精神障害が、当該業務に内在する危険が現実化したものであると評価しうることが必要であり、その評価は、平均的な労働者の受け止め方を基準として、①業務による心理的負荷、②業務以外の要因による心理的負荷、③個体側の反応性、脆弱性を総合考慮して行うのが相当であるとする規範である。

　かかる規範によれば、①業務による心理的負荷の有無が最大の争点となるが、その代表となるのが長時間労働である。なお、②については、国側が業務起因性を否定するために立証する事項となるが、立証事項の性質上、①に比べれば大きな争点とはなりにくい。③については、死亡前の社員の性格や既往歴の有無等によって、多種多様な主張がなされることにはなるが、やはり最大の争点は①であろう。

（A）　長時間労働の立証

(ｱ)　一般的な証拠資料

　長時間労働を立証する証拠としては、一般的には以下のものがあげられよう。

- タイムカード
- 自己申告制においてはその申告時間が記載された資料（業務日報等）
- 出勤簿
- PCのログイン・ログオフの記録
- メール送受信履歴
- PC内の労働者作成ファイルの最終更新日
- 会社出入口の警備記録
- 入退室記録
- その他の従業員や家族などの人証

(イ) 資料収集の方法

上記(ア)の資料収集の方法としては、当事者照会や文書送付嘱託手続、調査嘱託手続、文書提出命令等の証拠収集手続を最大限活用して、可能な限り、労基署・労働局が保有している証拠や会社に保管されている証拠を提出させるべきである。

なお、パソコンの情報等は、意図的か否かを問わず消去されてしまったり（自動的にログ情報が消去される設定になっていることもある）、パソコン自体が破棄されてしまったりすることもあり、特に労災後の会社の賠償請求も見据えている事案などでは、証拠保全手続等の併用も視野に入れる必要があることもあるであろう。

(ウ) 時間管理が厳密でない場合

これは残業代請求訴訟等と同様であるが、会社における労働時間管理が厳格になされていないケースは多々あり、そういった場合は、労働時間がどの程度であったかについて、激しい攻防が繰り広げられることとなる。

たとえば、飲食店において、ランチ勤務とディナー勤務の間の休憩時間についての運用などが定まっていない場合など、休憩時間の多寡も大きな争点となることがある。そのほか、頻繁に取得していたヘビースモーカーのタバコ休憩やトイレ休憩が認められるか、更衣時間は労働時間か、懇親会や研修旅行、研修、勉強会等については、そもそも労働時間といえるかなどが争わ

れることもあるが、この点の解説はここでは割愛する。

　(エ)　時間外労働がどの程度であれば心理的負荷が大きいと判断されるか

　上記証拠資料などを検証した結果、どの程度の時間外労働が認められれば、心理的負荷が大きかったと判断され、労災認定なされるかが重要であるが、この点については、判断指針の時代の裁判例においては、精神障害に関する基準ではないが、「脳血管疾患及び虚血性心疾患等の認定基準」（平成13・12・12基発第1063号。いわゆる「過労死認定基準」）が参考にされることが多かった。

　過労死認定基準は、要約すると、「発症に近接した時期において、特に過重な業務に就労したこと」（短期間の過重業務への就労）、「発症前の長期にわたって、著しい疲労の蓄積をもたらす特に過重な業務に就労したこと」（長期間の過重業務への就労）の2つに分けられ、後者については、発症前おおむね6カ月間を評価期間とすることとしている。

　そして、長期間の過重業務における業務の過重性の評価にあたって、労働時間が「疲労の蓄積をもたらす最も重要な要因と考えられる」とし、その評価の目安を次のとおり定めている。

① 発症前1カ月間におおむね100時間以上、または、発症前2カ月ないし6カ月間におおむね80時間以上の時間外労働時間（週40時間を超える労働時間）があれば、業務との関連性が強いと評価する。

② 発症前1カ月ないし6カ月間の時間外労働時間がおおむね45時間を超える場合は、それが長くなるほど、業務と発症との関連性が徐々に強まると評価する。

③ 発症前1カ月間ないし6カ月間にわたって、1カ月当たりおおむね45時間を超える時間外労働が認められない場合は、業務と発症の関連性が弱いと評価でき、労働時間以外の負荷要因による身体的、精神的負荷が特に過重と認められるか否かが重要となる（なお、労働時間以外の要因も基準に網羅されているが割愛する）。

この基準をメンタルヘルスの問題に引き直すと、うつ病の発症時期の直前1カ月においておおむね100時間以上、または、発症前2カ月ないし6カ月間におおむね80時間以上の時間外労働があった場合は、業務とのうつ病発症との関連性が強いと判断されるということである。実際に、過労死認定基準を直接の拠り所として明記する裁判例はないが、多くの裁判例がこの基準を意識して過重性を判断していることは明らかであろう。

　たとえば、うつ病発症前6カ月間に月100時間を超える時間外労働が認められた事案で、当該時間外労働により労働者の健康への危険性が認められ、業務起因性を認めた判例（富士通四国システムズ〔FTSE〕事件・大阪地判平成20・5・26労判973号76頁）や、うつ病発症前6カ月間に月60時間から80時間超に及ぶ時間外労働が認められた事案で、当該時間外労働だけでは業務起因性は認められないとした判例（デンソー〔トヨタ自動車〕事件・名古屋地判平成20・10・30労判978号16頁）などを検証するだけでも、上記の過労死認定基準で関連性が強いと判断される時間外労働月80時間付近で司法の判断が分かれているとみることもできる。

　以上からすれば、やはり本類型における訴訟のポイントとしては、発症時期の前6カ月間で、月80時間を超える時間外労働があったか、という点が1つの目安になると思われる。

　㋺　近時の多くの裁判例が過労自殺について業務起因性を認めている

　平成18年、平成19年に相次いで過労自殺が業務上とされた例が続発している。

　認容例として、①八女労基署長〔九州カネライト〕事件（福岡地判平成18・4・12労判916号20頁）、②名古屋南労基署長〔中部電力〕事件（名古屋地判平成18・5・17労判918号14頁）、③地公災基金高知県支部長〔南国市役所〕事件（高知地判平成18・6・2労判926号82頁）、④加古川労基署長〔東加古川幼児園〕事件（東京地判平成18・9・4労判924号32頁）、⑤真岡労基署長〔遺族補償給付不支給処分取消請求〕事件（東京地判平成18・11・27判時1957号152

第4章　メンタルヘルスをめぐる訴訟実務

頁）、⑥新宿労基署長〔佼成病院〕事件（東京地判平成19・3・14労判941号57頁）、⑦八女労基署長〔九州カネライト〕事件（福岡高判平成19・5・7労判943号14頁。①の控訴審）、⑧国・八王子労基署長〔パシフィックコンサルタンツ〕事件（東京地判平成19・5・24労判945号5頁）、⑨国・福岡中央労基署長〔九州テン〕事件（福岡地判平成19・6・27労判944号27頁）、⑩国・静岡労基署長〔日研化学〕事件（東京地判平成19・10・15労判950号5頁）、⑪名古屋南労基署長〔中部電力〕事件（名古屋高判平成19・10・31労経速1989号20頁。②の控訴審）、⑫国・奈良労基署長〔日本ヘルス工業〕事件（大坂地判平成19・11・12労経速1989号39頁）、⑬豊田労基署長事件（名古屋地判平成19・11・30労経速1993号3頁）などがある。

　否定例としては、大阪西労基署長事件（大坂地判平成19・5・23労判950号44頁）などがあげられる。

　(カ)　認定基準策定後の動向

　上記裁判例は、ほとんどが判断指針時代における判断であるが、上記Ⅰ2のとおり、平成23年12月26日に、新たな認定基準が策定されたことにより、今後の裁判においては、過労死認定基準を参考とするのではなく、より直接的に、新たな認定基準を参考として判断がなされるであろう。

　このように、認定基準が、今後のメンタルヘルス訴訟における司法判断に影響を与えることは必至であり、これらの認定基準策定後の動向には注視すべきであろう。ただし、認定基準もあくまで行政段階における認定基準にすぎず、従前も、行政通達よりも司法判断は緩やかに業務起因性を判断している傾向があったことからすれば、認定基準に定められる160時間や120時間といった時間外労働が存在すれば、認定基準が策定される以前においても当然司法においても業務起因性は認められる事案だったであろうし、逆に、そういった長時間労働の基準を満たさない場合でも、司法判断において業務起因性が認められるケースは絶えないものと予想される。

　(キ)　労働安全衛生法の改正の動向

334

平成23年10月24日、厚生労働省の労働政策審議会安全衛生分科会が「『労働安全衛生法の一部を改正する法律案要綱』の労働政策審議会に対する諮問及び同審議会からの答申について」と題して、メンタルヘルス対策の充実・強化等を内容とする労働安全衛生法の一部改正を答申した。

この答申は、メンタルヘルス対策の充実・強化の内容について、
① 医師または保健師による労働者の精神的健康の状況を把握するための検査を行うことを事業者に義務づける
② 労働者は、事業者が行う当該検査を受けなければならない
③ 検査結果を通知された労働者が面接指導を申し出たときは、事業者は医師による面接指導を実施しなければならない
④ 事業者は、面接指導の結果、医師の意見を聴き、必要な場合には、作業の転換、労働時間の短縮など、適切な就業上の措置をしなければならない

などといった内容である。これらは、激増するメンタルヘルス問題に歯止めをかけるための法律改正案であり、時勢に乗った適切な改正案であったが、上記の労働安全衛生法の改正については、平成24年9月8日に閉会した第181回臨時国会で継続審議となっていたものの、その後の政治情勢の流れで廃案となった。

もっとも、今後あらためて法改正が議論されることも十分考えられ、企業としては、今後も法改正の動向を注視しつつ、法令を遵守することを徹底しなければならないであろう。なお、法令の改正前であったとしても、企業の防衛手段として、法令に先立って、自主的にメンタルヘルスに関する措置を講じることは極めて重要である。

　　(B)　労働時間以外の要素の立証

時間外労働の過重性以外にも、業務の内容(配置転換、ノルマ、他の代替要員)の過重性により、労災認定が認められる事例も存在する。

(ア)　判断指針にあげられた要素

判断指針においては、労働時間以外の業務上の心理的負荷の要因として、以下のようなものをあげている。

① 仕事の失敗、過重な責任の発生等　会社にとっての重大な仕事上のミスをした、ノルマが達成できなかった、新規事業の担当になった

② 仕事の量・質の変化　仕事内容・仕事量の大きな変化、勤務・拘束時間の長時間化等

③ 役割・地位等の変化　転勤をした、配置転換があった

個別事案ごとに上記のような事象のうち、該当するものがあれば、それを過重性の要素として主張、立証し、裁判所によって過重か否かが判断されることになる。

(イ)　認定基準にあげられた要素

その後、認定基準においては、労働時間以外の業務上の心理的負荷の要因として、新たに上記(イ)仕事の量・質の変化に、「2週間以上にわたって連続勤務を行った」が追加された。

(ウ)　裁判例の動向

実際の裁判例としては、近時の裁判例も含め、以下のようなものがあげられる。

労災認定を肯定した例としては、①新入社員のインド出張中のトラブル（加古川労基署長〔神戸製鋼所〕事件・神戸地判平成8・4・26労判695号31頁）、②単身赴任での出向や担当業務の変更（八女労基署長事件・福岡地判平成18・4・12労判916号20頁）、③単身での海外勤務や在留資格の喪失（国・八王子労基署長〔パシフィックコンサルタンツ〕事件・東京地判平成19・5・24労判945号5頁）、④中国工場移管プロジェクトにおける建設計画責任者の就任と現地法人への出向（国・北大阪労基署長〔スターライト工業〕事件・大阪地判平成20・5・12労判968号177頁）、⑤レストラン料理長の配置転換後のうつ病による自殺（国・渋谷労基署長〔小田急レストランシステム〕事件・東京地判平成21・5・20労判990号119頁）、⑥土木工事会社の設計コンサルタントの精神障害による自殺

（国・北九州西労基署長〔テトラ〕事件・東京地判平成21・2・26労判990号163頁）、⑦単身赴任を伴う子会社への出向や未経験の業務内容によるうつ病の発症と自殺（国・江戸川労基署長〔四国化工機工業〕事件・高松地判平成21・2・9労判990号174頁）、⑧給油所係から金融業務・営業職への配置転換、および営業ノルマの過大性、会社支援体制の不備（国・福岡東労基署長〔粕屋農協〕事件・福岡高判平成21・5・19労判993号76頁）、⑨海外への貨物輸送手配業務にほぼ1人で従事、在社時間外労働が月約95時間（国・中央労基署長〔日本トランスシティ〕事件・名古屋地判平成21・5・28労判1003号74頁）などがある。

他方、否定例としては、①労働者の業務遂行能力の低下による労働者の不適応、焦燥感等の労働者の脆弱性・反応性の強さを認定し、業務上の心理的負荷の存否を厳格に判断した事例（さいたま労基署長〔日研化学〕事件・東京高判平成19・10・11労判959号114頁）、そのほか、②JR西日本における日勤教育後の重症うつ病の発症と自殺（国・尼崎労基署長〔JR西日本・自殺〕事件・神戸地判平成21・3・5判例集未登載）、③鉄道会社職員の遅刻による適応障害の発症と自殺（国・京都下労基署長〔JR西日本・適応障害自殺〕事件・京都地判平成20・10・28判例集未登載）、④システムエンジニアのうつ病の発症と自殺（国・三鷹労基署長〔安田コンピューターサービス〕事件・東京地判平成20・5・26判例集未登載）などがあり、これらはいずれも精神障害の発症の業務起因性が否定され、遺族補償給付等の不支給処分取消請求が棄却された。

労働時間に明らかな過重性がある場合に比べると、業務内容や責任の大きさ、役割の変化等を理由とする労災認定については、個別事案の詳細な事実認定により大きく結論が異なりうるといえ、結論の予測可能性が低いのが実情であろう。

(C) 業務起因性における医師の判断

労災認定されるか否か微妙な事案においては、遺族側の協力医（主治医等）の意見と、労災認定段階における労災医員と呼ばれる医師との意見が異なるケースもあり、いずれの見解に依拠すべきかが問題となることもある。

この点については、まさに医学的な判断であり、医学の知識がない弁護士がその判断に実質的に関与できる割合は少ないが、とはいえ原告側代理人としては、認定が微妙な事案については、労災申請段階より、協力医を探して、できる限り認定に有利な証拠を形成すべく努めるべきである。

　また、労災医員側と医学的意見が対立する場合には、協力医との打合せ等を通じて、反論や反対尋問事項の検証等を行う必要があろう。

(2)　いかなる労働者を基準として考えるべきか

　上記(1)のように、いわゆる「ストレス―脆弱性理論」においては、個体側の反応性・脆弱性も考慮することから、業務の過重性等を判断する際に、「平均的な労働者」を基準とするか、「最も脆弱な労働者」を基準とするかによって、判決の結論が大いに異なりうる。

　実務においては、当然原告側代理人としては、最も認容されやすい「最も脆弱な労働者を基準とする」見解を主張をすることが多いが（実際に、同基準に立った裁判例として、名古屋南労基署長〔中部電力〕事件（前掲名古屋地判平成18・5・17）および同〔控訴審〕事件・名古屋高判平成19・10・31労判954号31頁など）、近時の裁判例の大半は、平均的労働者を基準として考えるものが多いが、最高裁判所においてこの点の判断には決着がついていない。

　なお、平成23年12月26日施行の認定基準においては、「強い心理的負荷とは、精神障害を発病した労働者がその出来事及び出来事後の状況が持続する程度を主観的にどう受け止めたかではなく、同種の労働者が一般的にどう受け止めるかという観点から評価されるものであり、『同種の労働者』とは職種、職場における立場や職責、年齢、経験等が類似する者をいう」として、平均的な労働者を基準とすることを明記していることが参考になろう。

Ⅲ　会社に対する損害賠償請求

　労災が認定されると、労働者側は、あたかも会社側の責任の存在が事実上

推定されるかのように、当然のように安全配慮義務違反や不法行為に基づく損害賠償請求訴訟を提訴するケースが非常に増えている。ただし、労災は会社の過失の存否を問わない手続である以上、労災における業務起因性が認められたことをもって、直ちに会社の安全配慮義務違反を基礎づけるものでないことは当然である。

　では、はたして、いかなる場合に会社の賠償義務が認められるのであろうか。以下、判例を紹介しながら、訴訟における争点となりうる事項等について検討する。

1　そもそもうつ病に罹患していたかどうか

　そもそもうつ病に罹患していないのであれば、その後の自殺について予見可能性が生じ得ないこととなるから、安全配慮義務違反にならないという意味で争点となるものであるが、自殺前の医師の診断書等がないケースであっても、長時間労働の存在や会社や家庭における様子、メールの内容等の客観的事実から当該社員がうつ病であったとの事実認定がなされることがある。たとえば、メディスコーポレーション事件（前橋地判平成22・10・29労判1024号61頁）は、ICD-10（WHO（世界保健機関）による国際疾病分類）を専門的知見として参照しつつ、「うつ病に罹患しているか否かについては、主として、①抑うつ気分、②興味と喜びの喪失、③易疲労性の事情のほかに、(a)集中力と注意力の減退、(b)自己評価と自信の低下、(c)罪責感と無価値感、(d)将来に対する希望のない悲観的な見方、(e)自傷あるいは自殺への観念や行為、(f)睡眠障害、(g)食欲不振の要素も総合して判断すべきであるとされている」ことを確認した。これを本件のＺの場合にあてはめてみるに、(I)平成16年6月頃からは、明らかに元気がなくなり、深刻でふさぎ込んでいる様子であった、(II)同年8月13日の盆迎えの際、親族との談笑にも参加せず興味および関心を喪失していた、(III)同年7月頃からは仕事においても疲れた様子が見受けられたことが認められるうえ、服装や頭髪の乱れ、メールの文面からうかが

がわれる自信の喪失、食欲の減少、睡眠障害などがZに見受けられたことを認め、上記(a)～(g)の要素のうち少なくとも4つを満たしているものと認定し、Zはうつ病に罹患していたと結論づけた。

　また、九電工〔損害賠償請求事件および弔慰金請求事件〕事件（福岡地判平成21・12・2労判999号14頁）も、社員が自殺する以前にうつ病であったとの診断書がない事案で、さまざまな客観的事実から、当該社員がうつ病に罹患していたことを認定している。

　このように、うつ病であったことの立証は、必ずしも医師の診断書のみではないという意味では非常に参考になる裁判例である。これは被告である会社側からみれば、厳密にうつ病罹患の事実が検証されず、業務の過重性が認められれば、結果として容易に賠償責任が認められうることを意味するととらえられ、会社側としては対応に留意する必要があろう。

　なお、平成23年12月26日付け認定基準において、発病の有無等の判断に関して、「対象疾病の発病の有無、発病時期および疾患名は、『ICD-10　精神および行動の障害　臨床記述と診断ガイドライン』（以下『診断ガイドライン』という。）に基づき、主治医の意見書や診療録等の関係資料、請求人や関係者からの聴取内容、その他の情報から得られた認定事実により、医学的に判断される」。また、「精神障害の治療歴のない事案については、主治医意見や診療録等が得られず発病の有無の判断も困難となるが、この場合にはうつ病エピソードのように症状に周囲が気づきにくい精神障害もあることに留意しつつ関係者からの聴取内容等を医学的に慎重に検討し、診断ガイドラインに示されている診断基準を満たす事実が認められる場合又は種々の状況から診断基準を満たすと医学的に推定される場合には、当該疾患名の精神障害が発病したものとして取り扱う」などとし、治療歴のない事案においても、労災認定されることがあることを想定しているのは、上記の裁判例の流れによるものと考えることができよう。

2 うつ病が発症した時期

　うつ病が発症した時期の特定が争点となるのは、会社側より、うつ病発症時点以降の事実関係（業務）については、どんな負荷があったとしても何らうつ病の発症とは因果関係がないという反論等のために問題にされることがある。かかる反論は、厚生労働省の判断指針も「発症前」の業務について認定の基礎事情としていることなどを根拠とする主張である。

　しかし、裁判例では、うつ病発症時期を厳格に検証しない事例や、発症時期を特定したとして、発症後の事実関係も発症後の事情として安全配慮義務違反の対象として検証することが多く、そういう意味で、発症時期の問題は必ずしも決定的な要素とはとらえられない。ただし、発症時期から死亡までの時間が離れすぎている場合に、予見可能性が否定されるケースもある。たとえば、うつ病発症から2年3カ月後の自殺について予見可能性を否定した判例（日本通運〔うつ病自殺〕事件・大阪地判平成22・2・15判タ1331号87頁）が参考になろう。

3 業務とうつ病罹患・自殺との間の相当因果関係

(1) 因果関係の立証の程度

　この点、業務とうつ病発症の因果関係について、どのような場合に因果関係を認めるべきかについて、次の判例が参考になる。医師の医療措置と疾病（損害）との因果関係が争いとなった東大ルンバール事件（最判昭和50・10・24民集29巻9号1417頁）において、最高裁は、「訴訟上の因果関係の立証は、一点の疑義も許されない自然科学的証明ではなく、経験則に照らして全証拠を総合検討し、特定の事実が特定の結果発生を招来した関係を是認しうる高度の蓋然性を証明することであり、その判定は、通常人が疑を差し挟まない程度に真実性の確信を持ちうるものであることを必要とし、かつ、それで足りるものである」と判断し、同判断は、業務と疾病等との因果関係が争いと

なっている事案についても引用されている（たとえば、東京地判昭和56・9・28労判372号21頁、神戸地判平成2・12・27労判596号69頁）。

(2) 労災認定における因果関係との相違

民事上の損害賠償請求における因果関係が高度の蓋然性を要求するのに対し、労災認定における因果関係については、客観的な合理性の有無の見地から、労災申請時およびその後の事情をすべて判断の基準として、業務に内在する危険の現実化として認定（競合原因の場合は業務上の危険が相対的に有力か）しうる相当な関係があるかが判断される。

この労災認定の因果関係判断は、労災給付において寄与率という考え方をとらない、つまり、保険給付をするか否かのオール・オア・ナッシングの判断がなされることから、業務以外のその他の要因が想定されたとしても、業務が相対的に有力な原因となっていれば足りるという意味で、民事における「高度の蓋然性」よりも極めて緩やかに因果関係の認定がなされる。

よって、行政段階において労災認定がなされているという事実は、司法段階における安全配慮義務違反の訴訟における因果関係判断であくまで一資料として参考程度に斟酌されるにすぎない。このことは、「なお、右業務と死亡の原因となった負傷または疾病の発生との間に存在すべき相当因果関係は、不法行為法における行為と損害との間に存在することを求められる相当因果関係、または債権法においてその存在が要求される債務不履行と損害との間の因果関係とは、その内容を同じくするものであるとはいえず、従属的労働関係において、当該業務に当該傷病を発生させる具体的危険性があり、それが現実化して労働者に損失を生ぜしめた場合に、これを補填することを目的とする現行労災補償制度のもとにおいては、経験則に照らし、当該業務には、当該傷病を発生させる危険性が存在すると認められるか否かを基準として、その相当因果関係の存否を決するのが相当である」（大阪高判平成2・5・29労判569号67頁）として、労災認定時における因果関係との規範を明確に分離し、さらには「労働基準監督署は、労働者から業務に起因する疾病に

罹患したとして労災認定の申請を受けた場合、専門医にその診断を委嘱し、その意見に基づいて右判定を行うが、その際、労働者の職歴、既往歴等の検討や客観的諸検査による他の原因との鑑別判断が必ずしも十分でない場合があることが認められる。右認定事実と……労災保険給付の制度と損害賠償請求訴訟の目的、性質の相違等を併せ考えると、従業員の本件労災認定の存在は、当裁判所が本件損害賠償請求事件における事実的因果関係の存否を判定するうえでの一資料として用いられるべきものであって、かつ、それにとどまり、当裁判所の同判定に対する拘束力を持つものではないと解するのが相当である」（大阪高判平成11・3・30労判771号62頁）と判示するなど、労災認定時の因果関係判断が、労災民事訴訟における因果関係判断と大きく異なり、労災認定の事実は、訴訟における因果関係判断の一資料にすぎないことを明言していることが参考になろう。このような考え方は、判断指針が廃止され、認定基準が策定された現在においても基本的には変わらないものと考えられる。

(3) 裁判上の争点

訴訟実務において、因果関係が認められるかどうかの争点においては、労災認定と因果関係判断は異なることは前提としつつも、リンクする部分があり、精神障害に関する基準ではないが、やはり過労死認定基準が参考にされることが多い。つまり、発症前1カ月ないし半年間の時間外労働の時間数が重要なメルクマールとなり、そのほか、事案によっては時間以外の要素も重要な事実として、因果関係判断がなされることになる。

(A) 労働時間の過重性の立証

労働時間の立証に係る一般的な証拠資料や、資料収集の方法等については、労災認定時の訴訟と同様である（上記Ⅱ3⑴(A)(ｱ)参照）。

会社側代理人として、何とかして時間外労働として認定される時間を減らすべく主張立証をなし、原告側代理人は認定される時間を増やそうと主張立証をする。特に安全配慮義務違反の損害賠償請求訴訟においては、この労働

第4章　メンタルヘルスをめぐる訴訟実務

時間として裁判所に認定される時間が、証人尋問前後に裁判所から心証開示を伴う和解勧告における和解金額に大きく影響するところであり、原告側、被告側にとって非常に重要な作業である。

(B)　業務内容の過重性の立証

労災認定が争われる訴訟と同様の要素が争われることになる（上記Ⅱ3(1)(B)参照）。

賠償責任の肯定例としては、たとえば、天災対応に苦慮してのうつ病罹患（みくまの農協事件・和歌山地判平成14・2・19労判826号67頁）、昇進後の自信喪失（三洋電機サービス事件・東京高判平成14・7・23労判852号73頁）などがあげられよう。

(C)　業務以外の要因の立証

業務以外の要因として、たとえば家庭における問題等のプライベートのトラブル、もともと罹患していた他の病気等（既往歴）などがあげられるが、特に既往歴については訴訟の見通しに大きな影響を与えうる事実が調査により出てくることもあり、特に被告側代理人からは、可能な限りの調査をするべきであろう。

たとえば、既往歴の調査については、原告側遺族の同意が必要にはなることが多いが、会社が加入する保険組合等に調査嘱託をすることで、元社員の保険証行使履歴を見ることなどで、病院名、受診歴などから、うつ病の発症時期や他の病気の可能性等が発覚することがある。ここで病院名、受診歴などが明らかになった場合は、続いて、遺族側の同意のもと、同医師にカルテや当時の病状等について調査嘱託を行うということもある。

これらの調査により、業務外の病気にかかっていたことが判明し、そのことがうつ病発症に大きく寄与していたという可能性もある。通常は労基署の調査で既往歴はある程度明らかになっているものであるが、会社側代理人としては、労基署の調査に頼りすぎずに、新たにより有利な証拠を得られないか検討するべきであろう。

4 安全配慮義務違反または注意義務違反

(1) 安全配慮義務違反または注意義務違反の有無

そもそも、安全配慮義務違反の内容を特定し、かつ義務違反に該当する事実を主張・立証する責任は原告である遺族側にある（最判昭和56・2・16民集35巻1号56頁）。

実務においては、具体的な安全配慮義務の内容について、内容の特定が不十分であるとして、原告側代理人に釈明を求められることがある。裁判官によっては、ただ単に、長時間外労働をさせないという配慮義務では具体的な特定が不十分として、より詳細な特定を求められることがあるから、配慮義務の具体的内容は事案に応じて十分に検討したうえで提訴する必要がある。

そもそも安全配慮義務は、労働契約法5条に明記される以前も、判例法理上、その義務自体が存在することは確立していた。すなわち、「雇傭契約は、労働者の労務提供と使用者の報酬支払をその基本内容とする双務有償契約であるが、通常の場合、労働者は、使用者の指定した場所に配置され、使用者の供給する設備、器具等を用いて労務の提供を行うものであるから、使用者は、右の報酬支払義務にとどまらず、労働者が労務提供のため設置する場所、設備もしくは器具等を使用し又は使用者の指示のもとに労務を提供する過程において、労働者の生命及び身体等を危険から保護するよう配慮すべき義務（以下「安全配慮義務」という。）を負っているものと解するのが相当である」（川義事件・最判昭和59・4・10民集38巻6号557頁）として、最高裁において初めて同義務の存在が認められ、その後、電通事件（最判平成12・3・24労判779号13頁）を契機として、就労環境の物的整備だけではなく、社員の健康配慮をも含んだ健康配慮義務として高度化されている。

なお、時間外労働に関していえば、単に時間外労働をさせたこと自体が安全配慮義務違反となるのではない。すなわち、労働基準法32条の法定労働時間の定めには、多くの例外規定があり、たとえば、残業時間について厚生労

働省の告示（平成10・12・28労告第154号）によって1カ月45時間、1年間360時間等の限度が定められているが、その違反については罰則すら存在しないのであり、単に時間外労働をさせたこと自体が安全配慮義務違反となるのであれば、そもそも労働基準法および告示が上記の例外規定に基づく措置を認めていることとの整合性がとれず、法自体が安全配慮義務違反という違法行為を認めている、ないしは違法行為を誘発していることとなるがそのような解釈は妥当ではない。

いかなる安全配慮義務違反を構築するかは、後述する裁判例を検証して、個別案件ごとに適切な具体的配慮義務の内容を検討するべきである。

(2) 予見可能性

労働関係事案では、長時間労働の結果としてうつ病に罹患し自殺した場合の労災認定後の民事損害賠償事案において、先例としての電通事件（前掲最判平成12・3・24）以降は、自殺にも予見可能性を認めるケースが多い。

近時の裁判例としては、①肉体的・心理的に過重な負担のかかる長時間労働が連日続いたことによりうつ病に罹患し自殺した事例（福岡高判平成19・10・25判タ1273号189頁）、②不正経理についての上司による叱責・注意が死亡という結果を招来した事例（松山地判平成20・7・1判時2027号113頁）、③過重業務を原因として女性医師が自殺した事例（大阪地判平成19・5・28判タ1254号188頁）、④労働時間管理を放棄して、長時間労働を放置し、労働時間を軽減したりするなどの措置をとらず、うつ病を発症させ自殺を招来した事例（静岡地浜松支判平成18・10・30判タ1228号193頁）等があり、より近時の事例では、⑤九電工事件（前掲福岡地判平成21・12・2）、⑥アテスト〔ニコン熊谷製作所〕事件（東京高判平成21・7・28労判990号50頁）、⑦音更町農業協同組合事件（釧路地帯広支判平成21・2・2労判990号196頁）、⑧山田製作所〔うつ病自殺〕事件（福岡高判平成19・10・25労判955号59頁）、⑨富士通四国システムズ〔FTSE〕事件（大坂地判平成20・5・26労判973号76頁）、⑩海上自衛隊〔護衛艦さわぎり〕事件（福岡高判平成20・8・25労経速2017号3頁）、

⑪ JFTスチール〔JFEシステムズ〕事件（東京地判平成20・12・8労経速2033号20頁）等がある。

　司法においても、「長時間労働の継続などにより疲労や心理的負荷等が過度に蓄積すると、労働者の心身の健康を損なうおそれがあることは、広く知られているところであり、うつ病の発症及びこれによる自殺はその一態様である。そうすると、使用者としては、上記のような結果を生む原因となる危険な状態の発生自体を回避する必要があるというべきであり、事前に使用者側が、当該労働者の具体的な健康状態の悪化を認識することが困難であったとしても、これだけで予見可能性がなかったとはいえないのであるから、使用者において、当該労働者の健康状態の悪化を現に認識していなかったとしても、当該労働者の就労環境等に照らして、当該労働者の健康状態が悪化するおそれがあることを容易に認識し得たというような場合には、結果の予見可能性があったと解するのが相当である」（メディスコーポレーション事件・前掲前橋地判平成22・10・29）などとして、要するに長時間労働がある場合は、その結果、うつ病に罹患して社員が自殺してしまったような事案においては、相当因果関係、予見可能性も事実上簡単に認められてしまうことが多く、会社側としては労働時間の管理の重要性を再認識するべきであろう。

　なお、予見可能性、安全配慮義務違反を否定した近時の判例として、①前田道路〔控訴審〕事件（高松高判平成21・4・23判時2067号52頁）、②SE業務に従事していた新入社員のうつ病罹患による入社半年後の自殺につき、会社の安全配慮義務違反を否定した例（東京高判平成20・7・1判時2048号16頁）、③従事していた業務の内容および業務量は、社会通念上許容される範囲を超える過剰なものではなく、うつ病発症あるいはうつ病の部分寛解後の増悪との間の相当因果関係を否定した例（ボーダフォン〔ジェイフォン〕事件・名古屋地判平成19・1・24判時1990号68頁）、④うつ病罹患による休職後、職場復帰し、転勤・単身赴任した後に自殺したＡにつき、転勤後にＡのうつ病は完全寛解していたとされ、そのことに照らせば、管理職としての業務一般お

よびAが従事した個々の業務が、Aにとって、心理的負荷を及ぼすような過重であったと認めることはできないとした例（富士電機E&C事件・名古屋地判平成18・1・18労判918号65頁）、そのほか、⑤ヤマトロジスティクス事件（東京地判平成20・9・30労判977号59頁）、⑥立正佼成会事件（東京高判平成20・10・22労経速2023号7頁）、⑦デンソー〔トヨタ自動車〕事件（名古屋地判平成20・10・30労判978号16頁）等がある。

5　過失相殺

過失相殺は、因果関係が認められる損害のうち、社員側の過失となる事由がある場合、賠償請求の一定割合を減額する法理であり、これは、特に過労自殺の事例においては、会社側の賠償額を決定するうえで実務上は非常に重要な争点となる。

(1)　電通事件高裁判決における過失相殺の類推適用

交通事故後に被害者が自殺した等の例では、事故と自殺との間の因果関係を認めても、事故による負傷と自殺との関係の度合いや死亡への本人の関与、性格等の素因などを考慮して、過失相殺などの理由で、一定の減額がなされることが多いが、過労自殺においては、本人の生活態度、素因等を理由とする過失相殺等による損害額の減額などがなされるのかが問題となる。

いわゆる電通事件の地裁判決（東京地判平成8・3・28労判692号13頁）は、このような観点からの会社の賠償義務について過失相殺による減額を一切認めなかった。しかし、高裁判決（東京高判平成9・9・26労判724号13頁）では、①「自殺者本人の性格及びこれに起因する業務態様等」、②「家族の健康管理義務の懈怠」、③実質裁量労働的な本人の労働態様、④本人の精神科等での受診・治療の可能性等の事実などの事情を認め、賠償額から3割の過失相殺を認めた。

その後の川崎製鉄事件（岡山地倉敷支判平成10・2・23労判733号13頁）も、管理職の長時間労働による過労死自殺について、会社の賠償義務を認めた

が、睡眠時間の少ないのは本人の飲酒も原因であるなどとして、労働者の自己健康管理義務違反が問題とされ、電通事件高裁判決の上記過失相殺論をほぼ援用し、5割の減額をし、また、東加古川幼児園〔控訴審〕事件（大阪高判平成10・8・27労判744号17頁）でも、8割もの過失相殺が認められている。

(2) 電通事件最高裁判決の実務への影響

以上の判例の流れの中で、電通事件の最高裁判決（前掲最判平成12・3・24）は、民法722条2項の規定を適用または類推適用して弁護士費用以外の損害額のうち3割を減じた高裁判決の判断を違法とし、この部分の遺族の上告を認め、原審に差戻しを命じた。

最高裁判決は、高裁が認めた過失相殺の適用ないし類推適用につき、①「自殺者本人の性格等を理由とする減額」、②「家族の健康管理義務懈怠による減額」を否定した。しかし、前述のとおり、高裁判決は、減額を認める事由として、①②以外に、③実質裁量労働的な本人の労働態様、④本人の精神科等での受診・治療の可能性等の事実もあげていたのであり、とりわけ本人の自己健康管理義務の違反は多くの裁判例でも問題とされており、差戻審ではこれらの攻防が予想されたが、電通側が、東京高裁にて、平成12年6月23日、地裁判決をベースとした約1億6800万円の賠償金支払いと謝罪、同様な事故の再発防止の誓約を含む和解に応じ、同事件は終了した。

したがって、過労自殺損害賠償事件においては、電通事件高裁判決の指摘した上記①②の事情は減額事由になりがたくなったことは否めないが、後述(C)のとおりの多くの裁判例で争点とされているところであり、また③④等の事情についての調査、主張立証はより重要となったといえるであろう。

(3) 電通事件最高裁判決後の裁判例

その後、24歳の食品工場労働者が製造現場において過労自殺したオタフクソース・イシモト食品事件（広島地判平成12・5・18労判783号15頁）においては、賠償責任（約1億3700万円）を認定され、本人の自己健康管理義務違反

349

を理由とする過失相殺も否定されている。

　しかし、三洋電機事件（浦和地判平成13・2・2労判800号5頁）では、自殺自体の本人の寄与度を7割、遺族の定期的通院や自殺未遂の会社への未報告等の事由から5割の過失相殺類似の減額をしている。また、みくまの農協事件（前掲和歌山地判平成14・2・19）、川崎製鉄事件（前掲岡山地倉敷支判平成10・2・23）等でもほぼ同旨の理由や、電通事件最高裁判決が否定した家族の健康管理義務違反等の責任や企業の対応の困難等をあげ、7割の過失相殺を認めている。

　その後、南大阪マイホームサービス事件（大阪地堺支判平成15・4・4労判854号64頁）でも5割の過失相殺が認められ、名神タクシーほか事件（神戸地尼崎支判平成20・7・29労判976号74頁）でも6割の寄与度減額が認められた。

　このように、個別事案において、賠償額の調整要素としての過失相殺が重要争点となることは明白といえるであろう。

(4) 過失相殺の主張を控訴審段階で追加することの可否

　この点、控訴審段階以降に初めて行う過失相殺の主張が信義に反するとして否定されたNTT東日本北海道支店事件（札幌高判平成18・7・20労判922号5頁）は、実務上注目すべきである。同判旨は、「控訴人は原審において、裁判所からの求釈明に応じて過失相殺の主張をしない旨を答えていたことが認められるところ、控訴審において、控訴人が過失相殺に関する規定の類推適用を主張することは著しく信義に反するものであり、また、第一審軽視にもつながり、訴訟上の信義に反するものとして、控訴人が上記主張をすることは許されないとされ、過失相殺の類推適用をすることも相当でない」などと判断し、控訴審段階での過失相殺の主張追加を否定した。

　同〔上告審〕事件（最判平成20・3・27労判958号5頁）では、「被害者に対する加害行為と加害行為前から存在した被害者の疾患とが共に原因となって損害が発生した場合において、当該疾患の態様、程度等に照らし、加害者に

損害の全部を賠償させるのが公平を失するときは、裁判所は、損害賠償の額を定めるに当たり、民法722条2項の規定を類推適用して、被害者の疾患をしんしゃくすることができる」。「このことは、労災事故による損害賠償請求の場合においても、基本的に同様であると解される。また、同項の規定による過失相殺については、賠償義務者から過失相殺の主張がなくとも、裁判所は訴訟にあらわれた資料に基づき被害者に過失があると認めるべき場合には、損害賠償の額を定めるに当たり、職権をもってこれをしんしゃくすることができる」。「原審は、前記……の理由により、上告人が原審において過失相殺に関する規定の類推適用を主張することは訴訟上の信義則に反するものとして許されないというのであるが、そもそも、裁判所が過失相殺に関する規定を類推適用するには賠償義務者によるその旨の主張を要しないことは前述のとおりであり、この点をおくとしても、……本件訴訟の経過にかんがみれば、第一審の段階では上告人においてAが家族性高コレステロール血症にり患していた事実を認識していなかったことがうかがわれるのであって、上告人の上記主張が訴訟上の信義則に反するものということもできない」として、「過失相殺に関する規定（民法722条2項）の類推適用をしなかった原審の判断には、過失相殺に関する法令の解釈適用を誤った違法があるというべきである」として、高裁の判断を否定している。

このように、原審で過失相殺の主張をしていなくても、控訴審段階で同主張を追加することは理論上も可能と考えられるが、実務的には、過失相殺による賠償額の減額の主張は被告側にとって極めて重要な意義を有する主張であり、原審段階から主張・立証を行うことが適切な事例がほとんどであろう。

6　損益相殺

労災事故の発生によって被災した労働者または遺族が損害を被ると同時に、同一の事由によって経済的な利益を得たときには、損害の公平な分担の

観点から、同利益を損害賠償額から減額することになる。労災保険給付金などはもちろん、会社による上積み補償協定等に基づく補償金、厚生年金からの障害厚生年金や遺族厚生年金なども損益相殺の対象になる。

(1) 賠償額から控除される保険給付

民事上の損害賠償額から控除される保険給付について、労災保険から支払われた保険給付の額は、使用者がなす損害賠償額から控除される（労働基準法84条2項類推適用）。

ただし、保険給付は、主として逸失利益の補償だけを行うものなので、慰謝料や入院雑費・付添看護費等の補償には影響を与えない（青木鉛鉄事件・最判昭和62・7・10労判507号6頁）。

(2) 将来給付分は非控除

なお、将来給付が予定されている労災保険の年金について、最高裁は、民事賠償額の算定にあたって、この将来の給付額の控除を認めていない（三共自動車事件・最判昭和52・10・25民集31巻6号836頁、最大判平成5・3・24民集47巻4号3039頁等）。

もっとも、この場合、使用者としては、労災保険料を負担しているにもかかわらず、民事上の損害賠償として支払う金額から労災保険による年金の将来給付分を控除できないということになってしまう。そのため、上記判例を受けて、労働者災害補償保険法が改正され、使用者は損害賠償を支払うべき場合にも、障害補償年金または遺族補償年金の「前払一時金」の最高限度額までは損害賠償の支払いを猶予されることとされ、この猶予の間に前払一時金または年金が現実に支払われたときは、その給付額の限度で損害賠償責任を免除されることになった（労働者災害補償保険法64条1項）。

なお、前払一時金の履行猶予が認められた例として、ハヤシ〔くも膜下出血死〕事件（福岡地判平成19・10・24労判956号44頁）、KYOWA〔心臓病突然死〕事件（大分地判平成18・6・15労判921号21頁）があげられる。後者の判旨では、「労働者災害補償保険法64条の趣旨は、労災の保険給付と民事損害賠

償との調整をして二重給付を回避することにあり、原告らの主張する損益相殺の趣旨のみに限られないものであって、X₁ら（筆者注：妻子）は時効により前払一時金として請求ができなくても、今後遺族年金として受給することができ、それまで被告は支払を猶予されるものというべきである」などとして、X₁らが請求可能であった労災保険の前払一時金の最高限度額が損益相殺として損害額から控除されている。

(3) 特別支給金の非控除

また、労災保険給付として支給されるもののうち、特別支給金について、最高裁は、使用者による民事上の損害賠償について、損害額から特別支給金を控除することを認めていない（コック食品事件・最判平成8・2・23民集50巻2号249頁等）。

特別支給金が、労働福祉事業の一環として給付され、損害の塡補の性質を有するものではないというのがその理由であるが、実際には、損害の塡補的機能をもっていることは否定できず、控除の対象とすることが妥当であるとも考えられ、上記の結論については、疑問を差し挟む余地があるといえよう。もっとも、訴訟において、被災した労働者または遺族の側が、自ら特別支給金の控除を認めて主張しているケースが散見されるため、訴訟においては特別支給金の控除の是非については注意が必要であると思われる。

(4) 遺族厚生年金についての調査の重要性

過労自殺の事例では、労災の遺族年金給付に加えて、遺族側が遺族厚生年金を受給していることも多々ある。実際遺族に給付された額は、損益相殺の対象となるが、将来分は当然には損益相殺の対象とはならない。しかし、和解交渉等においては、将来遺族厚生年金により確実に支給されるであろう金員については、これを控除することを前提として和解交渉をすることが多く、同情報により利益を受ける被告（会社）側としては、遺族厚生年金の受給証等を遺族側に提出させたり、年金事務所の照会（遺族側の委任状や同意書が必要である。裁判所もかかる書類の提出には、当然判断に必要な情報として

遺族側を応じさせる傾向にある）を行うなどして、正確な受給額を調査すべきであろう（遺族厚生年金の算定は極めて複雑・高度であり、年金事務所による回答なしには概算はできても、正確な数字を把握することはほぼ不可能であろう）。

7 過失相殺と損益相殺の先後関係

具体的に損害額を算定する際に、労災保険による給付金額の控除（損益相殺）と過失相殺のいずれを先に行うかが問題となる。すなわち、具体的な賠償額の算出にあたり、過失相殺を先にして労災保険を控除するか、労災保険を控除してから過失相殺を行うかの問題である。労災保険を控除してから過失相殺を行うほうが、被災者またはその遺族が受け取る金額は多くなるが、判例は、まずは相当な過失相殺を行ったうえで損害額を出して、その後に労災保険給付などの支給額を控除する、いわゆる「控除前相殺説」をとっている（鹿島建設・大石塗装事件・最判昭和55・12・18民集34巻7号888頁）。

8 寄与度減額（心因的要因等）

労災事故の中でも過労自殺等の場合は、労働者の心因的要因などについて、損害の発生に寄与した割合（寄与度）を考慮して、過失相殺などの理由で、使用者が負うべき損害賠償額の減額がなされる場合がある。

裁判例においては、たとえば、上記5のように、電通事件の地裁判決（前掲東京地判平成8・3・28）は、上記のような観点からの減額を一切しなかったが（ただし、会社が減額について主張していなかったという事情もある）、同高裁判決（前掲東京高判平成9・9・26）では、労働者の性格およびこれに起因する業務の状況、精神科の病院に行くなどの合理的行動をとることが可能であったこと、労働者の両親が勤務状況・生活状況を把握しながらこれを改善するための具体的措置をとらなかったことなどを考慮して、損害の公平な分担という理念に照らして、民法722条2項の過失相殺の規定を類推適用して、発生した損害のうちの7割を使用者に負担させることとして、第1審の

賠償額を減額した（もっとも、同最高裁判決（前掲最判平成12・3・24）は、この高裁判決の判断を違法とし、この部分の遺族の上告を認め、原審に差戻しを命じたのは、上記5のとおりである）。

　もっとも、電通事件の最高裁判決の後にも、労働者の自殺につき、使用者として従業員の精神面での健康状態に十分配慮し適切な措置を講ずべき義務に違反したとしつつ、本人の性格・心因的要素の寄与や会社への情報提供の不足を考慮して、民法722条の類推適用によって損害額から8割を減額した例（三洋電機サービス事件（前掲東京高判平成14・7・23））や、使用者の対応が困難であったこと、自殺について本人の素因（精神疾患）に主たる原因があること、家族も労働者の症状に気づいて対処すべきであったことなどを理由として、過失相殺ないしは同類似の法理によって損害の7割を減額した例（みくまの農協事件（前掲和歌山地判平成14・2・9））などが存在している。また、南大阪マイホームサービス事件（前掲大阪地堺支判平成15・4・4）でも5割の減額が認められ、名神タクシーほか事件（前掲神戸地尼崎支判平成20・7・29）でも6割の寄与度減額が認められている。

　さらに、NTT東日本北海道支店〔上告審〕事件（前掲最判平成20・3・27）では、「過失相殺に関する規定（民法722条2項）の類推適用をしなかった原審の判断には、過失相殺に関する法令の解釈適用を誤った違法があるというべきである」として破棄・差戻しとなり、差戻審では、損害額から7割の過失相殺が行われた（同〔差戻審〕事件・札幌高判平成21・1・30労判976号5頁）。

　以上のような裁判所の判断からすると、訴訟において、使用者としては、損害の発生・拡大に、被災した労働者の心因的要因や既往症、その他の事情が寄与しているような場合には、当該寄与部分について過失相殺を主張して、損害の減額を主張することが非常に重要であるといえよう。

Ⅳ 和解による解決

1 会社側のメリット

　判決による解決の場合は、会社側敗訴の場合、高額の賠償金の支払いを余儀なくされる可能性があるが、和解による解決の場合、労災が認定されている事案においては、交渉によっては、慰謝料以外の部分の支払いを免れられる、つまり労災において支給されたもの、および将来支給されるであろう部分は免除される可能性がある。

2 遺族側のメリット

　また、和解による解決により、遺族側にも、以下のメリットがある。
① 一定額の譲歩をすることになったとしても、まとまった解決金が早期に支払われる。
② 控訴審、上告審と争うことによる時間的、経済的、精神的コストを回避できる。
③ 判決による強制執行の費用や手間が省ける。

3 和解の方向性

　すでに労災が認定されている事案の場合、遺族側は、すでに、国の労災から、労災の遺族補償年金の受給を受けている。仮に、裁判で勝訴するか、もしくは会社側で慰謝料を超える賠償請求をして支払いを受けた場合、労災からの支給は調整され、停止することになる（二重取りの禁止）。
　にもかかわらず、遺族側が裁判で損害賠償を請求するのは、大まかには以下のメリットがあるためである。
① 労災では慰謝料が補塡されないところ、裁判等では最大3000万円程度

の慰謝料が認められる可能性がある。そのほか、逸失利益分についても労災給付との不足差額分を会社側から支払ってもらえる可能性がある。また、遅延損害金についても、元金が非常に高額であることもあり、長期化していれば看過できない高額となっている場合が多い。

② 損害賠償を得ることで、労災からの支給が停止されたとしても、その分、一時金という形で、まとまった金額が、より早期に支払われる。

③ 労災は、再婚すると支給停止になるが、損害賠償は、再婚するか否かにかかわらず、損害賠償を回避する事情にはならない。

以上の背景を前提として、通常は、簡単にいえば、労災から支給される分は労災からもらってもらうとして、労災から支給されない慰謝料部分（3000万円）の範囲で話合いをするのが通常といえよう。裁判所も、安全配慮義務違反か否かが微妙な事案においては、かかる考え方に基づいて和解勧告をすることが多い。

なお、原告側代理人の属性によっては、遺族としては年金給付による形で補償されればよいと考えている場合でも、会社から多くの賠償金を一時金で取得することにより、弁護士報酬を高額化することを目的としているとしか思えない頑なな態度を固辞することがあるが、仮にそのような目的があるとすれば、依頼者の利益を無視した行為として非難を免れないであろう。

V 過重労働等によりうつ病後遺症が残った案件

これまで、業務に起因してうつ病に罹患し、その後自殺した事例を中心に取り上げてきたが、自殺にまで至らないまでも業務に起因する精神疾患の場合の労災申請の案件も増加しているようである。過労自殺の場合と異なり、損害額が著しく高額とはなりにくいため、労災認定さえ下りればそれなりの補償がなされることから、会社に対する賠償請求までなされる例は、過労自殺のケースに比べれば少ないが、近時の裁判例のみ紹介することとし、訴訟

上の争点自体は、上記過労自殺のケースに包含されることから割愛する。

　たとえば、業務とうつ病等の精神疾患との因果関係を認め、安全配慮義務違反等による損害賠償責任を認めた近時の事例としては、過重労働によるうつ病発症と欠勤（富士通四国システムズ〔FTSE〕事件・大阪地判平成20・5・26労判973号76頁。なお、過失相殺により賠償額を3分の1に減額している）、長時間労働とうつ病発症による慰謝料（東京地判平成20・4・22労判965号5頁）などの事例があり、否定した事例としては、上司による差別的扱いやいじめの事実および上司が他の証券外務員による営業妨害等を放置したとの主張を排斥した事例（岡山地判平成15・2・25裁判所HP）、上司からのメール連絡、降格、出勤停止処分、出向命令、懲戒解雇によりうつ病を発症したとの主張を排斥（大阪地判平成20・3・7労判971号72頁）などの事例がある。

（大濱　正裕）

第3節　パワハラとメンタルヘルス

Ⅰ　パワハラとは

　この「パワハラ」という言葉について、労働基準法、労働契約法、労働安全衛生法等のいわゆる労働関連法令を見ても、「パワハラ」の定義は存在しないが、一般的にはパワハラとは、役員や上司や先輩等が、部下である社員に対してなす嫌がらせ行為の総称を指し、その具体的態様には多種多様なものが想定される（第2章第4節参照）。なお、厚生労働省においては、「職権などのパワーを背景にして、本来の業務の範疇を超えて、継続的に人格と尊厳を侵害する言動を行い、就業者の働く関係を悪化させ、あるいは雇用不安を与えること」（厚生労働省HP「こころの耳」参照）などと定義づけされている。

　人が社会生活を営み、または職務を遂行する過程においては、他人との接触によりトラブルの類が生じることは不可避であり、それがまさに人間関係というものである。この人間関係において発生するトラブルは、当然、受忍限度のものが多数であり、直ちに違法との評価を受けるものばかりではない。

　しかし、かかるトラブルの中でも、社会通念上、受忍限度を超えるものが違法として評価されうる。この判断をするための具体的な規範としては、行為者の意図、行為の内容（場所や言動）、行為者の職務上の地位と被害者の地位、反復継続性などを総合考慮することになろうが、個別事案ごとに、社会的見地から不相当とされる程度のものである場合は、人格権を侵害する行為として、違法（つまり、民事上の損害賠償の対象）との評価をなされうることとなる。実務上最も判断が困難なのは、暴力を伴う事例やいじめ等の事例で

第4章 メンタルヘルスをめぐる訴訟実務

はなく、上司による部下に対する言動が、正当な指導・教育の範囲といえるのか、それとも違法なパワハラといえるか問題であろう。

では、このパワハラと評価される行為によって、社員がうつ病を発症し、その後自殺してしまった場合に、どのようなケースで労災認定、そして会社が安全配慮義務等に違反したとして賠償義務を負うかについては、個別の裁判例を検証するほかない。

裁判例としては、パワハラという言葉を明記したものはないが、パワハラ的な事案として、退職を強要するための職場における暴力行為、いやがらせの行為が不法行為を構成し、会社に使用者責任が認められた事例としては、エール・フランス〔暴行・いやがらせ〕事件（千葉地判平成6・1・26労判647号11頁）があげられ、その後、リストラ目的の退職勧奨（日本郵便逓送事件・京都地判平成16・7・15労判880号112頁）等、うつ病までにはなっていないがパワハラ行為について賠償義務を認める事例が出てきた。そして、職場の上司によるいじめを原因として自殺した市職員の遺族が市および上司に対して損害賠償を求めた事例で、市については、いわゆる安全配慮義務違反を理由に国家賠償責任が肯定した事例（上司については否定）として川崎市水道局〔いじめ自殺〕事件（横浜地川崎支判平成14・6・27労判833号61頁）が出てくるなど、パワハラに近しい案件において自殺にまで至ってしまい、使用者に賠償義務を認める気運が高まる中で、近時多くの裁判例が出てくるようになっている。

以下、労災認定段階における判例の検証、および、会社の安全配慮義務違反の有無が争われた判例の検証を行う中で、どのような場合に過重性が認められているのかを検証するとともに、同訴訟類型における実務上の争点等についても紙面の許す限りで記すこととする。

Ⅱ　パワハラによる自殺と労災認定（労災不認定処分取消訴訟）

1　判断指針と認定基準

　従前は、パワハラによるうつ病の罹患が労災認定されるケースは非常に少なかったが、近時、労災認定例は非常に増えてきている。

　労災認定がなされるかどうかの行政基準は、過労自殺の章と同様、平成11年の精神障害等についての判断指針（平成21年4月6日一部改正）であったが、その後、平成23年12月26日には、新たに認定基準が定められ、判断指針は廃止された（第2節Ⅰ2参照）。

　認定基準は、精神障害を労災認定するための要件として、

①　対象疾病発病していること（認定基準第2・1）
②　対象疾病の発病前おおむね6カ月の間に、業務による強い心理的負荷が認められること（認定基準第2・2）
③　業務以外の心理的負荷および個体側要因により対象疾病を発病したとは認められないこと（認定基準第2・3）

の3要件をあげている。

　そして、業務による心理的負荷の強度の評価については、認定基準第2・2にいう「強い心理的負荷が認められること」とは、「対象疾病の発病前おおむね6か月の間に業務による出来事があり、当該出来事及びその後の状況による心理的負荷が、客観的に対象疾病を発病させるおそれのある強い心理的負荷であると認められることをいう」と定義し、そのうえで「このため、業務による心理的負荷の強度の判断に当たっては、精神障害発病前おおむね6か月の間に、対象疾病の発病に関与したと考えられる業務によるどのような出来事があり、また、その後の状況がどのようなものであったのかを具体的に把握し、それらによる心理的負荷の強度はどの程度であるかについて、

別表1『業務による心理的負荷評価表』を指標として『強』、『中』、『弱』の三段階に区分する。

　なお、別表1においては、業務による強い心理的負荷が認められるものを心理的負荷の総合評価が『強』と表記し、業務による強い心理的負荷が認められないものを『中』又は『弱』と表記している。『弱』は日常的に経験するものであって一般的に弱い心理的負荷しか認められないもの、『中』は経験の頻度は様々であって『弱』よりは心理的負荷があるものの強い心理的負荷とは認められないものをいう」と説明している。

　パワハラ関連としては、平成21年4月6日付け旧判断指針の一部改正において、「ひどい嫌がらせ、いじめ、又は暴行を受けた」(いわゆるパワハラや職場いじめ)が、もっとも重い「強度Ⅲ」で新設されたことが特筆に値し、これは平成23年12月26日付け認定基準においても、「(ひどい) 嫌がらせ、いじめ、又は暴行を受けた」を心理的負荷の強度の最高であるⅢとして維持するとともに、「ひどい」とする基準を削除して、より労災認定がしやすく配慮していることも特筆に値する。上司や同僚の言動が通常の業務指導の範囲を超え、人格や人間性を否定するような性質の場合はこの項目で評価されることになる。

　そのほか、上記の一部改正において、「違法行為を強要」「達成困難なノルマ」「顧客や取引先の無理な注文」なども「Ⅱ」として追加され、これは平成23年12月26日付け認定基準においても、「業務に関連し、違法行為を強要された」「達成困難なノルマが課された」「顧客や取引先の無理な注文を受けた」など、ほぼそのまま基準として維持されている。

　この改正は、司法の場において、パワハラ関連の労災不認定処分が覆され、労災認定がなされるべきとの判断が続出していることを受けての改正とみることができよう。

2　労災関連の裁判例

　労災認定は、いわば行政段階での判断であり、行政は当然ながら上記認定基準に従って判断を下すわけであるが、近時の司法における判断においては、上記判断指針や認定基準を「参考」にしながらも、それらに判断を「拘束」されることなく、より緩やかに業務起因性を判断し、行政段階における多くの不認定処分を取り消すとの判決が下されている。なお、同訴訟は行政訴訟であるから、被告は国ということになる。

(1)　業務起因性

　近時、過重労働における過労自殺同様、裁判所は、医学的にも採用されている「ストレス―脆弱性理論」を参考に、業務起因性判断の規範を定立する傾向がある。すなわち、業務と当該精神障害との間に相当因果関係を認めるためには、当該精神障害が、当該業務に内在する危険が現実化したものであると評価しうることが必要であり、その評価は、平均的な労働者の受け止め方を基準として、①業務による心理的負荷、②業務以外の要因による心理的負荷、③個体側の反応性、脆弱性を総合考慮して行うのが相当であるとする規範である。

　かかる規範によれば、①業務による心理的負荷の有無が最大の争点となるが、パワハラ事案においては、どの程度の嫌がらせが、どの程度継続的に行われたのかについて、どこまで立証できるかが最大のポイントである。なお、②については、国側が業務起因性を否定するために立証する事項となるが、立証事項の性質上、①に比べれば大きな争点とはなりにくい。③については、特にパワハラにおいては、死亡前の社員の性格や既往歴の有無等によって、予見可能性に大きな影響を与える事情であり、③の個体側の反応性等も重要な争点といえよう。

(A)　パワハラ行為の立証──一般的な証拠資料

　パワハラを立証する証拠は、一般的には、過労自殺における長時間労働の

立証に比べれば、どうしても立証は困難である。加害者側は、自身の不利益となる可能性があるから、すべての事実を被害者の証言どおり自白することは期待できず、いかに客観的な証拠を集めることができるか、客観的証拠がなく、主観的な証拠しか集められないとしても、できるだけパワハラ行為日時に近い段階での証拠を収集できるかがポイントとなろう。

　実務上は、やはり当該嫌がらせの内容を記載ないし推測させるメール、会議議事録、業務日報、被害者の日記、被害者の周りの社員や上司、医師、カウンセラー等への相談内容、カルテ、診断書といった資料や、労災申請後の労基署による各関係者へのヒアリング結果、関係者の報告書、陳述書等が立証資料となるであろう。場合によっては、言った言わないの世界であることから、パワハラ行為の立証のための録音テープなどが出されることもありうるであろう。特に、関係者も労基署からのヒアリングに対しては、記憶に反する回答をしづらいという事実上の制約があるであろうから、労基署によりヒアリング結果は証拠価値が高いものと考えられよう。

　なお、自殺との因果関係については、医師や専門家（教授）等の意見書を提出するなどする事例もあるようであり、事案に応じて検討が必要であろう。

　(B)　資料収集の方法

　上記(A)の資料収集の方法としては、当事者照会や文書送付嘱託手続、調査嘱託手続、文書提出命令等の証拠収集手続を最大限活用して、可能な限り、労基署・労働局が保有している証拠や会社に保管されている証拠を提出させるべきである。

　なお、パソコンの情報等は、意図的か否かを問わず消去されてしまったり（自動的にログ情報が消去される設定になっていることもある）、パソコン自体が破棄されてしまったりすることもあり、特に労災後の会社の賠償請求も見据えている事案などでは、証拠保全手続等の併用も視野に入れる必要があるだろう。

(2) 認定初期の裁判例

どのような場合にパワハラによる精神障害発症と自殺の労災認定がなされるのかについては、近時の裁判例を検証するのが最も効率的であり有益である。

パワハラによる精神障害発症およびその後自殺を労災と認めた初期の裁判例として、上司の感情的な叱責等を原因として精神障害発症を認定した名古屋南労基署長〔中部電力〕事件（前掲名古屋地判平成18・5・17）があげられる（なお、国側が控訴したが、同〔控訴審〕事件（前掲名古屋高判平成19・10・31）において原審を維持している）。

> **名古屋南労基署長〔中部電力〕事件**（名古屋地判平成18・5・17労判918号14頁）
> 事案としては、被災者が継続的かつ恒常的に心理的負荷を募らせていった状況の下、時間外労働の増加を伴う業務への従事および主任昇格による心身的負荷と、被災者のうつ病に親和的な性格傾向が相乗的に影響し合って発症したものと認めるのが相当であり、うつ病を発症した以降も長時間にわたる時間外労働に従事し、さらに、結婚指輪に関する課長の発言等によってうつ病を急激に増悪させた結果、被災者は、うつ病による希死念慮の下、発作的に焼身自殺したものとされ、被災者の自殺の業務起因性が認められると判断した。

同判例が認定した事実としては、上司が、被災者の主任昇格に際して、書き直しまで命じて、被災者が能力において不足することを明記させ、かつ、昇格後の担当者の業務についても全面的に責任を負う内容の文章を作成させ、さらに、「主任失格」という文言を使って叱責していた。上司より「主任失格」「おまえなんか、いてもいなくても同じだ」などの文言を用いて感情的に叱責し、かつ、結婚指輪を身に着けることが仕事に対する集中力低下の原因となるという独自の見解に基づいて、被災者に対してのみ、8、9月頃と死亡の前週の複数回にわたって、結婚指輪をはずすよう命じていたことが死亡直前まで継続されたことが、何ら合理性のない、単なる厳しい指導の範疇を超えた、いわゆるパワハラとも評価されるべきものとされたことなど

である。なお、本事案は、時間外労働も月80時間を超えるような過重労働性も認定されているが、上記パワハラの事実だけをもってしても労災と認定される可能性は十分ある事案として参照すべきであろう。

　また、下記は、名古屋南労基署長〔中部電力〕事件に引き続いてパワハラによる自殺を労災と認めた判例である。

国・静岡労基署長〔日研化学〕事件（東京地判平成19・10・15労判950号5頁）
　この事案は、医薬品の製造、販売等を業とする会社においてMR（医療情報担当者）として勤務していた被災者Kの自殺について、①係長の発言は、言葉自体が過度に厳しく、10年以上のMRとしての経験を有する被災者のキャリアを否定し、中にはKの人格、存在自体を否定するものもあったこと、②係長の被災者に対する態度に、Kに対する嫌悪の感情の側面があること、③係長は、被災者に対し、極めて直截なものの言い方をしていたと認められること、そして、④勤務形態が、本件のような上司とのトラブルを円滑に解決することが困難な環境にあることをあげ、係長の被災者に対する態度による心理的負荷は、人生においてまれに経験することもある程度に強度のものということができ、一般人を基準として、社会通念上、客観的にみて、精神障害を発症させる程度に過重なものと評価するのが相当として、業務起因性を認めたものである。

　なお、係長の発言として認定されたものとしては、「存在が目障りだ、居るだけでみんなが迷惑している。おまえのカミさんも気がしれん。お願いだから消えてくれ」「お前は会社を食いものにしている、給料泥棒」「お前は対人恐怖症やろ」「肩にフケがベターと付いている。お前病気と違うか」などがある。到底、業務上の指導・教育のためといった正当な範囲とは認められない言動であろう。

　さらに、下記は、国・静岡労基署長〔日研化学〕事件に続いて、パワハラによる自殺を労災と認めた判例である。

国・奈良労基署長〔日本ヘルス工業〕事件（大阪地判平成19・11・12労判958号54頁）
　この事案は、平成14年9月の組織改革により、従前から従事していた浄水場所

第3節　パワハラとメンタルヘルス

> 長の業務と新設されたサービスセンター（SC）長の業務を兼務することとなった被災者のうつ病自殺につき、浄水場所長の業務上の心理的負荷がなかったとはいえず、SC長の業務の負荷についても、単純にKが担当していた業務の延長線上のものということはできず、さらに、兼務による心理的負荷も極めて大きかったと解され、他方、被災者と上司である支店長Bとの相性ないし人間関係が良好ではなく、その物心両面にわたる援助は十分にされていなかったこと、本部長Eも同様であったことにかんがみると、被災者の上記心理的負担が上司らにより有意的に軽減されていたとはいいがたく、以上を総合勘案すると、年齢、経験、業務内容、労働時間、責任の大きさ、裁量性等からみて、被災者は精神障害を発症、もしくはこれを相当増悪させる程度に過重な心理的負荷を業務上負っていたと認めるのが相当であり、被災者は、上記心理的負荷の結果、同年11月頃、うつ病を発症したと認定された。

　また、パワハラ発言として認定された行為としては、役員ら列席のもと、研修参加者全員が出席する懇親会の席上で行われた、本部長Eの「被災者はできが悪い」「何をやらしてもアカン」等の発言につき、「これにより被災者にかかった負荷は、業務上のものと解され、Eの発言は、職場において日常的に見受けられるストレスと一線を画するものといえ、言われた者にとっては、にわかに忘れることの困難な、かつ明らかなストレス要因となる発言であり、社会通念上、精神障害を発症ないし増悪させる程度に過重な心理的負荷を有する」などと認定されていることが参考になろう。

(3)　業務起因性を否定した裁判例

　他方、上司の叱責等につき、特に強い心理的負荷となるような内容・態様のものであったことをうかがわせる証拠はないなどとして労災認定しなかった例として、三田労基署長〔ローレルバンクマシン〕事件（東京地判平成15・2・12労判848号27頁）、国・A労基署長〔うつ病・業務起因性〕事件（札幌地判平成19・3・14判タ1251号203頁）がある。

　やはり、過重労働の場合に比べれば、パワハラによる労災認定は、立証の困難性なども相まって、認定が困難であることが理解できる好例といえよ

う。

　また、さいたま労基署長〔日研化学〕事件（東京高判平成19・10・11労判959号114頁）は、平成8年10月に工場の品質管理責任者に、平成9年4月に品質管理係長に就任した被災者のうつ病自殺につき、これらの昇任の前後を通じて担当業務の内容に大きな変動はなく、被災者は現場でのトラブル処理に一人では適切な判断ができないことが一度ならずあったが、このトラブル対応についての不適応は、被災者の業務遂行能力の低下がその原因であって、被災者の脆弱性・反応性の強さを示す事情といえるから、被災者の業務が一般的に強度の心理的負荷を伴うものであったということはできず、他方、被災者は平成8年12月から平成9年3月にかけて株取引で大きな損失を被ったのであり、このことが被災者に極めて多くの心理的負荷を与え、本件うつ病発症の決定的な原因となったものとみるべきである等として、業務起因性を認め労災認定した第1審判決（さいたま地判平成18・11・29労判936号69頁）を取り消している。

(4) 近時の裁判例の動向

　近時、裁判例として、パワハラによる自殺について労災認定を認める事案が増加している。

地公災基金愛知県支部長〔A市役所職員・うつ病自殺〕事件（名古屋高判平成22・5・21労判1013号102頁）
　同事案は、市役所の職員であった被災者が、異動後2カ月で自殺をした事案であり、被災者にとって児童課が初めての福祉部門であったこと、児童課は仕事の種類が多く、難易度の高い仕事が多かったこと、異動直後に遅れが生じていた本件保育システムの完成やファミリーサポートセンター計画に早急の対応が求められ、対応を間違えると重大な問題となりかねない事案であったことが認められ、これによる心理的負荷は相当なものであったとされた例である。なお、時間外労働は月30時間程度で過重性はなかったことも参考になろう。
　上記の業務の性質に加え、部下に対する指導のあり方にパワハラという大きな問題のあったB部長のような上司の下で、児童課長として仕事をすることそれ

自体による心理的負荷の大きさは、平均的な職員にとっても、うつ病を発症させたり、増悪させることについて大きな影響を与える要因であったと認定されていることが参考になる。同部長についての下記判示を引用する。

「B部長は、市役所に勤務する公務員として、常に市民のため、高い水準の仕事を熱心に行うことをモットーとしており、実際、自ら努力と勉強を怠ることなく、大変に仕事熱心で、上司からも頼られる一方、部下に対しても高い水準の仕事を求め、その指導の内容自体は、多くの場合、間違ってはおらず、正しいものであったが、元来、話し方がぶっきらぼうで命令口調である上、声も大きく、朝礼の際などに、フロア全体に響き渡るほどの怒鳴り声で『ばかもの。』、『おまえらは給料が多すぎる。』などと感情的に部下を叱りつけ、それ以外に部下を指導する場面でも、部下の個性や能力に配慮せず、人前で大声を出して感情的、かつ、反論を許さない高圧的な叱り方をすることがしばしばあり、実際に反論をした女性職員を泣かせたこともあった。このような指導をしながら、B部長が部下をフォローすることもなかったため、部下は、B部長から怒られないように常に顔色を窺い、不快感とともに、萎縮しながら仕事をする傾向があり、部下の間では、B部長の下ではやる気をなくすとの不満がくすぶっており、このような不満は、健康福祉部の職員の間にもあった。このようなB部長の部下に対する指導の状況は、豊川市役所の本庁内では周知の事実であり、同期である亡Aもよく知るところであり、過去にはこのままでは自殺者が出るなどとして人事課に訴え出た職員もいたが、仕事上の能力が特に高く、弁も立ち、上司からも頼りにされていたB部長に対しては、上層部でもものを言える人物がおらず、そのため、B部長の上記指導のあり方が改善されることはなかった」。

なお、同事案の第1審（名古屋地判平成20・11・27労判1013号116頁）においては、業務についての量的過重性、パワハラの事実なども認定できないとして棄却されている。パワハラ自殺の労災認定が微妙な判断であることを如実に表す好例といえよう。また、本件では、原告（遺族側）において、うつ病発症時期とうつ病発症と業務との因果関係についての大学教授の意見書なども提出されており、訴訟実務という意味では参考になろう。

京都下労基署長〔富士通〕事件（大阪地判平成22・6・23労判1019号75頁）

　同事案は、自殺の事例ではないが、パワハラ（いじめ）によるうつ病発症について労災と認めた事例である。パソコン操作の講師等を行う業務に従事し、顧客先に訪問してパソコン操作の講習を行う他、社内でのインストラクター業務にも従事していた被災者が、平成14年11月ころ原告に発症した「不安障害、抑うつ状態」は同僚の女性社員による上記認定したいじめやいやがらせとともに会社がそれらに対して何らの防止措置もとらなかったことから発症したもの（業務に内在する危険が顕在化したもの）として相当因果関係が認められた。

　いじめの内容としては、以下のようなものが認定されているので、参考までに引用する。

「原告は、同僚の女性社員等から以下のような行為を受けている。

(ア)　平成12年6月ころ、原告が自己の仕事の幅を広げようと考えて第3営業部の部内の勉強会に参加した際、部内の全員が参加していたのに、Bから『あなたが参加して意味があるの』等と文句を言われた。そのため、原告は、次回の勉強会への参加を躊躇して欠席したところ、Bから同僚の前で原告のことをいい加減な人との話をされた。

(イ)　原告は、平成13年6月1日から3日にかけて京都国際会議場で開催された会議の受付を担当したが、その際、原告とともに受付支援にきていた京都支社のK、G、Iらから悪口を言われたり、書類の受け渡しの際にいやがらせをされる等のいじめにあった。（4事象）

(ウ)　平成13年6月ころ、Jが殊更理由もないのに原告に対して飛び蹴りや殴るまねをした。（3事象）

(エ)　平成14年6月ころ、原告がCに対してパソコン操作を教示した際、お礼にケーキをもらったことがあったところ、そのことで、Cを含む女性社員の間で原告について、ケーキにつられて仕事をする女との噂が流され、その噂が大きくなっていった。（6事象）

(オ)　同年後半、訴外会社の社内の女性社員らの間で、原告に対する陰口がIPメッセンジャーを利用して行き交い、原告の失敗談などがそこで取り上げられたりするようになった。上記女性社員らによるメッセージの授受は、原告がミス等をした直後に行われ、同社員らは、メッセージ授受の直後に、お互いに目配せをして冷笑するなどしたことから、原告は、上記のIPメッセン

> ジャーによる女性社員ら間の悪口について認識していた。(7事象)
> (カ) 原告は、同年11月22日、京都のリーガロイヤルホテルで開催された訴外会社の得意先を対象にしたファミリー会の受付業務をCらとともに担当していた。その際、原告は、原告らとともに同会の支援業務に当たっていた大阪の社員に対し、Cが原告の前で悪口を言ったことから、堪えられないと感じ、帰り際にN課長に明日から休む旨の話をして帰った。その後、原告は、間をおくことなく休職に入った。(10事象)」

　これらの事実については、直接的な証拠が残りにくいが、本事案では、労基署による各関係者へのヒアリング結果（なお、加害者である同僚社員はいじめの存在を否定)、その他の周りの社員、上司の陳述書等、原告の医師、原告のカウンセラー等への相談内容等からいじめの事実を認定していることが参考になろう。

Ⅲ　会社に対する損害賠償請求

　パワハラの場合は、労災が認定されたとしても、労働者側は、あたかも会社側の責任の存在が事実上推定されるかのように、当然のように安全配慮義務違反や不法行為に基づく損害賠償請求訴訟を提訴するケースばかりではない。あくまで、労災は会社の過失の存否を問わない手続である以上、労災における業務起因性が認められたことをもって、直ちに会社の安全配慮義務違反を基礎づけるものでないことは前述のとおりである。むしろ、従前、パワハラの労災認定が困難であったこともあり、労災申請の手続をせずに、直接会社に対する賠償請求をする事案も散見される。もっとも、パワハラについて会社が安全配慮義務に違反していたとされる裁判例も増えており、会社がパワハラに積極的に加担している場合は当然のこと、そうでなく、会社がパワハラを意図していない場合であったとしても、被害者である社員からの改善等の要望があった場合や、それがなくとも、違法性のあるパワハラの事実

を認識していた、またはし得た場合に、会社は職場環境配慮義務に違反したとして、加害者本人と共に賠償義務を負うことがある。看過できないのは、パワハラによりうつ病を発症し、その後自殺してしまうケースであろう。

では、はたして、いかなる場合に会社の賠償義務が認められるのであろうか。

この点、そもそもうつ病に罹患していたかどうかといった点や、安全配慮義務の考え方については、過労自殺における会社に対する損害賠償と同様（第2節Ⅲ参照）であり、また、証拠資料の収集等については、パワハラと労災認定とほぼ同様（Ⅱ2(1)(A)参照）と考えてよいであろうから、ここでは割愛する。

特にパワハラについては、個別事案ごとに予見可能性や過失相殺の点が大きく異なってくるのが実情であり、個々の裁判例を検証するのが効率的であり、以下、何点か重要判例を紹介する。ここでは、安全配慮義務違反（予見可能性の有無）と、特にパワハラにおいては賠償額確定のために重要争点となる過失相殺に分けて紹介する。

1 安全配慮義務違反を認容した裁判例

まず、安全配慮義務違反を認容した裁判例を紹介する。

川崎市水道局〔いじめ自殺〕事件（東京高判平成15・3・25労判849号87頁）
　自殺した水道局職員の遺族からの、職場での上司らによるいじめに起因する自殺であるからとの安全配慮義務違反の主張と損害賠償請求を認め、国家賠償法に基づき、市に総額約2100万円の損害賠償と弁護士費用等の支払いを命じた事例である。

同判断において特筆すべきは、いじめと精神分裂症の発症・自殺との間には事実的因果関係が認められる以上、不法行為と損害（死亡）との間には、相当因果関係が認められる（損害論の問題）として、予見可能性に言及することなく、損害賠償を肯定している点である。この点で、後述する安全配慮

義務違反を否定した裁判例と理論上の整理を異にするとも読める本事例は注目に値するであろう。

三洋電機サービス事件（東京高判平成14・7・23労判852号73頁）
　上司によるパワハラ的言動を認定し、会社の安全配慮義務違反を認定した事例である。
　まず、予見可能性については、前提事実として、「一審被告乙山は、太郎（被災者）の断続的な欠勤について知っていた上、平成7年6月8日に太郎から欠勤の理由について報告を受けた際、太郎は、自分には課長職が重く、辞めたいとか、辞めるしかないなどと言い出し、一審被告乙山が人間死ぬ気になればどんなことでも頑張ることができるとか、自殺できるものならしてみろといった表現で太郎を激励したが、太郎は泣いていたこと、太郎は、平成8年4月15日から22日まで欠勤し（この間の同月18日自殺未遂事故を起こした。）、同月22日一審被告乙山がレストラン『カーサ』で一審原告花子と会った際、一審原告花子は一審被告乙山に対し、太郎はもうやっていけないと述べたほか、太郎が会社に行くと言って出かけて出勤していなかったこともあったことを伝えて、太郎を退職させたいとの希望を述べたこと、一審被告乙山が同日太郎の自宅で太郎と話をした際、太郎が一審被告会社を退職しても適当な再就職先がない旨や、長女の一審原告月子の存在など家族のことも考えるよう述べた上、太郎を叱責するような口調で勤務を続けるように説得を続け、太郎の胸倉を掴んだり、太郎が懲戒解雇になるかも知れないと思われるような芝居までしたが、太郎は泣きながら頑なにこの説得を拒んだこと」などの事実を認定したうえで、「太郎が、自分には嫁入り前の娘がいることや住宅ローンを返済しなければならないような家庭の事情があることを熟知し、一家の支柱であり課長職という立場にあることを自覚しながら、課長職が重荷であるなどと言って出社することを嫌がり、上司である一審被告乙山からの強い説得に対しても涙を流しながら頑なにこれを拒絶するといった場面は通常では考え難いものというべきである上、太郎について医師からも1か月の休養を要する旨の診断書が提出されたのであるから、一審被告乙山としても、太郎の精神状態が単なる一時的な気分の落ち込みではなく、自分の意志の力では克服できない内的な障害があって、医師の治療によらなければ回復できない病的状態にあること、そして、単に太郎の訴えがあるだけではなく、医学的見地からも太郎は相当期間の休養を要する状態であったことを知ることができ、このまま太郎に勤

務を継続させた場合には太郎の心身にさらに深刻な影響が及び、状況によっては自殺などの最悪の事態が生じることもあるものと予見できたものというべきである。そして、一審被告乙山が、太郎が自殺未遂事故を起こしたことを知った平成8年5月下旬以降はより一層予見が可能であったということができる」として、予見可能性を肯定した。

上司による部下への発奮を促すための言動も、パワハラ的言動として安全配慮義務違反との批判を受ける可能性があることを理解するための好例といえよう。

海上自衛隊〔護衛艦さわぎり〕事件（福岡高判平成20・8・25判時2032号52頁）
本件は、海上自衛隊員（以下、「隊員」という）が、護衛艦乗艦中に自殺したことについて、その両親である控訴人らが、①隊員の自殺は上官らのいじめが原因である、②被控訴人（国）には隊員の自殺を防止すべき安全配慮義務違反があったなどと主張し、国家賠償法に基づき、損害賠償として各5000万円の支払い等を求めた事案である。
判決は、①隊員の直属の上司において、隊員を侮辱するような言動を自殺前約2カ月の間に繰り返した事実が認められ、当該言動は、隊員を誹謗し、心理的負荷を過度に蓄積させるような内容のものであり、指導の域を超える国家賠償法上違法なものであったと認められるが、自衛隊内に構造的ないじめ行為があったとまでは認められない、②被控訴人（国）は、国家公務員に対し、業務の遂行に伴う疲労や心理的負荷等が過度に蓄積して心身の健康を損なうことがないよう注意する義務を負い、隊員の直属の上司は、被控訴人（国）に代わってその義務を果たすべきところ、逆に侮辱的な言動を繰り返したものであって、この義務に違反したということができる、③隊員はうつ病にかかり、それが原因で自殺したと認められるところ、このうつ病の原因は、上司の侮辱的な言動によるストレスであったと認められ、結局、上司の行為と自殺との因果関係が認められるなどとして、被控訴人（国）の、隊員の両親に対する国家賠償法上の責任を認め、損害賠償請求を一部認容（350万円）した。

慰謝料額が他の事案に比べて著しく低いのは、控訴人らはAの相続人ではなく、すでに成人し、婚姻して親とは別居した子の親としての慰謝料が上

記金額にとどまることはやむを得ないという理由のようである。

> **前田道路〔第1審〕事件**（松山地判平成20・7・1判時2027号113頁）
> 　同事案の概要は、以下のようなものである。すなわち、土木建築工事を請け負う会社の営業所長を務めていた従業員が、自己の業績を良く見せるため、不正経理を働き、その後、上司らが不正経理の改善を指示したにもかかわらず、その後も不正経理を続け、不正経理が再度発覚したため、上司らは不正経理の是正と、工事日報を毎日報告するよう指導した。また、上司は、当該従業員から工事日報が報告されない日があると工事日報の重要性を説き、「会社を辞めれば済むと思っているかもしれないが、辞めても楽にはならないぞ」と叱責した。さらに、同時に、「（筆者注：当該不正経理のために埋め合わせが必要な額は）無理な数字ではないから、今年は皆辛抱の年にして返していこうや」と営業所の他の従業員を鼓舞した。その数カ月後、当該従業員は営業所内で自殺し、遺族らは、被害者の自殺は、上司の過剰なノルマ達成の強要や執拗に厳しく叱責されたことで心理的負荷を受け、うつ病を発症したためであるなどと主張して、損害賠償金および遅延損害金約1億4000万円の支払いを求めた事例である。
> 　判決は、不正経理の改善や工事日報を報告するよう指導すること自体は正当な業務の範囲内に入るとしても、毎朝工事日報を報告させて、その際ほかの職員から見て明らかに落ち込んだ様子を見せるにいたるまでに叱責したことや、会社を辞めても楽にならない旨の発言をしたことは、過剰な叱責であり、また、過剰なノルマ強要があった点などに鑑み、上司の行動について、①被害者に対し、不正経理の是正等のため叱責等を繰り返し行っており、その中には社会通念上許される業務上の注意の範疇を超える叱責等もあること、②被害者が会社を辞めなければならなくなる程度に苦しい立場にあること自体は認識していたこと、③本件営業所の実情を調査せず、被害者の申告よりもさらに大きな不正経理があることに気づかないまま、結果的には効果的ではなかった是正策を厳しく求めたことなどに照らすと、被害者に対する叱責等の時点で、上司は、被害者が心理的負荷から精神障害等を発症し自殺に至るということを予見できたというべきであるとされた（同〔控訴審〕事件・高松高判平成21・4・23労判990号134頁は、下記2のとおり逆転）。

　まさに、上司による部下に対する言動が、「正当な業務・指導」の範囲内なのか、違法なパワハラ行為との評価をされるのかという極めて微妙な問題

の分水嶺として、判断基準などの検討のための好例である。

2 安全配慮義務（予見可能性）を否定した事例

　パワハラ事案においては、多くの裁判例で、自殺行為に至ることまでの予見可能性はなかったとして、安全配慮義務違反が否定されるケースがある。以下、紹介する。

誠昇会北本病院事件（さいたま地判平成16・9・24労判883号38頁）

　本事案は、いじめの当事者である上司と、使用者である病院の損害賠償責任が問われた事案であり、判旨は、「被告上司のいじめは執拗かつ長期間にわたり、その態様も悪質になっていたこと、『死ねよ。』と死を直接連想させる言葉を浴びせていること、亡Ｂも、第三者に対し、自分が死んだときのことを話題にしていること、他に本件自殺を図るような原因は何ら見当たらないことなどに照らせば、本件いじめと本件自殺との間には事実的因果関係があると認めるのが相当である」と判断した。

　もっとも、同判決は、「いじめによる結果が必然的に自殺に結びつくものではないことも明らかであるから、いじめを理由とする自殺については、特別損害として予見可能性がある場合に死亡との結果について損害賠償義務を負うとして、本件判決と同様の立場に立ち、被告上司の予見可能性を肯定したが、使用者である病院については、被告上司らの行ったいじめの内容やその深刻さを具体的に認識していたとは認められず、Ｂが自殺するかもしれないことについて予見可能であったとまでは認めがたい」などとして、被告病院の予見可能性を否定し、被告病院の賠償責任については、本件いじめを防止できなかったことによってＢが被った損害部分についてのみ肯定した。

　このように、事実的因果関係を検討し、その後、相当因果関係が認められるかどうかにおいて、いじめによる自殺をいわゆる「特別損害」と位置づけ、予見可能性があったといえる場合に会社側に賠償義務を負わせるべきとしており、理論的整理の観点からも参考になるであろう。

第3節　パワハラとメンタルヘルス

> **JR西日本尼崎電車区事件**（大阪高判平成18・11・24労判931号51頁）
> 　本事案は、被告会社の運転士であった従業員が、いわゆる日勤教育を受けて自殺したとして、その遺族である原告が損害賠償を請求した事案である。
> 　同事件の第1審（大阪地判平成17・2・21労判892号59頁）は、被害者Kが、日勤教育におけるレポート作成を苦痛に感じ、また、知悉度テストの成績が悪かったことについての無力感を味わっていたところ、日勤教育が長期化することに悲観・絶望し、衝動的に自殺したものであり、日勤教育とKの自殺との間に条件関係は認められるが、権利侵害行為と結果（損害発生）との間に法律上の因果関係があるというためには、単に条件関係があるのみならず、行為と損害発生との間に相当因果関係が存することが必要であるところ、Kが日勤教育を受けていた当時、被告上司らが十分な注意を払っても、Kが3日間の日勤教育によって、精神状態を悪化させ、自殺に至ったことについては、予見可能であったとはいえないと判断して、原告の損害賠償請求を棄却したものである。

　誠昇会北本病院事件（前掲さいたま地判平成16・9・24）の理論上の整理と同様、日勤教育と自殺との条件的因果関係は認められたものの、自殺は「特別損害」に当たり、予見可能性はないとしたものであり、参考になろう。

> **ボーダフォン〔ジェイフォン〕事件**（名古屋地判平成19・1・24労判939号61頁）
> 　本事案は、従業員Kの自殺は、被告がKに対し長時間労働等の過重労働を課し、また新規事業等に従事させたために、Kが心理的負荷を受けてうつ病を発症し、その後の異動の強行等により、うつ病を悪化させたことによるものであるなどとして、被告の安全配慮義務違反に基づき、損害賠償金（1億円強）の支払いを求めたものである。
> 　判旨は、①被告会社に在籍出向していたKにつき、平成6年11月までにはうつ病に罹患していたとされ、転籍後の同14年12月の同人の自殺につき、Kの従事していた業務の内容および業務量は、社会通念上許容される範囲を超える過剰なものではなく、うつ病発症あるいはうつ病の部分寛解後の増悪との間に、相当因果関係は認められない、②Kに対する同年11月頃の本件異動（転勤）の打診および説得状況と、同人のうつ病増悪およびその後の自殺との間には、相当因果関

係が認められる、③使用者が労働者に対し、異動を命じる場合にも、使用者において、労働者の精神状態や異動のとらえ方等から、異動を命じることによって労働者の心身の健康を損なうことが予見できる場合には、異動を説得するに際して、労働者が異動に対して有する不安や疑問を取り除くように努め、それでもなお労働者が異動を拒絶する態度を示した場合には、異動命令を撤回することも考慮すべき義務があるといえる、④しかし、被告会社は、Kに対する本件異動当時、同人がうつ病に罹患していたことを認識していたとまではいえず、また、認識可能であったということはできないから、本件異動命令や異動の説得状況によりKがうつ病を悪化させ自殺に至るという結果について予見できなかったとして、Kの自殺につき被告会社の安全配慮義務違反を否定した。

上司らによるいじめの事実を認定できないとして否定し、会社にはうつ病罹患の認識可能性もなく、よって自殺の予見可能性も認められないとしたものであり、典型的な賠償義務の否定例といえよう。

前田道路〔控訴審〕事件（高松高判平成21・4・23労判990号134頁）
　事案は上述のとおり（上記1参照）であるが、控訴審は、過剰なノルマ達成の強要は認められず、また、不正経理が発覚し上司らの是正指示が行われたにもかかわらず、さらにその指導から1年以上経過した時点でも不正経理が続けられていたこと、業務上重要とされていた工事日報の作成が従業員によってきちんと行われていなかったことを考慮すれば、上司らが不正経理の解消や工事日報の作成について、ある程度厳しい改善指導をすることは正当な業務の範囲内であるなどと判断し、当該従業員の不正経理の状況・程度、営業所が陥った厳しい状況を具体的に検討したうえで、不祥事を起こした従業員に日々の「報・連・相」を厳しく求めたり、厳しい言葉で叱咤したりすることも、このような状況を改善していくために必要性のあるものであるとして当該叱責を違法ではないとしている。

まさに、上司による言動が正当な業務・指導の範囲なのか、違法とされるのかが争われた極めて微妙な事案であり、同種事案を対応するうえで必ず参照すべき事案といえよう。

そのほか、①自殺に対する加害者個人の行為や指導監督を懈怠した上司らの行為の違法性と自殺との事実的因果関係を認めながらも、自殺に対する予

見可能性はないとして逸失利益の賠償責任を認めず、自殺した自衛官本人の暴行等に対する慰謝料の相続分のみを認容した護衛艦たちかぜ〔海上自衛隊員暴行・恐喝〕事件（横浜地判平成23・1・26労判1023号5頁）、②C型肝炎に罹患してインターフェロン治療中の労働者が自殺した例について、退職して治療に専念してはどうかと述べた上司の発言には、うつ状態の発症に対する予見可能性があり安全配慮義務違反が認められるが、自殺の予見可能性までは認められないとして、うつ病発症に対する本人分の慰謝料300万円のみを認容した日本通運〔うつ病自殺〕事件（大阪地判平成22・2・15判時2097号98頁、判タ1331号187頁）がある。

このように、パワハラの事例においては、予見可能性が否定されるケースも非常に多く、裁判実務上は、原告側として予見可能性についていかに主張、立証するか、また、被告側としてはいかに予見可能性がなかったことを主張、立証するかが最重要といえよう。

3 過失相殺

パワハラにおける自殺事案等についても、過失相殺については、本人の資質や心因的要因その他を認定して、かなりの割合での過失相殺を認めるケースが多い。理論的根拠としては、「身体に対する加害行為を原因とする被害者の損害賠償請求において、裁判所は、加害者の賠償すべき額を決定するに当たり、損害を公平に分担させるという損害賠償法の理念に照らし、民法722条2項の過失相殺の規定を類推適用して、損害の発生又は拡大に寄与した被害者の性格等の心因的要因を一定の限度でしんしゃくすることができる（最高裁判所昭和59年(オ)第33号同63年4月21日第一小法廷判決・民集42巻4号243頁参照）」（前田道路〔第1審〕事件（前掲松山地判平成20・7・1））などとして、民法722条2項を類推適用する裁判例が多数である。

以下、具体的な裁判例を紹介する。

三洋電機サービス事件（東京高判平成14・7・23労判852号73頁）

上述の裁判例（上記1参照）であるが、同判旨においては、損害額の算定にあたり、1審判決がZの自殺という結果に対する寄与度についてはZ本人固有のものが7割、被告らの行為によるものは3割とし、過失相殺類似のものとして、信義則上相殺すべきであるとして、その割合を5割とした部分を変更し、Zの心因的要因の寄与、被害者側の落ち度を斟酌して民法722条の過失相殺および同条の類推適用により、損害額から8割を控除し、残余の2割についてYらに賠償させるのが相当とした。

具体的には、以下のとおり判断している。「太郎の勤務の継続や休暇願の撤回については1審被告乙山の説得等があったものであるけれども、それでも太郎や1審原告花子が強く申し出れば、退職することや休暇をとることも可能であったと考えられ、主事試験についても受験するかどうかは本人の任意であるから、どうしても断ることができなかったというものではない。また、原審証人1の証言によれば、太郎や1審原告花子がI医師に対し、太郎の自殺未遂の話を打ち明けていれば、同医師は太郎が将来再度自殺を図る危険性があると判断し、もっと強力に自殺を防止する措置を採ったものと認められる。しかるに、前示のとおり1審原告花子は結果的には太郎の退職や休暇について1審被告乙山の説得を受け入れる形になり、また、太郎や1審原告花子がI医師に太郎の自殺未遂の話をしなかったのであるから、太郎の自殺による死亡という結果が生じたことについて被害者側にも落ち度があったものというべきである。したがって、民法722条により、本件不法行為による損害賠償額を算定するに当たってはこの事情も斟酌すべきである」。

このように、パワハラ事案においては、賠償義務自体は認めても、かなりの割合での賠償額の減額を認めるケースが多いことが特徴といえよう。

川崎市水道局〔いじめ自殺〕事件（東京高判平成15・3・25労判849号87頁）

これも上述の裁判例（上記1参照）であるが、この事案においては、「いじめにより心因反応を生じ、自殺に至ったものであるが、いじめがあったと認められるのは平成7年11月ころまでであり、その後、職場も配転替えとなり、また、同月から医師の診察を受け、入通院をして精神疾患に対する治療を受けていたにもかかわらず、これらが効を奏することなく、自殺に至ったものである。これらの

事情を考慮すると、本人の資質ないし心因的要因も加わって自殺への契機となったものと認められ、損害の負担につき公平の理念に照らし、原告らの上記損害額の7割を減額するのが相当である」として、7割を減じた第1審（横浜地川崎支判平成14・6・27労判833号61頁参照）を維持した。

前田道路〔第1審〕事件（松山地判平成20・7・1判時2027号113頁）
　これも上述の裁判例（上記1参照）であるが、この事案においては、被害者Aによる不正経理などの従業員側の事情も勘案し6割もの過失相殺を認めている。「Aの上司による叱責等はAが行った不正経理に端を発することや上司に隠匿していた不正経理がうつ病の発症に影響を及ぼしたと推認できることが明らかであり、これらの事情は損害の発生又は拡大に寄与した要因であると認められる。そして、一連の経緯の発端、東予営業所に関する経営状況、Aの上司の叱責等の内容、Aが隠匿していた不正経理の総額とそこに至った事情等を総合的に考慮すると、Aにおける過失割合は6割を下らないと認めるのが相当である」などとして、被害者側の事情を加味して賠償額の公平な分担を図っている。

　以上のように、パワハラ事案においては、労災認定の件数は増えてきているが、会社に対する賠償請求までもが認められているケースはまだ少なく、また賠償義務が認められたとしても、かなりの割合で過失相殺がなされるケースが多いということがいえよう。

4　損益相殺

　過重労働による自殺の場合と同様であるため割愛する（上記第2節Ⅲ6参照）。

5　総　括

　以上にみてきたとおり、パワハラによる自殺のケースでは、過労自殺の場合以上に会社側の予見可能性が大きな争点となる。また、賠償義務が認められる場合であっても、過失相殺割合が過労自殺のケースに比べても大きく認められるケースも多く、重要な争点といえよう。

今後、パワハラ自殺のケースは、裁判例においても認容例、否定例いずれも多く出てくるであろうから、その動向には引き続き注目していくべきであろう。

（大濱　正裕）

第4節　セクハラとメンタルヘルス

　セクハラとメンタルヘルスという点では、パワハラと同様、うつ病などを発症し、自殺したなどのケースが生じれば、①労災不認定処分に対する取消訴訟、②会社に対する損害賠償請求という同様の問題が生じるところである。

　しかし、セクハラ事案においては、いまだ、セクハラ行為によってうつ病などに罹患し、自殺にまで至ったというような裁判例は筆者の知りうる限りでは出てきておらず、筆者の経験でも、セクハラ事案においては、純粋に加害者に対するセクハラ行為についての慰謝料請求、および、環境配慮義務等に違反した会社に対する損害賠償請求がなされることが多く、さらにうつ病等に罹患したことについての労災等の問題や、さらに発展して自殺にまで至ってしまうケースというのは非常に少ないものと思料される。

　もっとも、セクハラについても、厚生労働省がセクハラによる精神疾患を労災認定に結び付けやすくするように、平成23年12月26日付け認定基準が定められ、判断指針においては「対人関係のトラブル」に分類されていたセクハラについて、新たに心理的負荷を判断する際の「業務による具体的出来事」の1つとして「セクシャルハラスメントを受けた」ことを、心理的負荷の強度「Ⅱ」の事由として独立して新設したことが特筆に値する。この認定基準の運用によってはセクハラの労災認定事案、不認定処分に対する訴訟なども増えてくるであろう。

　なお、認定基準においては、セクハラは、平均的な心理的負荷の程度が一律に「Ⅱ」とされ、特別な事情があれば「Ⅲ」に修正できるとされていた点に関して、より具体的に、次の場合には「Ⅲ」（つまり心理的負荷が「強」）になるとしている。①胸や腰等への身体接触を含むセクハラであって、継続して行われた場合、②胸や腰等への身体接触を含むセクハラであって、行為は

継続していないが、会社に相談しても適切な対応がなく、改善されなかったまたは会社への相談等の後に職場の人間関係が悪化した場合、③身体接触のない性的な発言のみのセクハラであって、発言の中に人格を否定するようなものを含み、かつ継続してなされた場合、④身体接触のない性的な発言のみのセクハラであって、性的な発言が継続してなされ、かつ会社がセクハラがあると把握していても適切な対応がなく、改善がなされなかった場合などが例示列挙された。これらの定めは当然参考とされるべきであろう。

　なお、最後に、セクハラ関連の数少ないメンタルヘルス絡みの裁判例として、労働者の自殺未遂について、上司による違法なセクハラ行為および会社の適切な措置を講じる義務の懈怠の間に因果関係は認められないとして、セクハラ行為に対する慰謝料請求のみを認容した大代興業事件（大阪地判平成21・10・16判例集未登載）があるので、同種事案では参考になろう。

（大濱　正裕）

【第2部】
現場のケーススタディ Q&A
―― EAPの活用も含めて ――

Q1　社内のメンタルヘルス対策

●設問事例●

　メンタルヘルス不調になる社員の発生を未然に防ぐため、さまざまな対策を実施することを考えています。どのように対策を進めればよいでしょうか。また、メンタルヘルス不調者が出た場合に備えて、どのようなことを心がけておけばよいでしょうか。

ポイント

1　メンタルヘルスについては、まずは過重労働、ハラスメントといった業務上の問題の発生を未然に防止することが重要である。
2　メンタルヘルスの予防に際しては、4つのケアを推進し、そのうえで、おかしなサインがみられたら、それを見過ごさず、適切に対処するべきである。
3　メンタルヘルス不調者が出た場合に備えて、あらかじめ就業規則の整備・強化を図るべきである。

解説

1　優先すべきは業務上の未然防止を図ること

　メンタルヘルスの問題について考慮すべきことは、メンタルヘルス不調の原因がどこにあるかである。

　すなわち、過重労働やハラスメントのような業務上の出来事が原因だったのか、業務外の出来事（たとえば、離婚や借金）が原因だったのか、もともと社員のストレス耐性が非常に弱く、精神障害に罹患しやすい性格であったのか、それとも、これらが複合的に組み合わさったのか等、メンタルヘルス不調の原因には、さまざまなことが考えられるからである。

会社としての対策としては、まずは業務上の問題に起因するメンタルヘルス不調を発生させないことである。

本書においては、過重労働（第1部第2章第3節参照）とセクハラ・パワハラ（第1部第2章第4節参照）に関する内容を取り上げている。まずは、こうした問題が社内で発生しないように、適切に管理する必要がある。

2　4つのケアの推進

そのうえで、4つのケアを適切に実施することが大切である。4つのケアとは、次の4つである。

① セルフケア　　社員自身がストレスや心の健康について理解し、自らのストレスを予防、軽減するあるいはこれに対処すること
② ラインによるケア　　社員と日常的に接する管理監督者が、心の健康に関して職場環境等の改善や社員に対する相談対応を行うこと
③ 事業場内産業保健スタッフ等によるケア　　事業場内産業保健スタッフ等が、事業場の心の健康づくり対策の提言を行うとともに、その推進を担い、また、社員および管理監督者を支援すること
④ 事業場外資源によるケア　　事業場外の機関および専門家を活用し、その支援を受けること

これらの4つのケアの推進を徹底することでメンタルヘルス不調の未然防止を図ることが有効である（第1部第2章第5節Ⅰ2～6、第6節Ⅲ5参照）。

3　メンタル不調のサイン

また、社員に関して、「いつもと違う状態」に気づくことも大切である。

このメンタルヘルス不調のサイン例として、「ケチな飲み屋」サインがある。この「ケチな飲み屋」とは、以下の語呂合わせである。

ケ	欠勤	月曜日や連休などの休み明けに、体調不良を理由に欠勤や遅刻・早退しがちになる。
チ	遅刻・早退	
ナ	泣き言を言う	それまで愚痴などこぼさず、我慢強かった部下が、特別なきっかけもなく泣き言を言う。 　軽め：「この仕事は自分に向いていない」 　重め：「もうだめだ」
ノ	能率の低下	いつもなら1時間で終わる作業が2時間かかる。 　製造：測定に時間がかかる 　開発：PCの前でボーッとする 　営業：営業回りの腰が重い　等
ミ	ミスや事故の増加	ケアレスミスの増加、PCのキー入力の誤入力、誤字・脱字
ヤ	辞めたいと言い出す	特別なきっかけがないのに、「仕事を辞めたい」「このプロジェクトから降りたい」と言う。

　こうしたサインが出たら要注意である。特に危険なのが、「ヤ：辞めたいと言い出す」である。この「辞めたい」というのは、「仕事を辞めたい」ということだけではなく、深刻な場合は、「人生を辞めたい」として自殺に結び付くリスクがあるので特に注意が必要である。

4　就業規則によるルールの明確化

　そして、メンタルヘルス不調により勤務できない状況になれば、欠勤、そして休職の流れが出てくる。休職期間中に、治れば復職することになるが、メンタルヘルスについては、そう簡単に物事が進まないことが多い。
　メンタルヘルスについては、まだまだ医学的に確立されておらず、本当に休職させるべき社員か否か疑わしいこともあり、また復職してもすぐに再発したり、本人が復職を希望しているにもかかわらず、会社が無理と判断して退職手続を進めようとすると、トラブルになるリスクもある。

このようにメンタルヘルス不調になった社員の対応に苦慮することも多く、まだメンタルヘルスの問題が生じていない段階であっても、事前に就業規則でメンタルヘルス不調の社員が出た場合の対応について規定しておき、ルールを明確にする必要がある。

(坂本　直紀)

Q2　残業の抑制、社員の健康管理の増進

●設問事例●

メンタルヘルス対策として、なるべく残業を抑制して、社員の健康管理の増進を図る方針です。社内で対策を進めるうえで、どのようなことに注意すればよいでしょうか。

ポイント

1　残業の抑制を図るうえで、最も大切なことはトップマネジメントの強い決意である。
2　業務の「見える化」と平準化を図り、特定の社員への業務の集中を防ぐ必要がある。

解説　1　まずは、トップマネジメントの強い決意

　残業を防ぐうえで、最も大切なことは、トップマネジメントの強い決意である（第1部第2章第3節Ｖ2参照）。

　なぜならば、いくら社内で残業を防止することをアナウンスしても「残業は会社のためにしているのだから、仕方がないことだ」として現場の管理者が黙認しているようであれば全く効果はなさない。

　極端な例と思われるかもしれないが、一定時間になれば、パソコンを強制シャットダウンさせたり、社長が自ら社内の電気を消しまくって、残業をさせないくらいの気迫が必要である。

　こういうことを繰り返していれば、社員はだんだん残業をするのが嫌になるであろう。その結果、残業が抑制され、過重労働の防止につながる。

2 「見える化」と平準化

　そして、残業の抑制を図るうえでは、仕事の見直しが必要である。そこで、まずは、実際に、誰がどの程度残業しているのか把握することが重要である。以下の図表は、残業時間に関してグラフ化したものである。社員別時間外平均を示している。これは、どの社員が多く残業しているのか、「見える化」したものである。

　ここでは、社員別時間外平均としたが、たとえば月100時間超の時間外・休日労働の社員をグラフ化してもよいであろう。この場合、該当する社員は、とても健康障害に関するリスクが高い状況といえる。それが、何カ月も続いているようであれば早急に是正する必要がある。

　また、副次的効果として、たいして忙しくないと思える社員がなぜか残業時間が長い場合も見つけられる。意図的に残業時間を長くつけることで残業

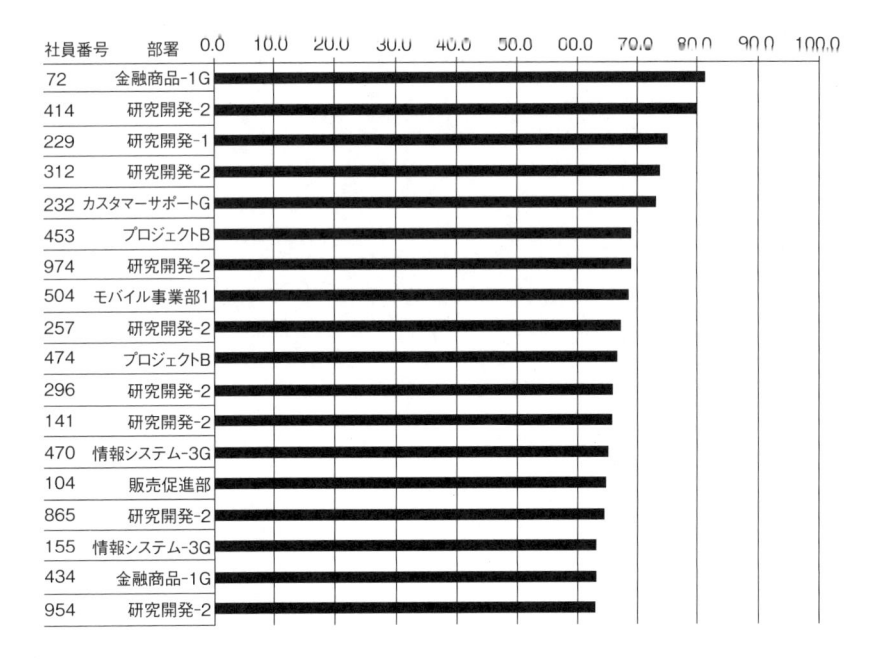

社員番号	部署
72	金融商品-1G
414	研究開発-2
229	研究開発-1
312	研究開発-2
232	カスタマーサポートG
453	プロジェクトB
974	研究開発-2
504	モバイル事業部1
257	研究開発-2
474	プロジェクトB
296	研究開発-2
141	研究開発-2
470	情報システム-3G
104	販売促進部
865	研究開発-2
155	情報システム-3G
434	金融商品-1G
954	研究開発-2

手当を稼ぐ考えの社員がいれば、このようなことが生じてしまう。労働時間管理が甘い場合に、このような問題が顕在化される。

　そして、残業が非常に多い社員について把握できれば、次は業務の平準化を図る。すなわち、特定の社員に業務が集中している場合は、まずは、業務の「見える化」を図り、業務配分を適正にすることが必要である。

　そのためには、現状の業務を洗い出すことが必要である。そして、業務を重要度と緊急度に区分して、その社員にとって重要でない業務を他の社員に配分する、場合によっては、やめてしまう業務も出てくるであろう。

　このようにして、特定社員への業務の集中を防ぎ、労働時間の短縮化を進めるべきである。

(坂本　直紀)

Q3　メンタルヘルスに関する労災請求

●設問事例●

メンタルヘルスについて労災請求が増えていると聞きますが、実際はどうでしょうか。また、どのような点に注意すればよいでしょうか。

ポイント

1　労災の請求は、増加傾向にある。
2　請求内容では、「上司とのトラブルがあった」が最も多く、特に注意すべき事項である。
3　会社としては、社内でメンタルヘルス不調社員が発生しないように、過重労働やハラスメントといった業務上の問題に起因する問題を発生させないとともに、社内でのコミュニケーションの円滑化を図り、良好な職場環境を形成するべきである。

解説　**1　精神障害等に関する労災の請求動向**

精神障害に関する労災の請求については、平成21年度以降急増しており、1000件を超える状況が2年連続続いている（第1部第2章第1節Ⅲ4参照）。

労災の認定については、厚生労働省で作成した認定基準に基づいて判断されることになる。

2　請求内容

平成22年度、平成23年度の出来事別決定件数では、特に「上司とのトラブルがあった」が、平成22年度は187件、平成23年度は202件と最も多く、労災請求に結び付く可能性が高いことが把握できる（第1部第2章第4節Ⅱ4(2)参照）。

確かに、労災請求がなされても、必ずしも労災が認定されるわけではなく、現に認定率は30％前後で推移している。しかし、社員が上司とのトラブルで精神障害に罹患したとして、労災請求がなされることは、社内トラブルを誘発する可能性があるため、できるだけ回避したいところである。

まずは、このように上司と部下の間でトラブルが生じていないか、社内で今一度確認しておくとよいであろう。

また、「仕事内容・仕事量の大きな変化を生じさせる出来事があった」も多い請求内容となっており、この点も注意しておく必要がある。

3　新しい認定基準と心理的負荷評価表

平成21年度に判断指針が改正され、上記1のような状況がみられたことを考慮すると、今回、認定を促進するために認定基準を新たに定められたこともあり、精神障害に関する労災の請求がさらに増加することが考えられる。

したがって、会社は、認定基準の内容をよく理解し、社内で労災問題が発生しないように心掛ける必要がある。

4　企業の対応

まずは、メンタルヘルス不調の社員が出ないように未然防止を図ることが基本である。当たり前のことであるが、精神障害に基づく労災であるので、社員が精神障害にならなければ、こうした問題は発生しない。

したがって、まずは過重労働やハラスメントのように業務上に起因する問題は、未然に防止する必要がある。また、4つのケア（Q1参照）を推進し、おかしなサインがみられたら、早急に対策を講じて、症状が悪化しないように取り組む。そして、社内での良好な職場環境の形成も大切である。

社員間、職場間の風通しを良くし、コミュニケーションの円滑化を図ることで、疎外感をなくしていくことも重要である（コミュニケーションの円滑化については、Q4参照）。

（坂本　直紀）

Q4　社内でのコミュニケーションの円滑化

●設問事例●

メンタルヘルス対策として、社内でのコミュニケーションの円滑化を図りたいと考えていますが、具体的にはどうすればよいでしょうか。

ポイント

1　「職場での愛」を意識し、思いやりをもって接することが大切である。
2　「オアシス運動」などにより、職場内で声かけをすることが有効である。
3　「ありがとう」という感謝の言葉が社内で飛び交う雰囲気をつくることが大切である。
4　社内メールにおいては、ねぎらいや感謝を意識する。

解説

1　職場での愛

(1)　はじめに

社内でのコミュニケーションの円滑化を図るうえで、大切なことがある。それは、「職場での愛」である。

マザーテレサの言葉に「愛の反対は憎しみではなく、無関心」とある。すなわち、社員が他の社員に対して無関心でいれば、社員の孤独感につながり、社員がメンタルヘルス不調になるリスクが高まることになる。

では、どうすればよいか。

マイナスの「無関心」を打ち消すには、プラスの「愛」をもって社員に接することが大切である。

マザーテレサはこうも言っている。「わたしたちは大きなことはできません。ただ、小さなことを大きな愛でするだけです」。

「職場での愛」については、「オアシス運動」とメール対応について紹介する。小さなことかもしれないが、こうしたことを継続して行うことにより、良好な職場環境の形成が図れる。

(2) オアシス運動

社内での「声かけ」を積極的に推進することが有効である。

「声かけ」の基本は、あいさつである。

そこで、「オアシス運動」を紹介する。オアシスとは、次の4つのあいさつをまとめたものである。

オ：おはようございます。
ア：ありがとうございます。
シ：失礼します。失礼しました。
ス：すみません。すみませんでした。

社員全員が、自発的にこの「オアシス」について、積極的にあいさつを行い、職場の雰囲気を明るくするものである。

また、この中で、「ありがとうございます」といった「感謝」を示す言葉は、とても素晴らしい言葉である。

人に感謝すれば感謝が返ってくる。

すなわち、社員がある社員に感謝することで、感謝が返ってくる。

職場の中が、自然にそういう状態になれば、メンタルヘルス不調の社員の発生の防止につながるであろう。

(3) メール対応

会社によっては、職場が離れている等の事情により、対面でコミュニケーションをとることが難しいことがある。また、人によっては、なかなか本人に直接、感謝やねぎらいの言葉をかけにくいこともある。

そこで、メールでの良好な対応について文例を活用して説明する。たとえ

ば、以下のメールは、「営業先での商談の報告に対する返信」の文例である（坂本直紀＝深津伸子『ビジネスで使えるメール文例集』218頁・220頁）。

① 営業先での商談の報告に対する返信（結果を出せなかった場合）

件名　○○株式会社の件

杉浦さん

ご苦労様です
安藤です。

○○株式会社の件、報告書を読みました。
今回は受注できず残念でしたが、先方への提案書や活動日報を見る限り、杉浦さんは全力で頑張ったと評価しています。

ただ、先方の状況をみてみると、今回はもう少し先方の満足条件を確認して、別の商品に切り替えてもよかったかもしれません。営業の基本は「徹底したヒアリング」です。

是歩、今回の経験を活かして、また一緒に頑張りましょう。

　精一杯努力したものの、仮に結果が出なかった場合は、上司はねぎらう必要がある。結果だけでなくプロセスも適切に評価して、前向きな気持にさせるように心がけることが大切である。

　また、もし業務プロセスに問題があるようであれば改善する必要がある。その場合は、適切に改善案をアドバイスすることになる。

② 営業先での商談の報告に対する返信（結果を出せた場合）

件名　○○株式会社の件

杉浦さん

> ご苦労様です
> 安藤です。
>
> ○○株式会社の件、報告書を読みました。
> 正式受注、おめでとう。
>
> 先方への提案書や活動日報を見るにつけ、杉浦さんは全力で頑張っていると感じていました。しっかりした仕事ぶりに感心しています。
>
> これからも、頼りにしています。

　部下が成果を出した場合は、褒めることが基本である。なかなか人前で褒めるのは照れ臭いことであるが、メールでは、意外に褒めやすいのではないだろうか。

　また、褒めた内容はメールとして残っているので、後で見返すと褒められた社員は嬉しくなるものである。

　今回取り上げた内容以外にもさまざまな場面でメールを活用することになるが、その際も、このように相手への思いやりを意識するとよい。その結果、実際の行動でも相手への思いやりにつながることが期待できる。

（坂本　直紀）

Q5　ハラスメント相談窓口

●設問事例●

　当社では、ハラスメント対策として相談窓口を設置しています。この度、相談員教育を行う予定ですが、相談員の心構えとしてどのような点に意識したほうがよいでしょうか。また、被害者からの相談を受ける場合に、どのようなことを確認し、注意すればよいでしょうか。

ポイント

1　相談員の心構えとして、継続的な学習によるスキルの向上、相談員にふさわしい行動、被害者に対しての配慮があげられる。
2　相談時には、「5W2H」に基づいて、事実関係を把握することが有効である。
3　相談時の終了時点の留意点としては、「内容の再確認」「被害者への報告の約束」「被害者へのねぎらい」を心がける。

解説

1　はじめに

　ハラスメント対策の全般については、第1部第2章第4節に記載しているので、ここでは相談員の対応について解説する。

2　相談員としての心構え

　相談員としての心構えは、以下のとおりである。

(1)　継続的に学習して相談対応能力を向上させること

　ハラスメントは、被害者のメンタルヘルス不調、会社の安全配慮義務違反

による損害賠償責任、会社のイメージの失墜等の多大なリスクが発生する性質を有している。

そのため、相談員は、相談時に適切な対応ができるようになるため、継続的な学習を通じて相談スキルの向上に取り組む必要がある。

　(2)　相談員にふさわしい行動を日々とること

相談員が「信頼できる人」と社員から思われる必要がある。

たとえば、アフター5の飲み会で、他の社員の噂話や誰かの悪口を楽しそうに喋っているようであれば、問題である。

相談員は、誰もが信頼できる人と認められるよう、日々他の社員の模範となるような行動を心がける必要がある。

　(3)　被害者への配慮を心がけること

ハラスメントの相談は、プライバシーに関する内容を多く含んでいるので秘密を厳守する必要がある。

また、被害者は精神的に深く傷ついていることもあるので、被害者が話しやすいリラックスした雰囲気をつくり、相談員は、穏やかな表情で、被害者に対して友好的な態度で接することが大切である。

2　被害者からの相談時に確認する内容

相談時に確認する内容としては、基本的には、以下の「5W2H」を意識するとよいであろう。そして、この「5W2H」に目撃者の有無や被害者の希望等を加えて、ハラスメント相談シートを作成し、ヒアリングを行う。

　①　相談時に意識すべき「5W2H」

1. WHO（誰が）：ハラスメントの行為者（加害者）
2. WHEN（いつ）：ハラスメントの発生日時
3. WHERE（どこで）：ハラスメントの発生場所
4. WHAT（何を）：ハラスメントの言動の内容
5. WHY（なぜ）：ハラスメント発生について考えられる理由

6. HOW（どのように）：ハラスメント発生時にどのように対応したか
7. HOW MANY（どの程度）：継続的に行われているか

② ハラスメント相談シート例

年　　月　　日

ハラスメント相談シート

　　　　　　　　　　　　　　　　　　　　所　属_____
　　　　　　　　　　　　　　　　　　　　氏　名_____

＜相談内容＞

1. 行為者は誰ですか。
   部署名：　　　　　　　　氏名：
2. いつ行われましたか。継続している場合は、最近の日時を記載してください。
   　　年　　月　　日　　時　　分頃
3. ハラスメントは、どこで行われましたか。
4. どのようなハラスメントを受けましたか。
5. ハラスメントが行われた原因として、どのようなことが考えられますか。
6. ハラスメントに対して、どのような対応をとりましたか
7. ハラスメントは、継続されて行われていますか。継続している場合は、いつ頃から行われていますか。
8. 目撃者や証人はいますか。いる場合は部署名、氏名も書いてください。
   部署名：　　　　　　　　氏名：
9. 相談窓口にどのようなことを希望しますか。
10. 相談窓口から連絡を受けるのに都合のよいものを選択の上、記載してください。
    メール：　　　　　　　　電話：
    連絡しやすい曜日・時間帯（　　曜日　　　　時）

以　上

3　相談終了時の留意点

(1)　内容の再確認
相談内容、被害者の要望事項について被害者と相談担当者との間で食い違いがないか再確認することが必要である。

(2)　被害者への報告の約束
被害者の相談内容について調査を要する場合は、必ず調査後に報告する。相談する際には、相当勇気を出して相談に来られた社員も中にはいるであろう。そのときに、何も報告せず放置していると、被害者との信頼関係は崩れてしまいかねない。決して放置してはならない。

(3)　ねぎらい
最後に被害者に対してねぎらいの言葉をかけるとよい。

たとえば、「今日は、よく勇気を出して、相談に来てくれました。中には思い出したくない出来事もあったと思われますが、本当によく頑張ってくださいました。あなたの勇気と頑張りに心から感謝いたします」といった内容が考えられる。

このように相談担当者は被害者に対して、誠実な姿勢で対応することが重要である。

（坂本　直紀）

Q6　リハビリ出勤

●設問事例●

休職社員がリハビリ出勤をしたいと申し出てきました。認める必要はあるのでしょうか。認める場合の留意点も教えてください。

ポイント

1　法律上はリハビリ出勤に関する規定はなく、原則として認める必要はない。ただし、就業規則等でリハビリ出勤が休職者の権利となっている、または会社の義務として定められている場合、その申し出に応ずる義務がある。

2　個別にリハビリ勤務を認める際の留意点としては、リハビリ出勤の内容、処遇等について休職社員との起案で定め、合意しておくことである。

解説

1　リハビリ出勤とは

リハビリ出勤とは、復職できるか否かを判断するために、試しに出勤する制度である（第1部第3章第10節Ⅴ参照）。リハビリ出勤制度自体は法令に定めはなく、会社には設ける義務はない。よって、この制度を採用するか否かは会社の裁量であるといえる。

しかし、就業規則等でリハビリ出勤が休職者の権利となっている、または会社の義務として定められている場合、その申し出に応ずる義務がある。

2　リハビリ出勤を認めるべきか

リハビリ出勤は、復職後の軽減措置とは異なり、復職できる程度に治癒し

ているのか確認するなど、復職可否判断に用いられる。よって、リハビリ出勤が必要な状態というのは、完治していないことを意味するといえる。そのようなリハビリ出勤の過程で、症状が再燃したり悪化することも考えられ、この場合会社が責任を問われる可能性がある。また、労災の対象となるか否かといった問題もあり、会社はリハビリ出勤を安易に認めるべきではない（第1部第3章第10節Ⅴ参照）。

　このようなリハビリ出勤制度を導入するかどうかにあたっては、①会社でのリハビリ出勤は認めない方法、②個別にリハビリ出勤を認める方法、③リハビリ出勤制度を設ける方法等さまざまな考え方がある。ここでは、②の方法の留意点をあげておく（第1部第3章第10節Ⅴ参照）。

3　個別にリハビリ出勤を認める場合の留意点

　病状や回復の程度は社員によって異なるため、就業規則には大枠と賃金の減額や無給もありうる旨を規定するにとどめておき、具体的な内容・処遇等はこれらの定めを下回らない条件で個別に各休職社員との間で定め合意しておく。その際、主治医や会社指定医の意見を聴取することも必要である。以下、明確にしておくべきポイントをあげておく。

① 　リハビリ出勤期間と復職の基準　　リハビリ出勤期間を明確にし、その期間内にどのような状態になれば復職できるのか、または復職できないのか、といった基準を明らかにしておく。たとえば、「出勤率が8割未満となった場合、再び休職に戻す」などの定めである。

② 　リハビリ出勤期間の休職期間への通算　　あくまでもリハビリテーションであり、治療の一環であるため、復職ではなく休職期間として取り扱う場合は、その旨を明確にしておく。

③ 　賃金の取扱い　　無給とするのか、または労務提供がある場合は賃金額等について、明確にしておく。

　なお、個別の労働契約において、就業規則で定める労働条件よりも低

い労働条件を定めても、就業規則を下回る部分は無効となり、その部分は、就業規則で定める労働条件によることとなる。そのため、状況によっては、就業規則にリハビリ出勤に関する賃金の取り扱い（無給や減額することなど）の記載が必要になる。

④　出勤時間帯や滞在場所　　出社時刻は、会社の始業時刻と同じにすることがよりよいと考える。始業時間に出社できるかが、復職の1つの条件となるからである。

⑤　労災　　労務提供がないリハビリ出勤は労災が適用されないことなどを定めておく。

⑥　リハビリ出勤者の義務・遵守　　体調不良の場合は直ちに申し出ること、会社が必要と認める場合は会社指定医と面談し会社の指示に従うことなどを明確にしておく。そのほか、労務提供がない場合でも会社施設を利用する者として、関連規定を遵守すべきことなども定めておく。

（深津　伸子）

Q7　海外でのうつ病

●設問事例●

　プロジェクトの技術、仕様等の打合せを主な目的として1カ月間海外出張中の社員が、うつ病を発症しました。本人は海外出張の負担が大きく、労災ではないかと訴えています。発症前を除いて、長時間労働はそれほど多くありませんでした。ただ、商習慣等の違いや国内からの指示が遅いなどの理由から、プロジェクトの進行が遅れ、困難を来しているようでした。海外の勤務で傷病にかかった場合も、労災保険は適用されるのでしょうか。

ポイント

1　海外出張の場合、業務災害であれば、労災保険は適用されうる。ただし、海外への転勤や出向といった海外派遣に該当する場合は、あらかじめ特別加入しておく必要がある。

2　業務災害に該当するか否かは、長時間労働も1つの要因ではあるが、その他の業務の過重性等からも総合的に検討され、業務起因性が認められる場合は労災認定される可能性がある。

解説　**1　労災保険法の適用関係**

(1)　「海外出張」と「海外派遣」

　労災保険は、本来、国内にある事業場に適用され、そこで就労する労働者が給付の対象となる制度であるため、海外の事業場で就労する者は対象とならない。しかし、「海外出張」の場合は国内出張と同様に、労務提供を行う

場所が一時的に海外にあるにすぎない。したがって、国内の事業場に所属し、使用者の指揮命令下で労務提供していることに変わりなく、特別の手続なしで国内の事業場の労災保険により給付を受けられる。一方、海外転勤や出向などの「海外派遣」は、海外の事業場に所属して、その事業場の使用者の指揮に従って勤務するため、自動的には労災保険の適用がないとされている。

「海外出張」と「海外派遣」の主なケースを、以下にあげておく。

海外出張	海外派遣
・商談のため ・技術、仕様などの打合せ ・市場調査、会議、視察、見学 ・アフターサービス ・技術習得 ・現地での突発的なトラブル対処	・海外支店や営業所などへの転勤、駐在員 ・海外関連会社（現地法人、合併会社や提携先企業）への出向 ・据付工事や建設工事への従事（統括責任者、工事監督者、一般作業員等として派遣） ・国際協力事業団に駐在員事務所員、技術者、青年海外協力隊員

(2) 海外派遣者の特別加入

海外派遣の場合、企業が事前に海外派遣者特別加入の手続をしておかなければ、労災保険給付は受けられない。よって、社員を海外に派遣する企業は、あらかじめこの手続をしておくことが不可欠といえる。

しかし、実際には、海外出張と海外派遣のどちらに該当するかは、勤務の実態により総合的に判断されるもので、会社内での呼称等は判断基準にはならない。海外出張か海外派遣かで迷う場合は、あらかじめ労働基準監督署に相談しておくとよいであろう。

2　海外でのうつ病が労災と認められたケース

　海外出張や海外派遣者の過労自殺が認められた裁判例によると、海外赴任先でのさまざまな負荷から総合的に業務上外の判断していることがうかがえる。

　たとえば、加古川労基署長〔神戸製鋼所〕事件（神戸地判平成8・4・26労判695号31頁）は、大学を卒業して入社間もない社員が、インドへ2カ月間の予定で出張を命じられ、精神障害に罹患して自殺した事例である。判決は、当該社員のインドにおける業務の実態を具体的に検証して、当該社員の「精神障害は、海外勤務で余儀なくされたインドでの生活自体からもたらされるストレスが積み重なっていく上に、宿舎問題という業務上のストレス要因が加わったことによって発生した心因性の精神障害である」として、心因性精神障害の罹患、発症に業務起因性を肯定し、労災と認定した。

　また、国・八王子労基署長〔パシフィックコンサルタンツ〕事件（東京地判平成19・5・24労判945号5頁）は、カリブ諸国中最貧国とされるセントヴィンセントおよびグレナディーン諸島国に赴任・業務従事していた社員Aが、赴任中うつ病を発症し自殺したケースで労災認定された。判決は業務の過重性につき、業務自体の困難性は認められないが、単身での海外赴任、在留資格が断続的に切れる状態での就労、隣国出張中に現地行政担当者からの叱責を受けたこと、業務に関する方針変更、Aの労働時間等の、業務上、強度の心理的負荷となりうる事情が存在し、Aのうつ病発症・増悪および自殺に至る一連の過程は、これらの業務に内在する危険が現実化したものであるとした。

　本件では、平成11年9月初旬から遅くとも中旬にかけてうつ病を発症し、症状を急速に悪化させ、10月1日に自殺に至っている。労働時間については、9月以降は別として、8月まではその労働時間が特に長いともいえない事案であったが、海外赴任やその業務の過重性をあらゆる点から検討し、労

災認定されている。

3　海外での勤務に関する留意点

　海外での勤務は、とりわけ負荷が高いことに留意し、国内との連絡体制の整備、業務・勤務状況の把握、国内からの援助・現地でのサポート体制の充実等、諸々の対策を講じておく必要がある。また、精神疾患の兆候をキャッチした場合は、迅速かつ適切な措置が必要である。たとえば、単身赴任者の場合は早めに帰国をさせ、家族のいる環境で休ませるなどの対応が求められる。

　なお、海外派遣に該当する場合は、海外での労災事故に対応できるよう、必ず労災に特別加入しておくことが不可欠である。また、特別加入では個人名の登録を行うが、海外派遣者が変更になる際、個人名の登録変更を忘れないことにも注意が必要である。

〔深津　伸子〕

第2部　現場のケーススタディQ＆A

Q8　出向社員のメンタル不調

●設問事例●

　関連会社に出向している社員が、うつ病を発症したため、当社に戻りたいと訴えてきました。どのような対応が必要でしょうか。出向先は、プロジェクトの納期が厳しく、納期前は長時間労働が相当発生しているようです。業務に過重性がある場合は、出向元である当社も責任を負うことになるのでしょうか。

ポイント

1　出向先での勤務状況の確認、診断書等により病状を把握し、必要な対応を即時に行わなければならない。診断内容にもよるが、出向元への復帰、業務軽減や休暇取得が考えられる。また、必要ならば休職をさせることになるが、この場合、基本的には出向元に復帰させ、出向元の休職規定を適用するのが適切であろう。

2　出向先での業務の状況や長時間労働の実態を認識していたにもかかわらず、健康に配慮せず、何らの措置をとっていない結果、業務上のストレスによりうつ病になった場合、出向元も責任を問われる可能性がある。出向元は、出向先での社員の状況を把握し、問題を把握次第、その都度即時に適切な対応を行うことが求められる。

解説　**1　出向とは**

出向とは、労働者が自己の雇用先の企業に在籍のまま、他の企業の事業所

において相当長期間にわたって当該他企業の業務に従事することである。出向は、①子会社・関連会社への経営・技術指導、②社員の能力開発・キャリア形成、③雇用調整、④中高年齢者の処遇などの目的のために活発に行われている。出向は、雇用先の企業に籍が残っているため、出向元・出向先ともに雇用関係にある点が、他の企業へ籍を移してしまう転籍とは異なる。

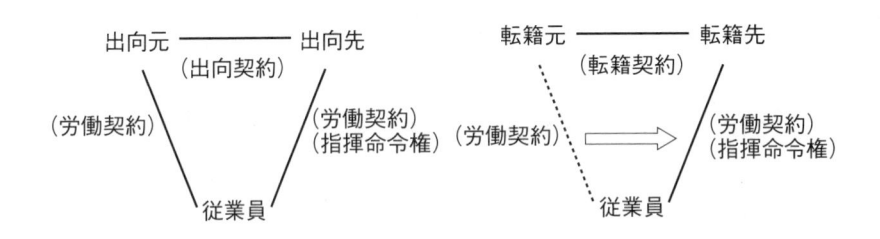

```
       出向元 ──────── 出向先              転籍元 ──────── 転籍先
                 (出向契約)                         (転籍契約)
                                                      
  (労働契約)      (労働契約)      (労働契約)        (労働契約)
                 (指揮命令権)                       (指揮命令権)
                                  ═══════▷
          従業員                         従業員
```

2　出向中の労働関係

(1)　概　要

　出向においては、出向元と出向労働者間の労働契約関係は存続するが、その者の労務提供が出向先に対して行われるので、出向元との労務提供関係は停止される。しかし、出向元の就業規則のうち労務提供を前提としない部分は依然として適用を受け続ける。他方、出向労働者は出向先に対しその指揮命令の下で労務提供を行うので、出向先の勤務管理や服務規律に服することとなる。

　また、給与、賞与等の支払いについては、①出向先がこれを行い、出向元における勤務の場合との差額を出向元が保障するという処理方法、②出向元が依然として支払い続け、出向先がそのうちの自己の分担額を出向元に支払うという処理方法などが代表的なものである。

　では、労働基準法（以下、「労基法」という）、労働安全衛生法（以下、「安衛法」という）、労働者災害補償保険法（以下、「労災保険法」という）などの

労働保護法上の責任を出向元・出向先企業がどのように負うことになるのであろうか。これは、当該事項について、どちらが実質的権限を有しているかで決まる。

(2) 労基法・安衛法・労災保険法上の規定

労基法上の各規定については、その内容に応じて出向元・出向先のうち当該事項を管理しているほうが使用者としての責任を負う。たとえば、出向先が労働時間管理を行っていれば、36協定は出向先が締結しなければならない（昭和35・11・18基収第4901の2号）。

これに対し安衛法上の事業者責任は現実に労務の給付を受けている出向先が原則として負担する。

労災保険法上の事業主も原則として出向先となるが（昭和35・11・2基発第932号）、出向元・出向先の協定で出向元とすることも可能と解すべきとされている。雇用保険の事業主は出向元・出向先のうち主たる賃金の支払者と認められる者である。

また、出向社員と出向先との間に、労働契約関係が成立するかとの点については、安全配慮義務など同契約上の部分的権利義務は、出向先における労務提供の実態から当然に認められることとなろう（前掲・菅野451頁参照）。

3 出向社員の休職

出向社員の就業規則の適用については、出向元・出向先間の出向協定等で定め、その内容を出向する労働者に示すことが重要である。ただし、出向協定に適用関係が明らかになっていない場合には、出向元と出向先との間で協議して、出向労働者に対する就業規則の適用を決定することとなる。

適用関係の考え方としては、一般的には、労務提供に関する部分、すなわち、始業・終業時刻、労働時間制、休日、休暇、安全・衛生、災害補償などは、出向先企業の就業規則が適用されることとなる。

これに対して、出向労働者の労務提供を前提としない労働契約上の地位の

得喪に関する定年制、退職金、解雇等に関する規定については、出向元企業の就業規則が適用される（竹之下義弘『Q&A労働法実務シリーズ〈4〉配転・出向・転籍〔第2版〕』137頁）。

休職は、出向元の就業規則の規定を適用することが1つの方法である。というのも、休職は、解雇猶予措置であり、私傷病休職の場合、休職期間中に傷病が治らなければ、休職期間満了により解雇や退職となる可能性があるからである。

具体的には、「出向先又は出向元の休職事由に該当した場合は、出向が終了したものとして扱い出向元に復帰させ、出向元の就業規則の定めに従うものとする」などの規定を、出向協定等にあらかじめ定め出向労働者に明示しておくとよい。

4 出向元・出向先の安全配慮義務

(1) 出向元・出向先双方の責任関係を明らかにしたケース

A鉄道〔B工業C工場〕事件（広島地判平成16・3・9労判875号50頁）では、まず出向先である被告B社について、使用者は、その雇用する労働者に従事させる業務を定めてこれを管理するに際し、業務の遂行に伴う疲労や心理的負荷等が過度に蓄積して労働者の心身の健康を損なうことがないよう注意する義務を負うと解するのが相当であり、使用者に代わって労働者に対し業務上の指揮監督を行う権原を有する者は、使用者の同注意義務の内容に従ってその権限を行使すべきとした。一方、出向元である被告A社は、当該職員が出向先での仕事に困難が生じたとして相談してきた場合には、出向先での業務の遂行に伴う疲労や心理的負荷等が過度に蓄積して労働者の心身の健康を損なうことがないように配慮し、出向先の会社に勤務状況を確認したり、出向の取り止めや休暇取得や医師の受診の勧奨等の措置をとるべき注意義務を負うとした。

最終的には、安全配慮義務違反、不法行為責任が否定され、両社への損害

賠償請求は棄却されたものの、出向元・出向先のそれぞれの実質的権限や役割に応じて、行わなければならない義務が示されており参考となる。

(2) 出向元または出向先の一方の責任を認めたケース

JFEスチール〔JFEシステムズ〕事件（東京地判平成20・12・8労判981号76頁）は、①具体的な労務提供、指揮命令関係の実態によれば、出向社員に対する安全配慮義務は、一次的には出向先が負い、出向元は、人事考課表等の資料や出向社員からの申告等により、出向社員の長時間労働等の具体的な問題を認識し、または認識し得た場合に、これに適切な措置を講ずるべき義務を負うと解するのが相当である、②しかし、本件において、出向元が出向社員の平成12年6月から8月にかけての過酷な長時間労働および過大な精神的負担等を認識し、または認識し得た事情が認められないから、出向元が出向社員に対して安全配慮義務を負っていたということはできないので、出向元が出向社員に対して安全配慮義務を負っていたということはできないとして、出向社員のうつ病自殺について、安全配慮義務違反を出向先について認め、出向元については認めなかった裁判例である。

一方、デンソー〔トヨタ自動車〕事件（名古屋地判平成20・10・30労判978号16頁）は、A社からB社に約1年間の長期出張させたという、出向とも解される労働関係にある状態でうつ病を発症したケースで、出向元ともとれるA社の責任が認められた事例である。本件では、労働者がA社に対し帰社させてほしい旨を訴えたころには、A社は労働者に対し、業務の軽減、その他何らかの援助を与えるべき義務が生じ、その後も、労働者の業務遂行の状況や健康状態に注意し、援助を与える義務があったといえるところ、少なくともうつ発症までこれを怠り、また帰社させるべき状況にあったのに、かえって長期出張の延長をしたのであるから、A社に安全配慮義務違反があると認定された。

5　出向社員のメンタルヘルス対応

　出向社員の安全配慮義務については、権限や責任、労務提供、指揮監督関係等、実質的権限や具体的実態に応じて、出向元・出向先が責任を有するといえよう。

　出向先は、実際に労務の提供を受けるため、労働時間管理や安全・健康管理を行う立場にある。そのため、安衛法上の義務の履行や、長時間労働がないか、業務によるストレスで健康を害する状況にないか、または害していないかなど、適切な管理をしておかなければならない。そのうえで精神疾患の発症が予見される場合は、残業の免除、業務配分や業務量の調整など行い、また、受診を促すなどの対応が必要である。

　一方、出向元も、出向先での社員の状況を把握し、問題を把握した際は、その都度即時に適切な対応が必要である。たとえば、人事考課表等の資料や本人からの申告等により、長時間労働等の具体的な問題を認識し、または認識し得た場合、適切な措置を講じなければならない。

　なお、認定基準における、業務による心理的負荷評価表では、「配置転換があった」ことが、平均的な心理的負荷の強度は「Ⅱ」と、中程度のストレスとされている。それだけ、不慣れな職場、業務に従事することはストレスを生じさせるといえる。また、出向元と出向先両方に籍があることから、つい責任の所在があいまいになりがちであるが、出向元・出向先のおのおのの役割に応じて、出向社員に対する配慮を怠らないようにすることが重要といえる。

（深津　伸子）

Q9　派遣労働者のメンタル不調

●設問事例●

派遣労働者がメンタル不調になった場合、派遣元と派遣先はどのような責任を負うのか教えてください。たとえば、原因が業務にあった場合、労災保険の適用はどうなるのでしょうか。

また、派遣元と派遣先は、どのように派遣労働者のメンタルヘルスケアをすればよいでしょうか。

ポイント

1　派遣労働者の労災保険関係は、派遣元事業主について成立しているので、派遣労働者が業務上の災害で病気やけがを負った場合、派遣元での労災保険が適用され保険給付が行われる。しかし、派遣就労が派遣先の事業場において派遣先の指揮命令下になされることから、派遣先も職場における労働者の安全衛生を確保する責任を負い、安全配慮義務を怠った場合は、その責任を問われることもあるだろう。

2　メンタルヘルスケアに関しては、派遣元と派遣先、それぞれの役割に応じて行うこととなる。

解説　1　労働者派遣とは

労働者派遣事業の適正な運営の確保及び派遣労働者の保護等に関する法律（以下、「労働者派遣法」という）2条1項は、「労働者派遣」を「自己の雇用する労働者を、当該雇用関係の下に、かつ、他人の指揮命令を受けて、当該他人のために労働に従事させることをいい、当該他人に対し当該労働者を当

該他人に雇用させることを約してするものを含まないものとする」と定義している。

2 労働者保護法規の適用関係と裁判例

(1) 概　要

　労働基準法等の労働者保護法規の労働者派遣事業に対する適用については、原則として派遣中の労働者と労働契約関係にある派遣元が責任を負う。労働基準法に規定する災害補償についても、労働者派遣法44条により、原則どおり派遣労働者と雇用関係にある派遣元会社が負うこととされている。このため、労災保険についても、派遣元での適用となり、派遣元の労災保険に基づいて保険給付を受けることとなる。しかし、派遣先は業務遂行上の具体的指揮命令を行うことから、派遣先についても派遣労働者の安全衛生を確保する特例的な責任を定めている（労働者派遣法45条）。

(2) 派遣元の安全配慮義務が問われた裁判例

　フィット産業事件（大阪地判平成22・9・15労判1020号50頁）は、①平成14年9月から平成15年3月までの間における派遣労働者Xの労働時間、特に、平成15年1月および同年2月におけるXの時間外労働時間は、かなりの程度に及んでおり、派遣元Y社としても、勤務日報等により、かかるXの長時間労働については十分に把握することができたというべきである、②また、Xが担当していた本件運行制御システムは、要件定義の確定と同システム完成納期との間の期間が短く、同システムに係る作業については、主としてXが担当していたところ、Xに対するY社の支援体制が確立していなかった、③以上の事実を総合すると、Y社は、Xについて、当該業務の遂行に伴う疲労や心理的負荷等が過度に蓄積して労働者の心身の健康を損なうことがないよう注意すべき義務を負っていたにもかかわらず、これを怠ったということができ、Xがうつ病を発症したものと認めるのが相当である、④そうすると、Y社は、Xに対する安全配慮義務違反により、Xがうつ病を発症

したこと、それにより被った損害を賠償すべき責任があるというべきであるとし、派遣労働者がうつ病に罹患したところ、それが業務上によるものであって、しかも、派遣元会社の安全配慮義務違反によって発症したものであるとして派遣元会社に対し、損害賠償請求したケースである。

以上のように、派遣元会社の安全配慮義務違反を認めた。このケースでは、派遣先に対する責任は問われていないが、次のケースのように、派遣先も同様の責任を問われる可能性がある。

(3) 偽装派遣状態下で派遣元・派遣先の両社の責任を認めた裁判例

派遣労働者に対する安全配慮義務違反が問われた裁判例ではないが、偽装派遣状態の業務請負業者の下で稼働する下請労働者につき、同様の責任を認めた例としてアテスト〔ニコン熊谷製作所〕事件（東京地判平成17・3・31労判894号21頁）がある。これは、ニコンの熊谷工場に派遣された男性Aがうつ病を発症して自殺したのは、長時間勤務と劣悪な勤務環境が原因として、遺族がニコン（B社）と業務請負会社ネクスター（現アテスト。C社）に損害賠償を求めた訴訟で、東京地裁は両社に計約2480万円の支払いを命じた。判決は、人材派遣、業務請負など契約形態の違いは別としても両社は疲労や心理的負担が蓄積しすぎないよう注意すべきだったとして、両社の安全配慮義務違反を認めている。

B社については、亡労働者Aに対し、従事させる業務を定めて、これを管理するに際し、業務の遂行に伴う疲労や心理的負担等が過度に蓄積して亡Aの心身の健康を損なうことがないよう注意する義務を負担していたということができ、派遣先は、亡Aに対し、その安全配慮義務違反に基づく責任を負うものとした。

また、C社については、C社の担当者が、週に1回程度、亡Aと面談していること等に照らすと、その業務による疲労や心理的負担等が過度に蓄積してAの心身の健康を損なうことがないよう注意する義務を負担していたということができ、C社も、亡Aに対し、その安全配慮義務違反に基づく

責任を負うものとした。

さらに、同控訴事件（東京高判平成21・7・28労判990号50頁）では、損害認容額を増額のうえ、維持されている。東京高裁は、「労働者派遣事業を行う者は、派遣労働者を派遣した場合、当該派遣労働者の就業の状況を常に把握し、過重な業務等が行われるおそれがあるときにはその差し止めあるいは是正を受役務者に求め、また、必要に応じて当該派遣労働者についての労働者派遣を停止するなどして、派遣労働者が過重な業務に従事することなどにより心身の健康を損なうことを予防する注意義務を負うと解するのが相当である」とし、C社は、主に給与管理の面から前月の勤怠状況を翌月になってから把握していた程度以上に、Aがいかなる業務に従事しているのか、またその仕事量や労働環境等の就業状況を把握しておらず、注意義務違反があるとした。一方、B社に対しては、Aの業務上の指揮監督を行っていた者の使用者として、Aの死亡につき不法行為の成立を認めた。以上から、C社およびB社に対し、損害額全額の連帯支払いを命じている。

派遣労働者は雇用責任が分散しがちで権利保護が難しいと指摘されているが、この事案は、実質的な派遣労働者の過労自殺を認め、派遣先ととれるB社、派遣元ととれるC社双方に賠償を命じたケースとして注目すべきである。派遣先・派遣元双方とも、それぞれの安全配慮義務を怠らないよう注意が必要である。

(4) まとめ

以上によると、労災保険については、派遣元での適用となり、派遣労働者が業務上の災害で病気やけがを負った場合は、派遣元の労災保険に基づいて保険給付を受けることとなる。しかし、安全配慮義務違反等に基づく損害賠償を求められた場合、派遣元・派遣先双方の責任が認められることがありうる。近年、安全配慮義務は広く認められる傾向にあり、派遣元だけでなく派遣先も派遣労働者に対して安全配慮義務を怠らないよう注意すべきである。

また、予防的な観点からは、以下のメンタルヘルスケア等を実行していく

ことが有効である。

3 派遣元・派遣先によるメンタルヘルスケア

　厚生労働省は「労働者の心の健康の保持増進のための指針」（平成18年3月31日健康保持増進のための指針公示3号。以下、「メンタルヘルス指針」という）を示し、メンタルヘルスケアを推進している。派遣労働者についても、その特性に留意し、派遣先・派遣元がそれぞれの役割を適切に実施する必要がある。

　メンタルヘルス指針は、労働安全衛生法70条の2第1項の規定に基づき、同法69条1項の措置の適切かつ有効な実施を図るための指針として、メンタルヘルスケアの原則的な実施方法について定めている。同法69条は、派遣元・派遣先の事業者に適用があり、メンタルヘルスケアには、正規労働者だけでなく、派遣労働者を含めることが法的に求められている。

　ここでは、派遣元・派遣先がどのように講ずるべきなのかを中心に説明する（メンタルヘルス指針の詳細は、第1部第2章第5節Ⅰ参照）。

　メンタルヘルスケアにあたっては、事業者自らが、派遣労働者を含めて事業場におけるメンタルヘルスケアを積極的に推進することを表明する。また、衛生委員会等において十分に調査審議を行い、事業場におけるメンタルヘルスケアの具体的実施事項をまとめた「心の健康づくり計画」の作成が求められる。その実施にあたっては「セルフケア」「ラインによるケア」「事業場内産業保健スタッフ等によるケア」「事業場外資源によるケア」の4つのケアが継続的かつ計画的に行われるよう関係者に対する教育研修・情報提供を行うこととされている。派遣元・派遣先は、必要な連携を図りつつ、それぞれ4つのケアを効果的に推進し、職場環境等の改善、メンタルヘルス不調への対応、自殺防止等が円滑に行われるようにすることが重要である。

　メンタルヘルスケアにおいては、派遣労働者についても業務面の配慮や適正配置等が重要であり、派遣元・派遣先のそれぞれにおいて、このような点

に配慮が必要である。

4　メンタルヘルスケアの内容

(1)　衛生委員会等の審議

　メンタルヘルスケアにあたっては、派遣元・派遣先事業場ともに、「心の健康づくり計画」の策定のみならず、その実施体制の整備等の具体的な実施方法や個人情報保護規程の策定等にあたり、衛生委員会等において十分調査審議を行う。また、派遣先における「心の健康づくり計画」の策定にあたっては、派遣労働者もメンタルヘルス計画の対象に含めることにより、派遣労働者にとっても働きやすい環境が整備されることになる。

(2)　4つのケア

　4つのケアのうち、「セルフケア」については、派遣元のみならず派遣先においても、派遣労働者を支援の対象に含めるようにする。「ラインによるケア」については、派遣先においては、派遣労働者を対象に含めるようにする。一方、派遣元においては、通常の「ラインによるケア」の実施は困難だが、定期的に派遣労働者の勤務先を巡回した際に、派遣労働者の就労状況を把握し、相談対応の実施等の必要な支援を行う。

(3)　具体的な進め方

　派遣元・派遣先事業においては、派遣労働者も教育・研修や社内報・リーフレット等による情報提供の対象に加える。

　職場環境等の把握・改善にあたっては、派遣先事業場においては、作業環境、職場の人間関係、労働時間管理、指揮命令系統などについて、その問題点を把握し、見直しを行うことにより、ストレスの少ない職場環境等を整備する。派遣元事業場においては、評価制度、賃金制度、その他の雇用管理制度などについて、あいまいさや問題点を把握し、見直し等を行うことにより、派遣労働者が派遣先事業場において働きやすい職場環境等を整備する。また、派遣労働者の勤務先への定期的な巡回の機会を利用し、派遣労働者と

の対話を通じて、職場環境等の把握に努め、派遣先事業場と連携をとる等により、その改善を図ることが重要である。

　メンタルヘルス不調への気づきと対応にあたっては、まず労働者による自発的な相談とセルフチェックがある。派遣元事業場では、①派遣先への定期的な巡回の際に相談を受けること、②定期健康診断等の際や派遣先への巡回等の際に、ストレスへの気づきの機会を与える。派遣先事業場では、自社の社員を対象とした相談体制や、ストレスへの気づきの機会を設ける場合には、派遣労働者を対象にすることが望まれる。

　管理監督者、事業場内産業保健スタッフ等による相談対応においては、派遣元事業場では、派遣元責任者が派遣先を巡回する際に、健康状況についてもチェックし、必要な対応を行うようにする。派遣先事業場では、管理監督者が派遣労働者と十分なコミュニケーションを図り、表情や言動に気になる変化がある場合には声かけするなど、問題の把握に努める。また、派遣先責任者等が相談対応等に努め、必要に応じて、派遣元事業場と連携して解決できるよう、日頃から派遣元事業場との連絡体制を整えておくことが重要である。

　メンタルヘルスケアにおいては、家族による支援も重要である。派遣元・派遣先事業場においては、メンタルに関する情報提供の対象に派遣労働者の家族を含めたり、メンタルに関する健康窓口を設ける場合、派遣労働者の家族も利用できるようにすることが望まれる。

（深津　伸子）

Q10　産業カウンセラーの活用

●設問事例●

当社では、産業カウンセラーの活用を検討しています。産業カウンセラーは、企業においてどのような役割をしているのでしょうか。

ポイント

1　産業カウンセリングは、「メンタルヘルス領域」「キャリア・人材育成領域」「人間関係（コミュニケーション）領域」の３つの活動領域から構成されている。
2　産業カウンセラーは、メンタルヘルス領域において、企業から期待を寄せられているが、その浸透度は決して高いとはいえず、法律専門家、医療関係者、EAP事業者等と連携して、企業におけるメンタルヘルス対策を推進する役割がある。

解説

1　産業カウンセラーとは

㈳日本産業カンセラー協会（以下、「協会」という）東京支部が、平成21年（2009年）６月に産業カウンセラーが認知されていると思われる企業・団体600社に対し、産業カウンセラーについてのアンケート調査を行った（㈳日本産業カンセラー協会HP「企業・団体が『産業カウンセラー』に期待すること」（2010年９月２日公表）参照。回収率40.7％）。これからの産業カウンセラーの期待度、役割を考えて行くうえで大変興味ある回答を得られたので、まずは、ここに紹介したい。

産業カウンセラーは、働く人の心の健康を援助し、相談にのることが主な仕事である。産業カウンセリングは、「メンタルヘルス領域」「キャリア・人

材育成領域」「人間関係（コミュニケーション）領域」の３つの活動領域から構成されている（第１部第２章第６節Ⅲ３参照）。回答をした企業の７割強が、３つの活動領域すべてを「重要な課題である」あるいは「比較的重要な課題である」ととらえている。

産業カウンセラーの各領域に対する期待度については、「メンタルヘルス領域」への期待度が最も高く、「大いに期待している（54.6％）」「少し期待している（29.2％）」を合わせて83.8％の企業が期待を寄せている（次いで「人間関係（コミュニケーション）領域（58.3％）」「キャリア・人材育成領域（45.1％）」の順である）。産業カウンセラーは、メンタルヘルス領域に強い担当者として、企業では認識されていることがわかる。

以下では、企業や団体が求めていると想定される事項について、３つの各活動領域への期待度から、産業カウンセラーの役割を考えてみたい。

（1） メンタルヘルス領域の活動

「メンタルヘルス領域」は、３つの領域の中でも「大いに期待している」「少し期待している」を合わせた数値が高い項目が多かった。「教育・研修（74.0％）」「メンタルヘルス不調者の復職時のサポート（71.8％）」「社員が相談できる場（70.2％）」「メンタルヘルス対策を促進するための計画策定（65.4％）」「社内体制・仕組みづくり（定期的なメンタルヘルス相談、職場診断など）（64.7％）」などであった。

メンタルヘルス領域における、産業カウンセラーや社外の専門家に対する企業の期待が高いことがわかる。

（2） キャリア・人材育成領域の活動

「社員が相談できる場」への期待度（48.5％）が最も高いが、この領域においての施策実施に関しては産業カウンセラーの関与は低く、社外の専門家への教育・研修での期待度は高い。

（3） 人間関係（コミュニケーション）領域の活動

産業カウンセラーへの期待が最も大きかったのは、「社員が相談できる場

(56.4%)」であった。企業内において産業カウンセラーが「社員の相談先」としての機能を積極的に果たすことが求められていることがわかる。

産業カウンセラーが関与する活動はハラスメント相談等の個別面談が多い。また、社外の専門家への教育・研修での期待度も高いようだ。

(4) 協会の提言

以上のアンケート結果から、産業カウンセラーに対する企業の期待度は高い。しかし、存在浸透度としては「浸透している」が24.9%なのに比べて、「浸透していない」と答えた企業が75.1%にも上っている。アンケート対象企業が、産業カウンセラーを知っている企業である点を考慮すれば、その他の一般企業においては、存在意識や浸透度はさらに低いと考えられる。

そのうえで、アンケートを実施した協会東京支部の研究開発専門委員会では、次のように提言している。

① 企業において産業カウンセラーの活動の場は与えられるものではなく、自ら創り出すものである。
② 産業カウンセラーの専門性の重点は人間関係（コミュニケーション）の領域にあり、企業の中で大いに活かすことができる。
③ 企業が産業カウンセラーに求めるもの、それは人間性の「幅」を広げることにある。
④ 企業内において認知度向上の努力を行うことにより、産業カウンセラーは全国組織の利を活かした活動を充実させることができる。

厚生労働省による国の施策としても、職場におけるメンタルヘルス対策の強化が唱えられており、メンタルヘルス不調者を含めた労働者が職場環境から受けるさまざまなストレス等の要因に関する適切な対策の実施が、企業にも求められている。

2 関係者との連携

産業カウンセラーと各関係者の業務を有意義的にかかわらせるには、どの

ような連携が必要となるのだろうか。

(1) 法律専門家（弁護士、社会保険労務士等）

最近の判例では、企業とメンタルヘルス不調者との間で、解雇、休職・復職、ハラスメント等のトラブルが多くなってきている。産業カウンセラーとしてメンタルヘルス不調者に寄り添い、法律専門家（弁護士、社会保険労務士等）に不調者の現状、心情を伝えることも大切な役割ではないだろうか。

(2) 企業の担当者

社内において産業カウンセラーの資格をもつ管理職や人事・労務担当者も少なくない。社内の産業カウンセラーが率先して社内の身近な人とコミュニケーションを広げていくことが、メンタルヘルス不調者の早期発見、早期対応につながっていく。

また、産業カウンセラーの資格をもたない管理職や人事・労務担当者であっても、企業が産業カウンセラーに期待している教育研修の実施や相談窓口を通して、企業と労働者との橋渡しができるのではないかと考える。事業場内産業保健スタッフおよび事業場外資源としての産業カウンセラーの役割、職場復帰支援における産業カウンセラーの位置づけにおいては、第1部第2章第6節Ⅲを参照していただきたい。

(3) 医療関係者（精神科医、産業医等）

産業カウンセラーは医師ではない。メンタルヘルス不調者が出ても、治療することはできない。しかし、不調者を医療関係者につなげることはできる。不調者の話を聴き、専門医へ受診すること、産業医に相談することを不調者に勧めることが、早期治療につながる。

(4) EAP事業者等

事業場外資源であるEAPに所属する産業カウンセラーであるならば、契約企業の従業員や家族においてのカウンセリング業務のサービスを提供することになる。サービス内容にもよるが、カウンセリングでメンタルヘルス不調者と思われる従業員がいた場合は、EAP内の相談スタッフ等と連携をと

り、専門医への紹介も行うことになる（EAPの考え方およびサービスの内容等については、Q14〜Q17参照）。

3 まとめ

　産業カウンセラーは、有資格者約4万人、協会員も2万人を超えている。協会支部も北は北海道から南は沖縄まで全国に13支部あり、活動を行っている。アンケートを実施した東京支部の報告においても、「全国組織の利を活かして、これからも、多くの企業で産業カウンセラーが貢献できるような場づくりに、引き続きつとめていきたい」と結んでいる。

（吉田　直子）

Q11　退職勧奨

●設問事例●

社員がうつ病にかかり、欠勤しがちになっています。就業規則には休職の規定がありますが、その間、社会保険料の支払い免除などもなく会社にとっては負担になります。このような場合、退職勧奨を行ってもよいのでしょうか。

ポイント　退職勧奨は強要等にならなければ、行うことができるが、休職規定がある場合、それをとらせないで退職勧奨を行うことはトラブルにつながるおそれがあるため、原則としてまずは休職の適用を検討するべきである。

解説　**1　退職勧奨**

(1)　退職勧奨とは

　退職勧奨は、会社が、社員に対し働きかけて退職に応じてもらうことをいう。法的には「退職の申込みの誘因」または会社から行う「合意退職の申込み」であると解されている。

　勧奨された社員が会社の働きかけに応じて初めて退職が成立することになる。社員には諾否の自由があるため、社員が応じなければ退職は成立しない。よって、退職勧奨に関しては、その適法要件や規制を課す必要がないと考えられており、解雇における解雇予告手続、解雇制限、解雇権濫用規制などの法律上の規定はない。

　判例も、適法に実施するための要件や手続といった制約は必要なく、会社が人事管理等の必要に基づき自由に退職勧奨をすることができるとする立場

をとっている。

(2) 不当な退職勧奨

退職勧奨はリストラ時や勤務成績不良の社員に対してなど、あらゆるケースで用いられることがあるが、適切に行わなければ問題となる。

退職勧奨は、社員の自由な意思形成を妨げたり、名誉感情や人格権を侵害するような言動により行われるものは問題となる。このような退職勧奨は、不法行為に該当し、慰謝料等の損害賠償が認められる可能性がある。下関商業高校事件（控訴審：広島高判昭和52・1・24労判287号35頁、第1審：山口地下関支判昭和49・9・28労判213号63頁）では、1名については約2カ月間で11回、もう1名に対しては約4カ月間で13回の勧奨がなされ、また1回の時間も20分から2時間を超えていた。さらに、教員2名が退職するまでは勧奨を続ける旨の発言を繰り返し述べたことも許されないとされた。これらの点が、退職勧奨として許容される限界を越えていたと判断されたものである。

説得のための手段、方法が社会通念上相当と認められる範囲内でなければならず、回数が頻繁であったり、長時間にわたる退職勧奨は行ってはならない。当然ながら、暴力、暴言、嫌がらせの類のものは、違法となる。

(3) 無効・取消しとなる退職勧奨

また、退職勧奨時の会社の言動に問題がある場合、前述のような損害賠償請求のほか、退職自体の無効や取消しの対象となることもある。

まず、退職の意思表示に錯誤がある場合は、その意思表示は無効となる。たとえば、解雇されるほどの事由がないのに、解雇されてしまうと誤信して退職願を出した場合は、錯誤によるものとして無効となる。

次に、会社側が積極的におどしたり、だましたりした結果、退職に至った場合には、脅迫、詐欺による取消しが可能となる。たとえば、解雇に相当する事由がないにもかかわらず、解雇がありうると告げることは、社員におそれを抱かせる害悪ある告知といえる。その結果なされた退職の意思表示は、強迫によるものとして取消しの対象となりうる。

2 メンタル不調の社員に対する退職勧奨

　前述のとおり、退職勧奨は適切に行うのであれば可能といえるが、メンタル不調社員に対して行う場合はどうか。精神疾患により、自分で物事の判断がつかなくなっているような重症の場合は別であるが、そうでなければ多くのケースでは自分で退職の判断ができるものと思われる。

　しかし、メンタル不調の状態で、退職勧奨を行うことは、自殺などにつながるおそれもあるため、慎重に行う必要がある。認定基準の業務による心理的負荷評価表では、「退職を強要された」に関する平均的な心理的負荷の強度は「Ⅲ」（強いストレス）とされている。退職強要やそのような誤解を抱かせないよう注意するのはもちろんのこと、それだけのリスクがあることを承知のうえ、慎重に行う必要がある。医師の意見の下に行うこと、また、家族や身元保証人等を同席のうえ行うことがよい方法であろう。

　また、退職勧奨を行う時期は注意が必要である。会社の就業規則に休職規定があり、その休職をとらせないで退職勧奨を行うことはトラブルとなる可能性がある。退職勧奨は解雇とは異なるが、第1部第3章第8節で述べたように、休職期間を残しての解雇が認められなかった事例もある（K社事件・東京地判平成17・2・18労判892号80頁）。まずは、休職を適用し、それでも回復が思わしくない場合に、休職期間満了の少し前に退職勧奨する。なお、退職勧奨に応じて合意退職が成立する場合は退職届の提出、また退職金の上積みを支払うのであれば覚書や合意書を締結しておくと、トラブル防止につながる。

（深津　伸子）

Q12　メンタルヘルス紛争のリスク回避

●設問事例●

　メンタルヘルスによる紛争が発生してしまうと、最悪の場合、会社側が億単位の賠償義務を負い、ひいては倒産しかねないリスクがあることはよくわかりました。そういった紛争やリスクが発生しないようにするために、会社側としてはどのような対策をするべきでしょうか。会社側がメンタルヘルス紛争のリスクを回避するためにできる事前対策のポイントを簡単に教えてください。

ポイント

　平成23年12月26日付けの認定基準の策定後においても、労災認定がなされるかどうか、および会社の安全配慮義務違反が認められるかどうかの主要の要素となるのは、やはり当該労働者に長時間労働があったか否かであるといえるであろう。よって、会社側の対策としては、①労働者の健康管理をすること（適切な健康診断の実施等）、②労働時間の適切な把握、③労働時間が一定程度に達する場合においては、労働時間の削減の措置の導入などが考えられる。これらの対策は、一度対策すれば完全ということは絶対にないため、常に試行錯誤を繰り返して、柔軟に運用を見直すこと（いわゆるPDCAサイクル）が不可欠である。

解説

1　認定基準策定後においても予測可能性はいまだに低い

　第１部第４章第２節Ⅰ２で述べたように、認定基準においては、判断指針

に比べ、一定の時間外労働時間数が明記されるなど、「過重」労働と判断される場合の予見可能性の担保については一定の前進があったといえるものの、直近1カ月の時間外労働が160時間を超える場合や、直近2カ月間において月平均120時間を超える時間外労働といった場合に該当した場合は、判断指針の時代においても当然に労災認定された事案であろうから、問題は、従前の判断指針においても微妙なラインとされていた時間外労働80時間前後のラインについての取り扱いであり（実際、認定基準においても、「1か月に80時間以上の時間外労働を行った」という事由しか存在しない場合は、心理的負荷の強度は「中」とされ、認定要件の2つ目である「業務による強い心理的負荷」が認められないと判断されることとなっていることからも、まさに分水嶺となる微妙な時間外労働時間数であると意識されていることがわかる）、この点についての予測可能性については、いまだ不明確な部分も残るといわざるを得ない。

　また、会社側へ安全配慮義務違反による損害賠償請求なされる局面において、認定基準が参考にされることは明白であることからも、やはり安全配慮義務違反が認定される事例がどのような事例なのかを判断することも困難が伴うことが予想される。

　よって、認定基準策定後においても、やはり紛争発生時において判断のポイントになるのは、当該社員の長時間労働の有無、すなわち時間外労働時間数が最も重要なポイントとなるものと思料される。

　したがって、①労働者の健康管理のために会社側ができることを行うこと（具体的には、健康診断の実施やメンタルヘルス相談窓口の設置など）を大前提として、②労働者の労働時間を会社側が適切に管理できる体制を整えるとともに、③労働者の労働時間をできる限り削減することが肝要である。

2　労働者の健康管理

　労働者に対する健康診断の実施については、労働安全衛生法においては、

年に1回の定期健康診断の実施が会社に義務づけられており、また深夜業（22時以降勤務することがある場合）においては、年に2回の健康診断を実施することが義務づけられている。

　まず、これらの法定の健康診断を会社が怠っていた場合や健康診断結果の労働者への通知を怠り（労働安全衛生法66条の6違反）、結果として病態を増悪させた場合などのように、労働安全衛生法の直接規定に違反する場合には、民事上の安全配慮義務が成立するか否かの判断においては、会社側に厳しい判断がなされるリスクが増大するため、この点の法令順守は当然ながら必須であろう。

　そして、第1部第4章第2節Ⅱ3(1)(A)(キ)でも述べたように、メンタルヘルスに関しては、労働安全衛生法の改正の動向があり、具体的には、メンタルヘルス対策の充実・強化として、①医師または保健師による労働者の精神的健康の状況を把握するための検査を行うことを事業者に義務づけること、②検査の結果は、検査を行った医師または保健師から労働者に直接通知され、医師または保健師は労働者の同意を得ずに検査結果を事業者に提供することはできないこと、③検査結果を通知された労働者が面接指導を申し出たときは、事業者は医師による面接指導を実施しなければならないこと（なお、面接指導の申し出をしたことを理由に労働者に不利益な取り扱いをすることはできないこと）、④事業者は、面接指導の結果、医師の意見を聴き、必要な場合には、作業の転換、労働時間の短縮など、適切な就業上の措置をしなければならないこと、などである。

　メンタルヘルスの問題が社会的に看過できないほど増加していることに鑑み、一定の対策を施すものとして評価しうる改正であったが、上記の労働安全衛生法の改正については、平成24年9月8日に閉会した第180回通常国会で継続審議となっていたものの、その後の政治情勢の流れで廃案となった。

　もっとも、今後あらためて法改正が議論されることも十分考えられ、企業としては、今後も法改正の動向を注視しつつ、法令を遵守することを徹底し

なければならないであろう。なお、この法令が今後改正されるかはさておき、企業の防衛手段として、労働安全衛生法69条1項に基づく社員の健康保持推進に関する努力義務を参考として、法令改正に先立って、自主的にメンタルヘルス対策に関する措置を講じることは極めて重要である。たとえば、社員のメンタルヘルスの問題をケアするための相談窓口を外部に設ける（そういったサービスを提供する保険商品なども存在する）などの対策を講じておくことも有益であろう。

3 残業時間の削減のための工夫

(1) タイムカードによる管理の場合

法は、会社側の労働時間管理の方法として、必ずしもタイムカードによる管理を求めてはいないが、会社が社員の労働時間を管理する方法として、タイムカードによる管理を採用した場合は、特に、同カード記載の個別の労働時間について、明らかに不自然と思われる事情がない限りは、労働時間を立証するものと推認される可能性が高いものと考える必要がある。

よって、社員側にタイムカードの押印状況を任せきりにするのではなく、適宜のタイミング（理想的には毎日の管理、長くとも1週間に1回は、上長などが適正な労働時間が記録されているかを確認して、適宜是正を行うべきである）で、社員1人ひとりの労働時間を管理する必要がある。その際には、最低でも、特に月80時間という時間外労働時間を超えないように留意する必要がある。また、新たな業務発生などにより、急激に労働時間が増加するという事象についても認定基準における判断要素となることから、単純なひと月ごとの労働時間に限らず、そういった残業時間の増加率などについて管理することも重要である。

(2) 残業代の許可制等の採用

労働時間を減らす方法としては残業許可制や、残業の事前申告制を利用することが考えられる。これらの制度が導入されている場合であっても、会社

が、実際にあらかじめ定められた時間内には到底終わらないような業務量を社員に要求していると判断される場合などには、実際には残業としてカウントされることとなり、結果としては残業時間の抑制にはつながらない。よって、同制度を導入することは、1つの残業時間の抑制としての効果を期待できることは間違いがないが、重要なのはその運用面である。また、大企業などで行われている「NO残業デー」を設けることなども、残業時間の抑制措置としては有効であろう。

なお、一定時間の時間外労働手当をみなしで支払うことは、あくまで残業手当の発生を予防する効果があるにとどまり、メンタルヘルス対策としての労働時間削減としては効果がない。

(3) フレックスタイム制度の併用

上記のほか、フレックスタイム制を設けるなどして業務の効率化を図ることも対策としては有効な場合がある。つまり、一定のコアタイムは設けながらも、フレキシブルタイムを多く設けることで、社員の勤務時間の自由度を増し、よって業務効率を上げることで、無駄な労働時間の削減に寄与することが期待できる。いわゆる裁量労働制の導入も同様の効果が期待できるであろう。

(4) 業務日報などによる場合

タイムカードによらない場合は、業務日報などの自己申告制などによることになるが、その場合であっても、上記タイムカードによる場合と同様、適宜会社側において適切な記載がなされているかどうかなどの労働時間の管理が必須である。業務日報記載の内容に不自然な点がないかどうかなどについては、理想的には毎日、長くとも1週間に一度は上長などが確認するような体制を構築することは不可欠であろう。そうでなければ、万一の際に、日報記載の時間が労働時間であると判断されてしまうリスクがある。

(大濱　正裕)

Q13　残業削減が困難な場合のリスク回避

●設問事例●

　社員の労働時間については適正に管理することとし、労働時間を削減するための方策を諸々検討していますが、どうしても緊急の顧客対応が発生するなどの業界・業務内容の特殊性などから、どうしても時間外労働が80時間程度になってしまい、繁忙期においては100時間を超える残業が発生することを回避できません。このような場合に、会社側としてはリスク回避のためにどのような対策を行うべきでしょうか。

ポイント

業界によってはどうしても労働時間を削減できないことがあることも事実であり、最悪の場合、訴訟などによる賠償義務が発生し、あまりに高額の賠償金ゆえに、倒産せざるをえない状況になることに備えて、早急に使用者賠償責任保険への加入を進めるべきである。また、同保険に加えて、生命保険による弔慰金規程の整備などによる事実上の紛争抑止の対策を行うことも一定の効果を有するものと思料する。

解説　1　残業時間の削減が困難な業種

　Q12で述べたような労働時間を減らす工夫をしたとしても、どうしても残業時間について対応が困難な業種もあることは容易に理解できる。たとえば、医療業界、広告代理店、運送業、飲食業（昼夜勤務ないし深夜勤務など）などはその典型と思われる。

2　保険の必要性

　どうしても労働時間が月80時間超になってしまうことが避けられないような場合には、万一の社員による過労自殺などによる訴訟による敗訴リスク、ひいては倒産リスクを回避しきれないことから、使用者賠償責任保険を付保することが不可欠である。

　同保険に加入することにより、裁判にかかる弁護士費用の負担を含めて億単位の保険金が、生命保険の加入に比べれば非常に安い保険料で付保されるのだから、残業時間を削減できない業界にあっては、同保険への加入は安定的経営を志すうえでは必須であると思料する。

　この保険の付保の問題は、自動車事故の自賠責保険と任意保険の関係とリンクして考えることができる。つまり、自動車事故においては、自賠責保険は強制加入であり、同保険では補償が不十分であるという認識が一般化し、多くの自動車運転者が当然のように保険金無制限の任意保険に加入するのが通例となっている。

　メンタルヘルスの問題においては、労災保険がこの自賠責保険に対応するものであり、その保険は不十分（最高3000万円程度の負担が発生する可能性のある慰謝料等の補償がないことが最たる例である）であることから、会社としては、会社経営上のリスクコントロールとして、任意保険に対応する使用者賠償責任保険の加入を積極的に行うべきといえよう。

3　損害保険による対策の欠点

　上記は損害保険を活用した対策であるが、同保険による保険金は、紛争が発生し、年単位の裁判を経て損害額が確定したうえでないと支給されないという点が欠点といえるであろう。つまり、賠償金や弁護士費用自体は保険会社から支給されるとしても、実際には、裁判終了までの年単位の時間的・精神的な負担が発生してしまうことが避けられない。すなわち、弁護士はあく

まで代理人にすぎず、裁判を闘うためには、適宜会社の担当者等と綿密な打合せをしたり、会社担当者による社内調査などに基づいて主張を構築しなければならない。和解が成立しない場合などは、判決前の最終局面においては、会社の担当者はもちろんのこと、亡くなった社員の同僚社員、社長などの経営責任者の裁判所における尋問手続などを行うことが想定され、これらの手続は、準備自体も非常に労力を要するものであるし、何より一般人が法廷で証人として尋問を受けることは想像を超える負荷のかかる作業である。このように、そういった手続を経ること自体が、少なからず相当の時間的・精神的負担を伴うものであり損失といえるが、損害保険による対策ではこういった損失を回避することができない。

4　生命保険による対策の併用

　これらの損失を避けることのできる方法は限られているが、損害保険のみならず、生命保険を活用する対策を行うことで、一定の抑止効果を期待できる可能性がある。つまり、遺族補償を内容とする生命保険に加入し、事故が発生した際に遺族に対して一定額の保険金が支払われるよう、弔慰金規程などを整備するのである。これにより、社員の死亡等の事故発生時に、速やかに会社として独自の一定の補償を行うことで、会社に対する遺族側による一種の処罰感情を和らげ、後日の損害賠償請求を未然に抑止することも期待されるのである。このように、損害保険のみならず、生命保険による対策をも併用することで、一定程度メンタルヘルス紛争によるリスクをコントロールすることを期待できる。

（大濱　正裕）

Q14　EAPの考え方と具体的な取り組み

―――●設問事例●―――

メンタルヘルスをめぐる問題について、EAPとは、どのような考え方の下に、どのような取り組みを行っているのですか。

ポイント

1　EAPとは、メンタルヘルスをはじめ、コーポレートヘルスを目的としたさまざまなアプローチによる従業員支援の取り組みのことであり、メンタルヘルス対策においては「医療と法律の連携」と「内部統制の構築」の2つの視点を忘れてはならない。

2　EAP導入後は、社内担当者とEAPコンサルタントの協力関係の下、「体制整備」「教育・情報提供」「職場環境改善」「相談対応」を押し進める。

解説　1　EAPとは

　EAPとは、Employee Assistance Program（従業員支援プログラム）の略称で、従業員が健康に働くことができるよう、あらゆるサポートを推進していこうというプログラムの総称である。もともと、アメリカで始まり、1997年にはフォーチュンという経済誌が選ぶトップ500の企業のうち95％がEAPを導入している。

　私たちの悩みは、どんな悩みであれ最終的には心の悩みに行き着く。遺産相続から家族の関係が上手くいかなくなって、悲しい気持になったり、気分の浮き沈みが激しくなったりする。そのため、EAPは主にメンタルヘルスに対して取り組まれてきた。

しかし、最近では、EAP（従業員支援プログラム）の本来の意味を見直し、コーポレートヘルス（企業が元気になる）のために、従業員の幸福に役立つことの取り組みをしようという動きが出てきている。たとえば、法律家によるコンプライアンス問題の取り組み、育児支援の取り組み、残業過多への取り組み、管理職の部下のマネジメントへの取り組み、企業のパフォーマンスアップに注目した取り組みなど、必ずしもメンタルダウンしている状態に限らず、さまざまなアプローチによるEAPが行われ始めている。

アメリカでは就職をする際、その会社はEAP相談室があるのかどうかが、ひとつの決め手になるといわれている。日本の場合は、まだ、EAPがそれほど普及していないが、近い将来、企業を評価する際のポイントになるであろう。

(2) EAPの考え方

EAPの考え方は、労使の関係が敵と味方の関係ではなく、同じ方向を向いて、同じ目的を達成していこうということを基本軸としている。

会社には定款というものがあり、企業の目的が定められている。その目的というのは、たとえば利益を上げて株主に配当を出していく、といったところであるが、EAPの考え方は、その企業で働く労働者は会社と同じ目的のために働いているという立場に立つことである。企業にとって、よい人材を確保することはよい業績につながるが、それならば、頑張って働いてくれる従業員を守る、まさに企業の利益追求に合致するはずだというスタンスである。そう考えたときに重要になるのは、雇用者に対する手厚いケアであり、EAPはまさに企業法務の一環であるといえよう。これが、労使の対立関係を基本軸としていた従来の労働法の考え方と全く違うところなのである。

(3) EAPによるメンタルヘルス対策のポイント

メンタルヘルスのポイントはいくつかあるが、大きく分けてミクロ的な見方とマクロ的な見方がある。

まず、ミクロ的な話としては、根本的なメンタルヘルスの解決のために

は、医療と法律のコラボレーションが欠かせないということである。精神科医の意見、メンタルヘルスの分析および法的アプローチをしっかり踏まえたうえでのプログラムを重要視しなければならない。

マクロのポイントは、なぜ企業側にとってそれが必要なのかという理由づけである。会社法は、大会社に対して内部統制構築義務を課している（会社法362条4項）。EAPはまさに、この内部統制、コンプライアンス・コーポレートガバナンスの実践となる。従来は、「株式会社は株主のものである」という命題が主張され、株主の利益になるような企業統治（コーポレートガバナンス）が求められたが、「企業は株主だけでなく、取引先・従業員・債権者・地域社会の人たちなど、いわゆるステークホルダのものである」と主張されるようになった。事実、監査報告書に代えてCSR（企業の社会的責任）報告書を提出する企業もある。

従業員はステークホルダの重要な一部であり、従業員のためになる企業統治ないし企業運営が求められるため、EAPが充実すれば、従業員の心や体の問題を解決でき、従業員の利益とすることができる。

現場の従業員の法令遵守意識の欠如や、内部統制システムの不十分な構築が、企業の存立問題に関わりかねない。会社法のこの規定により、企業は労働者が法令違反事件や事故を起こさないよう、労働者を監督ないし指導する必要が生じる。同じことは従業員にもいえるのであって、従業員1人の問題が、決してその従業員だけの問題ではなく、企業の存立の問題へと発展しかねないのである。ここにも、EAPの重要性がある。そこで、従業員のメンタルヘルスに力点をおき、いろいろな悩みを抱えている従業員を手厚くケアし、元気な人を病気にならないようにしていれば事件は防げる。そこにはまさに、コンプライアンスの実践としてのEAPが存在するわけである。

2 EAP導入にあたって

(1) 社内担当者の役割

　EAPは誰か1人の力で実行できるものではなく、多くの人の協力が必要になる。その要となるのが、社内の運用担当者（以下、「社内担当者」という）である。社内担当者が指揮を振り、必要に応じてEAP業者を使いこなしていく必要がある。社内担当者はメンタルヘルスの専門家でなくてもよい。EAP業者が社内担当者をサポートし、専門的知識が必要な部分を担い、EAPを推進していくことが可能である。

　下記図は、EAPサービスカテゴリーに、EAP業者と社内担当者の関係を加えたものである。EAP業者は社内担当者に対してコンサルテーションを行い、社内担当者が「体制整備」「教育・情報提供」「職場環境改善」「相談対応」を推進する手伝いをしている。EAP業者と社内担当者は、一緒にEAPの仕組みをつくり、運営しているといってもよいかもしれない。

(2) EAPコンサルタントの役割

　EAP業者が行うコンサルテーションの中身は、フィードバックと情報提供の2つである。

　フィードバックとは、研修結果や、カウンセラーが対処した内容で、会社として知っておかなければならないと思われることを、社内担当者に伝達することである。

　情報提供とは、新しい法律や国の方針などの最新情報を伝えたり、他社の取り組み例や社会が抱える話題になっている事例を紹介したり、フィードバックした結果から新たな提案を行うことである。フィードバックした研修の結果から、企業が抱える問題点を抽出し、新しい研修の計画を提案することもある。また、会社をより働きやすい環境にするために役立つ情報が相談者から得られた場合、相談者の許可を得て、会社にアドバイスし、相談者と会社の利益を調整するような役割を果たすこともある。

Q14 EAPの考え方と具体的な取り組み

EAPサービスカテゴリー

・運用コンサルテーション（PR・広報）

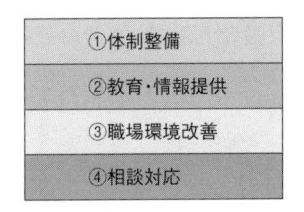

①体制整備
②教育・情報提供
③職場環境改善
④相談対応

EAP業者 ⇔ 社内担当者

① ・社内窓口設定
　・休職・復職フロー作成
　・各種規定作成
　・対面・WEB 電話カウンセリング
　　窓口設定（会社を通さないケース）
　・メンタルチェックテスト

② ・セルフケア・ラインケア研修
　・CocoroManagementPack（基礎知識・ストレス対処法）
　・e-learning（基礎知識、家庭のストレスマネジメント）
　・キッズスキル（フィンランド式問題解決思考アプローチ）
　・リチーミング（フィンランド式問題解決思考アプローチ）
　・WEB 教育コンテンツ

③ ・長時間労働ケア（予防的介入）
　・健康診断とメンタルヘルスの連携
　・発症ケースに対し、人事・上司へのアドバイス
　・産業医・カウンセラーなどの専門家へのリエゾン
　・グループワークにより、職場の問題点の洗い出し
　・EAP について会社への提言及びコンサルテーション

④ ・発症ケースに対し、専門的介入（人事側が把握しているケース）
　・休職・復職時の面談

※e-learning および Cocoro Management Park は、上記4つの段階すべてに対応可能です。
※EAP の推進担当者については、外部 EAP 機関・社内事業保健スタッフ・安全衛生担当者が担うケースなど、事業場の取り組みはさまざまです。

（Copyright.　EAP 総研株式会社）

　このように EAP 業者は、社内担当者へフィードバックや情報提供などのコンサルテーションを行うことによって、問題の長期化と繰り返しを防ぎ、EAP のサポートを進めていく。そこで、私たちは一般的な症状が出ている人に対してカウンセリングを行う心理カウンセラーと区別するために、コンサルテーションを行うことができる心理カウンセラーのことを「EAP コンサルタント」と呼んでいる。EAP コンサルタントは、心理カウンセラーと

しての知識のみならず、会社という組織について詳しくなければならないし、企業へ提案する力（プレゼンテーション力）も必要になってくる。EAPコンサルタントは、社内担当者と EAP 業者の連携の鍵を握っているのである。

3　体制整備

（1）　社内窓口の設定

まず初めに、社内担当者を決める必要がある。

メンタルヘルスの取り組みは、人事労務担当者や安全衛生担当者、産業保健スタッフ、健康管理部門など、さまざまな部署で分担しているケースが多く、それらの窓口をまとめることが、第一歩となる。EAP は労務管理の分野に入るので、人事労務部門が社内担当者になることが望ましいが、誰が担当者であれ、各部門が連携をとっていくことは不可欠だ。

社内担当者は心理学の専門家である必要はない。会社のことを深く考え、自分の会社に愛情をもっていることが何よりも大切である。「会社をこうしたい！」という思いさえあれば、あとは EAP コンサルタントがコンサルテーションすることによって、目標に向かって専門的な観点からサポートしていく。社内担当者と EAP コンサルタントはチームとなり、①従業員のメンタルヘルスケアをはじめとした健康管理の体制づくり、②上司と部下の効果的なコミュニケーションの取り方、③ CSR 意識の向上という3つのゴール（コーポレートヘルス）のために力を尽くしていくこととなる。

（2）　相談窓口の設置（対面・WEB・電話）

体制整備の早い段階で、相談窓口を設置することは非常に効果がある。相談窓口がなければ、研修を行って相談したい事柄が出てきたとき困ることになる。せっかくの研修など啓発の機会に、「ケアが必要な場合や、部下や同僚への対応について〜に連絡ください」という広報ができないのは、あまりにももったいない。

まずは、社内の体制をよく把握し、すでに契約している相談機関がないか、チェックする必要がある。たとえば、健康保険組合に入っていないか（サービスとして心と体の電話相談が受けられることも多い）、健康管理室が精神科の産業医や心理カウンセラーと契約してないか、産業医が個別にルートをもっていないかなどである。社内担当者とEAPコンサルタントのチームとしての最初の仕事となる場合も多い。

また、現在、EAPで取り組まれている相談事業は、大きく分けて対面カウンセリング、電話相談、WEBカウンセリングの3つに分けられる。

① 対面カウンセリング　カウンセラーと直接会って、個別のカウンセリングを受けられるシステム。会社内にあるカウンセリングルームで行う場合と、会社外にある契約カウンセリングルームで行う場合がある。カウンセラーが直接顔を見ることができるので、相談者に安心感を与えることができるというメリットがある。また、相談者の状態を把握しやすいので、医療と連携をとりながらカウンセリングを行うことができる。休職・復職時にも有効である。

② 電話相談　ココロの悩みに関する相談と、体に関する相談がある。すぐに話をしたいとき、すぐに回答がほしいときに使いやすいというメリットがある。また、電話という誰でももっているとても手軽なツールを利用するため、利便性が高い。しかし、カウンセラーと直接顔を合わせることがないため、限界がある。特に、医療的介入が必要な状態の方のカウンセリングは対応が難しい。

③ WEBカウンセリング　WEB上のシステムを用いカウンセリングを行うことができる。通常のE-MailとはことなりWEBシステムなので、セキュリティ上の配慮は高い。会社でも自宅でも、いつでもアクセスできるというメリットがある。海外の方、ご家族にも対応できるのも強みだ。また、悩みを文字にするという作業の中で、自分の気持を整理したり、気持を落ち着かせる効果は高い。カウンセラーを自分で選ぶこ

とができるため、研修の質問などを特定のカウンセラーに送る際には、非常に有効なシステムとなる。

　しかし、WEBカウンセリングもカウンセラーと直接顔を合わせることはなく、文字情報のみのカウンセリングとなるため、限界がある。特に、医療的介入が必要な状態の方のカウンセリングは対応が難しい。

　これらのカウンセリングは、それぞれメリットもあればデメリットもある。それぞれのメリット、デメリットを理解したうえで、上手に活用していくことが望まれる。外部機関として協力するEAP業者は、これらの相談業務に対して、定期的に報告書を作成する。契約の形態によっても異なるが、月ごとの利用件数や、利用者の属性、相談内容の分類などが把握できるようになっている。社内担当者はここから、EAPがどのように機能しているのかなどを推測することができる。

(3) 各種社内規定作成、休職・復職フロー作成

　メンタルダウンした方に対する会社としての方針がまだ定められていない会社も多い。傷病手当について、休職期間についての記載が社内規定にあるだろうか。もしなければ、社内規定を整える必要がある。

　また、休職・復職の際のフローは制定されているだろうか。休職・復職する際には、産業医の面接について、定めがあるだろうか。これがないと、いざケースが出たときに当人はもちろん管理監督職の方々はどのように対応すればよいかわからない。EAPでは、休職の際のフローや、職場復帰プログラムを提供している。休職や復職の際は、実に多くの人が関係してくる。それら1人ひとりとの関わり方についてもアドバイスが必要になる。

　社内規程の整え方、ケースに合わせた具体的な休職フローや復職プログラム、関係者へのアドバイスの仕方など専門知識が必要な部分は、EAPコンサルタントが社内担当者へコンサルテーションする場合も多い。

(4) メンタルヘルスチェックテスト

　メンタルヘルスチェックテストは、メンタルヘルスに関心の高い企業から

のニーズがあるようだが、実際どのくらいの社員が疲れているのか、病気になるリスクがどのくらいあるのかわからないという企業や、休職者が出てしまったが今後同じようなことが起きないように予防をしたいという企業に、特に好評である。全従業員に向けて簡単な質問紙を渡し、その結果によりココロや体に疲れの出ている従業員をピックアップしカウンセリングを行う。また、部署別、年齢別、職種別、勤続年数別などの結果がデータとして出てくるため、そこから今後重点的にケアが必要なターゲット層を絞ることも可能である。

現在は、安価なものから細かい分析が付いたものまで、多くのチェックテストが用意されている。市販のさまざまな心理検査をはじめ、ストレスチェックを提供するEAP業者も多い。

メンタルチェックテストを行う前には、①テスト結果の開示範囲、②テストで何をチェックするのか、③テストで悪い結果が出た人への会社対応フローなどを含めたセミナーを行うとよい。

ただ、メンタルヘルスチェックテストは、すべて自己評価であるため、本人の状態によっては、本当の状況を掴むのが難しい場合があるし、1つのテストですべてのメンタル疾患を発見することはできない。ニーズに合ったメンタルヘルスチェックテストを効果的に活用することが求められる。

4 教育・情報提供

(1) 研修活動のあり方

研修には、大きく分けて講義形式のもの、受講者もディスカッションやグループワークなどに参加する形式のものがある。厚生労働省が「事業場における労働者の心の健康づくりのための指針」(2000年) および「労働者の心の健康の保持増進のための指針」(2006年) を出したことにより、研修活動は企業の中に広まっている。

(A) セルフケア研修

厚生労働省の指針に定められた「セルフケア」に則って、一般従業員に向けてストレスの基礎知識や基本的な対処法を伝えるセルフケア研修は、最も一般的に実施されている研修である。

　(B)　ラインケア研修

　厚生労働省の指針に定められた「ラインケア」に則って、管理監督職に向けて管理職として部下を見るときのポイントや対処法を伝えるラインケア研修も、メンタルヘルスの取り組み第1弾として実施されることが多い研修である。少し様子が気になる部下を早期に治療につなげるという意味で、管理監督職が果たす役割は大きい。ここでは、ストレスの基礎知識だけでなく、上司のまずい対応を考えたり、問題社員と見られている部下への対処法を考える内容を組み込むこともある。

　ラインケア研修を行う際、最も重要なのは事前に綿密なヒアリングを行うことである。会社が管理職に何を求めているのか、どうなってほしいのか、をきちんと研修の中に組み込み、管理職の方々に意識付けることが大切なのだ。また、研修後のフォローアップも重要になる。研修を受けて自分の周りを見渡すと少し気になる部下がいたという場合、すぐに質問ができ、回答が得られるという流れが必要になる。

　上記(B)のセルフケア研修と併せてこの2つの研修は、厚生労働省の指針に定められているため、今多くの企業の中で実施され、浸透しつつある。

　(C)　アドバンス研修

　たとえば、パフォーマンスアップを保証する脳力アップ研修、リラクゼーションの方法に特化した研修、自分自身の可能性を最大限に発揮するための心理的テクニック研修、日々変化するプライオリティの調整法研修、職場でのコミュニケーションを円滑に進めるための研修など種類はさまざまである。

　(D)　グループ特化型研修

　特定のグループに対応した研修も実施されるようになった。たとえば、新

入社員、日々クレームを処理しているコールセンター、顧客先に常駐するSE、オフィスに机を持たない営業など、それぞれ特有のストレスを抱えている。部長クラスの管理職と、課長など中間管理職として上と下の間に立たされる管理職では、抱えているストレスも異なるため、階層別研修も必要になる。新入社員研修、お客様対応におけるストレスマネジメントなど、それぞれのストレスに対応した研修は、まさに今困っているグループを救うことができるとても有効なツールである。

　（E）　グループワークによる問題対処型研修

「納期が遅れる」「お客様からクレームが上がる」「モチベーションが低い」「ミスが多い」「残業が多い」「仕事を抱え込む」「会社の方針を実行しない」「反抗的だ」「管理職がOJTを行っていない」「若手が育たない」「頼んだことを忘れたまま放置している」「仕事の優先順位がつけられない」……こんなことが気になる部署やグループはないだろうか。

経営層・人事・管理職が気になるこれらの問題を具体的に明らかにし、対処する方法がグループワークである。気になる部署やグループを集め、カウンセラーが間に入りグループワークを行う。その中で、真の問題点を明らかにし、会社が介入できること、上司が介入できること、本人が努力すること、などを洗い出していく。その後、必要な対処（個別カウンセリング／セミナー／e-learningなどの情報提供）を検討する。

　（F）　家族向け研修

上記のような研修を受けられるのは、従業員だけではない。家族に向けて、育児の不安解消セミナーや、家族のメンタル疾患セミナー、家庭内コミュニケーションセミナーなども実施されている。もし、従業員がメンタル不全になってしまった場合、最も近くで支えるのは家族だ。このように、働く人を近くで支える家族にも企業がサポートを始めているのである。

　（2）　e-learningの活用

研修の有効性は前述のとおりだが、全従業員に研修を実施するとなると時

間もお金もかかる。さらに、海外に赴任している人々に向けて研修を実施することは難しい。そこで注目され始めているのが e-learning のシステムである。e-learning は、独自のメリットをもつ。

① 業務に支障を来さず、短時間かつ自分のペースで学習できる。
② シフトの関係などで一度に人を集めづらいとき、効率的に学習できる。
③ 研修に従業員を集めるコスト（交通費、宿泊費など）がかからない。
④ いつでも、自宅でも、家族も一緒に利用が可能。

e-learning は自分自身のストレスに対処する方法から、家族としての向き合い方まで、さまざまな角度から対応できるようになっている。e-learning は、研修と組み合わせて利用することで、その効果は倍増すると思われる。

(3) EAP 啓発活動

大手の企業ではメンタルヘルスの取り組みが始まってから数年が経ち、「EAP を導入したが全く利用率が上がらない」「相談件数が年間でたった1件だった」という声を聞くようになった。EAP は広報活動などにより啓発活動をしなければ、全く利用されないまま宝の持ち腐れになってしまう。EAP コンサルタントは、絶えず新しい啓発活動を提案することを心がけているが、ここでは、効果的な啓発活動についてご紹介したい。

(A) 啓発グッズ

最も一般的な啓発だといえる。相談先の電話番号や URL を記載したパンフレットやカードを全従業員に配布するというものである。啓発グッズを研修の際に配布すると、相談事業の利用率がアップするというデータがある。やはり、啓発活動は大切だといえる。

(B) 啓発用ビデオ＆ガイドブック

うつなどのメンタル不全は自分が体験したか、身近に体験した方がいない限り、なかなか実感として理解できない。そこで、映像として見ることができるツールはメンタルヘルスの理解に非常に有効である。

研修を行うためにラインを止めることができないとき、研修を行うために一度に人を集めることができないとき、従業員以外の家族にも情報を提供したいときなど、ビデオを用いることのメリットは大きい。実際に、ある企業ではメンタルヘルスに関するビデオを用い、全国的に研修活動を行ったところ、わかりやすいと非常に好評であった。

また、ビデオは家族への啓発にも有効だ。最も近くで支える家族に、ストレスが溜まるとどんな症状が出るのか、家族としての心得などを事前に知っておいてもらうことは、メンタル不全の早期発見・早期治療のために、何よりも重要なことだろう。

(C) 社内報の活用

社内報はとても手軽で効果的な情報発信のツールである。メンタルヘルスなんて関係ない、ストレスなんて関係ないと思っている人に向けて、効果的に情報を提供することができる。

また、社内報で研修活動との連携をとることも有効だ。たとえば、研修の概略をわかりやすく載せたり、研修内で取り上げたストレスチェックを掲載してもよい。

5 職場環境改善

(1) 長時間労働ケア

労働安全衛生法66条の8では「過重労働・メンタルヘルス」という項目があり、100時間以上の超過勤務をした人で申し出た人、2カ月～6カ月間の平均80時間以上超過勤務をした人で申し出た人に対して、医師による面接指導を行わなければならないと定めたものである（詳しくは第1部第2章第2節Ⅰ1参照）。

これらに対して、EAPコンサルタントは、残業時間管理システムをつくるアドバイス、産業医が面接する際に使用するメンタルヘルスに関するチェックシステムの作成などをとおして、カウンセラーのグループワークや面接

で残業に至る本当の理由を明らかにしていく。EAP契約企業の内情に合ったサポートの仕組みづくりこそが、長時間労働ケアのポイントである。

(2) 人事・上司へのアドバイス

メンタル疾患の難しいところは、1つひとつケースによって症状が異なるところにある。第1部第1章で述べられているように、うつ病といっても、たくさんの種類があり症状も対処法も異なってくるため、社内担当者や上司も「以前と同じ対応」では、対応しきれない。そこで、EAPコンサルタントによる発症ケースに対する人事・上司へのコンサルテーションが必要になってくる。

(3) 健康管理とメンタルヘルスの連携

社内で少し気になる人が見つかったとき、同僚や上司を悩ませるのは「少し業務に支障を来しているのは確かだが、それが病気かどうかわからない」という点にある。それを診断できるのは、精神科および心療内科医などの専門医のみである。とはいえ、どの企業にも精神科の産業医がいるわけではないし、心理カウンセラーが常駐しているわけではないだろう。そんなとき、力になってくれるのが健康管理室などにいる保健師・看護士の存在である。

保健師・看護士は通常、企業の健康管理に携わっているため、健康診断を推進し、体の健康管理を行っている。保健師・看護士は、医療が必要な状態なのか、カウンセリングが必要な状態なのかの判断を行うことができる。気軽に相談できる存在としてぜひ保健師を活用してほしい。

企業によっては、健康管理室の保健師・看護士がメンタルヘルス事業の社内窓口として機能している場合もある。一方で、メンタルヘルスは人事部が社内窓口を担当しており、健康管理室の機能と連携がとれていない場合もある。どちらにしても、労務管理の一環として人事が担当する部分、健康管理の一環として健康管理室・産業保健スタッフが担当する部分、そして外部のEAP業者が連携をとって、業務を明確化したうえで機能させ、従業員から見た際に1つのサポートに見えるよう、スムーズな情報のやりとりが望まれ

る。

6　ストレスの蓄積と体の変化

　メンタル不全は、それまでのストレスの積み重ねがあって発症するケースがほとんどである。つまり、体と心の変化に本人のみならず周りが変化に気づけば、早期介入による解決や予防することが可能である。

　ストレスが溜まると、その影響は、心、体、行動に現れていくものである。

　心は、中でも「知・情・意」に分けることができる。集中力や判断力が鈍ってしまう「知」への影響、気分が落ち込んだりイライラしてしまう「情」、そして仕事に対してモチベーションが下がってしまったり、何事にも意欲が出なくなる「意」へ影響が出る。

　体では、頭痛や腹痛、下痢気味になってしまったり、吐き気を催すようになったり、また、肌が荒れたり口内炎ができたりと、人によって出る場所がさまざまである。

　行動面では、人との接触を避けるようになったり、口数が極端に減ってしまったりという行動で現れることが多い。心、体、行動、どの部分に現れやすいかは、人によって偏りがあるため、自分でどこに出やすいか事前に気づいておくことが、セルフケアの第一歩なのである。

（川西　由美子）

第2部　現場のケーススタディQ＆A

Q15　メンタル不全者に対するEAPカウンセリングの具体例

●設問事例●

職場においてメンタル不全の兆候はどのような形で現れるのでしょうか。具体的事例に対して、EAPカウンセリングはどのように行われるのか教えてください。

ポイント

1　精神疾患等のメンタル不全は、上司・同僚や人事担当者の気づきによってEAPカウンセラーのもとに相談が持ち込まれることが多い。
2　EAPカウンセリングの事例から会社の問題点を発見することができ、個別事例への対応にとどまらず、同種の問題の予防や会社の活性化につながる改善策を得ることができる。

解説

1　はじめに

近年、うつ病、過労などの言葉を多く耳にするようになったが、言葉ばかりがひとり歩きしてしまい、実際どのような症状として現れるのか、予防する方法はあるのか、周りはどのようにサポートできるのかが明確でないのが現状である。

本問では、メンタル不全が職場でどのように現れるか、事例をとおして紹介していきたい。また、EAPカウンセリングとは何か、どのような流れで進められるのか、会社と個人にどんなメリットがあるのか等を説明する。

2　EAPによるカウンセリングの実際

　実際にこのようなストレスによる影響、精神疾患になる危険信号がどのように現れるのか、EAPとして対応してきたいくつかの事例をあげていく。

　EAPサービスでは、本人が相談してくるケースよりも、上司や人事担当者が「この人をカウンセリングしてください」と紹介してくるケースのほうが多いのが実情である。本人が他人には自分の弱いところをみせたくないと抱え込んでいたり、悪く評価されることを怖れていたり、自分はまだまだ大丈夫だと過信していたり、時間がたてば何とかなると思い込んでいて、介入時期を遅らせてしまうからである。このように、周囲が当事者の変化に気づき、カウンセリングに行ってみてはどうかと勧めることを、心理の専門家は「リファー」と呼ぶ。まずは、上司からリファーされたケースをあげていきたい。

　なお、以下に述べるすべての事例は、いくつかのケースをもとに、加工・修正したものである。

部 位	具体例
身 体	頭痛、胃痛、下痢気味、ぜんそく気味、腰痛、高血圧、便秘、めまい、不眠、貧血、肩こり、肌のあれ、不整脈、息切れ
心 理	知…判断力の低下、記憶力の低下・感覚の鈍化・思考力の低下 情…不安、いらいら、気分のむら、絶望感、楽しくない 意…気力の低下、集中力の低下、自信喪失、疲労感
行 動	孤立している、家族・会社でのコミュニケーションがうまくいかない（どなりちらす、からに閉じこもる）、性的エネルギーの低下、嫌気がさす、人を避ける、友人と会わなくなった

●事例1● 遅刻・欠勤の続く社員Ａさんの場合

　人事担当者あてに、Ａさんの上司より、「最近遅刻がひどく、お客様にも迷惑がかかるので何とかしてほしい」と連絡が入りました。お客様先に常駐していたＡさんは、遅刻が続いたことでお客様からの信用をなくしてしまい、別の人をよこしてほしいというリクエストが出てしまいました。

　Ａさんにお越しいただき、お話をうかがいました。今回の一件ですっかり自信をなくしてしまったＡさんは、苦しそうな表情で、夜寝つくことができずに明け方眠るため朝熟睡してしまうという悪循環に入ってしまっていると話してくれました。忙しく残業を終え終電で帰宅し、ホッとしていると、すぐに１時です。お風呂に入り、さて寝ようと思っても、明日の仕事のこと、今日やってしまった失敗が頭に浮かんできてなかなか眠ることができません。明け方、ようやくウトウトしてそのまま熟睡してしまうという日々が続いています。朝遅刻してしまうと、１日気分は最悪です。周りに迷惑をかけてしまったという罪悪感で、自己嫌悪に陥り、集中力がなくなりミスが増えてしまいます。上司に怒られることが増え、自信も意欲も低下し、上司と話すことも苦手になってしまいました。このようなことは過去にもあり、新しい職場や仕事に慣れてきた頃に悪循環に入ってしまう傾向があることがわかりました。

　寝る前にできるリラクゼーションの練習、嫌なことや苦しいことを思い出さないための方法をカウンセラーとともに考え出し、本人の希望により１カ月後に再度電話にてカウンセリングするという約束をしました。本人への上司からのサポート方法などを確認するため、カウンセラーからどのように上司へカウンセリング内容をフィードバックするかという内容を本人と確認してから、カウンセリングは終了しました。

　カウンセリング終了後、すぐに上司に連絡をしました。

　本人の状況を簡単に説明し、「職場できちんとできている部分をほめてあげてください」、「残業状態のチェックをして管理してあげてください」、「仕事に慣れてしまうことを防ぐために、新しい仕事を１カ月ごとに与えるようにしてください」など、カウンセラーからのお願いをしました。

　１カ月後電話でお話したＡさんは、口調もとても穏やかで、時には笑い声を出しながら、その後徐々に遅刻が減り、今もカウンセリングで考えた方法

を続行しながら仕事をしていますと話してくれました。電話は10分程度で終了しました。

また、上司からは、その後遅刻が減ったという電話をいただきました。そして、遅刻が続くようになってからは、Aさんのできない部分にばかり目がいってしまい、評価し認めることを忘れていた自分に気づきましたというメッセージをいただきました。

●ポイント●

この事例でAさんは遅刻が増え（行動）、集中力、意欲が低下し（心）、ミスが増えて上司とのコミュニケーションがとれなくなってしまった（行動）。そして、眠ることができず（体）、そのために、朝起きられずに遅刻が増えるという悪循環に陥ってしまった。

また、この事例でAさんがうつ病にまで至らなかったポイントは、下記の4点である。

① 上司がAさんの変化に気づいたこと
② カウンセリングに早期リファーしたこと
③ カウンセリングでAさんが、症状を柔げる方法を見つけることができたこと
④ 上司がカウンセラーからのアドバイスを実行したこと

上司とカウンセラーとの連携サポートで、危険信号の時点で疾病予防することができたのである。

本事例は、早期に介入することができた例であるが、実際は、カウンセリングを受けた時点ですでに休職しなくてはいけない状態だったというケースも少なくないのである。では次に、危険信号への気づきが少し遅れてしまった例をあげてみよう。

●事例2● 仕事を抱えこんでしまい体調を崩したBさんの場合

　復職してカウンセリングを定期的に受けていた相談者のAさんが、「実はとても心配な人がいる」と紹介してくださったのがBさんでした。午前休が多くなり、朝仕事に来られたとしても頭が痛いといって医務室で寝ている時間が増えているとのことでした。

　Aさんの勧めでカウンセリングにいらしたBさんは、顔色が悪く、動作もとてもゆっくりでした。ゆっくりとした口調で、カウンセラーの質問に対するも答えを考えるのに時間がかかるようでした。部署の要となる仕事をいくつも抱えているBさんは、お客様に対して上司が出したスケジュールの見積りミスのため、終電ぎりぎりまで残業し、土日も出勤するような日々が約1年続きました。Bさんしかわからない仕事がたくさんあったため、他の人にお願いすることができずにがんばってしまいました。数カ月前から頭痛が始まり、止まらなくなりました。お休みをとっていても、Bさんにしかできない仕事に関しての問合せ電話やメールが、お客様、上司、部下から頻繁に入ってきます。頭痛は全身のだるさへと変化し、起きるのがやっとの状態になりました。集中力もなくなり、今は職場に座っていることもできなくなっていました。毎日ほとんどの時間を医務室で過ごしています。

　カウンセラーは、すぐに病院に行くように勧めました。元の元気な体になるために、そして頭痛の原因をきちんと究明するために、内科もしくは心療内科に行くように言うと、本人から「心療内科に行きます」という答えが返ってきました。

　カウンセラーは、その日のうちに人事担当者に連絡し、Bさんが精神的に非常に緊迫した状態であること、休養が必要なのでお休みさせる前に引き継ぎをきちんと行うことをお願いしました。

　数日後、心療内科へ行ったBさんは「うつ病」と診断され、「1カ月の休養が必要」という意見書をもらってきました。Bさんはその後休みをとりましたが、引き継ぎのための出勤することもしばしばでした。1カ月のお休み後退職することを決めました。

　上司は引き継ぎを行うため、Bさんから抱えている仕事、Bさんにしかわからない部分の仕事についてヒアリングを行いましたが、うつ病のために集中力、判断力、考える力が低下してしまったBさんは、自分の仕事を細かい

部分まで思い出して伝えることができないままに、職場をあとにしてしまいました。

　Bさんの仕事を引き継ぐことになった部下2名が、普段の業務に加えてBさんが行っていた仕事内容を一から自分で学び直し、残業、休日出勤を余儀なくされたのはいうまでもありません。

●ポイント●

　本事例では、Bさんがリファーされてきた時点ですでに重い症状が出ていた。

　カウンセラーは、医師とは違いお薬を処方することはできないが、病院に行ったほうがよいかどうかというアドバイスをすることはできる。今回の事例は、病院にリファーして上司にアドバイスすることができたが、すでに悪化していた状況でカウンセリングに来たため介入が遅くなってしまい、仕事を引き継ぐことになった後任者への負担が大きく、また、会社として優秀な人材を失うという、課題も残ってしまう結果となった。課題が残るケースとなってしまったポイントは、下記の5点である。

① 上司がBさんの変化を無視していたこと
② Bさんが休みをとれていない状況や、残業の管理について、人事担当者も上司も把握していなかったこと
③ お休みの時ですら、会社から頻繁に連絡が入り、本人が心から休めなかったこと
④ Bさんが1人で抱えている仕事が多量であったこと
⑤ 引き継ぎを行うタイミングが遅すぎたこと（時間に余裕がなく、本人が抱え込んでしまった）

　少しでも変化に気づいたら、まず専門家に相談すること、万が一に備えて常に仕事は皆で共有すること、そして、もしうつ病等発症してしまった場合は、早期に仕事の洗い出しを行うことが大切である。うつ病や精神疾患を患うと、頭の中が整理できなくなってしまうので、自分が抱えている仕事が何

だったのか、誰に引き継いだらよいかという思考、判断ができなくなります。本人の苦しみを解くため、そして、後任者への負担、会社の損失を軽減するため、仕事の洗い出しはとても重要であり、そして何より、事例1と同じく、上司や人事などの管理者が、常に従業員の変化に目を配るということがとても大切なのである。

　もう1つ、これとは対照的に、上司が早めに気づき、早期介入、引き継ぎができた成功事例をあげよう。

──●事例3●　管理職が負担だったCさんの場合──────

　ある製造工場で、「管理職として働いていたCさんが最近元気もなくお休みしがちだから自分に話せない悩みがありそうだ、話を聞いてあげてほしい」と上司より人事担当者あてに連絡が入りました。カウンセリングルームに来たCさんは顔色も悪く、伏し目がちでした。気弱な笑顔を浮かべながらCさんはこんな話をしてくれました。

　1カ月前までは、一般社員として働いていたが、真面目な就業態度が認められ、管理職を任されました。同じ職場には自分より年上で、職歴も長いベテランの派遣社員さんがたくさんいます。Cさんは一番年少であり、仕事をゆっくりするタイプです。皆からの無言のプレッシャーがとても辛い今日この頃です。管理職は、毎朝のスケジュール伝達に加え、あらゆる変更事項の決断、1人ひとりのパフォーマンス管理をしなくてはいけません。製造が間に合わないので、自分も他の人と同じようにラインに入っています。作業中にも、トラブルが発生すると皆Cさんのところにやってきます。「どうしたらいいですか」「早く決めてください」。周りからプレッシャーがかかります。周りに自分の意見を言うことが怖くなり、毎朝のスケジュール発表もベテランの人が「そのスケジュールは無理があるんじゃないかな。こうしたらいいんじゃないか」と意見されることが多く、怖くなってしまい、発表しない日も増えてきました。

　Cさんに「理想の職場環境は」と聞くと、「管理職から下りたい」と話しました。管理職の業務と一般社員の業務を兼ね備えることが、Cさんにとっては負担になっていたのです。

お話をうかがった後、Cさんがそれを上司に伝える方法について話し合いました。Cさんは上司にいかに現状をわかってもらえるか、一生懸命に説明文を考えました。

　その後、上司と連絡をとったところ、本人から管理職を辞めたいとの連絡があったこと、それに対して、上司と人事担当者が、連携してCさんの職位を変え、できる限りの引き継ぎをきちんと日程を決めて行う予定を、2人で相談して立てたことがわかりました。さらにその後上司から連絡があり、引き継ぎがしっかり完了したようでした。

●ポイント●

　管理職になることは、嬉しいことであり、皆喜ぶことという認識があるが、人によってはそれが負担になってしまうこともありうる。本事例では、当事者がひっかかっているポイントをカウンセリングで早期に見つけ出し、職位を変えて対処することで、職場を辞めることを防ぎ、本人の症状悪化も防ぐことが可能となった。このように、ちょっとした変化に周りが気づいて、カウンセリングを勧めることと、その後の適切な対処方法を見つけることが必要なのである。

　上司、同僚が変化に気づいてリファーしてくるというケースをあげたが、実際は、突然発症してしまったり、突然の死や災害など、予期せぬ事態が起きて対応に困ってしまったりして、緊急対応を依頼されるというケースもたくさんある。緊急対応が必要なものはどのようなものか事例をあげたい。

●事例4●　突然、精神疾患を発症してしまったDさんの場合

　工場で働いていたDさんは、ある日突然奇声を発したり部屋の隅に走っていったりという行動を取り出し、周囲を驚かせました。以来、自分は狙われている、みんなには自分の心が見えているなどの発言をするなど、その奇妙な言動に周囲が戸惑いを感じ、「一度専門家として本人と話して意見をくれないか」と依頼を受けました。

　工場に着いたカウンセラーを、上司がとても不安げな顔で出迎えてくれま

した。「とてもまじめで、仕事熱心な人だったのに、ときどき変な言動が目立つようになって、このままでは職場に置いておくことができない。異動させたら本人の気分も収まるのか何なのか、皆目見当がつかない」。途方に暮れた顔で、話してくれました。

Dさんが経験していたのは幻聴、幻覚とよばれる症状ですが、それが幻覚なのだと認識できないくらい、Dさんの症状は進んでいました。カウンセラーは話にじっくり耳を傾け、今の苦しい状態から抜け出すためにはもう一度病院に行って、専門の先生に診ていただき、適切なお薬を出していただくことを勧めました。以前うつ病が回復したように、今回も今の苦しい状態から抜け出せるから大丈夫というカウンセラーの言葉に、Dさんも安心したようでした。その後、どの病院に行くか、場所はどこか、診療代はいくらくらいか、明日お休みをとれるか、何時にいくかなど、翌日の通院に向けてできる準備をカウンセラーと一緒に行いました。

カウンセリング終了後、上司にフィードバックを行いました。すぐに病院で診ていただく必要があること、担当医から意見書をいただきその指示に従うこと、しばらくお休みが必要になると思われるのでその手続等を手伝ってあげること、そしてDさんをひとりにしないよう必ず誰かが様子をみていることなどをお伝えしました。上司は、予想以上に深刻な状態であることを知り、愕然としていました。

その後フォローアップの電話をしたところ、Dさんは医師の診断で休職することになったとのことでした。

●ポイント●

幻覚、幻聴などと聞くと、現実離れしている、そんなケースは少ないに違いないと思われることが多いが、現実にはそのような症状でカウンセリングにリファーされるケースは結構多くある。「うつ病」という言葉が広まり、心の病＝うつ病という印象が強くなってしまったが、その症状もさまざまである（詳しくは、第1部第1章参照）。精神疾患は、本人が違和感を感じながら普通に生活していく間に進行し、突然発症してしまうことも多々ある。何かとても不思議な行動をとるけれど、そんなに深刻なものではないだろうと

思って放っておくと、症状がさらに悪化し、ご本人にとっても、周囲にとってもさらに大変な状態になってしまうため、必ず専門家の介入が必要である。

3　カウンセラーが介入することの利点

(1)　精神疾患かどうかの見極めができる

カウンセラーは診断、薬の処方はできないが、ご本人と話せば精神疾患かどうか、その進行度はどのくらいかという見極めができる。

(2)　適切な対処方法を伝えてくれる

職場でできること、病院との連携、ご家族への連絡方法など、適切な対処法がわかり、すぐ行動に移すことができる。

(3)　本人を病院へつなぐことができる

精神疾患の方の場合、勧め方によっては、かたくなに病院に行くことを拒んでしまい悪化につながってしまう場合もあるが、カウンセラーは相手の意思を尊重しながら、病院へ行くことの抵抗の原因がどこにあるかを考慮し、病院へ行くことの意味を理解させ、上手に病院へつなぐことが可能である。また、病院へ行くことをご本人と一緒に決め、場合によっては同行することもできる。

もう1つ、緊急対応の事例を紹介する。緊急対応は、職場の環境や仕事からくるストレスで発症してしまうようなケース以外に、プライベートで起きた出来事が仕事に影響を及ぼしてしまうケースもある。

●事例5●　交通事故によるPTSDを発症したご夫婦の場合

　同じ職場に勤めるある夫婦が、交通事故に巻き込まれ、お子様を亡くしてしまいました。
　職場から、ご夫婦のカウンセリング、そして夫婦に対してどのように接すればいいのかを教えてほしいという依頼が入りました。

ご夫婦はしばらく会社に来ることができていませんでした。突然泣き出したり、感情の起伏が激しくなったりするので、しばらくお休みをとらせてほしいと本人から申し出があったのです。復職予定日を間近に控え、同じ職場の人たちはどう対応していいかわからず、カウンセラーに問合せが入ったのでした。

カウンセリングでは、現在のお2人の気持と、事故当時の状況などをお話していただきました。

2人は「今まで誰にも話していない」と前置きをして、気持を吐露してくださいました。「ご飯ものどを通らず、夜眠ることもできない。突然事故のことがフラッシュバックしてしまい、自分でもどうしてよいかわからないし、仕事もきっと手につかない」ということでした。涙ながらにお話をしてくださったご夫婦は、カウンセラーと話し合い、復職予定日の朝、様子をみて会社に行くかどうか決めることにしました。

また、職場の人にどのように対応してほしいかというご要望も、カウンセラーに率直に話してくれました。

カウンセリング終了後、職場の担当者に連絡をして本人達の要望を伝えました。

また、職場の全員に対してPTSDに関するセミナーを行いました。PTSDとはどういうもので、症状としてはどのようなものがあるのか。今回のご夫婦は、復職後どのような行動をとる可能性があるのか。そのとき、周りはどのように対応したらよいか。緊急対応が必要な事態に備え、EAPのサポートサービスについてもお話をしました。カウンセリングしたことにより本人もすっきりし、また周りもどう接したらよいかがわかり、ほっとしたようでした。

このように、プライベートで起きる予期せぬ出来事で心理的に負荷がかかってしまうケースは多く存在するが、このようなケースでは、本人のカウンセリングはもちろん、ご本人が復職する前に職場の方々に対応策などの知識をあらかじめお伝えすることが極めて大切である。

事故で親族がなくなったり、重い病気にかかってしまったりと、突然振り

かかった出来事は仕事にも影響するが、周りはその事情を知らないために「パフォーマンスが落ちている」と悪い評価をされてしまったり、誤解されてしまう場合もある。よく、家族がメンタルダウンしてしまったというご相談を受けることがあるが、奥様がメンタルダウンしてうつ病と診断されたが、どのように接したらよいかわからないし、心配で仕事にも身が入らず奥様のために欠勤してしまうという状態になっているような方が、どうしたらよいかとカウンセラーにアドバイス求めてくるのである。会社の人には奥様のことを話していないため、上司からは職場で怒られ続けてしまい、心身ともに疲れ切ってしまっているようなケースがほとんどである。

「パフォーマンスが落ちたな」「最近欠勤が多いな」と気づいたら、注意したり怒るという対応ではなく、その理由を一緒に探るような対応をとり、周りができるだけサポートしてあげることがとても重要である。

最後に、春先に非常に多いケースをあげたい。5月、6月あたりにカウンセリングに来ることが多くなるのが、新入社員である。4月に入社して、はじめての社会人生活にとまどってしまい、メンタルダウンしてしまう新入社員たちが非常に多くみられる。

●事例6● 体調を崩してしまった新入社員のEくんの場合

新入社員のEくんは、新入社員研修中に元気がないみたいなのでカウンセリングしてほしいと人事担当者からリファーされてきました。
話を聞いてみると、社会人になって朝早く起きる生活、厳しい研修生活で疲れてしまいストレス発散のため夜遅くまでゲームをしたり、寮では同期が夜遅くまで部屋に来て話をするので、自分の時間がもてなくなってしまったということでした。朝起きることができなくなり、夜はなかなか寝つけません。食欲が減退し、体力がすっかり落ちて、研修に参加することもできなくなってきてしまっていました。できることならば実家に帰ってゆっくりしたいけれど、社会人になったばかりで実家に戻るのは「逃げる」ようでいやだ。こんなに簡単にダウンしてしまった自分が悔しく、情けなく、本当に嫌

いになってしまう。カウンセリングでEくんはそんな自分の正直な気持を話してくれました。

　カウンセリングでは、基本的な生活習慣の見直しと、今後Eくんはどうなりたいのか、そのためにまず何をしたらよいかというステップを一緒に組み立てました。カウンセリングが終了した頃には、Eくんには笑顔が戻っていました。

　人事担当者には、Eくんの状況を説明し、Eくんを見守る体制をつくること、担当者がいつも見守っているよと本人に伝えるようアドバイスしました。また、必要なときにはカウンセリングシステムが利用できることをもう一度本人に伝えるようお願いしました。

　このケースのように、新入社員が体調不良、メンタルダウンでカウンセリングにリファーされるケースが5月、6月には増加します。4月は、すべてが新しく、毎日が緊張状態にある新入社員さんたちですが、5月くらいになると仕事に行く時間等に慣れて、朝食を食べなくてもいいや、お昼は軽くすまそう、夜はぎりぎりまでテレビを見ようなど、生活の基本的な部分が乱れてしまう新入社員が多いのです。また、それまで張り詰めていた緊張が急に解けて、疲れが出てきてしまうのです。

新入社員の健康を維持するために大切なことは、下記の4点である。

①	新入社員研修時に、しっかりストレスマネジメントの知識を伝える
②	入社後すぐ、基本的な生活習慣の大切さを伝える
③	変化があったときには、すぐに介入する
④	定期的に健康状態等をチェックする

　新入社員の方々向けのストレスマネジメントセミナーでは、ストレスの知識や生活習慣のチェックを行い、その半年後くらいにフォローアップセミナーを行うことである。生活習慣に変化がないか、体重に変化がないか、入社時に比べ、ストレスの度合いに変化がないか、そしてストレス反応が出ていないかチェックすると、自分のさまざまな変化に気づき驚く新入社員がほとんどである。会社が多くの応募者の中から選んだ新入社員たちが、ストレ

スでつぶれてしまいせっかくの人財を失わないように、こまめにチェックしながら育成してあげることが大切である。

精神疾患がどのような形で職場に現れてくるのか、精神的に疲れてしまう原因は実にさまざまである。

4 精神的に疲れてしまう原因

(1) 職場の問題

・残業が続いてしまった
・残業を勤務表につけることができない
・仕事量の増加
・否定的な上司
・仕事の調整を全くしてくれない上司
・休みをとらせてもらえない
・土日出勤が続いている
・自分にしかできない仕事が多い
・上司が残業していると帰ることができない雰囲気
・付き合いで、毎晩飲みに行かなくてはいけない
・職場の先輩から厳しく指導される　　など

(2) 本人の問題

・周りが忙しそうで質問ができない
・課の目標が高すぎて達成不可能
・コミュニケーションが苦手
・管理職に昇進したが、部下に仕事を振ることが苦手
・部下のケア、管理と自分の業務のバランスがとれない
・息抜きする時間をもてない
・どうしても自分で仕事をやらなくては気がすまない強い責任感
・仕事を断ることができない　　など

(3) 健康上の問題

- 頭痛、腰痛、胃潰瘍などの持病　　など

(4) プライベートの問題

- 親族の介護
- 身近な人の死
- 災　害
- 子どもの不登校
- 夫婦関係の不和　　など

(5) まとめ

　職場に関連しているものもあれば、プライベートの出来事もある。人間の心と体と行動はつながっているので、原因が何であれ、それがパフォーマンスに反映されてしまうのが人間の特徴である。心が疲れていると、思うように仕事がはかどらない。1人のこなせる仕事量が減ってしまうと、その部署にいるほかの人に仕事が振られて負荷がかかり、部署全体、そして会社全体にまで影響を及ぼすことになる。

　事例では、上司が気づいてリファーしてきたケース、同僚が発見したがすでに発症してからカウンセリングしたケース、そして緊急介入のケースをあげたが、実際、依頼のほとんどは、緊急介入のケースである。その次に発症後カウンセリング、そして上司・同僚からのリファーと続く。少しの変化でカウンセリングにつなぐという認識がまだ浅いという現状と、カウンセリングへの抵抗が、まだ根強くあるようである。

　少しでも「いつもと何か違うな」と思ったら、専門家につなぐことが大切である。カウンセリングは発症後に受けるものではなく、予防的に受けることができるものであり、パフォーマンス維持、パフォーマンスアップのためにカウンセリングをぜひ活用していただきたい。

5 EAPカウンセリングと一般的なカウンセリングの相違点

　EAPカウンセリングが一般的なカウンセリングと違う点は、カウンセリング内容を活用して、会社の活性化につなげることができる点である。

　カウンセリング内容は守秘義務があるためカウンセラーのみが保持するというのが一般的なカウンセリングであるが、EAPカウンセリングでは、相談事例から見え隠れする会社の改善点にも介入するところである。

　カウンセリング実施後、EAPカウンセリングでは相談内容の中から相談者のためになる企業の改善点をフィードバックし、コンサルタントが改善ポイントと、改善案を提案し、担当者と一緒にどのような改善策を、誰にどのように介入していけばよいかを考えていくのである。カウンセリングを、個人の健康管理、パフォーマンスアップの目的にとどめるだけでなく、同じ問題が起こらないよう、そして社員全員がより健康に過ごせるよう会社の改善へとつなげるのがEAPカウンセリングといえる。

〔川西　由美子〕

第2部　現場のケーススタディQ&A

Q16　システムズ・アプローチによる問題解決

●設問事例●

最近、よく耳にするシステムズ・アプローチとは、具体的にどのような取組みなのでしょうか。

ポイント

1　システムズ・アプローチとは、メンタル不全が所属する組織全体のあり方や周囲の人との関係性を見直す方法である。
2　カウンセラーは、組織の問題点・改善点に関する成員のギャップを6つのステップを踏んで埋めていく。

解説

1　はじめに

職場のメンタルヘルスケアを行ううえで、最重要視したいことは、不調者が出た場合、本人のケア以外に、その人が所属している組織のあり方や、その人と周囲の人との関係性を見直していくなど、組織全体への関与である。

2　システムズ・アプローチとは

「あの人が休職になったけれど、下手をすれば自分も休職になっていましたよ」。「お休みされて、シワ寄せがわれわれにくるし、もっと苦しい環境に置かれる」。「課長が入れ替わったけれど、組織の仕事フローや指示が変わらない限り、何の解決にもならない」。

EPAでは、職場を一斉に巡回カウンセリングしながら関与するので、上記のような言葉をよく耳にする。職場で1人、メンタル不調者が出たとして

も、1人のケアではおさまらず、2人3人と同じ職場から発症するケースは後を絶たない。

これらの問題解決策のひとつとして、家族療法で用いられる「システムズ・アプローチ」を提唱している。組織や部署や会社を、個々の成員が互いに影響を与える1つのシステムとして考え、問題を抱えた成員は、あくまでもその組織の問題を表現している人であり、組織の病巣の一部を示しているととらえる。

たとえば、ある社員がうつ病を発症してしまった場合、原因追及が始まり、発症してしまった人の考え方や上司の監督不足だと、個人がたたかれてしまうことが往々にしてあるが、システムズ・アプローチでは、社内のコミュニケーションの滞りや業務の偏りが、たまたま1人の社員に出てしまったと考えるのである。

要するに、誰かが悪いといった〝悪者探し〟をせずに、その個人への関与とともに、組織全体へ関与を行い、休職した人が復職できる組織へと変え、また同様の問題が起こらないような組織へと変えていく方法である。

3　組織に第三者的にアプローチする

具体的に会社ではどのようなアプローチをしているのかを紹介する。

なぜ問題が起きたのかについて、病気を発症した個人を追及し、その個人の問題のみを取り上げるのではなく、所属する集団全体を視野に入れなければ、再発や別の人への発症を防ぐことはできない。

そこで、巡回型カウンセリングで、発症した人も、そうでない人も対象にヒアリングを行う。そうすることで、個人への対応としては、組織への思いを吐き出してもらい、ストレス発散、心のガス抜きを行う。

また、組織に対しては、カウンセラーが第三者的にシステムズ・アプローチの視点から組織のゆがみを分析し、報告書に反映し、組織全体が改善する道筋を見出していく。システムズ・アプローチは組織全体を視野に入れ、メ

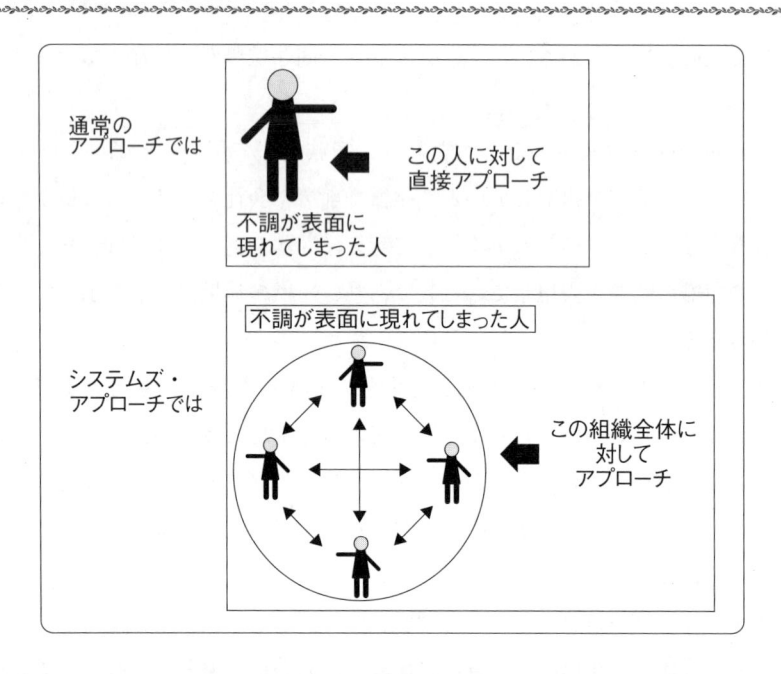

通常の
アプローチでは　　→　この人に対して
　　　　　　　　　　直接アプローチ

不調が表面に
現れてしまった人

システムズ・
アプローチでは

不調が表面に現れてしまった人

→　この組織全体に
　　対して
　　アプローチ

スを入れるので、何気なく行っていた行動や身体にしみこんだ習慣が否定されたりする。そのため、組織へのアプローチは会社側の理解と、根本から改善したいという強い意志が非常に大切になってくる。

　改善したほうがよい点はこれだとわかっていても、知っていることと実際に行っていることにギャップが生じることは往々にしてある。ギャップを埋めるためには、組織がどの方向へ向かっていきたいのか、ゴールを明確に決めることが重要である。

　この、組織のどこを改善したいかを考えるとき、この結果を基に、現場の人々とともにぜひゴールを決める。現場で苦しんでいる人は、その答えを誰よりも知っているからである。

4　ギャップを埋める6つのステップ

　これを行うためには第三者が入る時間を設定し、ステップ6までのフロー

をともに行うが、本来は改善策を見つけ、自分たちで実行することが重要となる。自分たちだけで実行できたときに、どんな困難が待ち受けても、改善できる自信につながり、人に優しい、粘り強い組織となり、ストレス病発症も防止できるという効果が期待される。

家族療法で使うシステムズ・アプローチの会社組織への導入は、始まったばかりである。メンタル不調者が出たとき、少し立ち止まってシステムズ・アプローチを考えてみてはどうだろうか。

その人個人の問題として隔離し、原因を個人の素質のみに押し付ける時代ではなくなりつつある。組織全体が変われば、個人に集中して出てしまった症状も改善されること、間違いない。

組織力向上の近道、メンタルス問題解決の近道として、ひとつの選択肢をシステムズ・アプローチに求めてみてはどうか。

ステップ1：理想像に現場の声を取り入れ、チーム全員でゴールを作成。
ステップ2：ゴール＝理想像を全員で共通概念として持つ。
ステップ3：ゴールを達成したときのメリットはどのような形でもたらされるかを再確認する（ゴール達成事案の重要度を体感する）。
ステップ4：ゴール達成のためにできる小さなことを並べ、期日を決めて実行を公言する。
ステップ5：期限までに達成できたかどうか、チーム全員でチェック。
ステップ6：できない場合はその理由をディスカッションし、ステップ1に戻る。

（川西　由美子）

Q17　リチーミング研修による問題解決

●設問事例●

　最近、チームワーク不足によるコミュニケーションのすれ違いから生じる悩みやストレスをもつ人が増えていると聞きます。こうした問題解決のために「リチーミング」研修が注目されているようですが、教えてください。

ポイント

1　最近、職場のチームワーク不足によるコミュニケーションのすれ違いに関する相談が増えている。
2　リチーミングとは、心理カウンセリングでも使われているテクニックである「解決志向」を基盤にして、チームの一体化を図るプログラムであり、世界21カ国に広がりをみせている。

解説　**1　はじめに**

　上司は部下を気遣いながら、「育ってほしいと願い、期待しているからこそ、少しきつく言うこともあるが、理解してもらえてないことがあるかもしれない」と悩み、部下は「怒られることが多くて、あまり話さないようにしている」と悩む。こんなストレスが引き金になり、仕事の楽しさが激減し、やりがいやモチベーションが下がってしまう。

　EAPのカウンセリングで、最近増えているのが、こうしたチームワーク不足によるコミュニケーションのすれ違いに関する悩み、ストレスである。お互いに仕事に真面目に取り組み、やりがいも感じていたのに、ちょっと

したことがきっかけで、人間関係のストレスが仕事本来の楽しさや目的以上に大きくなり、仕事や会社に対する不満につながってしまうとすれば、残念なことである。

2　リチーミングとは

　職場の団結力やチームワークを向上させるための手法として、フィンランド式チーム活性化プログラム「リチーミング」が注目されている。これは、フィンランドの精神科医、ベン・ファーマン氏と、社会心理学者、タパニ・アホラ氏の2人が開発したプログラムである。

　フィンランドは1990年代に最大の貿易相手国だった旧ソ連を失い、大不況を経験したが、その後、驚異的なスピードで経済復興を果たした。復興の陰には、国民1人ひとりの知識を知恵に変え、その知恵を力にして、力と力が合わされば、さらに大きな力になるという信念が、国民にめばえていた。

　さまざまな企業が業種変更や組織再編成を余儀なくされる中、リチーミングプログラムは、急激に起こるさまざまな変化に1人ひとりが適応し、自分たちの働く意味や目標を再確認し合い、団結するためのプログラムとして開発された。

　まず、業種・路線変更を図っていた携帯電話メーカー、NOKIAが採用して効果を発揮した。その一致団結に向けて心を動かすテクニックの高さが評価され、シーメンス、マイクロソフト、フィンランド航空、政府機関などでも取り入れられ、ヨーロッパをはじめ21カ国に広まった。

3　「問題志向」と「解決志向」

　バラバラになってしまったチームを一体化させるには何が必要か。まず、最も大切なのは、チームがどの方向に向かっているか、目標を再確認し合うことである。リチーミングプログラムは、「解決志向」という考え方を基盤にしている。

フィンランド式リチーミングの特徴

部下が考えたことを、「解決志向」でサポートする

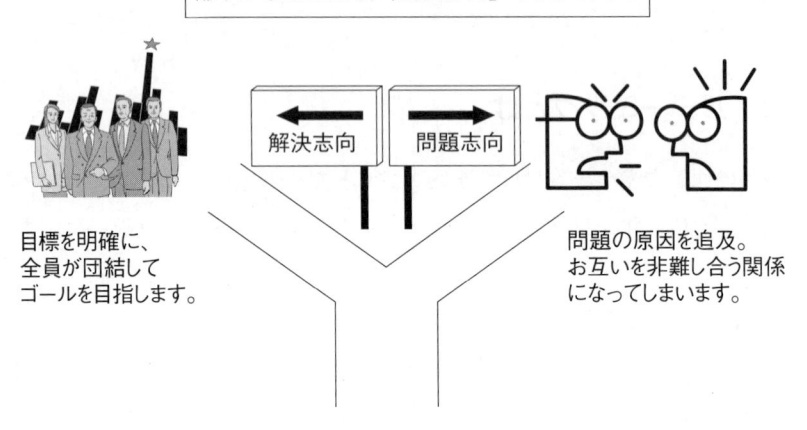

解決志向 ← | → 問題志向

目標を明確に、全員が団結してゴールを目指します。

問題の原因を追及。お互いを非難し合う関係になってしまいます。

　通常、何らかの問題が発生すると、何が悪かったのか、誰が悪かったのか、原因は何だったのか、と考えるのが「問題志向」である。たとえば、機械メーカーで納入製品に不具合が生じ、お客様からクレームが入った場合、どこが悪かったのかという原因追及が始まる。その場合、機械をつくったのは技術部門だから技術が悪い、お客様にきちんと使い方や注意事項を説明しなかった営業部門が悪いと、責任のなすり合いになりがちである。どちらが悪いかを検討し、その部門の責任者が何らかの責任をとらされた結果、技術と営業に溝ができ、関係者全員が嫌な気分を引きずることになる。したがって、お客様への対策が後手に回り、職場の雰囲気も悪くなることが多い。

　この「問題志向」に対して、リチーミングの「解決志向」では、「問題の裏には理想がある」と考える。問題が起こるのは自分の理想とかけ離れているからであり、「問題が生じた＝理想へ近づくためのよい機会」と考えるわけである。先の例でいくと、営業はお客様のクレームを受け止め、お客様に満足していただくことが理想だから、技術にも協力をあおぎ、再び同じミスが起こらないように解決しようと考える。技術の側も、クレームを機に機械

そのものの改善を図り、営業を通じてお客様への説明を徹底しようとする。現状分析はするが、技術も営業部門も、どこをめざすかを明らかにして、一致団結して対策に向き、解決へと頭を切り替えるので、最良のアイデアが生まれやすくなる。

4　全員のやる気を引き出す

　チーム一体化の2つめの鍵として、リチーミングが大切にしているのが、各人のやる気である。
　チームをまとめる力を鍛えようと、管理職向けにリーダーシップ研修を取り入れる企業も多いようであるが、最近はリーダーに従って業務を行うチームメンバー（フォロワー）側の心理面に着目したフォロワーシップの研究も盛んになっている。
　どんなに統率力があるリーダーでも、フォロワーとの関係がうまくいかなければ力を発揮できない。ひとつの目標に向け、チーム一丸でがんばろうというやる気は、リーダーだけでなく、フォロワーも含めたチーム全員が同等にもつ必要がある。
　各人が高いモチベーションをもつための要素として、先述のファーマン氏は5つのポイントを紹介している。中でも大切なのは、「目標が他者から与えられたものではなく、自分で決めたものだという自覚。目標が自分にとって有意義で利益のあるものだという認識だ」と述べている。
　冒頭で紹介した上司と部下の溝の場合、部下たちが「自分の仕事は押し付けられたものでなく、自分にとっても成長や学習、今後につながる有意義で、大切なもの」と認識できれば、上司とのコミュニケーションにも変化が生じる。

5　効果の持続性

　リチーミング研修では、リーダーとフォロワー全員がチームとして何が大

切か、どんな目標にしたらいいかを話し合う。また、それが自分たちや周囲にとっていかに大切な目標か、コーチがチームメンバーから意見を引き出す。

プログラムの最大の特徴は、参加者の心に働きかける内容が組み込まれている点である。コーチがチームワークに関するテクニックや理論を伝えるのではなく、皆に考えてもらいながら、習得してもらうのである。

前編・後編（フォローアップ）の研修により、全員一致で目標が明確になり、やる気が高まり、自分が何を始めたらいいか見えてくる。また、話し合いを通じて、すれ違っていたコミュニケーションが修正され、お互いのよいところを認め合いながらの協力体制が整う。その後、フォローアップの後編研修により、できたところ、できなかったところをチェックし、PDCAを回すために何が必要かを気づかせるプログラムとなり、チーム内の一人ひとりの思いをアクション（行動）に落とし込める。

世界共通でリチーミングプログラムが効果をあげているポイントは、①チームメンバーの協力、チームへの貢献に向けた「一歩踏み出す具体策」があること、②価値のある会話がチーム内でできること、③チームに所属することが楽しくなることがあげられる。

（川西　由美子）

Q18 非定型うつ（新しい型のうつ）と対応

●設問事例●

新入社員が、診療内科から「非定型うつ」（新しい型のうつ）と診断されました。今後、管理職として、どのような点に留意して、対応すればよいのでしょうか。

ポイント

1 「非定型うつ」が増えているのは、職場全体のコミュニケーション不足が原因であるといわれている。
2 職場全体で、「非定型うつ」への理解を前提に、職場環境の改善が求められる。

解説

1 はじめに

最近、従来のうつ病と異なる新しい型の「非定型うつ病」が注目されている。「定型うつ病」と違うところは、何もする気力がわかないのが「定型」だが、「非定型」は、趣味などの自分の好きなことをしているときは元気であっても、仕事となると拒否反応が生じて困難となる。そこで、周囲からは仮病と誤解されやすい。

2 原因はコミュニケーション不足

相談事例としては、「好きな仕事はするが、自分に合っていない仕事は忌避してしまう」、「遊びやスポーツは夢中になるが、理由もなく時々無断欠勤をする」などであるが、こうした若者が近年目立つようだ。こうした行動をとる社員を診療内科で受診させると、非定型うつ病と診断される例が多いと

いう。こうした行動をとる社員を管理職の側からみると、性格なのか病気なのか判別するのが困難である。本人にいわせると「出勤の支度をしていると、急に頭痛やめまいなどの症状がでてしまい休みをとる」ことになり、仮病ではないと反論する。

　原因と考えられるのは、景気低迷や競争の激化から人件費の抑制によるリストラが進み職場全体のコミュニケーションの不足が若手社員の精神面に影響を与えているのではないかと指摘する声がある。また、若手社員の社会人基礎力の低下が原因ともされている。

　したがって、対策としては、一つひとつ丁寧に行動の意味を確認し、その行動に価値や意味を見出せるように導く教育的支援が必要である。

3　職場での対処方法

　非定型うつ病の大きな原因が職場のコミュニケーション不足にあるとすれば、風通しのよい職場環境に改善することが求められるわけだが、管理職としても若手の教育に力を入れるとともに仕事に生き甲斐をもてるようにしっかりと評価をしてやることが大切である。定型うつ病では禁句とされる「頑張って」という応援の言葉も時には必要である。本人の仕事ぶりに理解を示し、周囲が応援していることを伝えて、できる範囲で仕事を与えることも効果的だと専門家も指摘する。

　その前提としては、まず職場全体として、非定型うつ病であることに理解と寛容の気持をもつことが求められよう。

　豊かな時代背景の中で、親や周囲から厳しくしかられた経験のない若者が増えている今日、職場における非定型うつ病の対応が急務となっている。

（川西　由美子）

事項索引

【英数字】

4つの（メンタルヘルス）ケア　*155, 187*
ACT（Assertive Community Treatment）　*39*
A鉄道〔B工業C工場〕事件　*413*
B学園事件　*265*
CSR（企業の社会的責任）　*441*
EAP（Employee Assistance Program。従業員援助制度）　*17, 41, 173, 439*
EAPカウンセリング　*454*
EAP啓発活動　*450*
EAPコンサルタント　*442*
e-learning　*449*
IPS（Individual Placement & Support）　*39*
JFTスチール〔JFEシステムズ〕事件　*347, 414*
JR西日本尼崎電車区事件　*377*
J学園事件　*272*
K社事件　*268, 430*
KYOWA〔心臓病突然死〕事件　*352*
NTT東日本北海道支店事件　*350, 355*
PTSD　→心的外傷後ストレス障害
THP（Total Health Promotion Plan）　*183*
WEBカウンセリング　*445*

【あ行】

青木鉛鉄事件　*352*
アスペルガー症候群　*36*
アテスト〔ニコン熊谷製作所〕事件　*346, 418, 419*
アドバンス研修　*448*
安全配慮義務　*89, 102, 323, 345, 372, 376, 413, 417*
医学的根拠　*240*
慰謝料請求　*383*
遺族補償　*213*
ヴィナリウス事件　*135*
打切補償　*276*
うつチェックテスト　*190*
うつ病　*19, 44, 339*
エール・フランス事件　*264*
エール・フランス〔暴行・いやがらせ〕事件　*360*
オアシス運動　*396*
大分県警察本部事件　*275*
大阪西労基署長事件　*334*
大代興業事件　*384*
岡山セクハラ〔リサイクルショップA社〕事件　*131*
オタフクソース・イシモト食品事件　*349*
音更町農業協同組合事件　*346*

【か行】

海外出張　*406*

事項索引

海外派遣　406
解決志向　475
解雇　276
解雇制限　277
解雇猶予措置　226, 253
会社指定医　241, 245
会社指定医の意見　241, 283
会社指定専門医の受診命令書　247, 248
会社法　441
海上自衛隊〔護衛艦さわぎり〕事件　346, 374
外来治療　3
加古川労基署長〔神戸製鋼所〕事件　336, 408
加古川労基署長〔東加古川幼稚園〕事件　333
過失相殺　348, 379
鹿島建設・大石塗装事件　354
過重労働　95, 325
過重労働による健康障害防止のための総合対策について　104
過重労働による健康障害を防止するため事業者が講ずべき措置　105
過重労働による自殺と労災認定　328
家族による労働者の疲労蓄積度チェックリスト　109
家族向け研修　449
片山組事件　221, 223, 265, 267, 294
過労自殺　328
川崎市水道局〔いじめ自殺〕事件　360, 372, 380
川崎製鉄事件　348, 350

川義事件　89, 345
環境型セクハラ　126
環境配慮義務　383
カントラ事件　268
偽装派遣　418
キヤノンソフト情報システム事件　266
キャリア開発への援助　182
休業補償　213
休職の判断　240
休職のルール　229
休職期間　257
休職期間通算規定　257
休職期間満了　262, 276
休職事由の消滅　280
休職状況報告書　255
休職申請書　247
休職命令書　249
九電工事件　311, 339, 346
境界性パーソナリティ障害　34
京セラ事件　241
京都下労基署長〔富士通〕事件　370
業務以外の心理的負荷評価表　74
業務起因性　67, 330, 363
業務軽減措置　221
業務災害　212
業務内容　294
業務による心理的負荷評価表　69, 97, 132, 143
業務量　293
緊急介入　468
勤務時間　293
空港グランドサービス・日航事件

242
具体的出来事　64
国・尼崎労基署長〔JR西日本・自殺〕事件　337
国・A労基署長〔うつ病・業務起因性〕事件　367
国・江戸川労基署長〔四国化工機工業〕事件　337
国・北大阪労基署長〔スターライト工業〕事件　336
国・北九州西労基署長〔テトラ〕事件　336
国・京都下労基署長〔JR西日本・適応障害自殺〕事件　337
国・静岡労基署長〔日研化学〕事件　334, 366
国・渋谷労基署長〔小田急レストランシステム〕事件　336
国・中央労基署長〔日本トランスシティ〕事件　337
国・奈良労基署長〔日本ヘルス工業〕事件　334, 366
国・八王子労基署長〔パシフィックコンサルタンツ〕事件　334, 336, 408
国・福岡中央労基署長〔九州テン〕事件　334
国・福岡東労基署長〔粕屋農協〕事件　337
国・三鷹労基署長〔安田コンピューターサービス〕事件　337
グループ特化型研修　448
グループワークによる問題対処型研修　449

軽減業務　294
健康情報　203
健康診断結果に基づき事業者が講ずべき措置に関する指針（健診後措置指針）　222
コーポレートガバナンス　441
コーポレートヘルス　18, 440
合意による休職　237
護衛艦たちかぜ〔海上自衛隊員暴行・恐喝〕事件　379
心の健康づくり計画　154, 160
心の健康問題により休業した労働者の職場復帰支援の手引き →職場復帰支援の手引き
個人情報　203, 237
個人情報取得に関する同意　210
個人情報保護に関する規定　210
個人情報の保護に関する法律（個人情報保護法）　204, 239
コック食品事件　353
コンプライアンス　441

【さ行】

さいたま労基署長〔日研化学〕事件　337, 368
債務の本旨　221
作業療法士　15
三共自動車事件　352
三洋電機サービス事件　344, 355, 373, 380
三洋電機事件　350
産業カウンセラー　170, 174, 196, 423

事項索引

産業カウンセリング　171
残業結果報告書　119
残業削減が困難な場合のリスク回避　436
残業時間の削減のための工夫　434
残業申請書　118
残業の事前申請および事後報告　117
残業の抑制　390
時間外労働の限度に関する基準　91
時間単位年休　94
事業場外資源によるケア　155, 159, 164, 195
事業場内産業保健スタッフ等によるケア　155, 157, 163, 168, 194
事業場における労働者の心の健康づくりのための指針　170, 447
事業主が職場における性的な言動に起因する問題に関して雇用管理上講ずべき措置についての指針　123, 144, 319
自殺　46, 328, 361
自殺総合対策要綱　47
自殺対策加速化プラン　47
自殺対策基本法　47
私傷病　212
私傷病休職期間　234
私傷病休職制度　226, 237, 253
私傷病休職制度の適用範囲　230
私傷病休職発令の要件　233
システムコンサルタント事件　224
システムズ・アプローチ　470
下関商業高校事件　429
社員の健康管理の増進　390

社員面談記録　287
社会的偏見（スティグマ）　5
社団法人日本産業カウンセラー協会　174
社内でのコミュニケーションの円滑化　395
社内のメンタルヘルス対策　386
社内報の活用　451
就業規則規定例　116, 168
主治医　211, 244, 281
主治医からの健康情報の取得　211
主治医の意見　281
主治医の医療情報開示　244
主治医の診断書　280
出向　410
出向社員の休職　412
出向社員のメンタル不調　410
受診義務　243
受診命令　245
受診命令書　248
障害者雇用調整金　88
障害者雇用納付金　86
障害者自立支援法　40
障害者に対するプライバシーの配慮　89
障害者の雇用の促進等に関する法律（障害者雇用促進法）　84
障害補償　213
症状の聞き取り、調査等の同意書　249
昭和電工事件　264
職業性ストレス簡易調査票　190
職場環境配慮義務　131

事項索引

職場における人間関係開発への援助　182
職場復帰　196, 262, 291
職場復帰支援　196
職場復帰支援の手引き　242, 262, 282, 291, 299
所属長の遵守事項　120
神経症性障害　44
新宿労基署長〔佼成病院〕事件　334
身体・健康情報の利用目的の個別利用　221
診断書　9
心的外傷後ストレス障害　27
心理的負荷　56, 95
心理的負荷による精神障害等に係る業務上外の判断指針（判断指針）　56, 325, 361, 383
心理的負荷による精神障害の認定基準（認定基準）　56, 95, 129, 214, 321, 325, 338, 340, 361, 383
診療情報提供書　288
ストレス関連障害および身体表現性障害　44
ストレス耐性度チェック　189
ストレスチェック　188
ストレス－脆弱性理論　57
精神科医療　2
精神科ソーシャルワーカー　15
精神障害　53, 95
精神障害者　84
精神障害者保健福祉手帳　85
精神保健福祉法　85
誠昇会北本病院事件　376, 377

西濃シェンカー事件　302
西部病院事件　273
生命保険　438
セクシュアル・ハラスメント（セクハラ）　123, 317, 383
セクハラ・チェックリスト　127
セルフケア　155, 156, 161, 168, 188
セルフケア研修　447
増悪防止措置　222
損益相殺　351, 381
損害賠償請求　338, 371, 383
損害保険　437

【た行】

対価型セクハラ　126
大建工業事件　270, 279
退職　262, 276
退職勧奨　138
対面カウンセリング　445
男女雇用機会均等法（均等法）　123, 317
地域産業保健センター　81
地公災基金愛知県支部〔A市役所職員・うつ病自殺〕事件　368
地公災基金高知県支部長〔南国市役所〕事件　333
地公災基金神戸市支部長〔長田消防署〕事件　224
注意義務　345
デンソー〔トヨタ自動車〕事件　333, 348, 414
電通事件　90, 100, 311, 345, 348, 354

電電公社帯広局事件　243
電話相談　445
東京合同自動車事件　274
東京都教育委〔小学校教員分限免職〕事件　271
統合失調症　29, 44
東芝事件　273
東大ルンバール事件　341
特別な出来事　62
独立行政法人Ｎ事件　267
豊田通商事件　238, 275
豊田労基署長事件　334

【な行】

名古屋南労基署長〔中部電力〕事件　138, 333, 334, 338, 365
日本瓦斯〔日本瓦斯運輸整備〕事件　269
日本通運〔うつ病自殺〕事件　341, 379
日本郵政公社〔茨木郵便局〕事件　258
日本郵便逓送事件　360
入院治療　3
ノー残業デー　119
ノーマライゼーション　6
野村総合研究所事件　260

【は行】

派遣労働者のメンタル不調　416
ハヤシ〔くも膜下出血死〕事件　352
ハラスメント相談シート　401
ハラスメント相談窓口　399
ハラスメント対策マニュアル　146
ハラスメント防止規程　147

パワー・ハラスメント（パワハラ）　133, 359
パワー・ハラスメントの実態に関する調査研究報告書　145
パワハラ・チェックリスト　135
東加古川幼稚園事件　349
病状報告　252
病状報告義務　254
非定型うつ（新しい型のうつ）　479
不安障害　23
フィット産業事件　417
復職　12, 262
復職可否の判断基準　262
復職判断　278
復職命令通知書　290
富士通四国システムズ〔FTSE〕事件　121, 313, 333, 346, 358
富士電機Ｅ＆Ｃ事件　348
プライバシー権　237
不利益変更　259
ボーダフォン〔ジェイフォン〕事件　347, 377
報奨金　88
法定雇用率　84
法定割増賃金率　93

【ま行】

前田道路事件　347, 375, 378, 379, 381
真岡労基署長〔遺族補償給付不支給処分取消請求〕事件　333
みくまの農協事件　344, 350
みずほトラストシステムズ事件　315

三田労基署長〔ローレンバンクマシン〕事件　367
南大阪マイホームサービス事件　350, 355
名神タクシーほか事件　350, 355
メール対応　396
メディスコーポレーション事件　339, 347
面接指導　76
面接指導結果報告書および事後措置に係る意見書　79
メンタルヘルス相談窓口　166
メンタルヘルス対策支援センター　166, 195
メンタルヘルス対策への援助　180
メンタルヘルスチェックテスト　446
メンタルヘルスに関する検査等　82
メンタルヘルスに関する労災請求　393
メンタルヘルス紛争のリスク回避　431
メンタルヘルスをめぐる訴訟　323
問題志向　475

【や行】

山田製作所〔うつ病自殺〕事件　346
八女労基署長〔九州カネライト〕事件　333, 334, 336
ヤマトロジスティックス事件　348
予見可能性　346, 376
横浜市学校保健会〔歯科衛生士解雇〕事件　279

【ら行】

ラインケア研修　448
ラインによるケア　155, 156, 162, 168, 192
リチーミング（研修）　474
立正佼成会事件　348
リハビリ出勤　299, 403
リハビリ出勤規程　303
リハビリ出勤（承認・変更承認）通知書　307
リハビリ出勤（申出・変更）申請書　306
リハビリ出勤終了申請書　309
リハビリテーション　3
療養補償　213
臨床心理技術者　15
労災申請手続　219
労災認定　55, 138, 328, 361
労災不認定処分取消訴訟　328, 361, 383
労災保険給付　219
労働安全衛生法（安衛法）　76, 222
労働基準法（労基法）　91
労働契約法　89
労働契約上の報告義務　252
労働時間の適正な把握のために使用者が講ずべき措置に関する基準　312
労働者災害補償保険法（労災保険法）　55, 277
労働者の心の健康の保持増進のための指針（メンタルヘルス指針）　154, 170, 206, 420, 447

労働者の疲労蓄積度自己診断チェック
　リスト　*107*
労働者派遣事業の適正な運営の確保及
　び派遣労働者の保護等に関する法律
　（労働者派遣法）　*416*
リフレッシュ休暇　*120*

【わ行】

和解による解決　*356*

●判例索引●

〔最高裁判所〕

最判昭和50・10・24民集29巻9号1417頁【東大ルンバール事件】……………*341*
最判昭和52・10・25民集31巻6号836頁【三共自動車事件】………………*352*
最判昭和55・12・18民集34巻7号888頁【鹿島建設・大石塗装事件】…………*354*
最判昭和56・2・16民集35巻1号56頁 ………………………………………*345*
最判昭和59・4・10労判429号12頁【川義事件】……………………*89, 345*
最判昭和61・3・13労判470号6頁【電電公社帯広局事件】……………*243*
最判昭和62・7・10労判507号6頁【青木鉛鉄事件】……………………*352*
最判昭和63・9・8労判530号13頁【京セラ事件】……………………*241*
最大判平成5・3・24民集47巻4号3039頁 ………………………………*352*
最判平成8・2・23民集50巻2号249頁【コック食品事件】………………*353*
最判平成10・4・9労判736号15頁【片山組事件】………*221, 223, 265, 267, 294*
最判平成12・3・24労判779号13頁【電通事件】………………*90, 100, 311, 345*
最決平成12・10・13労判791号6頁【システムコンサルタント事件】………*224*
最判平成20・3・27労判958号5頁【NTT東日本北海道支店事件】………*350, 355*

〔高等裁判所〕

広島高判昭和52・1・24労判287号35頁【下関商業高校事件】……………*429*
東京高判昭和61・11・13労判487号66頁【京セラ事件】……………………*241*
大阪高判平成2・5・29労判569号67頁 ………………………………………*342*
東京高判平成9・9・26労判724号13頁【電通事件】………………*311, 348, 354*
大阪高判平成10・8・27労判744号17頁【東加古川幼稚園事件】……………*349*
大阪高判平成11・3・30労判771号62頁 ………………………………………*343*
東京高判平成11・7・28労判770号58頁【システムコンサルタント事件】………*224*
大阪高判平成14・6・19労判839号47頁【カントラ事件】……………………*268*
東京高判平成14・7・23労判852号73頁【三洋電機サービス事件】
　…………………………………………………………………*344, 355, 373, 380*
東京高判平成15・3・25労判849号87頁【川崎市水道局〔いじめ自殺〕事件】
　……………………………………………………………………………*372, 380*
東京高判平成17・1・19労判890号58頁【横浜市学校保健会〔歯科衛生士
　解雇〕事件】…………………………………………………………………*279*

札幌高判平成18・7・20労判922号5頁【NTT東日本北海道支店事件】………*350*
大阪高判平成18・11・24労判931号51頁【JR西日本尼崎電車区事件】…………*377*
福岡高判平成19・5・7労判943号14頁【八女労基署長〔九州カネライト〕
　事件】……………………………………………………………………*334*
東京高判平成19・9・11労判957号89頁【日本瓦斯〔日本瓦斯運輸整備〕
　事件】……………………………………………………………………*269*
東京高判平成19・10・11労判959号114頁【さいたま労基署長〔日研化学〕
　事件】………………………………………………………………*337, 368*
福岡高判平成19・10・25判タ1273号189頁…………………………………*346*
福岡高判平成19・10・25労判973号76頁【山田製作所〔うつ病自殺〕事件】……*346*
名古屋高判平成19・10・31労判954号31頁、労経速1989号20頁【名古屋南
　労基署長〔中部電力〕事件】…………………………*138, 334, 338, 365*
東京高判平成20・7・1労判969号20頁【みずほトラストシステムズ事件】……*315*
東京高判平成20・7・1判時2048号16頁…………………………………*347*
福岡高判平成20・8・25労経速2017号3頁【海上自衛隊〔護衛艦さわぎり〕
　事件】………………………………………………………………*346, 374*
福岡高判平成20・8・25判時2032号52頁【国・静岡労基署長〔日研化学〕
　事件】……………………………………………………………………*366*
東京高判平成20・10・22労経速2033号7頁【立正佼成会事件】………*348*
札幌高判平成21・1・30労判976号5頁【NTT東日本北海道支店事件】………*355*
高松高判平成21・4・23判時2067号52頁【前田道路事件】……………*347, 375, 378*
福岡高判平成21・5・19労判993号76頁【国・福岡東労基署長〔粕屋農協〕
　事件】……………………………………………………………………*337*
東京高判平成21・7・28労判990号50頁【アテスト〔ニコン熊谷製作所〕
　事件】………………………………………………………………*346, 419*
名古屋高判平成22・5・21労判1013号102頁【地公災基金愛知県支部長
　〔A市役所職員・うつ病自殺〕事件】…………………………………*368*

〔地方裁判所〕
山口地下関支判昭和49・9・28労判213号63頁【下関商業高校事件】………*429*
東京地判昭和50・4・24判時225号20頁【西部病院事件】……………………*273*
千葉地判昭和50・5・31労判461号65頁【昭和電工事件】……………………*264*
東京地判昭和56・9・28労判372号21頁　………………………………………*342*

判例索引

東京地判昭和58・12・26労判速報カード423号13頁【東芝事件】……………… *273*
東京地判昭和59・1・27労判423号23頁【エール・フランス事件】……………… *264*
神戸地判平成2・12・27労判596号69頁 ……………………………………………… *342*
東京地判平成3・3・22労判586号19頁【空港グランドサービス・日航事件】… *242*
千葉地判平成6・1・26労判647号11頁【エール・フランス〔暴行・
　いやがらせ〕事件】…………………………………………………………………… *360*
東京地判平成8・3・28労判692号13頁【電通事件】……………………… *348, 354*
神戸地判平成8・4・26労判695号31頁【加古川労基署長〔神戸製鋼所〕
　事件】……………………………………………………………………………… *336, 408*
大分地判平成8・6・3労判718号91頁【大分県警察本部事件】……………… *275*
東京地判平成9・2・7労判731号88頁【東京合同自動車事件】……………… *274*
名古屋地判平成9・7・16労判727号70頁【豊田通商事件】……………… *238, 275*
岡山地倉敷支判平成10・2・23労判733号13頁【川崎製鉄事件】………… *348, 350*
東京地判平成10・3・19労判736号54頁【システムコンサルタント事件】……… *224*
広島地判平成12・5・18労判783号15頁【オタフクソース・イシモト食品
　事件】…………………………………………………………………………………… *349*
浦和地判平成13・2・2労判800号5頁【三洋電機事件】……………………… *350*
和歌山地判平成14・2・19労判826号07頁【みくまの農協事件】…… *344, 350, 355*
神戸地判平成14・3・22労判827号107頁【地公災基金神戸市支部長
　〔長田消防署〕事件】………………………………………………………………… *224*
横浜地川崎支判平成14・6・27労判833号61頁【川崎市水道局〔いじめ自殺〕
　事件】…………………………………………………………………………… *360, 381*
岡山地判平成14・11・6労判845号73頁【岡山セクハラ〔リサイクル
　ショップA社〕事件】………………………………………………………………… *131*
東京地判平成15・2・12労判848号27頁【三田労基署長〔ローレンバンク
　マシン〕事件】………………………………………………………………………… *367*
岡山地判平成15・2・25裁判所 HP ……………………………………………… *358*
大阪地堺支判平成15・4・4労判854号64頁【南大阪マイホームサービス
　事件】…………………………………………………………………………… *350, 355*
大阪地決平成15・4・16労判849号35頁【大建工業事件】………………… *270, 279*
大阪地判平成15・7・30労判845号86頁【日本郵政公社〔茨木郵便局〕事件】… *258*
広島地判平成16・3・9労判875号50頁【A鉄道〔B工業C工場〕事件】……… *413*
東京地判平成16・3・26労判876号56頁【独立行政法人N事件】……………… *267*

京都地判平成16・7・15労判880号112頁【日本郵便逓送事件】 ……………360
さいたま地判平成16・9・24労判883号38頁【誠昇会北本病院事件】………376, 377
東京地判平成17・2・18労判892号80頁【K社事件】 ………………………268, 430
大阪地判平成17・2・21労判892号59頁【JR西日本尼崎電車区事件】 ………377
東京地判平成17・3・31労判894号21頁【アテスト〔ニコン熊谷製作所〕
　事件】 ………………………………………………………………………………418
大阪地決平成17・4・8労判895号88頁【B学園事件】 ……………………265
東京地判平成17・10・27労判908号46頁【東京都教育委〔小学校教員
　分限免職〕事件】 …………………………………………………………………271
名古屋地判平成18・1・18労判918号65頁【富士電機E&C事件】 …………348
福岡地判平成18・4・12労判916号20頁【八女労基署長〔九州カネライト〕
　事件】 …………………………………………………………………………333, 336
名古屋地判平成18・5・17労判918号14頁【名古屋南労基署長〔中部電力〕
　事件】 ……………………………………………………………………333, 338, 365
高知地判平成18・6・2労判926号82頁【地公災基金高知県支部長
　〔南国市役所〕事件】 ……………………………………………………………333
大分地判平成18・6・15労判921号21頁【KYOWA〔心臓病突然死〕事件】……352
東京地判平成18・9・4労判924号32頁【加古川労基署長〔東加古川
　幼稚園〕事件】 ……………………………………………………………………333
静岡地浜松支判平成18・10・30判タ1228号193頁 …………………………346
東京地判平成18・11・27判時1957号152頁【真岡労働基準監督署長
　〔遺族補償給付不支給処分取消請求〕事件】 …………………………………333
さいたま地判平成18・11・29労判936号69頁【さいたま労基署長
　〔日研化学〕事件】 ………………………………………………………………368
名古屋地判平成19・1・24判時1900号68頁、労判939号61頁【ボーダフォン
　〔ジェイフォン〕事件】 ……………………………………………………347, 377
東京地判平成19・3・14労判941号57頁【新宿労基署長〔佼成病院〕事件】……334
札幌地判平成19・3・14判タ1251号203頁【国・A労基署長〔うつ病・
　業務起因性〕事件】 ………………………………………………………………367
東京地判平成19・3・30労判942号52頁【日本瓦斯〔日本瓦斯運輸整備〕
　事件】 ………………………………………………………………………………269
大阪地判平成19・5・23労判950号44頁【大阪西労働基準監督署長事件】………334
東京地判平成19・5・24労判945号5頁【国・八王子労基署長

〔パシフィックコンサルタンツ〕事件】………………………………*334, 336, 408*
大阪地判平成19・5・28判タ1254号188頁………………………………………*346*
福岡地判平成19・6・27労判944号27頁【国・福岡中央労基署長
　〔九州テン〕事件】………………………………………………………………*334*
東京地判平成19・10・15労判950号5頁【国・静岡労基署長〔日
　研化学〕事件】……………………………………………………………*334, 366*
福岡地判平成19・10・24労判956号44頁【ハヤシ〔くも膜下出血死〕事件】………*352*
大阪地判平成19・11・12労判958号54頁、労経速1989号39頁【国・奈良
　労基署長〔日本ヘルス工業〕事件】………………………………………*334, 366*
名古屋地判平成19・11・30労経速1993号3頁【豊田労働基準監督署長事件】…*334*
大阪地判平成20・1・25労判960号49頁【キヤノンソフト情報システム事件】…*266*
大阪地判平成20・3・7労判971号72頁…………………………………………*358*
東京地判平成20・4・22労判965号5頁…………………………………………*358*
大阪地判平成20・5・12労判968号177頁【国・北大阪労基署長
　〔スターライト工業〕事件】………………………………………………………*336*
大阪地判平成20・5・26労判973号76頁【富士通四国システムズ
　〔FTSE〕事件】………………………………………*121, 313, 333, 346, 358*
東京地判平成20・5・26判例集未登載【国・三鷹労基署長
　〔安田コンピューターサービス〕事件】…………………………………………*337*
松山地判平成20・7・1判時2027号113頁【前田道路事件】……*346, 375, 379, 381*
神戸地尼崎支判平成20・7・29労判976号74頁【名神タクシーほか事件】…*350, 355*
東京地判平成20・9・30労判977号59頁【ヤマトロジスティックス事件】………*348*
京都地判平成20・10・28判例集未登載【国・京都下労基署長
　〔JR西日本・適応障害自殺〕事件】……………………………………………*337*
名古屋地判平成20・10・30労判978号16頁【デンソー〔トヨタ自動車〕
　事件】…………………………………………………………………*333, 348, 414*
名古屋地判平成20・11・27判時1013号116頁【地公災基金愛知県支部長
　〔A市役所職員・うつ病自殺〕事件】……………………………………………*369*
東京地判平成20・12・8労判981号76頁、労経速2033号20頁【JFEスチール
　〔JFEシステムズ〕事件】………………………………………………*347, 414*
東京地判平成20・12・19労経速2032号3頁【野村総合研究所事件】……………*260*
東京地判平成21・1・16労判988号91頁【ヴィナリウス事件】…………………*135*
釧路地帯広支判平成21・2・2労判990号196頁【音更町農業協同組合事件】…*346*

493

判例索引

高松地判平成21・2・9労判990号174頁【国・江戸川労基署長〔四国化工機
　工業〕事件】··337
東京地判平成21・2・26労判990号163頁【国・北九州西労基署長〔テトラ〕
　事件】···336
神戸地判平成21・3・5判例集未登載【国・尼崎労基署長〔JR西日本・
　自殺〕事件】···337
東京地判平成21・5・20労判990号119頁【国・渋谷労基署長〔小田急
　レストランシステム〕事件】···336
名古屋地判平成21・5・28労判1003号74頁【国・中央労基署長〔日本
　トランスシティ〕事件】··337
大阪地判平成21・10・16判例集未登載【大代興業事件】··················384
福岡地判平成21・12・2労判99号14頁【九電工事件】··········311, 340, 346
大阪地判平成22・2・15判タ1331号87頁【日本通運〔うつ病自殺〕
　事件】···341, 379
東京地判平成22・3・18労判1011号73頁【西濃シェンカー事件】·········302
東京地判平成22・3・24労判1008号35頁【J学園事件】························272
大阪地判平成22・6・23労判1019号75頁【京都下労基署長〔富士通〕事件】···370
大阪地判平成22・9・15労判1020号50頁【フィット産業事件】············417
前橋地判平成22・10・29労判1024号61頁【メディスコーポレーション
　事件】···339, 347
横浜地判平成23・1・26労判1023号5頁【護衛艦たちかぜ〔海上自衛隊員
　暴行・恐喝〕事件】···379

●書式索引●

【書式1】 面接指導に係る申出書 …………………………………………77
【書式2】 面接指導結果報告書および事後措置に係る意見書（例） ………79
【書式3】 残業申請書 …………………………………………………118
【書式4】 残業結果報告書 ……………………………………………119
【書式5】 ハラスメント防止規程(例) …………………………………148
【書式6】 メンタルヘルス相談窓口について（社員への告知文） ………167
【書式7】 私傷病休職規程および就業規則への定め ……………………232
【書式8】 休職申請書 …………………………………………………247
【書式9】 当社指定医の受診命令書① …………………………………247
【書式10】当社指定医の受診命令書② …………………………………248
【書式11】症状の聞き取り、調査等の同意書 …………………………249
【書式12】休職命令書 …………………………………………………249
【書式13】休職状況報告書 ……………………………………………255
【書式14】社員面談記録 ………………………………………………287
【書式15】診療情報提供書 ……………………………………………288
【書式16】復職命令通知書 ……………………………………………290
【書式17】役職限定で入社した者の労働条件変更の連絡と同意 ………297
【書式18】休職者のリハビリ出勤規程（例） …………………………303
【書式19】リハビリ出勤（申出・変更）申請書 ………………………306
【書式20】リハビリ出勤（承認・変更承認）通知書 …………………307
【書式21】リハビリ出勤終了申請書 ……………………………………309

●執筆者一覧●

坂本 直紀（さかもと　なおき）

特定社会保険労務士、中小企業診断士、財団法人21世紀職業財団セクシュアルハラスメント・パワーハラスメント防止コンサルタント
坂本直紀社会保険労務士法人　代表社員

〔略　歴〕　1968年生まれ。東京都出身。明治学院大学法学部法律学科卒業、2003年に坂本社会保険労務士事務所を開業し、2008年に坂本・深津社会保険労務士法人を開設。2011年に坂本直紀社会保険労務士法人へ名称変更。

就業規則、賃金制度構築、残業問題対策、メンタルヘルスなどを取り扱い、会社および社員の活力と安心のサポートを理念として、コンサルティングを行う。企業内において、ハラスメント防止研修も実施している。

〔主な著書・論文〕『年金分割の考え方と実務』（共著、民事法研究会）、『判例にみる労務トラブル解決のための方法・文例』（共著、中央経済社）、『新版労働関係法改正にともなう就業規則変更の実務』（共著、清文社）、『ビジネスで使えるメール文例集』（共著、新日本法規）、『これだけで改正雇用保険法のすべてがわかる』（共著、日本法令）、『Q&A 会社の合併・分割・事業譲渡をめぐる労務管理』（共著、新日本法規）、「心理的負荷による精神障害の認定基準Q&A」（労務事情1224号）、「管理職なら知っておくべき！残業にまつわるキーワード10選」（人事実務1045号）、「休日振替を行う際には、どのような点に留意すればよいか」（労政時報3733号）、「パートタイム労働者に対する教育訓練」（ビジネスガイド678号）、「秘密管理に関する問題」（キャリアサポート1025号・1026号）、「ポイント制退職金規程」（企業実務2007年4月号）

〔事務所所在地〕　〒154-0012　東京都世田谷区駒沢1-17-13　木城ビル3階
　　　　　　　　坂本直紀社会保険労務士法人
　　　　　　　　TEL 03(5431)3836　FAX 03(3413)5355
　　　　　　　　URL http://www.sakamoto-jinji.com/
　→　第1部第2章第1節〜第5節・第7節、第2部Q1〜Q5担当

深津 伸子（ふかつ　のぶこ）

特定社会保険労務士
レイズ・コンサルティング社会保険労務士事務所　代表

〔略　歴〕滋賀県出身。滋賀県立彦根東高校、青山学院大学文学部フランス文学科卒業。2003年、ロア・ユナイテッド法律事務所内にてロア・ユナイテッド社労士事務所を開業。2008年、坂本・深津社会保険労務士法人開設。2011年にレイズ・コンサルティング社会保険労務士事務所を開業。

就業規則、賃金制度、メンタルヘルス、ワークライフバランスなどを取り扱い、就業規則の改訂等を通じて企業のリスク回避と社員のモチベーションアップを図る。

〔主な著書・論文〕『労働時間対策と就業規則整備のポイント』（単著、新日本法規より刊行予定）、『ビジネスで使えるメール文例集』（共著、新日本法規）、『年金分割の考え方と実務』（共著、民事法研究会）、『論点・争点現代労働法〔改訂増補版〕』（共著、民事法研究会）、『新版労働関係法改正にともなう就業規則変更の実務』（共著、清文社）、『フロントライン労働法2007』（共著、第一法規）、『労政時報別冊　即答人事トラブル110問』（共著、労務行政研究所）、『労働契約法の解説』（共著、ぎょうせい）、『人材ビジネスの法務』（共著、第一法規）、『Q&A労働契約法と改正パート労働法等のポイント』（共著、新日本法規）、『労務トラブル解決のための方法・文例〔第2版〕』（共著、中央経済社）、『会社と社員の法律相談』（共著、学陽書房）、「管理職なら知っておくべき！残業にまつわるキーワード10選」（人事実務1045号）、「出張先への移動中など、『使用者の指揮命令下』に置かれていない時間の被災は、業務災害となるか」（労政時報3732号）、「派遣社員直接雇用時の労働条件」（ビジネスガイド670号）、「メンタルヘルスに関する問題」（キャリアサポート1045号・1046号）、「軽減措置としての配転」（安全スタッフ2003／9／5号）

〔事務所所在地〕　〒151-0053　東京都渋谷区代々木1-21-16
　　　　　　　　アジリア代々木J's902
　　　　　　　　レイズ・コンサルティング社会保険労務士事務所
　　　　　　　　TEL 03(530)2050　FAX 03(5308)2051
　　　　　　　　URL http://www.sr-fukatsu.com

→　第1部第3章、第2部Q6〜Q9・Q11担当

大　濱　正　裕（おおはま　まさひろ）

弁護士（東京弁護士会所属）

〔略　歴〕　1980年生まれ。2003年、中央大学法学部法律学科卒業。2005年、弁護士登録（東京弁護士会）、ロア・ユナイテッド法律事務所入所。2007年、日本ファイナンシャルプランナーズ協会 AFP（Affiliated Financial Planner）登録。2008年、青山学院大学大学院ビジネス法務専攻「社外労働者処遇の法と実務」講師。2009年、レイズ・コンサルティング法律事務所開所、代表弁護士就任。

〔主な著書・論文〕『労働契約法って何？』（共著、労務行政研究所）、『Q&A 労働契約法と改正パート労働法等のポイント』（共同執筆、新日本法規）、『フロントライン労働法2007』（共著、第一法規）、『即答人事トラブル110問（労政時報別冊）』（共著、労務行政研究所）、「制裁としての出勤停止の期限に上限はあるか」（労政時報3676号）、「派遣労働者の健康診断実施義務等について」（ビジネスガイド No.638）、「労使トラブルを防止する雇用契約書作成の実務」（ビジネスガイド No.637）、「日雇い派遣とは何か」『人材サービスの実務』第一法規、「試用期間中の解雇と通常の解雇の違い」、「出来高払い制の導入」、「給与支払いの銀行振込について」（以上、労政時報）、「雇い止めと試用期間」、「使用者による非正規雇用労働者のシフトの一方的減少、増加、時間帯の変更等に関する問題」（以上、ビジネスガイド）、「労働審判制度とは」、「公正証書遺言のすすめ」、「公正証書遺言と一緒に作成すべき3点セット」、「管理職と残業代～マクドナルド店長残業代判決を踏まえて」、「スルガコーポレーション社所有の商業ビルを巡る弁護士法違反事件に見るコンプライアンスの重要性、困難性」（以上、TSR 商リサーチ）

〔事務所所在地〕　〒151-0053　東京都渋谷区代々木1-21-16
アジリア代々木J's 902
レイズ・コンサルティング法律事務所
TEL 03(5308)2050　FAX 03(5308)2051
URL http://raysconsulting.jp

→　第1部第4章、第2部 Q12・Q13担当

伊藤　順一郎（いとう　じゅんいちろう）

医学博士

〔略　歴〕　1954年生まれ。1980年、千葉大学医学部卒業。専門は精神医学、精神科リハビリテーション学。

家族心理教育、家族療法、ひきこもり支援、包括型地域生活支援プログラム（ACT）、個別就労支援（IPS）など、地域生活中心の精神保健医療福祉のシステム作りに寄与するプログラムづくりに仕事の多くの時間を割いている。

旭中央病院、千葉大学医学部などを経て、1994年より国立精神・神経センター精神保健研究所社会復帰相談部援助技術研究室室長。2000年3月より同研究所社会復帰相談部長。2010年4月より機関名等変更、国立精神・神経医療研究センター精神保健研究所社会復帰研究部部長。

〔主な著書・論文〕　『総合失調症とつき合う』（保健同人社）、『家族で支える摂食障害』（保健同人社）、『統合失調症——正しい理解と治療法』（監修、講談社）、『精神障害をもつ人たちのワーキングライフ——IPS：チームアプローチに基づく援助付き雇用ガイド』（監訳、金剛出版）、『統合失調症の人の気持ちがわかる本』（監修、講談社）、『思春期の統合失調症』（監修、講談社）、『精神科病院を出て、町へ——ACTがつくる地域精神医療』（単著、岩波書店）

〔連絡先〕　〒187-8553　東京都小平市小川東町4-1-1
　　　　　　独立行政法人国立精神・神経医療研究センター
　　　　　　精神保健研究所　社会復帰研究部
　　　　　　TEL 042(341)2711　FAX 042(346)1944

→　第1部第1章担当

吉田　直子（よしだ　なおこ）

特定社会保険労務士

〔略　歴〕　武蔵野女子大学短期大学部卒業、カメラメーカーに入社。営業事務、総務一般、商品管理および物流部門の業務に従事する。

2002年社会保険労務士試験に合格、2004年開業、なお社会保険労務士事務所所長。2005年産業カウンセラー、キャリアコンサルタントの資格を取得する。

〔主な著書・論文〕　『年金分割の考え方と実務』（共著、民事法研究会）、人事情報

月刊誌『キャリアサポート』への執筆など

〔事務所所在地〕　〒349-1204　埼玉県加須市陽光台2-843-130
　　　　　　　　　　　TEL 0280(62)5506　FAX 0280(62)4744
→　第1部第2章第6節、第2部Q10担当

川西　由美子（かわにし　ゆみこ）

ランスタッド株式会社　EAP総研　所長

〔略　歴〕　東京都出身。東京女学館短期大学卒業。米国・フィンランドにて、心理学・コミュニケーション学を学ぶ。1998年、メンタルヘルスケアの専門会社を設立。2005年、EAP総研株式会社代表取締役を経て、2013年ランスタッド株式会社（オランダに本社があり、世界40の国と地域に4,700以上の拠点をもつ総合人材サービス企業）のEAP総研所長となる。

モチベーションマネジメント、ビヘイビアルヘルスケアなどの概念に基づき、企業のニーズに合わせたコンサルテーション（休職・復職支援、心の健康管理体制づくり、スポーツメンタルトレーニング、病院の待合室や検査室、リフレッシュルームの環境コンサルテーションなども行っている）、各種講演会・セミナー・研修を行う。

〔主な著書〕　『ココロを癒せば会社は伸びる——部下もマネージャーも元気になるメンタルケアの実践』（単著、ダイヤモンド社）、『PMS（月経前症候群）を知っていますか？——「気のせい」ではなかった病気の対処法』（翻訳、朝日選書）、『ココロノマド——ココロの免疫力をつけるWebカウンセリング』（単著、朝日新聞社）、『強いチームをつくる技術』（出版協力、ダイヤモンド社）

〔所在地〕　〒102-8578　東京都千代田区紀尾井町4-1
　　　　　　　　　　　ニューオータニガーデンコート8F
　　　　　　　　　　　ランスタッド株式会社　EAP総研
　　　　　　　　　　　TEL 03(6866)5767　FAX 03(6866)5768
　　　　　　　　　　　URL http://eap.randstad.co.jp/
→　第2部Q14〜Q18担当

詳解　職場のメンタルヘルス対策の実務〔第2版〕

平成25年3月15日　第1刷発行

定価　本体4,800円（税別）

編著者	坂本直紀・深津伸子・大濱正裕
	ランスタッド株式会社　EAP総研
発　行	株式会社　民事法研究会
印　刷	藤原印刷株式会社

発行所　株式会社　民事法研究会
〒150-0013　東京都渋谷区恵比寿3-7-16
　　〔営業〕TEL 03(5798)7257　FAX 03(5798)7258
　　〔編集〕TEL 03(5798)7277　FAX 03(5798)7278
　　　http://www.minjiho.com/　　info@minjiho.com

落丁・乱丁はおとりかえします。ISBN978-4-89628-845-2　C2032　¥4800E

■人事労務担当者の問題社員対策への悩みに応える必備書！

現代型問題社員対策の手引〔第4版〕
関連書式付 ──生産性向上のための人事措置の実務──

髙井・岡芹法律事務所　編

Ａ５判・427頁・定価 3,885円（税込、本体価格 3,700円）

▷▷▷▷▷▷▷▷▷▷▷▷▷▷▷ **本書の特色と狙い** ◁◁◁◁◁◁◁◁◁◁◁◁◁◁◁

▶第４版では、パワハラ・セクハラ・メンタル不全、ＩＴ関連、ダラダラ残業等をめぐる設問を整理、追録し、大幅改訂増補！

▶平成24年改正労働派遣法・労働者契約法(有期雇用法制)・高年齢者雇用安定法、最新判例に対応し、就業規則など書式例・参考資料も充実しており極めて至便！

▶昨今、類型として急増している問題点を前半部(第１章まで)にまとめ、後半部(第２章、第３章)では旧版からの設問を引き継ぎつつ、時代に合わせた設問を新規に補充！

▶日々、社員の問題行動対策に悩まされている人事労務担当者、現場の管理職だけでなく、企業法務に携わる法律実務家にとっても必備となる１冊！

本書の主要内容

第１章　近時特に悩ましい問題社員とその対応
　Ⅰ　パワハラ、セクハラ、その他のハラスメント
　Ⅱ　メンタル不全
　Ⅲ　過労死と労災認定等
　Ⅳ　ＩＴ・情報・営業秘密
　Ⅴ　残業
　Ⅵ　有期雇用、高齢者の再雇用
第２章　依然悩ましい問題社員とその対応
　Ⅰ　業務遂行をめぐる問題
　Ⅱ　業務命令をめぐる問題
　Ⅲ　職場秩序(人間関係含む)をめぐる問題
　Ⅳ　職場外の行動をめぐる問題
　Ⅴ　仕事の能力、人事考課・賃金(残業)をめぐる問題
第３章　対応・予防をめぐる問題点～手続、懲戒解雇の有効要件など
　Ⅰ　懲戒
　Ⅱ　解雇
　Ⅲ　内定・採用・退職その他
第４章　関連書式・参考資料

発行　民事法研究会

〒150-0013　東京都渋谷区恵比寿3-7-16
(営業) TEL. 03-5798-7257　FAX. 03-5798-7258
http://www.minjiho.com/　info@minjiho.com